葛海燕 主编

职业发展
与就业指导

（第2版）

清华大学出版社

北京

内 容 简 介

当前,大学生职业发展教育已成为高校人才培养的重要环节。本书强调职业在人生发展中的重要地位,从"以人为本"关注大学生的全面和长远发展出发,配合当前各高校开设的"职业发展"与"就业指导"课程教学内容,设置了"读大学与人生发展""生涯规划与职业发展""自我认知与探索""大学生涯与职业准备""职业目标探索""求职择业指导""大学生创业"和"职业适应与发展"8章内容。本书旨在通过激发大学生职业生涯发展的自主意识,树立正确的就业观、创业观,促使大学生理性地规划自身未来的发展方向,并努力在大学生活中学会自主管理、科学决策,自觉地提高职业发展素质和就业能力。

本书可作为高等院校职业发展与就业指导的教材,也可作为职业生涯发展及就业指导工作人员、即将步入大学的考生及其家长的参考书。

图书在版编目(CIP)数据

职业发展与就业指导 / 葛海燕主编. -- 2 版.

北京:清华大学出版社,2024.8.(2025.8重印)

-- ISBN 978-7-302-67146-6

Ⅰ. G717.38

中国国家版本馆 CIP 数据核字第 20246FE354 号

责任编辑:刘翰鹏
封面设计:常雪影
责任校对:李　梅
责任印制:宋　林

出版发行:清华大学出版社
　　　　网　　　址:https://www.tup.com.cn,https://www.wqxuetang.com
　　　　地　　　址:北京清华大学学研大厦 A 座　　邮　　编:100084
　　　　社　总　机:010-83470000　　　　　　　　邮　　购:010-62786544
　　　　投稿与读者服务:010-62776969,c-service@tup.tsinghua.edu.cn
　　　　质量反馈:010-62772015,zhiliang@tup.tsinghua.edu.cn
　　　　课件下载:https://www.tup.com.cn,010-83470410
印 装 者:艺通印刷(天津)有限公司
经　　销:全国新华书店
开　　本:185mm×260mm　　　印　张:20　　　字　数:481 千字
版　　次:2017 年 8 月第 1 版　　2024 年 8 月第 2 版　　印　次:2025 年 8 月第 3 次印刷
定　　价:59.00 元

产品编号:101712-01

编　委　会

主　编：葛海燕

副主编：曹江彤　孙　蓉

编　委：谢瑞佳　于丹怡　袁罗希

　　　　　赵大明　高　蕾　韩晨光

　　　　　晏　宁　詹小冷　朱丽华

前　言
（第 2 版）

党的二十大报告着眼于新时代新征程，针对新形势新情况，对实施就业优先战略作出新的全面部署，明确就业优先的战略任务，提出一系列新要求，充分体现了我们党增进民生福祉的价值追求，充分体现了以习近平同志为核心的党中央深厚的为民情怀，具有十分重要的意义。就业是最大的民生，高校毕业生就业作为"教育优先发展"和"就业优先战略"的重要交汇点，既是就业工作中的重中之重，又是党和国家高度关注的重点群体就业，所以助力大学生就业在国家发展、政治稳定、改善民生等方面具有重要的现实意义。

第 2 版相对于第 1 版，主要做了以下修订。

（1）深入贯彻二十大精神，强化对青年学生的价值引导、生涯发展教育、职业精神培养以及求职择业指导。

（2）采用近年国内案例，更贴近国情，增强时代感和现实意义。

（3）在练习与实践环节增加可测评题目，提升学习效果和自我测评能力。

（4）各章节内容全面更新，引入最新理论和实例，确保信息的时效性和实用性。

大学生就业从来不是孤立的问题，而是国民经济和社会发展的一个重要环节，与经济发展模式紧密相关。随着资源配置和经济发展方式的转变，中国经济从以往的投资驱动到现在的消费引导；从"有水快流"的资源型发展，到更加注重科技创新的新经济。在"互联网＋"时代，互联网创业企业、众多小微企业以及与消费相关的产业链等，正在不断拓展出新的就业空间，"大众创业、万众创新"正在使人力资本这一生产要素得以重新优化配置。

对于高校而言，对大学生的职业发展教育不是"临门一脚"的简单就业指导工作，而是高校"培养德智体美劳全面发展的社会主义建设者和接班人，加快推进教育现代化、建设教育强国、办好人民满意的教育"的重要人才培养内容之一。当今的大学生职业发展教育既要与社会需求保持紧密对接，又要与高校自身的人才培养过程相互契合。

本书以"以人为本"和"可持续发展"理念为指导，全方位融入思政教育思想，力争在知识、能力、素质等层面推动大学生顺利实现生涯过渡，认知自我和职业世界，树立自我责任意识和职业发展意识，将专业学习与社会需求主动对接，把个人成长和国家需要、社会经济发展相结合，在宝贵的大学时光中为个人生涯发展主动付出积极有效的努力，从而获得良好的就业竞争力和生涯发展能力。因此，本书设置了多种实践指导栏目，主要有"案例引导""资料学习""练习与实践"和"复习与思考"等栏目，并通过案例分析、情景模拟、角色扮演等形式丰富的活动设计，大力提高本书的实用性和指导性。

本书作者皆为北京联合大学从事生涯发展、就业创业指导教育、教学和科研以及就业工作的一线骨干教师。从事大学生职业发展教育 30 年的葛海燕教授担任主编，负责本书的策划及统稿。具体编写分工如下：第 1 章由葛海燕编写；第 2 章由曹江彤编写；第 3 章由于丹怡编写；第 4 章由孙蓉、高蕾编写；第 5 章由曹江彤编写；第 6 章由袁罗希、赵大明、谢瑞佳、葛海燕、晏宁、詹小冷、朱丽华编写;第 7 章由谢瑞佳、韩晨光编写;第 8 章由葛海燕编写。本书由曹江彤、孙蓉担任副主编。

　　在本书编写过程中,参考和引用了许多学者的著作和研究成果,我们尽可能地在书中做了说明或者列于参考文献中,在此一并表示感谢!

　　由于编者水平有限,书中难免有不足之处,敬请读者批评指正。

编　者

2024 年 3 月

内容更新

目　录

第**1**章

读大学与人生发展

【学习目标】

(1) 了解大学精神,思考如何做一名大学生。
(2) 了解如何读大学。
(3) 了解生涯与职业生涯。
(4) 认知职业发展对人生价值实现的意义。
(5) 明晰职业生涯规划的概念和意义。

1.1 人生新启航

案例引导

虽然我们可以说:"人生处处是开始",但是大学时光对一个人的影响还是至关重要的。大学是人生的新起点,在这里我们既可以乘风破浪,又可以精雕细琢。大学生可以在大学时光中努力、再努力一点,而这每一点滴的努力都可以成就自己更好的一生。

1.1.1 大学,人生新启航

大学,让一个个普通的孩子站上世界各个领域的舞台;让一个个单纯的生命,犹如稚嫩的小苗被滋养,苗壮长成参天松柏、长成芬芳玫瑰;让一个个懵懂的青春,如破土的芽、雨后的笋,悉数苏醒。

大学是什么样的? 为什么会影响我们的人生? 如果不能清楚地回答这些问题,就会令人迷茫混沌、无所适从、难有所获。大学之所以能够承载悠悠历史和漫漫时光,是因为大学的精神特质。冯友兰先生说过:"一所真正的大学,都有他自己的特点、特性。"这些"特点、特性"就是指不同大学的大学精神。人无精神不立,国无精神不强。大学精神是大学的核心与灵魂,是每一所大学在自身存在和发展中凝练的核心价值理念以及形成的具有独特气质的精神形式的文明成果,是一种文化软实力,是一种可以凝聚人奋发进取的精神力量,可以促进高校发展、社会进步。

大学精神是科学精神的时代标志和具体凝聚,是人类社会文明的高级形式。一所大学办学理念的形成、精神气质的形成,要日积月累,薪火相传,绝非一日之功。大学精神是每所大学在长期办学过程中形成的,为大多数教师、学生所信仰和具备的一种理想追求和意志。大学的校训和校风往往是大学精神的载体,是大学特有的气质标志。我们领略几所国内大学的校训,比如北京大学的"爱国、民主、科学";清华大学的"自强不息,厚德载物",浙江大学的"求是创新",中山大学的"博学、审问、慎思、明辨、笃行",复旦大学的"博学而笃志,切问而近思",厦门大学的"自强不息,止于至善",南京大学的"诚朴雄伟,励学敦行",以及山东大学的"气有浩然,学无止境",等等,显示了厚重的文化底蕴和独特的精神气质。

大学人在大学精神的陶冶下,自觉地吸收大学精神的精华,不断地内化为个人的精神品质。现代大学精神主要包括以下三个方面。

1. 包容精神

大学的活力与创造力,决定于大学的包容精神。大学天然就具有开放包容的精神气质,university 一词以 universal 为词根演化而来,universal 的本意就是"普遍的;万有的;通用的;影响全体的"。大学的包容精神,既指海纳百川雍容大度的胸襟和气度,也指人们博采众长,兼容并包的思维方式和精神境界。时任北大校长蔡元培曾强调:"我对于各家学说,依各国大学之通例,循思想自由之原则,兼容并包。"中国的大学在创办之初就秉承了这种包容精神。20 世纪初,马相伯先生在创办复旦公学初期,提出"囊括大典,网罗众家,兼容并收"12 个字作为办学指南。师从马相伯先生学习拉丁文的蔡元培先生担任了北京大学校长。他在北京大学采取了"思想自由,兼容并包"的办学思想,聘请各种不同学术流派、具有真才实学的学者来北大任教。从马相伯的"兼容并收"到蔡元培的"兼容并包",并非偶然,他反映出教育先贤对大学办学思想的共同理解。正是这份包容,可以给学子广博的思想、宽松的环境、多维的思考、开阔的眼界和心胸。

在当代高校中包容精神具体表现在:其一,学术包容,即尊重他人学术观点;其二,思想包容,即允许他人表达自己的思想观点,并学习自己感兴趣的思想观点。此外,思想包容还包括了对跨地域、跨种族、跨国界的优秀文化的包容。①

大道之行,天下为公。在十四届全国人大一次会议上,习近平总书记站在历史和时代的高度,从中国与世界共同利益、全人类前途命运出发,强调在强国建设、民族复兴的新征程"我们要努力推动构建人类命运共同体"。在这样的时代背景下主动作为,大学也将继续致力于培养具有世界眼光、综合素质、卓越能力的中外学生,帮助他们理性认识不同国家的不同文化,关注人类面临的共同问题和挑战,形成开放、平等、尊重、包容的国际视野,树立起为人类社会的和平与发展做出贡献的远大志向,为构建人类命运共同体注入强劲生命力。②

2. 求真育人

求真育人是大学精神的灵魂。大学的发展历史一直努力保持精神上的独立性和批判性,把追求真理和陶冶心灵当作最基本的目标。蔡元培先生这样说过:"大学者,研究高深学问者也"。

其一,大学肩负着追求真理的使命。对于科学真理的追求,是人类探求未知的一种本能。

---

① 卜芯. 当代中国大学精神的培育研究[D]. 成都:西南石油大学,2014:12.
② 谢红星. 主动作为、顺势而为、奋发有为——大学对构建人类命运共同体贡献的再思考,都市一线,2022-12-19,http://www.xdsyx.com.cn/index.php? c=show&id=1188.

人们出于对知识的爱好,满足对"无知领域"的好奇心,共同聚集在一起进行交流和探讨就是大学形成的最初形态。大学的发展历程,也就是大学中的人们崇尚真知、追求真理的过程。德国教育家第斯多惠说"平庸的教师是给学生传授真理,优秀的教师是使学生找寻真理。"正是秉持这种对真理的执着追求,才得以不惧艰难困苦、百折不回,促使了科学和人类社会的不断进步。

其二,大学是思想自由的学术圣地。蔡元培曾说过:"大学教员所发表之思想,不但不受任何宗教或政党之拘束,亦不受任何著名学者之牵制。"他的这句话体现了高校中大学人对于思想自由地追求。大学中的自由精神还体现在学术自由。学术自由是指在高校中大学人都有学术上的自由,能毫无顾忌地追求真理,探索科学。

其三,大学具有育人的社会责任。时任清华大学校长梅贻琦先生说:"办学校,特别是办大学,应有两种目的:一是研究学术,二是造就人才。"大学是塑造人的心灵的场所,大学教育的本质目的在于培养健全、和谐的人,实现人的全面发展。在现今这样一个全球化,技术爆炸,不断变化、分工精密化和知识专业化的世界中,大学除了担负着传授专业知识这个重要功能之外,仍然需要担负起一个传统的神圣天职,那就是培育学生的人文精神。

大学培育人才不仅具有健康的人格,良好的道德修养,渊博的学识,更应该体现在对全人类社会历史的担当。人民教育家陶行知将先秦时期《大学》中的"大学之道,在明明德,在亲民,在止于至善"修改为"大学之道,在明民德,在亲民,在止于人民之幸福",将"明德"改为"民德",意味着"德"的主体是人民;陶行知认为,无论人的学问多高都应该"亲民亲物亲赤子",更有价值的是,他将忽视人又显得抽象的"止于至善"改为"止于人民之幸福",明确将人民作为教育的主体和目的,将追求幸福生活作为教育的目标。大学承担社会责任是为了推动自身不断追求卓越、增进社会公共利益、引领人类社会进步。不同历史时期、不同国家、不同类型的大学承担社会责任的最终目的是一致的,那就是使人类社会获得不断进步和光明的发展前景。大学探索与传播高深知识,能够形成一种促进社会进步、创造新事物和变革的力量,大学只有在它的价值取向是为促进社会公共利益与人类社会进步而服务时才会履行被赋予的责任。

2021 年 4 月 19 日,习近平总书记在考察清华大学时讲道"我们要建设的世界一流大学是中国特色社会主义的一流大学,我国社会主义教育就是要培养德智体美劳全面发展的社会主义建设者和接班人。我国高等教育要立足中华民族伟大复兴战略全局和世界百年未有之大变局,心怀'国之大者',把握大势,敢于担当,善于作为,为服务国家富强、民族复兴、人民幸福贡献力量。"新时代高校作为我国高等教育的主阵地,肩负着为社会主义现代化建设培养时代新人的使命重任。高校大学生作为担当民族复兴重任的新时代青年,应当具有坚定的理想信念、良好的综合素养和强烈的使命担当。

3. 创新精神

在知识经济和科技迅猛发展的时代,创新理所当然地成为大学的历史使命。创新精神的培养比任何时代都显得紧迫和重要。一方面,人们对真理的探索有一个过程,是随着实践发展不断从相对走向绝对,循环往复、波浪式前进的过程。因而,追求真理就是一个精神与现实的双向互动与创新的过程。大学教育的本质不是灌输或机械式地传播已有知识或书本的知识,而是引导学生在思考与实践的过程中自我领悟、探索和研究,创新知识、创造知识。没有批判和否定就没有真理的创新,实现创新必须具有批判精神。这种理性批判精神,主要表现在对已有知识和前人创造的成果不轻信盲从，学会扬弃，继承和发扬积极、合理的因素，抛弃和否定消极的、丧失必然性的因素。对社会现实问题进行客观评判，不趋炎附势，明辨是非，正本清源，追求抵达真理的澄明之境。另一方面，大学的发展进程与社会的经济政治发展相互关联，新时代大学精神中具备的开拓创新精神是在坚持与社会生产活动和人类一般生活紧密结合、相互关照的创新。这就是说，中国大学精神的发展要上下求索、攻坚克难、推陈出新；在善于发掘新问题、开创新思维、新科技的传统创新精神的前提下，兼具胸怀天下的气魄和"为天地立心，为生民立命，为往圣继绝学，为万世开太平"的高尚精神追求。①

1.1.2 大学中的大学生

历经高考的拼搏、离别家乡亲友、带着满满行囊步入大学校园，大学生是否意识到，自己将在大学校园里开启新的人生。

短短四年的大学时光既承载着大学生多彩斑斓的美好青春，又是他们经历必要的学习、成长并走向独立的巨大人生蜕变的重要阶段。这条慷慨激昂但并不会平坦顺畅的成长之路需要大学生以彻底的觉悟、坚定的决心和坚韧不拔的毅力去努力，才能让大学成为未来的"应许之地"。

1. 信念决定一切

理想信念是大学生成长成才的力量源泉。信念是一个人确信的看法、思想状态。信念之于人生，就如同羽翼之于飞鸟。如果飞鸟没有羽翼，就不能展翅高飞，就不能掠过长空，只能望空兴叹。那么，值此步入大学校园之际，大家可以"以终为始"地思考这样一些问题：同一所学校，甚至同一个班级的大学生为什么毕业后的成就会产生很大的差别？大学四年毕业之时，为什么有的人早已信心满满地奔赴职业生涯发展或继续学习深造的人生新起点；有的人却还在为求职择业疲于奔波而惶惶无定；有的人甚至中途辍学。这样的现实比照是否可以让大家静下心来思考并问问自己：除了自己以外谁还可以对自己的大学教育负责？老师？家长？

心不唤物，物不至，你怎样看待大学，大学就给予你什么。四年的大学时光承载着我们对于广博知识的学习钻研、对于素质能力的锻造培育、对于内在品质的发掘拓展……而自己，就是这段时光责无旁贷的设计者、主宰者、执行者和收获者。通过四年的大学生活，大家将不断发现和挖掘自己的潜能、愿望和内在驱动力，培育锻造自己以获得坚实的基础去迎接未来人生路上的种种挑战，大学时光关系着人生发展，未来正取决于现在。

同学们，信念如同引领人生航向的灯塔，可以赋予自己人生责任和使命感，可以让自己超越困顿。大学学习是一个帮助人建立确信和内在力量的自我教育过程，读大学与自己的人生发展有着如此深切的联系，这一切终使大家有必要秉持人生信念来开启自己的大学生涯。当前，中国特色社会主义进入新时代，党的二十大精神已成为现阶段的行动纲领与精神指引。习近平总书记说："一个人可以有很多志向，但人生最重要的志向应该同祖国和人民联系在一起，这是人们各种具体志向的底盘，也是人生的脊梁。"当代大学生作为推动社会发展进步的生力军和中坚力量，首先应把自己的人生志向与国家前途同向，与民族命运同行，与时代脉搏同频，秉承无惧无畏的担当精神，肩负起历史和时代的重托，不辱使命，锐意进取，开拓创新，

① 梁耀淞.论新时代中国大学精神的传承与创新[J].沈阳干部学刊,2022,24(6):42-45.

奋勇前行。

2. 认清自身力量

当步入大学校门为人生掀开新的一页时，会有一些同学基于种种原因对自己的现状并不满意，他们还没有做好敞开怀抱、迎接人生新生活的准备。现实中，更会有一些大学生从来就没有真正接纳过自己，他们在为自己身上这样或那样的"缺点"或"问题"而忧虑，甚至自卑；又或将自己的学习成绩、家庭背景、经济状况、身体条件等方面与他人盲目对比，对自己的压抑或否定致使他们在行为上浮躁、爱出风头、吹牛、刻意讨好或敌意……徒劳地努力证明自己，却不能直面自己的"缺陷"，没有真正的自信来获得学习和自我发展的真正动力。

这个世界上每一个人都是独特的。古往今来，任何人都不曾与你有相同的人生体验和身体条件，基于这种个体的独特性，你的视角、思维、观念和思想也是与他人不同的。也就是说，我们每个人的生命都包含着无限的可能性。从另一个角度讲，虽然会受他人或环境或多或少的影响，但除了自己之外，没人能为你的行为做出最终的选择并担负责任。因此，这世界上并没有其他人可以比自己更能够全然地了解你自己、接纳自己。

只要是人，都会不完美。每个人身上都有积极和消极的特质。接纳自己要从接纳全部的自己开始，包括自己的一切"优点"和"缺点"。一个人的"优点"和"缺点"就像是一个硬币的两面。积极乐观的状态让人们在危难中看到机会，而消极悲观的状态使人们在每个可能性中都难以把握机会。

【资料学习】

人总要学会自己长大

心心念念的高考终于落下帷幕。对许多人来说，这或许是一个普通的日子，太阳如常，东升西落，只是六月的天气，有些闷热。但对我来说，它意义非凡，不仅仅因为高考完了，我毕业了，我再也不用遭受题海的煎熬，更因为我就此要和我的高中生活告别了，和那些与我同甘共苦三年的老师同学们说再见了，我要开始没有老师管、没有校规约束、没有钟摆般机械的生活了……

我知道，从今以后，能像父母一样关心我的老师或许再也不会遇到，我要学会独立安排好自己的每一天，更要学会自己去解答人生难题。

我知道，从今以后，再也没有人在旁边宠溺地骂你：这题我讲过你还是不会，你怎么那么蠢；也没有人在你错了一次又一次后仍耐心地教你，让你慢慢来别急；没有人对你说"我不会放弃你"；没有人在你紧张害怕恐惧的时候给你一个大大的拥抱……

我知道，我要开始完全独立的人生。我不知道这条人生路上会发生些什么，但我对它有期待与向往，也有担心与害怕。在高考结束合上笔盖的那一刹，在回头和校园告别的那一瞬，我忽然感觉到有一份神圣感，这是我以前从未感受过的，其中夹杂的感情五味杂陈，有毕业的愉快，有离别的不舍，但更多的是那种长大成人要对自己负责的使命感。

"走吧，走吧，人总要学会自己长大。"我心里不自觉地哼道。

说到"人总要学会自己长大"这句话，我忽然明白了些什么。想起班主任曾在高考前对我们说"这是你一个人的高考"，当时我不以为然，心里叛逆地想着：那又怎样？但突然之间，就这么一刹，我明白这句话所蕴含的道理，这不仅是高考的鞭策，更是班主任在高考前默默传授的人生哲理。岂止高考是我一个人的，人生也是我一个人的！没有谁能替代我走完漫漫人生路,我能依靠的,只有自己。

我不知道没有老师的督促后,我还会不会像高中那样刻苦读书?我不知道没有学校的作息安排之后,我还会不会有规律地去生活?我不知道没有学校强制的体育课和跑操之后,我还会不会去积极运动……但我一定会努力不让自己甘于平庸,毕竟,人生路还在延续,我还要不断完善自己,发展自己,成为那个让自己满意的自己。

高中三年,寒窗苦读,对它的总结,绝不能等价于高考那两天的亮剑,也不是三位数的高考分可以衡量的。我承认,高考是我人生的第一个转折,却绝不会是永远与唯一。

我的高考已经结束,但我的人生还在延续。我还是那个富有朝气的我,还是那个乐观开朗的我,只不过,我多了一份责任感与使命感,我要开始对自己的生活负责,对自己的人生负责。

资料改编:杨莉.人总要学会自己长大,中国青年网,2017-06-20. http://news.youth.cn/jsxw/201706/t20170620_10121094.htm.

人是在承担责任中成长的,当你能够为自己的过去行为负责时,就获得了重新诠释这些经历的自由,也就找到了现今前行的动力和方向。今天,你站在哪里已经不重要,重要的是你的脚步将要迈向哪里。以前的足迹,是你自己行为的结果,今后的道路,也必将由你自己来开拓。

3. 学习还是获胜

作为一名大学生,是为了什么而学习?是为父母,为荣誉,为了竞争胜利,为取得大学文凭,还是为各种各样的考试而学习?当内心不明确成绩意味着什么时,别人的看法就容易成为自己的看法。现实中大多数人以成绩作为评判一个学生的价值标准时,你也会不自觉地认同。然而,因成绩而建立的自我价值也许会使学习不够深入,甚至难以获得梦寐以求的高分。如果大学生对自己的认识只依赖于取得好的学习名次,而不是友善与否、知识的多少、努力程度的大小、解决问题的程度,甚至是贡献的多少,那么任何一个可能影响成绩的测验、论文或作业都可能给自己带来极大的紧张和焦虑。这种对自己价值的评价建立在成绩排名之上,是一种"有条件的自我价值",所以容易为了使自己避免参与竞争而放弃尝试,即使参与了,遇到困难也容易轻易放弃,错失良机。更糟糕的是,由于过度关注自己的成绩带来的学习名次,着眼点总是在于希望自己胜出,眼界狭隘,行为会趋向自私傲慢。

研究发现,来自内心深处学习、创造和成长动机驱动的学习会让人直面难题,愉快地接受失败并从失败中学习,更具思维活力,能够成就高度创造力和生产力的人生。这样的学习者能够体验学习的纯粹快乐,并能在更广泛的关系中确立属于自己的人生发展目标,而不是以一种忧心忡忡的疯狂方式去超越他人。他们充满好奇心和同情心,懂得和自己自在相处,过得开心快乐,享受新事物和挑战,追求的是不断超越自我。

摒弃了攀比的思维方式,向内看,探索那些真正吸引自己的东西,专注于自己想做的事情,而不是将自我价值建立在与他人的竞赛之中。好奇心用于对自己特质的深入探索,并基于单纯的学习兴趣进行批判性思考、寻根问底并提出自己的问题。好胜心和不懈努力用于与自己的竞争,积极向他人学习,为自己的成功或失败负责,并且以发展变化和多种可能性的眼光看待前景。成功如过眼烟云,失败也并非不可战胜。

"真正的学习是培养自己在没有路牌的地方也能走路的能力。"著名华裔科学家李政道博士认为考试成绩并不是衡量学习好坏的标志,而学习好坏的根本区别在于有没有能力。大学的学习是一种深度的学习。深度学习是挑战性学习,也就是在真实且复杂的情境中,面对挑战性问题或任务,综合运用相关学科知识和高阶思维,最终解决问题或完成任务的过程。深度学习还应当是一种整体性的学习状态,学习者全身心地投入学习活动并充满着情感、意志、精神、兴趣等。同时,深度学习还是学习者社会文化的濡染过程,更是一种具有纯粹精神气质的学习。在这样的学习中,求知是首要的。[①] 古人云:"为学患无疑,疑则有进,小疑则小进,大疑则大进。"敢于提出问题,善于提出问题,是善于学习最显著的特征。

读大学,是对自己的教育负责,对自己成为什么样的人负责,而不是只做一个考试成绩最好的学生。在大学阶段,可以不追求外在荣誉的取得,但不能不促动自己心智的成长。大学,为求智而来,不只是专业知识的学习,而是培养做事的能力,发展自己的智能和心性,探求自己生而为人的价值。

1.1.3　大学,怎么读

大学,该怎么读,拼搏多年考入大学的莘莘学子在开启自己五彩斑斓的大学生活时是否思考过这个问题。早在 1917 年,北京大学举行开学典礼,蔡元培发表了就职演说,对北大人提出了三点期望和要求。其中第一点就是讲来北大之宗旨,他是这么讲的"须抱定宗旨""非为做官""非为致富""为求学而来"。蔡元培先生认为"大学学生,当以研究学术为天职,不当以大学为升官发财之阶梯"。时至今日,青年大学生们又是为什么读大学,又将如何读大学呢?

1. 大学,负责地读

步入校园的大学生大多已年满 18 周岁,属于法律意义上的成年人。这个年龄的大学生应该开始全方位地担负起自己的人生责任了。同时,大学作为高等教育的起点,是大学生人生最美好的时光,也是一个人重要的职业准备阶段,是踏入社会前的最后一站。读大学,最终为了更好地走向社会,所以在大学,大学生们就应该为踏入社会进行充分准备,担负起自我塑造和培养的责任。每一代大学生都成长在其各自的历史背景中,每一位大学生个体都与其国家和民族的命运紧密相连。当代大学生是我国社会主义事业的建设者和接班人,要继承前辈开创的伟大事业,在新的历史起点上推动中国特色社会主义航船继续破浪前进。

学习与读书是大学生的"本分",负责地读大学,就要珍惜时光,把握好大学学习。大学的学习既要求我们掌握比较深厚的基础理论和专业知识,还要求重视各种能力的培养。我们除了扎扎实实掌握书本知识之外,还要培养研究和解决问题的能力。因此,我们要特别注意自学能力的培养,给自己制定大学学习规划和目标,搞清楚自己要在大学四年学什么,怎么学,有计划地安排好学习、生活,不要安于空虚。要尊重老师,虚心向老师请教,多与老师交流。要学会独立地支配学习时间,自觉地、主动地、生动活泼地学习,还要注意思维能力、创造能力、组织管理能力、表达能力的培养,为将来适应社会工作打下良好的基础。大学除了学习必要的科学技术知识,更重要的在于养成一种科学的理念、思维方式与科学的世界观、人生观、价值观。

2. 大学,刻苦地读

学习贵在刻苦,难在坚持。"合抱之木,生于毫末;九层之台,起于累土"。任何人的成功

---

① 吴永军. 什么是真正的深度学习[J]. 江苏教育[J]. 2020(49):1.

成才,莫不来源于一点一滴的积累、锲而不舍地努力。国学大师钱穆说过:"古往今来有大成就者,诀窍无他,都是能人肯下笨劲。"学习是件"苦差事",高中时备战高考的学习是艰苦的,进入大学后一样不能放松自我要求。"宝剑锋从磨砺出,梅花香自苦寒来",做任何事想要获得成功与收获,都需要辛苦付出、艰辛努力、克服困难、坚持不懈。2023年青年节前夕,习近平总书记给中国农业大学科技小院的同学们回信中强调,你们在信中说,走进乡土中国深处,才深刻理解什么是实事求是、怎么去联系群众,青年人就要"自找苦吃",说得很好。新时代中国青年就应该有这股精气神。

"人生万事须自为,跬步江山即寥廓。"学习既要多读有字之书,也要多读无字之书。马克思有一句名言:"哲学家们只是用不同的方式解释世界,而问题在于改变世界。"大学阶段处于一个从学校走入社会的过渡期。大学的学习不是仅为了获得学习成绩,取得毕业证书,大学的学习更是为了能做事情,因此大学生要懂得把学习书本知识和参与社会实践紧密结合起来,在实践中锻炼成长。大学生努力学好科学文化知识,打下扎实的知识基础,这是读有字之书。但"纸上得来"的东西毕竟根底未深,必须经过亲身的践履,才能加深认识,化为己有。因此,当代的青年大学生还要深入了解国情,积极地投入社会生产建设的广阔天地,自觉到基层一线去,到艰苦环境中去,到祖国和人民最需要的地方去,拜人民大众为师,走知行合一之路,在火热的实践中砥砺自己,以崇高的理想引导前行,用知识之光照亮青春,这就是无字之书。

【资料学习】

支教感悟:在"自讨苦吃"中收获甜蜜和幸福

现我已在重庆大足支教的第142天。在这100多天里我曾感到疲惫,不止一次地在晚自习结束后的夜晚,掰着指头计算着放假的时日。但也是在这短短的100多天里,我结识了226名炽热的少年,在心底拥有了最柔软的惦念。

2021年9月1日　是我们的初见也是故事的开始

紧张是这一天生活的主旋律。清晨六点我便梳洗完毕,脑中不断想象着和孩子们初遇的场景。尽管已经把第一课教材看了一遍又一遍,教案写了一份又一份,课后习题做了一次又一次,但是第一次站上讲台,我紧握的手心还是攒满了汗水。他们用好奇的眼光偷偷打量着我,略显稚嫩的眼睛中尽是青春的澄澈。

我拘谨地环顾教室,仿佛在参加毕业答辩,嘴角甚至挤不出一个僵硬的微笑。显然孩子们对我这个有着陌生口音的年轻女数学老师充满了兴趣,细小的议论声我尽收耳底却又无措。有些歪歪扭扭的板书、不太成熟的课堂、过快的语速……当老师的初体验让我感受到了深深的压力。我担心他们不喜欢我,不喜欢我的课堂,不喜欢数学,因此而影响成绩。我想要拼命做好,让他们尽快适应我、爱上数学、学好数学。

那一夜,我辗转难眠。

2021年10月20日　我的"小秘密"被发现了

班里的一个女生课间来找我解答问题。问题解答好了她却欲言又止羞涩地望着我,说"老师……"我温柔地回应:"怎么啦?没听懂吗?"

"不是。我……我想问你一个比较私人的问题。你是来支教的吗?"

我非常惊讶。担心我的身份影响他们学习情绪。所以我从未提起过我的"小秘密",沉默几秒后我答道"没有呀,为什么这样问?"

"我们在百度上搜到的！全班同学都知道啦！"

那一刻我心底有一种说不出来的快乐。偷偷百度我，证明你们想要多了解我一些，多靠近我一些。好像，你们挺喜欢我的嘛！

2021 年 11 月 8 日 作为你们的"新手教师"，我很自豪

考试前夜的最后一节晚自习，我在黑板上整理了一些易错题型给孩子们"练手"。密密麻麻的板书写了一黑板，细细碎碎地叮嘱说了一箩筐。我抬手擦擦额头细密的汗珠，安抚地摸摸自己偷偷叫出声的肚子，蓦然抬眼看向窗外，才发觉，不知何时月亮已高悬在枝头。放学走在回家的秋日夜色里，我悄悄对着月亮许愿：孩子们可以取得好成绩！

成绩公布的晚自习，我坐在教室前深深地吸气，颤抖地输入教师账号密码，缓缓睁开双眼，我不可置信地刷新了三次页面才确认他们给我的这个惊喜！

我所带的班级平均分位列第一、第二名，高分段人数遥遥领先。我比自己考了第一名还要激动！这是我到大足三个多月以来最开心的时刻，也是在这一刻我深深地感受到了成为一名教师的魅力：生活中的喜怒哀乐全部和我的学生们有关。那些因深夜备课写满的一页页草稿纸，钻研教法听的一节节课，批改作业用完的一支支红笔，解答问题重复的一句句话在此刻都有了最有力的回响。

赤诚的孩子们和我一起并肩战斗，保持着第一、第二名的佳绩直到这个学期末。而我也和他们一起稳步向前，不断进步。他们开始逐渐喜欢上数学，我也逐渐成长，真正适应、融入我的新身份。

2021 年 12 月 19 日 小杨老师躲在办公室里偷偷擦眼泪

由于高考学科教学调整，要进行选科重新分班。刚进入高中朝夕相处了三个月，又要去新的班级适应新老师、新同学，对孩子们而言这是一个不小的挑战，于我也一样。

分班后的第一个晚自习，我走进办公室看到桌子上堆满的纸条、零食、糖果和鲜花，又惊又喜。原来，被他们喜欢和爱戴，是如此的幸福！

"真的很喜欢你，让我对数学产生了兴趣。"

"您教得真的非常好。"

"很幸运，在不断长大的路上，有位尽职尽责的师长教了我数学。"

细细读完孩子们的每一张字条，我的眼眶已被泪水浸湿，氤氲的雾气爬满了镜片。幸运的又何止他们！遇到他们，在清澈的爱中成长，也是我的幸运呀！

2022 年 1 月 16 日 本学期最后一节晚自习收官

我们，要在这个寒假短暂地分别了。

走在下班路上我在想，如果当初没有选择来支教，我现在在做什么？也许是刚刚考完令人头疼的专业课和好友们举杯庆祝，也许是在实验室对着一篇篇晦涩的文献修改代码，也许是在三千多公里外的母亲怀抱中撒娇。

但是这些都不及和孩子们一起相伴的时光——我成长旅途中独一无二的风景。在这里，我将珍藏的所有美好都和他们紧密相连。

一年前，放弃普通保研的资格，选择加入第二十三届研究生支教团，成为一名"西行追梦人"是我青春故事里最勇敢的篇章。这个在多数人眼中看似有点"自讨苦吃"的选择，却让收获了无可言说的甜蜜和幸福。

用爱感受爱，用爱包围爱，用爱回馈爱。正是在这样清澈的爱中，我渐渐成长也愈发

坚强。

很幸运,在我不断长大的路上,我和一群天使携手同行。

资料来源:杨宇歌.支教感悟:在"自讨苦吃"中收获甜蜜和幸福,微信公众号"重庆共青团—青年志愿者",2022-01-27,http://xibu.youth.cn/gzdt/gddt/202201/t20220127_13408182.htm.

在党的二十大上,习近平总书记发出伟大号召,"广大青年要坚定不移听党话、跟党走,怀抱梦想又脚踏实地,敢想敢为又善作善成,立志做有理想、敢担当、能吃苦、肯奋斗的新时代好青年,让青春在全面建设社会主义现代化国家的火热实践中绽放绚丽之花。"

理想信念在创业奋斗中升华,青春在创新创造中闪光,广大青年大学生唯有勤学苦练、增长才干,将人生追求同国家发展进步紧密结合起来,在报效国家、服务人民中展现风采、实现价值,才能不负青春、不负时代。

3. 大学,开心地读

步入大学校门的大学生掀开了自己的青春新篇,大学是一个人开始真正意义上的自我管理的开始,大学生要做自己的青春主人。青春之歌是热情明快的,大学的旋律是奋进蓬勃的,在这里,大学生要独立思考、设定目标、认真学习、锻炼身体、培养能力、发展兴趣、结交朋友、积极实践、勇于探索、不断攀登。在这里,大学生用自己的汗水和智慧,一步一个脚印地开心谱青春之歌,昂扬与时代同行,愉快而充实,找到心中热爱,实现人生价值。

【练习与实践】

悦 纳 练 习

首先找一个舒适的地方,把所有可能分散你注意力的东西都收起来。准备好本和笔,以及彩色笔。如果愿意,可以放一些舒缓的轻音乐。闭上眼睛,深呼吸五次,让自己彻底放松下来。

1. 认识你自己的光明面

想象一部通往你内心深处的电梯。走进电梯,按下最底层的按钮,进入你心中的神秘花园。在花园里散步,欣赏周围的花木风景,享受浓郁的花香和泥土潮湿滋润的气息。天气晴好,鸟儿在周围歌唱。想象自己穿着最美丽,最舒服的衣服。提醒自己,在内心的神秘花园里,你是绝对安全、绝对舒适的。找一个安静的地方坐下来,闭上眼睛。你的心中会出现另一个你自己,这一个"你"代表的是你积极的一面,拥有你全部的力量、勇气、同情和爱。

让这个光彩照人的"你"走过来,在你身边坐下。握住"你"的手,凝视"你"的眼睛。问这个积极的"你"是否会永远陪在你身边,保护你,指引你前进的方向。问"你"你究竟该怎么做才能敞开心扉,让被压抑的情感释放出来。跟这个积极的"你"拥抱,感谢"你"来看你,邀请"你"常来你心中的花园做客。

睁开眼睛,记下你刚才的体验。包括你所见到、听到和感觉到的一切。那个积极的"你"是什么样子?对你说了些什么?不必着急,把你所想到的一切都写下来。用彩色笔给那个"你"画一张像。即使你从未学过绘画也没关系,画的水平并不重要,关键是用心去画。至少画上五分钟。

2. 认识你自己的阴暗面

重新闭上眼睛,深呼吸五次,让自己放松下来。想象一部通往你内心深处的电梯。走进电梯按下最底层的按钮。这一次电梯门打开的时候,外面是一个阴暗肮脏的地方,要多糟糕就有多糟糕。你可以想象一片臭气熏天的垃圾场,也可以想象一个爬满了老鼠、蛇、蟑螂和蜘蛛的山洞,总之,这是一个你最不愿意来的地方。继续深呼吸,然后朝最阴暗的角落里望去,你会看见一个最卑微、下贱、猥琐的自己。这一个"你"代表的是你消极的一面。仔细观察"你"的样子,注意"你"身上的气味,以及"你"带给你的感觉。哪一个词最适合描述此时的"你"?当你看清楚消极的"你"的样子之后,就可以睁开眼睛了。把你刚才想到的那一个词,以及你所经历的一切、你心中的感觉都写下来。至少写上十分钟。

3. 光明面与阴暗面的融合

闭上眼睛,深呼吸,放松下来。坐电梯回到你心中的神秘花园里,欣赏周围的风景,然后找一个安静的地方坐下来。当你感到无比舒适、无比安全的时候,再度让那个积极的"你"来到你身边。等到积极的"你"在你身边坐好,再邀请那个消极的"你"来到你的花园里。让积极的"你"与消极的"你"彼此拥抱,让你最光彩照人的一面与最卑微的一面拥抱在一起。让积极的"你"释放出爱与同情的光芒,照亮那个消极的"你"。告诉消极的"你",这里很安全。随时都可以来拜访这里,得到你的接纳和原谅。给自己充分的时间,如果那个消极的"你"不愿意被积极的"你"抱在怀里,不要紧,每天都尝试一次,直到有所进展为止。如果时间过了十分钟左右,消极的"你"一直在抗拒,就睁开眼睛,返回现实世界。

用彩色笔把你刚才经历的一切都画下来,至少画上五分钟的时间。画完之后,再把你的经历和感受写在本子上。

资料来源:黛比·福特. 接纳不完美的自己[M].严冬冬,译. 北京:北京联合出版有限公司,2018.

1.2 生涯与职业生涯

案例引导

大学生所处的年龄段是人生发展的重要转折期,也是个体社会化的关键期,同时他们还处于人生职业生涯发展的重要准备期和规划期。大家应该意识到,自从步入大学校门,便开始了独立驾驭生命的风帆,驶向心中的"应许之地"。

1.2.1 生而有涯

从人生发展的角度看,这个"应许之地"就是生命的意义。众所周知,从时间上来讲,一个人的生命是有限的,一个人在有限的生命历程中会承担这样或那样的社会角色,这个过程是一个人自主的生命历程,也就是一个人的"生涯"历程,"生"就是指"生命""人生";"涯"就是"边界"的意思。"生涯"是指一个人终其一生主动扮演的角色及经历的过程,包括工作、生活、休闲等。

价值与意义赋予人们生活与生命的动力。对于绝大多数现代人来讲,生命的意义是在职业生涯中实现的。

职业即是人们参与社会分工,利用专门的知识和技能,为社会创造物质财富和精神财富,获取合理报酬,作为物质生活来源,并满足精神需求的工作。

在职业的概念中体现了以下四点。

(1)与人类的需求和职业结构相关,强调社会分工。

(2)与职业的内在属性相关,强调利用专门的知识和技能。

(3)与社会伦理相关,强调创造物质财富和精神财富,获得合理报酬。

（4）与个人生活相关，强调物质生活来源，并涉及满足精神生活。

可见，现代社会的职业概念已淡化了其作为谋生手段的作用，而指向个人生命的意义。

职业已成为人们实现个人价值、追求理想生活的重要途径。现代社会人们的职业活动在生命过程中有重要意义，从走上就业岗位前的学习和教育，到离职退休，职业生涯活动伴随着绝大多数人的大半生时间，也左右着个人的生活品质和生命价值。在一个人有限的生命中，职业生涯往往占有绝对重要的位置。

根据中国职业规划师协会定义：职业生涯是一个人的职业经历，它是指一个人一生中所有与职业相联系的行为与活动，以及相关的态度、价值观、愿望等连续性经历的过程，也是一个人一生中职业、职位的变迁及工作、理想的实现过程。每个工作着的人都有自己的职业生涯，职业生涯是一个动态的过程，它不只是在职业上成功与否。

1.2.2　职业发展与人生愿景

一个人对社会的贡献越大，其人生价值也就越大。

1. 职业的基础在于创造价值

人为了自身和社会的生存与发展，必然会对客观世界中的某些东西产生需求。职业活动是为了满足人们的需要而产生。你从事一项工作，是为了能用自己的才能为企业、为社会创造价值。与此同时，在创造价值的过程中，也实现了个人的理想与目标。

被他人需要体现了一个人的价值。人在职场，如果是一棵大树，就撒下一片阴凉；如果是一泓清泉，就滋润一方土地；如果是一棵小草，就增添一分绿意；如果是一颗星星，就点缀一角天空。

19 世纪以来，人类社会的现代化进程不断深化，每个人都逐步融入分工和交换的体系，在满足他人需求的同时满足自身的需求。所以，社会中个体间的相互依赖关系，比以往任何一个时代都要错综复杂；社会的命运前途和个人的命运前途，比以往任何一个时代都要息息相关。对于职场中的个人而言，只有其供职的组织和整个社会的力量得到了更好的发展，个人的利益和诉求才能得到真正的满足。马克思说："人只有为同时代人的完美、为他们的幸福而工作，自己才能达到完美。"人无完人，这里所谓的"完美"，实际是指在人类历史发展的基础上，人所达到的"自由而全面发展"的现实状态，而这种状态得以实现的前提，应当是每个人积极主动地为全社会的共同利益而"工作"。当代中国青年是与新时代同向同行、共同前进的一代，生逢盛世，肩负重任。在平凡的工作岗位上努力实现职业价值，就是对人生梦想的有力回馈，就是对国家、对社会的有益贡献。在时代大潮中找到自己的坐标，在不懈奋斗中尽到自己的责任，必能让个体奋斗与强国宏图同频共振。

2. 工作是生命的一部分

每个人都想拥有一个美好的人生，而美好的人生是要靠人们自己去创造的。

工作的质量往往决定生活的质量。从这个意义上说，工作就是充实自我、提升自我、表现自我、成就人生的事情。日出而作、日落而息的生活规律古已有之，但在作与息的交替轮回中，人们也耗尽了生命，所以工作既然是人们生活的一部分，也必然是人们生命的重要组成部分。

生命的魅力不在于安享荣华富贵，而在于不断地超越自我，从痛苦和不幸中分娩出思想，从创造和超越中激发生命的力量，于承载艰辛和苦难中锻造生命的品质，如此，你的生命便得以挣脱自身的局限,焕发出耀眼的光芒。

可以这样说,每个人的工作都是人们亲手绘制的图画,是美丽还是丑陋,令人欣赏还是遭人鄙视,都是由自己创造出来的,正如人生路是靠自己走出来的一样。

3. 人生愿景在职业中实现

思想有多远,人们就能走多远。人生在世,必须明确自己活着的意义和目的。一旦确立了自己的人生目的和信仰后,要认识到这个信仰也不是抽象的、空洞的,它必须以某种具体方式实践出来。每个人所拥有的职业,就是自己信仰的具体实现方式。

一个人的价值,不是看他这一生中拥有什么,而是看他能为世界留下什么。许多已经成功乃至成名成家的人士为什么还在勤奋工作？那是因为,他们工作的目的不是追求名利,而是在工作中追求为社会创造更大价值,以实现自己的生命意义。有了这样的生命热忱和人生信仰,他们坚持不懈、孜孜以求、乐在其中,将一份职业做成了人生事业,并使之成为了实现自己人生愿景的创造性劳动。

职业可以使人达成人生愿景、实现人生价值。要知道,对于自己真正的人生意义的追求,能够使人们热血沸腾、灵魂闪亮。青年大学生与时代同向,走好与时代同频共振之路,还需要勇于担当时代使命,紧扣时代主题,在自己的职业生涯也是人生发展道路上不懈奋斗。

1.2.3　职业生涯规划

一个人若是看不到未来,就掌握不了现在；一个人若是掌握不了现在,就看不到未来。这一句话说明了生涯规划的本质与精髓:立足现在,胸怀未来。

【资料学习】

有四只毛毛虫,从小一起长大。有一天,它们到森林里寻找苹果吃。

第一只毛毛虫跋山涉水,终于来到一株苹果树下。它根本不知道这是一棵苹果树,当它看到其他的毛毛虫往上爬时,就稀里糊涂地跟着往上爬。它不知道自己到底想要哪一种苹果,也没想过怎样去吃苹果,只好一切全凭运气了。

第二只毛毛虫也爬到了苹果树下。它知道这是一棵苹果树,也确定自己的目标是找到大苹果。于是它慢慢地往上爬,遇到分支的时候,就选择较粗的树枝继续爬。终于,毛毛虫找到了一颗大苹果,它刚想高兴得扑上去大吃一顿,但是放眼一看,发现这颗大苹果其实是全树上最小的一个,如果它选择另外一个树枝,就能得到更大的苹果。

第三只毛毛虫知道自己想要什么苹果,为了更好地达到目标,它研制了一副望远镜。通过仔细搜寻,它发现了苹果树上一个最大的苹果。于是,在很多通向大苹果的路径中,经过反复思考、计算,它终于选定了自己的道路,开始缓慢地朝着目标爬去。然而,当它爬到那里的时候,苹果已经因熟透而烂掉了。

第四只毛毛虫知道自己想要的是什么,也知道苹果将怎样长大。当它用望远镜观察苹果时,它的目标并不是大苹果,而是一个青涩的小苹果。它计算着自己的行程,估计当它到达的时候,小苹果正好长成成熟的大苹果。结果它如愿以偿。

资料来源:黄天中,吴先红.生涯规划——体验式学习[M].北京:北京师范大学出版社,2011.

这个故事让我们知道,人生是需要规划的。可以这样理解生涯规划:探索认知自我,在此基础上充分了解环境,并在这两者之间找到一个有弹性的平衡点。在这个过程中,使人们的心灵回归新的点,以重整旗鼓,再度出发。

不谋万世者,不足谋一时;不谋全局者,不足谋一域。没有生涯规划,人生便没有了方向。大学是为今后职业生涯发展打基础的重要积累期,不在这里开始职业生涯规划,也就不知道未来的路在哪里。

从人的一生发展来看,生涯规划指的是人们在一生中不断探索自我、探索世界,结合探索的结果,形成长期或短期的目标,然后不断积极行动、有效决策、行进发展的过程。从每一个当下来看,人们可以清晰地了解自己所处的环境,明确自己的角色,结合个人期待,合理地应对。这样对一个个事件的有效应对,就是生涯规划的内容。总的来说,生涯规划就是人们了解自我,了解世界,合理规划、积极行动,有效应对,最终不断适应生活、发展自我的过程。

职业生涯规划是指针对个人职业选择的主观和客观因素进行分析和测定,确定个人的奋斗目标并努力实现这一目标的过程。

职业生涯在人的一生中占有极为重要的地位,职业生涯的成功与否直接影响到人生价值能否得到充分的体现,间接决定了生命内容的精彩抑或平淡。职业规划是大学生们迈入社会的第一个规划,也是人生规划中最核心的规划。因此,做好职业生涯的规划,对每个人来说都是十分重要的,它关系个人的前途与命运,并为大学学习生活指引方向,激发人们本身强大的发展动力。

【练习与实践】

1. 判断题

(1) 他们所做的是职业吗?

A. 王某开了个印刷厂,印制盗版图书销售。　　　　　　　　　　　　(　　)

B. 小张从乡村来到城市,经中介公司介绍,给居民做家务小时工。　　(　　)

C. 李某以盗窃为生,被抓捕之前因盗窃技术娴熟,也能屡屡得手,获得大量财产。

　　　　　　　　　　　　　　　　　　　　　　　　　　　　　　　(　　)

D. 小赵结婚生子后在家操持家务,照看孩子,成为一名家庭妇女。　(　　)

(2) 下列说法正确吗?

A. 职业就是上班,年富力强就行。　　　　　　　　　　　　　　　(　　)

B. 职业就是自己干活,与他人无关。　　　　　　　　　　　　　　(　　)

C. 从事一项职业不应轻易变换。　　　　　　　　　　　　　　　　(　　)

D. 生意人做生意失败的时期不应计入其职业生涯过程。　　　　　(　　)

2. 单项选择题

(1) 职业的基础在于(　　)。

A. 学习好　　　　B. 投入多　　　　C. 环境好　　　　D. 创造价值

(2) 人生愿景在(　　)中实现。

A. 想象　　　　B. 思考　　　　C. 职业　　　　D. 期盼

3. 多项选择题

在我国,古时候的老中医在弟子学徒出师时赠送两件礼物,一把雨伞和一个灯笼。想一想,老中医要送这两件礼物的原因是(　　)。

参考答案

A. 要弟子风雨无阻地为患者服务

B. 要弟子经常回师傅家看望，不忘师恩

C. 是表示师徒情深，为弟子生活提供方便

D. 要弟子不分昼夜地为患者服务

【复习与思考】

（1）如何理解大学精神？

（2）应该怎样做一名大学生？

（3）读大学是在读什么？

（4）职业发展对人生价值实现的意义是什么？

（5）如何认识职业生涯规划？

第**2**章

生涯规划与职业发展

📌 【学习目标】

(1) 理解职业生涯规划基本理论。

(2) 掌握职业生涯规划原则与方法。

(3) 懂得内外职业生涯与职业生涯发展的关系。

(4) 能认识职业社会对相应岗位的人才要求。

(5) 认知专业提升与职业发展的关系。

2.1 职业生涯规划基本理论

案例引导　　职业生涯规划基本理论有不同的流派,下面介绍七种较为重要且有影响力的生涯规划基本理论,包括帕森斯特质因素理论、霍兰德的类型论、舒伯生涯发展阶段理论、克朗伯兹的职业决策社会学习论、明尼苏达工作适应论、认知信息加工理论、施恩的职业锚理论。

2.1.1 帕森斯特质因素理论

特质因素理论由美国学者教授帕森斯(Frank Parsons,1854—1908)1909 年在《选择一个职业》(*Choosing a Vocation*)一书中正式提出。严格来讲,虽然没有生涯概念,不能称为生涯发展理论,但却是最早的职业指导理论,该理论的中心认为人要与职业相互匹配。其中"特质"指代的是人的人格特点或特征,例如个人的人格特点、个人的能力倾向、个人的价值观点、个人的兴趣等,而以上则可以通过一些测量工具进行测试和评价得出。其中"因素"是指想要成功所需要具备或者满足的资格、前提或条件,而这些则可通过分析工作进而获得和了解。个人自身都具备自己的特质模式,而也都具有相互匹配的职业类型,如果个人的特质与职业的因素相匹配时,职业的获得感、顺畅度、成功性就越高,特质因素理论是最早的职业选择理论。

特质因素理论观点认为每个人的区别与差异在于每个人的心理和行为上,并且是普遍的,此外每个人都具有自己个人特有的人格特质与能力特征,这些人格特质与能力特征与一些相应的职业相关。不同的个人特质会适应不同的职业类型,每个人都有自主择业的机会,个人的特质是可以客观测量的。帕森斯提出三个步骤即三要素。

第一要素为求职人员的自身认知,即认识自己。通过心理测量工具及一些其他的测评方式,了解个人的相关资料,如身体情况、性格情况、能力倾向、兴趣喜好、个人气质等,此外也会结合调查、谈话等方式了解本人的家庭情况、学习状况、工作履历等信息,并综合以上对获取到的信息进行评价。

第二要素为具体分析职业要求,进而提供有效的职业信息。信息内容包含:①职业性质,工作条件、薪资、发展晋升可能性;②求职条件与要求(学历、身体条件、年龄、能力、心理特点)等;③为入职而做的教育课程计划,以及相关的学习机构、时长、入学费用及条件;④就业机会。

第三要素为人职匹配。完成人职匹配的前提是要做好前两个阶段的基础准备工作,要全面了解求职人员身体情况、性格情况、能力倾向、兴趣喜好、个人气质等,同时也要分析好职业的各项信息,进而将各种可能性综合排列对比,逐个分析比较筛选后最终选择适合求职者同时其在该岗位上能够取得成功的职业。

特质因素理论关注求职者本人的倾向、成就、兴趣、价值观等个人特质以及本人与职业的相互匹配上,但是在一定程度上却忽视了人与环境是存在变动和变化的,没有关注到发展性这一特征。这种缺乏动态性的观点,会减小求职者和职业的选择范围,不能达到拓展职业生涯的目标,这也是该观点的局限性。

2.1.2 霍兰德的类型论

美国霍普金斯大学的心理学教授约翰·霍兰德于 1959 年提出了具有广泛社会影响的人业互择理论。在霍兰德的职业类型论中,他将个人和环境进行了分类,在人与职业相匹配的基础之上进行细化,增强了可操作性。霍兰德的职业类型论主要观点是大部分的职业选择可被分为不同的六种类型,同时也会有六种不同的环境适应不同类型的人们。六种个性类型为现实型(realistic)、研究型(investigative)、艺术型(artistic)、社会型(social)、企业型(enterprise)、常规型(conventional)。个人可以通过找寻并处于这样的环境,会有利于更好地发挥个人特长、更好地展示才能、更好地担任角色。同时,个人的行为和表现也会由其人格特征和环境彼此相互作用影响而决定。该理论可以帮助匹配与职业生涯规划相关的个人兴趣和人格类型。霍兰德编制自我职业倾向测定量表作为人格类型和职业倾向的测量工具,该类型分类和量表可以作为职业选择的依据和前提。人格类型关系如图 2-1 所示。

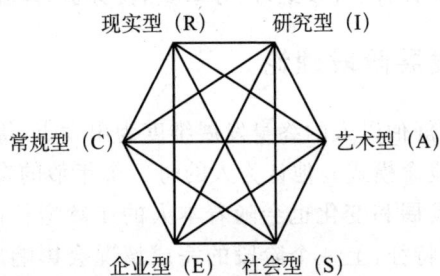

图 2-1 人格类型关系

1. 现实型(realistic)

现实型的人的特点为踏实、谦逊、坦率、忍耐度较好、情绪较为稳定;喜欢从事户外的一些活动或者操作性的活动或者职业情境,认为实际行动更为重要,不喜欢在封闭的室内进行相关的工作,个人的操作能力较强,但在人际交流方面有待提升;典型职业有工程师、园艺师、木艺师、修理工、外科医生、专业技术员等。

2. 研究型(investigative)

研究型的人的特点为独立、理性、谨慎、判断力强、分析能力较好;喜欢从事研究性质的活动或者职业情境,在科学、逻辑、数理等方面能力较强,在研究型职业环境中可以更好地发挥复杂抽象的思考能力,能够创造性解决问题和开展工作,逻辑能力较强但在领导力方面有待提升;典型职业有研究员、科学家、心理学家、设计师、教授、程序设计员等。

3. 艺术型(artistic)

艺术型的人的特点为直觉、想象、创意、情绪化较强,感情丰富等特点;喜欢从事艺术相关的职业或情境,心思艺术审美、音乐表演、写作文艺等方面能力较强,在艺术型职业环境中,自由、开放、鼓励性的环境有利于其表达和发挥展示,但有时会相对忽略逻辑性、条理性;典型职业有音乐家、诗人、漫画师、作家、摄影师、导演、设计师等。

4. 社会型(social)

社会型的人的特点为友善、助人、慷慨、合作、善解人意和善于沟通,具有较好的感知和洞察力;喜欢从事社会性质的职业和情景,乐于了解他人、理解对方、帮助对方,社会型职业环境鼓励其多沟通了解对方、帮助教导、关心关爱他人,工作环境重视友善等,但相对缺乏机械与科学能力;典型职业有教师、社会工作者、心理咨询师、护士等。

5. 企业型(enterprise)

企业型的人的特点为冒险、乐观、自信、善于交际、精力充沛、具有较强管理能力;喜欢从事企业事业性质的职业和情景,具有较强的语言沟通表达能力、社会交往、组织协调、管理统筹能力,重视政治经济成就,较为缺乏科学能力;典型职业有律师、政治家、管理人员、经理、销售主管、经销商、电视制片人等。

6. 常规型(convectional)

常规型的人的特点为顺从、谦逊、坚毅、稳重,有效率,有恒心,注重秩序化;喜欢从事传统风格的职业。相对具有文书能力、组织和计算能力,较为重视商务上的价值以及经济上的活动价值,有较强的责任感,在适应性和依赖性的工作中获得成就,不喜欢从事艺术类型相关工作;典型职业有秘书、编辑、会计师、行政助理、办事员、税务员、计算机操作员等。

2.1.3 舒伯生涯发展阶段理论

美国职业生涯规划大师舒伯以人的终身发展维度为出发点,综合研究"生涯发展形态"的研究结果,提出职业的发展概念模式。他认为人的每一个年龄的发展阶段都和职业的发展有着相互关联的关系,生涯的发展和变化也会随着本人的年龄增长而发生改变,而在每个年龄阶段也有自己生涯的任务和特征,上一个阶段的完成情况会影响后续阶段的结果,也会影响最终的发展结果,舒伯从动态的角度以"自我概念"出发,从终身发展的维度把人的生涯发展划分成成长、探索、建立、维持和衰退五个阶段。

1. 成长阶段

成长阶段对应的年龄为1~14岁。成长阶段属于认知阶段,孩童的自我概念开始发展,开始认识自己是什么样的人,初步建立对外界的认知,孩童的幻想和个人需要占统治地位,也开始通过各种方式来表达需求和要求,个人兴趣和个人能力越发重要,通过不断地尝试参与,孩童也不断调整自己的身份角色。

幻想期:4~10 岁,个人需要占据绝对主导,在幻想中饰演自己的职业身份。

兴趣期:11~12 岁,个人喜好为主导因素,喜好成为职业期待和个人活动的原因。

能力期:13~14 岁,个人能力逐渐重要,慢慢重视个人的能力和客观要求。

2. 探索阶段

探索阶段对应的年龄为 15~24 岁。在这个阶段的青少年通过在学校的学习、学生活动、休闲娱乐活动等进行自我的探索,包括自我定位、能力考量,会对个人职业进行探索。这个阶段是打基础的时间段,青少年会认真地探索各项职业,职业的偏好也会更加具体化、特定化,会对自身的情况进行分析对比对标,同时根据将来的职业选择进行决定,进而完成择业和第一次就业选择。

试验期:15~17 岁,会考虑个人的喜好、个人的需要、本人的基础能力情况和个人的价值需求,结合目前的就业机会,通过思考、讨论、尝试去选择自己的就业方向和职业。

过渡期:18~21 岁,逐渐涉入就业市场和感知职业领域,接受就业前培训,重视实际情况,进一步发展自我概念,也将泛泛的职业偏好更加具体化,更加明确化。

尝试期:22~24 岁,本阶段初步确定了职业选择,也逐步探究这份职业成为终生职业的可能性,如果有需要会再次进行重新职业探索和职业选择。

3. 建立阶段

建立阶段对应的年龄为 25~44 岁。这个阶段属于选择和安定阶段,在这个阶段的人们通常匹配找到自己适合的就业职业领域,也会积极地建立和维护积累巩固的地位,而后续可能发生变化是职位变化、工作内容的变化,而非职业的巨大变更。本阶段的任务是寻找个人喜欢的职业,协调好人际,维护成果,努力进步和提升,稳定地继续发展。

承诺稳定期:25~30 岁,在前期已经确定的就业方向和职业选择上稳定,会因为个人的意向和满意程度适当小幅调整。

晋升期:31~44 岁,基本上处于职业生涯的稳定阶段,多数人在这个阶段具有创造性,在职业领域和岗位上有收获、成绩、业绩等提升。

4. 维持阶段

维持阶段对应的年龄为 45~64 岁,这个阶段属于精进阶段和提升阶段,个人会通过本人的不懈努力和提升来取得职业上的进步和攀升。面临新人的挑战会积极应对,巩固自我以对抗竞争,维持原有选择和已经取得的成就和地位,基本不选择去新的领域发展或突破。

5. 衰退阶段

衰退阶段对应的年龄为 65 岁以后,基本属于退休阶段。在本阶段中身心都会衰退,逐渐进行角色过渡转换,从适当参与到不参与,慢慢从原来的职业中退出,逐步更多倾向于家庭,退出后会寻找发展其他角色,找到其他具有满足感的来源减缓衰退感,进而持续生命力。

衰减期:65~70 岁,本人自身能力下降,身心能力水平下降,工作节拍放慢,释放工作责任。

退休期:71 岁以后,逐步离开工作岗位,完成全部退休或开展其他休闲类活动。

伴随着后续持续的研究和深入,舒伯认为职业规划理论不是割裂的,是相互影响、环环相扣的关系,是循环式发展的,在每个阶段的过程中都要经历成长、探索、建立、维持和衰退,不断地螺旋式循环,而这也正好丰富了该模型的内涵。

表 2-1 列出了舒伯生涯发展五个阶段的任务。

表 2-1　舒伯生涯发展五个阶段的任务

阶 段 名 称		年龄段	生涯时期	职业上的发展
成长阶段	幻想期	4～10 岁	婴幼期	自立能力的提高; 认同同性别家长; 自我志向、能力的提高; 对集体计划协同合作的可能性; 选择合适自己能力的活动; 对自己行为的责任感
	兴趣期	11～12 岁	儿童期 青年前期(少年期)	
	能力期	13～14 岁		
探索阶段	试验期	15～17 岁	青年中期	能力与才能的进一步成长; 学习计划的选择; 独立发展; 适合自己的专业、工作的选择; 有关专业技能的发展
	过渡期	18～21 岁	青年后期	
	尝试期	22～24 岁		
建立阶段	承诺稳定期	25～30 岁	成年前期	逐渐稳定于一项工作; 确定自己将来的保障; 发现适当的晋升路线
	晋升期	31～44 岁	成年中期	
维持阶段	维持期	45～64 岁	成年后期	整理成果,维持现有地位; 为隐退做准备
衰退阶段	衰减期	65～70 岁	老年期	逐步隐退的适应; 闲暇时间的充实与个人兴趣; 活动技能的学习; 尽可能维持自立的状态
	退休期	71 岁及以后		

1976—1979 年,舒伯在英国开展了为期四年的一系列跨文化研究,后来他提出了更广阔的新概念,创造性地描述了多重生涯发展的综合成果,即生涯彩虹图,如图 2-2 所示。生涯彩虹图从生活空间和广度上都体现了生涯发展观。除了包含原有的发展阶段的理论和内容,图中还加入了"角色理论"这个新的内容化和概念。同时发展阶段的理论还与角色之间有交互关系和作用,形成了一幅随着生命阶段成长的职业发展的多彩综合图形。彩虹图中的阴影部分此消彼长,生动地诠释了生涯的含义。在图中,纵向代表的是个人的生活空间,由职位和角色构成,具体分为子女、学生、休闲者、公民、工作者、持家者 6 个角色,它们之间相互影响形成特有的生涯图。

横看彩虹图为生活的广度,在彩虹图中,横向的层面为每个人一生的生活上的广度,最外一圈是(成长阶段、探索阶段、建立阶段……)为每个人需要经历的发展的阶段,第二圈的数字(5,10,15,…)为大致估计的年龄。相应地会匹配上 5 个不同的生涯阶段(成长期、探索期、建立期、维持期、衰退期)。在这 5 个大的阶段中又有小的阶段,舒伯认为每个年龄划分的阶段是有宽泛和调整弹性的,可以依据具体情况而定。

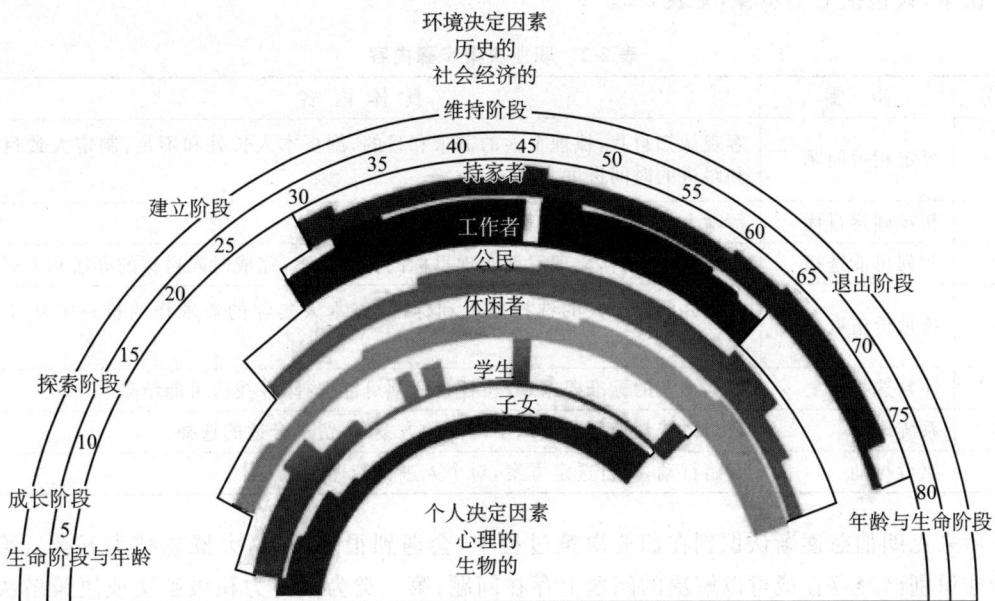

图 2-2　生涯彩虹图

　　竖看彩虹图为生活的空间,由职位和角色构成。在彩虹图中,每个人在一生中大致会经历 9 种角色,分别是子女、学生、休闲者、公民、工作者、持家者等。每种角色之间是相互关联且相互作用的,前一个角色的发展和顺利与否也会为后续的角色奠定基础。同样也有过犹不及的情形,如果一个角色占据过多的精力和时间,也会影响其他角色的平衡,严重的会导致其他身份的失败。在每个阶段中对应了一种颜色来体现,颜色越多表示投入的时间精力越多,空白越多表示投入的时间精力越少,目的是更清晰地展示对于各种角色的投入程度,以便调试好准备各种角色计划与安排。

2.1.4　克朗伯兹的职业决策社会学习论

　　社会学习论由班杜拉所创,主要观点为经验对人行为的影响。克朗伯兹在研究职业行为决策过程中,结合之前内容,把社会学习论与职业生涯发展相结合,强调社会因素和学习经验会对人的职业生涯产生影响,并归纳总结影响职业的抉择的四方面因素。四方面因素包括遗传的因素及素质、环境条件与特殊事件、学习经验、工作技能技巧。

　　遗传的因素及素质包括个人的身体各项机能素质、体能状况、艺术方面的天赋和能力水平等方面。

　　环境条件与特殊事件包含社会外界的因素、教育的情况、职业的条件,也包含当下的技术的进步、社会环境的变化和家庭情况的变动等。

　　学习经验为个人在认知、观摩、学习、行为过程中直接或间接获得的可以指导行为的经验和心得。

　　工作技能技巧为个人在工作过程中的工作目标、职业态度价值取向、状态情绪反馈和表达输出等。

　　以上四方面因素相互影响,交互作用,然后逐渐形成本人对自身能力、兴趣、选择、价值观的推断结论,个体对外界的推论和工作任务的技能与技巧,继而克朗伯兹提出了完整模式的职业决策,共包括七个步骤,见表 2-2。

表 2-2　职业决策步骤内容

序号	步　骤	具　体　内　容
1	界定相关问题	客观认知自我,梳理个人的需求和目的,剖析本人长处和不足,制定大致目标和跟进的时间进度表
2	初步确定目标	清晰个人需求后制定行动安排和计划
3	罗列可能选择	收集整理资料,梳理罗列实现目标的各种方案,完成时限目标的办法和方式
4	梳理价值取向	梳理并明确个人的选择要求和标准,以本人实际的需求作为推进方案实施依据
5	评判选择	根据本人的标准要求,分析评价每项可能选择,并找出可能结果
6	系统删除	适当系统性地删除无用不匹配的方案,保留最合适的选择
7	执行行动	开始行动,执行选定方案,对个人进行管理

后来克朗伯兹逐渐认识到在职业决策过程中,会遇到很多问题,大概总结为五类。第一类为在识别已经存在或可以解决的问题上存在问题;第二类为不努力积极解决或决策解决问题;第三类为因为错误,把未知或较好的方案删除;第四类为因为错误,选择较差方案;第五类为在认为达到目标能力不足时的痛苦焦虑。

职业决策社会论的主要重点在于研究社会和遗传对于人决策的作用和影响,认为人们在进行职业决策时要清晰个人目标,要考虑个人的兴趣和条件情况,同时学习和经验也对决策非常重要,决策可以成为学习的技能,可以通过培训等方式获得和提升。克朗伯兹在理论发展中,相对全面地把影响因素、决策方式和可能遇到的问题等进行了梳理、概括和总结。

2.1.5　明尼苏达工作适应论

明尼苏达工作适应论起源于美国的明尼苏达大学,目的在于帮助特殊残障人员更好地适应工作职业。1964 年,戴维斯和罗圭斯特在帕森斯特质因素论的基础上进一步研究、修正发展进而提出该理论。后续逐渐发展为关注和强调人境符合的心理学理论。明尼苏达工作适应论具体是指当外在的环境能够达到人的内在满意,能够匹配和满足个人的需要,个人也能够达到外在满意符合工作的要求时,个人就能够在该工作环境领域更好地持续发挥,强调后续就业后的适应相关问题。

明尼苏达工作适应论包含原有特质因素论中的部分观点,如关注人的能力、兴趣、价值观等因素,这些因素和职业存在相互影响和关系,并关注在工作上的调整与适应,也就是个人需要不断地去寻找和达到与外在工作环境的平衡可调和的状态。明尼苏达工作适应论主要的观点如下。

(1) 个人会积极找寻本人和外在环境的匹配性,如果外在的工作环境能够满足本人的需求,同时本人也能够顺利完成工作上的任务,符合程度会提高。

(2) 个人和工作之间存在相应关系,具有互动性,互动的过程会产生是否适合,个人的需要和需求会发生变化,外在的工作环境要求同样也会发生改变和调整,如果个人能够积极调整,保持与工作环境一直协调,个人对于工作的满意情况就会更好,在这个职业领域也就更稳定。

（3）个人对于职业工作是否认可满意，用人单位对于劳动者是否适合和评判是评估人职匹配的两个较为重要的因素。

明尼苏达工作适应论的架构如图 2-3 所示。

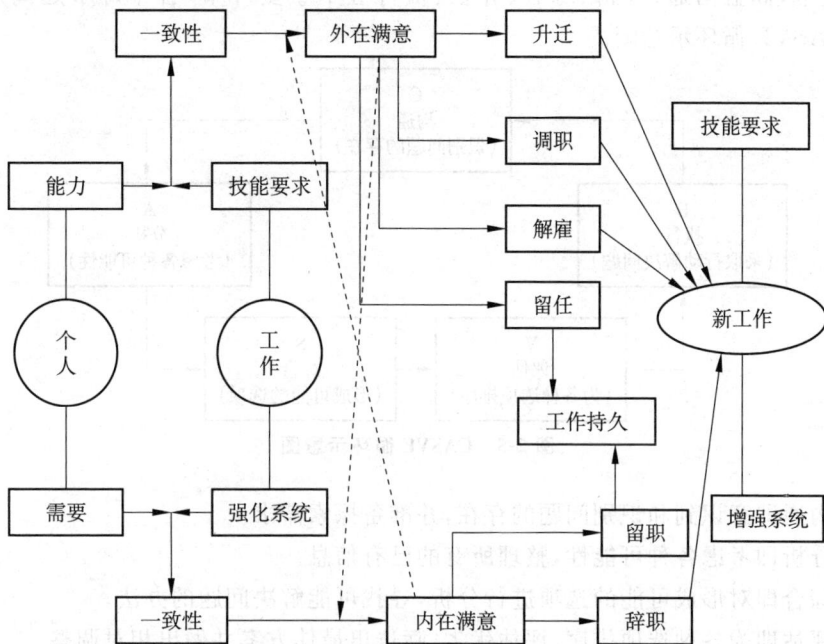

图 2-3　明尼苏达工作适应论的架构

2.1.6　认知信息加工理论

盖瑞·彼得森、詹姆斯·桑普、罗伯特·里尔登在 1991 年共同编著了《生涯发展和服务：一种认知的方法》一书，书中提出了认知信息加工方法。认知信息加工理论与职业生涯规划联系非常密切，是有效进行生涯决策问题和应对职业生涯的解决问题的一种方式。认知信息加工理论的重点包括两个中心内容，一是认知信息加工金字塔模型，另外一个是 CASVE 循环。

认知信息加工理论认为，从机能上，人的大脑类似于计算机的信息加工系统。而人们的认知的一系列过程则为对信息进行加工的一系列过程，也在建立心理活动的一个模型，具体则包含人的注意力，信息的获得、选择、收取，信息的编码、消化组织，以及结合信息做出决策和行动行为等。认知信息加工金字塔模型如图 2-4 所示。

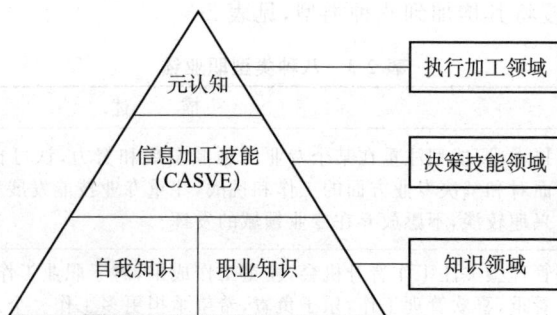

图 2-4　认知信息加工金字塔模型

从图 2-4 中可以看出,认知信息加工金字塔模型的中间部分为信息加工技能,是决策技能领域,也就是 CASVE 循环,CASVE 分别是沟通(communication)、分析(analysis)、综合(synthesis)、评估(evaluation)、执行(execution)的缩写简称。CASVE 循环是职业生涯决策的方法和技术,涵盖沟通、分析、综合、评估、执行五个重要环节,各个环节之间层层递进。图 2-5 为 CASVE 循环示意图。

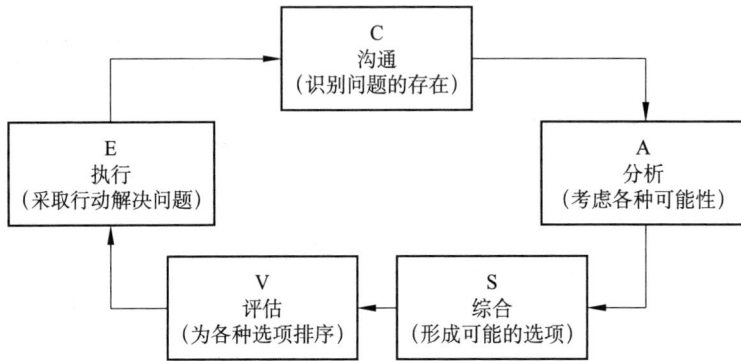

图 2-5 CASVE 循环示意图

沟通:沟通即意识到和识别问题的存在,并准备探索需求。

分析:分析即考虑各种可能性,整理所有的已有信息。

综合:综合即对形成可能的选项进行分析,寻找可能解决问题的办法。

评估:评估即为各种选项排序,评估优劣,筛选出最佳方案并做出相对调整。

执行:执行即采取行动解决问题,按照制定方案操作和做出行动。

认知信息加工金字塔模型和 CASVE 循环是认知信息加工理论的重点核心内容,该理论重点关注职业生涯中的决策部分。该理论是职业生涯理论的向导理论,可以助力生涯决策过程中的方向把握。

2.1.7 施恩的职业锚理论

著名的职业指导专家施恩教授领导的专门研究小组提出了职业锚概念。锚,是帮助船只停泊定位停稳的铁制器具,职业锚也同样具有职业稳定、定位的意义,职业锚是指当在职业过程中必须要做选择时,个人在职业中认为最重要的东西或价值观,也就是在发展自身职业过程中最中心的部分。通过研究得出,职业锚是个人内心深处对自我的判断、看法,可以对个人的职业生涯有很大的指导、稳定的重要作用。1978 年施恩教授将职业锚分为五种类型,后续随着深入研究,施恩教授将其增加到八种类型,见表 2-3。

表 2-3 八种类型职业锚

序号	类 型	描 述
1	技术/职能型	技术/职能型注重在某个专业的领域发展和努力,认可自身的专业水平,也喜欢面对和解决专业方面的工作和挑战,注重专业技能发展和提高,对于管理类工作兴趣较淡,不愿放弃在专业领域的发挥
2	管理型	管理型关注工作晋升机会,注重工作成果,对于职业工作的晋升、权力、收益比较看重,喜欢管理工作,乐于负责,希望承担更多工作。个人具有较好的领导才能、分析才能、人际交流、协调统筹等能力

续表

序号	类　型	描　述
3	自主/独立型	自主/独立型追求随心所欲,包括对于工作任务的工作方式、进度安排、方式方法等,他们希望摆脱组织的束缚规定和限制要求。一定程度上他们宁愿舍弃一些机会也要追求自由和舒适的独立状态
4	安全/稳定型	安全/稳定型的人追求工作中的安全感和稳定性,个人为预测将来的稳定工作具有保障性、持久性而感到自在放松。安全稳定型对于工作的组织具有依赖性,缺乏一些对于职业生涯的开发和主动性
5	创造/创业型	创造/创业型的人更加关注凭借个人的能力去探索开拓自己的成就和领域,具有较强的创造需求和愿景,例如创建公司、产品等。创造型的人具有较强的意志力,敢于承担风险,拼搏闯荡、努力创造开拓
6	服务/奉献型	服务/奉献型一般更多倾向追求自身认可的核心价值观,通过为他人提供帮助来获得自身最高的价值。他们一般追求服务,愿意帮助他人进行改善安全以及生活上的情况,不愿接受无法实现这种价值的变动
7	挑战型	挑战型一般喜欢富有挑战性的工作,包括解决看上去较为困难无法解决的问题以及战胜对手等,愿意克服种种困难和障碍,对于挑战型的人来说,工作的原因是有机会去战胜具有挑战的难题
8	生活型	生活型的人喜欢允许他们去平衡,同时能够统筹本人、家庭、职业工作的需要环境。较为重视家庭,希望把各方面能够整合成为一个整体,希望相对具有弹性的环境,甚至可以适当舍弃职业一些方面

此外,关于职业锚是十分注重和强调个人能力、动机和价值观的,这三个因素会相互影响、相互作用,也会彼此整合。职业锚是人和工作环境相互影响互动产生的,在实际的工作中也在持续整合。

职业锚以获得的经验为基础。一个人只有工作一段时间,获得了一些工作经验后,才能够选择自己将来要稳定发展和所处的工作区域。个人在面对各类的实际工作以前,无法了解和清晰自己实际的动机、工作能力、价值观等。因此,职业锚在一定程度上也是根据实践经验后决定的,并非单纯来自动机与才能。

职业锚并非通过测试得到的动机、价值观和才能,而是通过在实践工作过程中,通过自我观察,自我反省或者已经被证明本人所具有的真才实干、动机、价值观,然后实际精准地进行职业的定位,是在本人自我发展过程中动机、需要、价值观、能力等相互影响、相互作用、相互慢慢整合的结果。

个人和职业不是一成不变的。职业锚是个人相对稳定的成长区和贡献区,同时个人也会持续地变化和发展。个人会以职业锚为稳定点,在职业工作上会持续地继续发展、成长和变化。职业锚本身也可能会有变化,比如在入职的职业生涯的中期后期,个人会根据变化的情况和现状,重新选定职业锚。

早期的职业生涯规划基本理论来自国外,在我国的职业发展教育过程中结合的是本国、本地区的文化和价值取向,以党的教育方针为指引,把立德树人作为根本任务,根据中国大学生职业生涯发展的实际,总结提炼中国大学生成长成才规律、就业创业规律、生涯发展规律,以培育德智体美劳全面发展的社会主义建设者和接班人为目标,坚持价值引领、坚持问题导向、坚持改革创新,构建出具有中国特色、世界水平的现代化职业生涯发展教育理论体系。

【练习与实践】

生活岛邀请函

尊敬的同学：

你好！

祝贺你获得了一次幸运的免费度假游机会，我们将邀请你去往一个超棒的地方，这个地方分别属于六个岛，每个岛屿都有自己的特点和风格，岛上的岛民也有自己的风格，你可以去下列六个岛屿中的任意一个。

度假时长：半年或更久　　　　　　　度假岛屿：（　　岛）

1号岛屿——自然原始岛：这是一个自然原始、充满绿色、自然生态优良的岛屿。小岛上自然水土等生态保持得非常棒，还有各种野生动物。在这个小岛上，岛民擅长手工制造，会自己培育、种植健康美味的花果蔬菜，还会修缮房屋，也会打造各种各样的器物和工具，非常喜欢户外运动。

2号岛屿——深思冥想岛：这是一个深思冥想的小岛，在这里平畴绿野，有很多的天文馆、科技馆、图书馆、博览馆等。这里的岛民非常喜欢观察、探究、学习，喜欢钻研各种学问，人人崇尚并追求知识和真理，在这里会有很多的机会与来自各地的科学家、哲学家、心理学家交流探讨。

3号岛屿——美丽浪漫岛：这是一个美丽又浪漫的岛屿。在这个小岛上有很多美术馆、音乐厅等，街边随处能看到艺术的雕塑和表演的街边艺人，整个小岛都充满了浓厚的艺术氛围和文化气息。这个小岛的居民还保留了精彩的传统舞蹈、音乐与绘画，也有很多文艺界的朋友经常来这里寻找创作灵感。

4号岛屿——友善亲切岛：这是一个友善又亲切的岛屿。这个小岛上的岛民个性十分温和，大家都非常友善、互助合作，十分重视后代的教育，小岛上已经形成一个联系密切且积极互动的服务网络，人们乐于助人，重视教育，关怀他人，处处都充满了人文气息。

5号岛屿——显赫富庶岛：这是一个显赫又富庶的岛屿。在这个小岛上经济高度发展，到处是高级的饭店、各种俱乐部、高尔夫球场等。这里的岛民善于沟通，热情爽快，能言善道，十分善于企业经营和贸易往来，有很多企业家、经理、政治家、律师等在这里工作和生活。

6号岛屿——现代有序岛：这是一个现代又井然有序的岛屿。在这个小岛上你能看到十分现代化的各种建筑，处处体现着进步的、现代的都市形态。在这个小岛上户政管理、地政管理、金融管理都非常的完善和先进。这个小岛上的岛民个性冷静保守，处理事情沉着稳重，有条不紊且善于组织规划，办事细心高效。

互动：你选择了哪个岛屿呢？这时如果你选择的小岛人满为患了，为了更好地提升你的幸福度，你的第二选项是（　　岛），第三选项是（　　岛）。认真思考你为什么会做出这样的选择呢？结合学习过的霍兰德职业兴趣类型比较看看，探索一下自己属于哪种职业兴趣类型，判断一下自己适合什么职业类型吧。职业类型对照参考表见表2-4。

表2-4　职业类型对照参考表

1号岛	实用型——R	realistic
2号岛	研究型——I	investigation
3号岛	艺术型——A	artistic

续表

4 号岛	社会型——S	social
5 号岛	企业型——E	enterprising
6 号岛	事务型——C	conventional

资料来源：陈颖．职业兴趣多种测评方式差异性研究及思考[J]．现代商贸工业．2023(8)：81-84.

2.2　职业生涯规划原则与方法

案例引导

合理科学的职业生涯规划有利于大学生在更好地分析了解自我的特点、组织和环境以后，更科学高效地制定行之有效的学习规划和职业奋斗目标，有利于后续更好地平衡好工作和其他事务的关系，有助于帮助个人更好地发展职业，更好地根据工作需求作出调整，所以大学生制定一份适合自身且具有可行性的职业生涯规划十分必要。

2.2.1　职业生涯规划原则

职业生涯并不是能够贯穿一生、行之不变的漫长过程，个人和环境都是在不断的发展和变化，生涯也是需要不断自我探索、实现、更正、提升的过程，每一个小的目标实现都会对个人产生一定的影响，所以个人在不同的发展阶段要制定相应的职业规划以更好地适配职业生涯发展。制定职业生涯规划可以遵循以下内容和原则。

要明确三个核心。第一核心是了解自我，了解自我需要深入剖析自我，客观清楚明确自身的基础情况、价值观、了解自身的兴趣、人格特征和能力等。第二核心是需要了解外部环境，包括自身的家庭情况、地域情况、社会情况、行业情况、组织情况等。第三核心是实践行动，行动需要选定目标、瞄准目标、根据实际情况安排行动计划，然后积极行动。

要做好自我探索。大学是人生的新启航，在深入了解生命、生涯与职业生涯中，逐渐清晰自己的职业发展与人生愿景，融进个人情况，结合实际做好自我探索。首先需要回望过去，并结合现实状态，对自身的想法、期望、行为进行理性思考，认真刻画、耐心分析，客观总结，找到自己需要改进的方面，及时了解和纠正个人认知和动机。

要做好环境评估。外在的环境对于制定职业生涯规划也起到非常重要的作用，只有了解了影响职业环境的相关因素，才能更好地适应环境。如社会环境中需要评估经济发展水平、社会文化环境、政治制度和氛围、社会价值观念等因素。组织环境中需要关注经营战略、管理制度、职业要求等。再如需要关注家庭的环境，父母家人的意见对于职业类别选择、工作区域的确定也会有建议作用。如需要关注所学专业应用领域前沿发展、学科专业建设等校园环境等，也更加有利于发挥针对性优势。

进一步来看，职业生涯规划包括以下六个原则。

（1）兴趣原则。职业生涯发展的重要的一部分是要从事一项自己热爱喜欢的工作，只有从事自己用心热爱的工作，才能把兴趣热情转化为工作的动力，并且能够长期在这项工作中持续钻研下去。在大学阶段，每个人都会有自己的学习和生活的经历，只有保持长久且稳定的兴趣和计划，后续才有可能作为坚定的追求目标和稳定的事业方向。所以在进行职业决策规划的时候，需要根据自己的兴趣选择自己喜欢的大致生涯方向，此外也根据该方向针对性地对自己进行相关方面的兴趣培养。

（2）能力原则。职业生涯发展的需要贴切自身的擅长领域，在今后进入社会领域后，无论从事任何的职业都需要具有相应的专业知识和职业技能，这样才能在相应岗位上胜任且持续的发展。制定职业生涯规划需要大学生结合自身的实际情况，尤其是本人目前所具有的优势和劣势，根据本人的个性特征、优缺点以及自身的能力情况、性格特点去恰当地选择自己擅长的努力方向，有利于顺利进入岗位、自信面对困难挫折和得心应手地开展实施，有利于发挥出自身更大的价值。

（3）获得原则。职业工作是每个人生活和谋生的手段和基础，职业生涯过程中很大一部分原因需要考虑物质和精神上的获得和收获，才能实现个人的基础生存和幸福感满足。影响个人职业生涯决策的因素，除了上述如个人的兴趣、爱好特长等内在因素，还要考虑职业带来的反馈因素。所以在进行职业生涯规划时，也要考虑个人将来的发展，要考虑工作职业带来的收入，能够取得的成就，进而综合保证在将来职业生涯过程中能够获得能够让物质精神获得保障的选择。

（4）一致原则，制定职业生涯规划需要考虑一致性的问题，具体包括主要目标与分目标、目标与措施、个人目标与组织发展目标。在这个快节奏发展的时代中，随时产生供给变化，尤其外在需求需要也在不断地发展和变化，也给择业者的职业发展带来了新的思考。大学生在进行职业规划发展规划时需要正确的客观分析，不仅需要考虑自身的因素，还要结合当下的时代背景和现状进行分析和考虑，符合当下实际发展要求，如岗位期待、技能要求等，也需要考虑将来发展趋势和倾向，做长久考虑，确保随时调整为择业所需的职业发展计划。

（5）实际原则。进行职业生涯规划是一项需要结合内部和外部因素共同来作用的结果来操作的，并将内在和外在的情况综合系统地进行评估，具体规划内容也需要量体裁衣实践可操作，规划的目标要现实，要通过真实的评估和科学的自判，以期能够真正达到的目标；同时规划内容可行性要较高，计划和安排要现实要具体要贴切，此外过程中和最终的效果要可以检查可以量化，也就是说执行的情况和目标的实现要有标准可以度量。

（6）发展原则。个人在进行职业生涯规划时，不仅需要关注自身当时的情况，还要考虑在将来阶段过程中的自身的发展空间和领域，生涯规划要具有一定的预期性和预测性。所以职业规划不应在表面上浅层次的开展，而是需要从长期的发展角度来综合考虑，因此在制定职业生涯规划时，需要自身和外在实际情况为出发点，还需要结合年龄特征，结合工作性质，综合设计长期可行的生涯发展规划。而当条件发生变化时，职业生涯规划要予以匹配和更新，始终与组织目标保持一致，才能更加有利于个人的职业生涯发展。

2.2.2 职业生涯规划方法

职业生涯发展是一个动态变化的过程，要根据实际的情况进行设计和调整，这样才能制定一个有效高效的职业生涯规划。

1. 职业生涯规划方法七个基本步骤

按照一般情况来说，职业生涯的步骤可以分为七个主要的环节，分别是自我认知、环境认知、匹配分析、目标设定、路径选择、生涯策略和生涯评估，职业生涯规划七步骤具体内容如图 2-6 所示。

（1）自我认知。在自我认知步骤，可以结合个人的职业阶段、个人的爱好倾向、个性情况

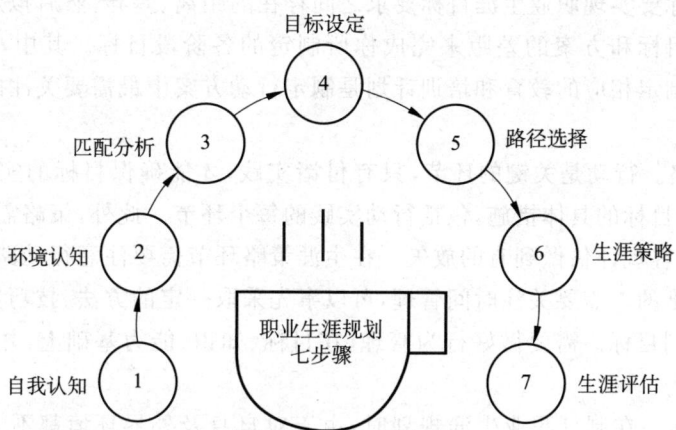

图 2-6　职业生涯规划七步骤

和心理特征对自身进行全面深入的分析,如本人自身的需要倾向、个人的能力、兴趣,气质类型等,从而进一步确定更适合自身的职业。大学生通过了解各种自身特性,主要是了解兴趣、学识、技能、情商等与本人相关的因素;进一步进行自我剖析、职业测试、角色建议等,最终达到认识自我、了解自我的目的。同时也可以借助一些专业测评来辅助分析,进而做出更加科学的职业生涯建议。

(2) 环境认知。在环境认知步骤中,需要关注社会环境、地域环境、行业环境、企业环境等进行综合的评判来确定自身如何更好地适合外部环境的发展与变化,进而调整自身以更好地适应。在社会环境部分中经济环境、政策环境、科技环境、产业结构等方面的分析都是必要不可或缺的,外在因素很大程度上会限制发展的进度,因此还需要关注社会各行业对人才的需求及供给情况以及社会经济的变化等。了解组织特色、发展战略、人力资源管理,有利于明确自身的兴趣、性格、专业是否与该组织环境匹配。此外,也要结合短期和长期目标综合进行考虑。

(3) 匹配分析。在匹配分析步骤中,需要对自身条件与环境的匹配程度进行具体分析。有研究表明引起压力并非由单独存在的个人因素或者环境造成,而是由人和环境相互联系作用导致,是受个人和环境相匹配的程度影响的。例如个人的能力、需求与所在环境和要求之间的匹配性,个人对环境主观和客观上的理解与评判等。自身条件与环境的匹配程度较好不仅会有利于更好地设定目标和顺利行动,也会对个人的健康有积极作用。所以也可以适当借助 MBTI、工作分析等工具、方法,结合个人的知识能力、爱好兴趣、性格气质等进行分析,以更好地提升人-环境-职业匹配度。

(4) 目标设定。目标设定这一步骤是分析制定、实现目标的主要影响因素,是职业生涯规划的核心内容。目标设定具体包括目标的分化和目标的组合。其中目标的分化是结合目前现有的知识能力、素质水平的不足和差距,将总的大的职业发展目标分解为小的阶段性目标,如人生目标-长期目标-中期目标-短期目标;目标组合则是将阶段目标有机组合成为完整有力的可操作性的目标。此外在进行目标设定过程中,也需要在自我评估、环境分析的基础上选择自己的职业方向,确立职业生涯发展目标。大学生在做近期规划时,可以主要从确立初次择业的职业方向和阶段目标入手。

(5) 路径选择。在确定相应职业生涯目标后,就要制定与其匹配的行动方案来呈现出你所制定的职业生涯目标,把目标转变为详尽的方案和措施。先找出自身观念、知识、能力、心理素质等方面与你要实现职业生涯目标要求之间存在的距离、差异,然后拟定具体方案,再通过行动逐步缩小目标和方案的差距来完成你所制定的各阶段目标。其中,职业生涯发展路线、职业的选择、制定相应的教育和培训计划是制定行动方案中最需要关注的地方,也是比较重要的环节之一。

(6)生涯策略。行动是关键的环节,只有付诸实践,才能确保目标的实现。在生涯策略环节中,需要落实目标的具体措施,包括行动实践的每个环节。此外,策略需要有一定的连贯性,要结合前期的客观评估做到有的放矢。在生涯策略环节需要注意行动路径,如是单一、双重、多重,还是三维的。需要关注时间管理,可以事先采取一定的方法、技巧灵活地把控时间,进而更高效地达到目标。需要做好行为管理,在目标、知识、能力基础上,并在公认的标准中去理解和实施行为。

(7)生涯评估。在制订职业生涯规划时,由于对自身及外界环境都不十分了解,最初确定的职业生涯目标往往都是比较模糊或抽象的,有时甚至是错误的。经过一段时间的工作以后,有意识地回顾自己的言行得失,可以检验自己的职业定位与职业方向是否合适,从而为自己找到合适的发展方向。职业生涯规划的反馈与评估过程是个人对自己的不断认识过程,也是对社会的不断认识过程,是使职业生涯规划更加有效的有力手段。整个职业生涯规划要在实施中去检验,看效果如何,及时诊断生涯规划各个环节出现的问题,找出相应对策,对规划进行调整与完善。评估与反馈的过程是完整生涯规划的重要组成部分,对职业生涯规划的评估与反馈主要包括职业的重新选择、职业生涯路线的重新选择、人生职业目标的修正、实施措施与计划的变更等。职业生涯的反馈与修正就是在生涯规划实施的过程中根据实际状况,通过职场信息反馈,择机调整;反省方案的可行度、契合度和成功概率,使之适应职场现状的要求,并为下一阶段生涯规划的实施提供参考与依据的过程。

2. 基本方法——SMART方法

下面介绍在生涯决策和行动过程两个阶段中的重点方法和内容——SMART方法。SMART是specific、measurable、achieveable&challenging、rewarding、time-bounded的缩写。具体来说,specific表示具体的,明确的,不能含糊不清的;measurable表示可以量化的,能度量的;achieveable & challenging表示可达到但必须有一定挑战;rewarding表示目标须有一定意义,有价值的;time-bounded表示有明确时间限制的。

在职业生涯规划的所有阶段和步骤中,最初的目标设定是非常重要且处于核心地位的。生涯的规划是在制定目标的过程中产生,一旦目标确定的,后续便是寻求实现目标的办法和路径,所以目标的设定非常重要也并不简单。制定的目标不仅能够反映个体的价值观,也能够体现出价值观背后的真实需求,这样形成的目标才是具有促进和持续推动力的。制定的目标应有相应的标准,目标要具体、可衡量、可实现、有明确截止期限,目标之间有相关性。

(1)目标需要具体(specific)。目标应该是具体详细的,这样能够让个体在制定和目标行动的过程中保持其初衷,同时可以增强个体的内在动力。例如,"我想要找一份理想的工作",这个目标不算是具体的。具体什么样的目标可以称为"理想"?是对于工作环境、工作待遇,还是发展机遇?这些需要在未来的发展过程中逐渐明确。

(2)目标需要可衡量(measurable)。目标是否是清晰的、明朗的称为衡量性,衡量性不能是模糊的。在描述时不能含糊不清、不具体,要用鲜明精确的数据来成为衡量目标达成的根据。

(3)目标需要可以实现(attainable)。在"向前一小步"的基础上,应该根据可以达到的目标制定出跳起来"摘桃"的、可以实现的目标,不能制定出跳起来"摘星星"的、不合理、不能实现的目标。

（4）目标需要有明确的截止期限(time-bound)。目标的实现性就是对于自己所要完成的目标有时间的限制和要求。根据分项目标所要完成的轻重缓急,拟定出完成各项目标的时间要求,定期检查目标的完成进度,及时掌握目标进展和变化情况。

（5）目标之间需要具有一定的相关性(relevant)。实现制定的目标与其他的目标要有相关联的情况。如果实现了一个目标,但与其他的目标完全不相关,可能对于目标的实施不成正比,或者相关度很低,那这个目标即使达到了,意义也不是很大。

3. 基本方法——5W 法

5W 法是可以解决职业过程中的一种最简单且方便的一种对策,又称作"What 归纳"法。在个人进行职业规划时,可以选择问句的形式,帮助每个人来进行筛选。而目前在实际运用时。会通过回答五个问题,在找到职业生涯规划基本方向的同时,找到它们之间的交集。

5W 是指 Who am I?（我是谁?）What do I want?（我想干什么?）What can I do?（我能够做什么?）What can support me?（环境支持或允许我做什么?）What can I be in the end?（我最终的职业目标是什么?）

在不同的情况或个体间,具体的提问内容可能有所差异,但大体的方向和原则是一致的,在此处可以将这些问题分解成以下内容。

个人特征:大学生需要对自己有一个比较清楚的认识,根据本人的实际情况发掘出自己的能力、特长,以及性格特征,从而能够更加清楚、明确地知道自己的目标以及目标的范围。

个人喜好:兴趣对职业的发展具有导向的作用,这点可以随着年龄与经历的增长或在不同阶段的心理发展中体现出来。从个人喜好出发锁定职业发展的未来方向。

个人潜能:职业的成功与否取决于个人的能力,但职业发展的空间往往受个人潜力的局限。不仅要考虑个人的性格和特长的要素,对自身潜在能力的分析运用以及对未来的展望也尤为重要。通过对潜能的考察,可以更好地缩小职业决策所涉及的目标范围。

环境许可:职业的发展与所处环境这两者是密不可分的,所处环境包括经济环境、政治环境、法治环境、文化环境等各个方面。在做职业选择时要进行衡量,考察其是否会影响到职业发展。

职业目标:对之前的问题进行选择,将所有包含的以及可以预料的职业方向进一步缩小,从而设立更清晰的个人职业生涯发展的首选方向,从而引导职业生涯规划的实施。

通过以上的分析,建立更清晰的职业目标需要逐渐地缩小目标的范围,找到最恰当最合适的职业目标。5W 职业项目表（表 2-5）可以辅助探索。

表 2-5　5W 职业项目表

项　　目	我的特点	我的喜好	我的潜能	环境情况	职业目标
匹配条件的职业项目有哪些?					
与职业项目的交集（共同特点、共同特征、相似之处）是什么?					

4. 基本方法——SWOT分析法

SWOT分析法是社会上及市场中较为常见的分析决策方法。这种方法通过对个体自身的优势、劣势、机会、威胁综合地进行分析判断,因为这种办法能够有机地兼顾内外的因素,同时它能将本人的目标、客观条件和外部情况融合起来,SWOT关系图如图2-7所示。

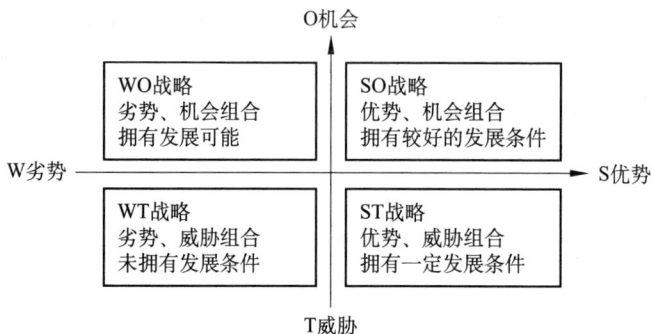

图 2-7　SWOT 关系图

可以把SWOT分析法看成SW和OT两部分。第一部分的SW,主要用来分析个人条件;第二部分的OT,主要用来分析外部条件。用这种方法分析可以把内部和外部条件中的优势和劣势中的,对个人有利的和值得发扬的因素,还有对自己不利的、要避免的因素更直接地找出。这样可以快速地把机会与优势的相同点找出来,然后对相同点进行相应的分析,就可以明确未来的发展方向。总的来说,这种分析的方法在实际运用中明显更有科学合理性,因此把这种方法分析出来的结果作为职业决策的主要依据是完全可以的。

根据SWOT分析法的分析结论,还可以把问题分类为轻重缓急,哪些是可以稍微拖后的事情,哪些属于战略目标上的障碍,哪些属于战术上的问题。将这些需要研究的对象一一列举出来,依照矩阵形式排列,然后用系统分析的方法把各种因素组合起来进行分析,通过综合分析,可以帮助大学生从中得出具有决策性的结论,从而做出合理的职业生涯规划和安排。

大学生在进行职业生涯决策时,可以运用SWOT分析法对自身情况进行详细分析,明确自身的强项及短板,对个人职业生涯未来即将面对的机会和威胁进行一定的预测及分析。操作及实践步骤如下。

(1) 明确自身的优势与劣势。可以根据自身的三观、兴趣爱好、性格特征或个人能力进行分析,并进一步得出明确自身的优势项目与短板。明确优劣势可以帮助我们在进行职业生涯决策时规避掉个人能力无法触及的职业,同时可以帮助我们在明确个人劣势的同时进一步完善和提高自身的素质与能力。

(2) 对自身目前的个人情况及所处环境进行系统的、全面的、准确的分析,来明确个人职业生涯中存在的机遇与威胁。纵观各行各业的发展过程,每个行业的发展过程中都会存在机会和威胁,二者并存且会深刻影响和制约我们职业生涯的发展。在分析判断个人职业生涯中存在的机会和威胁时,对外界环境因素进行了解和分析是至关重要的途径与步骤。

(3) 清晰个人的职业方向会树立个人的中长期职业目标,以此来进一步明确并制定个人职业生涯发展的计划、策略及应对方案等。职业目标是个人在自身职业发展过程中设想达到的理想位置。明确职业目标后就需要将目标内容具体化,这需要我们对自身所处环境、外界环境及就业环境进行充分的了解和分析,从而得出这些环境因素所能为我们提供的优势。

（4）根据自身的职业目标进行系统的论证，从而得到它的可能性及可行性。那么如何论证这些职业目标的可能性呢？这需要我们结合上个步骤中得出的职业目标，来进一步拟定出一份详细具体的行动计划，并利用 SWOT 分析表中填写的内外因素的优劣势，即可得出结论。

5. 基本方法——CASVE 法

在前面章节中，我们曾经对认知信息加工理论进行过介绍。通过学习，我们了解到了信息加工金字塔 CASVE 循环，CASVE 循环是一种职业生涯规划决策技术，包括沟通、分析、综合、评估、执行五个步骤。

（1）沟通。在沟通这个环节中，个体会获得关于职业理想和实际存在的区别和差距，个体会感受到自己期望的理想和实际面临的情况，同时这些感受会通过一些形式体现出来。个体会通过感官进行问题的探究思考，包括内部的（如情绪信号）、外部（如他人的询问、评价）等，个体会意识到本人需要去相应地做出反应和选择，从而去寻求解决问题的办法。

（2）分析。通过在沟通环节中的自我交流与探究思考，结合对于自身需求的探索与发现，个人会慢慢地摸索出解决问题的办法。生涯规划时结合本人的知识、能力、兴趣、价值观等条件，后续分析现实与理想中的共同点和差距。

具体看，对自我进行分析主要包括对本人的知识、能力、兴趣、需求、价值观的探索和审视，具体操作时可以询问自己以下的内容：如我想要做什么？我擅长做什么？我认为什么比较重要？我已经具备了什么？我能够专心致志去做什么事情？我能够开心享受做什么事情？我希望我能获得什么？我的目标是什么？在这个分析阶段中本人需要花时间精力认真地去审视、思考，从而更加了解自我在这个阶段中自身有哪些方面的能力十分重要。这些内容可以罗列出来，然后结合自身情况进行下一步的研究和思考，从而更加了解个人需求，促进本人全面认识自我。

对环境的分析也十分重要。基本环境因素的分析和对自我分析都需要重视。具体操作时可以询问自己以下的内容：如我要了解哪些环境因素？我的职业环境如何？我想要什么样的工作环境？在这样的条件下我的发展方向是怎样的？我如何适应这个环境？我已经具备的基础能够得到机会吗？结合自身和客观环境分析，是进行职业生涯规划的必经过程。大学生会通过这个阶段逐渐更好地认知自我，同时也会更好地明确本人对于外界环境的需要。

（3）综合。在综合这个阶段过程中，需要根据已经分析出的内容制定方案，得出解决问题的办法，本阶段是一个扩大-缩小清单的过程。结合前期对本身和外在的分析，可以先努力地发散思维，通过"头脑风暴"等方式创造思维，罗列出部分职业内容，然后逐渐缩小范围。具体来说，第一需要明确个人的实际需求；第二打开思维，罗列职业清单，深思熟虑所有职业的可能性；最后是缩小备选，尽量多地满足个人需求和最重要的个人价值观，一般可以缩减到 3～5 个选项，这是最有效记忆的数目容量。

（4）评估。通过上一个综合阶段，基本已经获得了部分候选的选项，对于大学生而言，则是职业或者工作。在这个阶段中，需要去更加细致全面地分析和筛选。这个过程需要对本人与该职业岗位的适配度进行分析，还要综合考虑家人、社会、国家的因素，适当取舍，根据实际情况进行对比和排序，最终确定选择一个职业或专业。言简意赅，第一步评估每一种选择对自身和他人的影响；第二步对综合阶段的结果进行排序。

（5）执行。执行是 CASVE 循环的最终目的，是实施选择的阶段，前面几个阶段的进行都是为执行阶段做铺垫和准备,只有最终将想法变成行为,把思考变成行动,才有可能达到目标的实现。CASVE是一个循环的过程,在执行这个阶段以后会再次回到沟通阶段来审查是否最优最佳选择。当然,如果在实际推进过程中未能满足本人实际需求,无法达到满意的目标结果,可以再次进入C沟通(communication)阶段,重新开始CASVE循环,直至解决职业生涯问题。

CASVE循环决策方法对于解决职业规划等问题是十分有效的,通过系统的沟通、分析、综合、评估、执行五个步骤,能够帮助促进制订计划,提升决策效率和效果。

【练习与实践】

我的价值观和职业筛选小游戏

提示语:请在表2-6中写下一些要素,这些要素是你选择职业时体现的价值观,请写出最可以满足心中需要的价值观。如果写出的工作不能同时满足你的价值观,就把舍弃的划掉。重复操作以上环节,一直到不愿意舍弃,最终找到一定要坚持的个人价值观和对应的职业吧!

一般的职业价值观12类:财富和地位、兴趣特长、权力地位、自由独立、自我成长、自我实现、人际关系、身心健康、环境因素、工作稳定、社会需要、追求新意。

表2-6 我的价值观和职业筛选

序号	工 作	价 值 观	备注
1			
2			
3			
4			
5			
6			
7			
8			
...			

我必须坚持的:
对应的职业是:

2.3 职业生涯规划与内外职业生涯

案例引导 曾有研究资料表明,有明确职业生涯规划的人大约只有5%,而且当职业生涯结束时,这部分人获得的成就比没有做过明确生涯规划的人发展得都要好,可见职业生涯规划的积极作用。

2.3.1 大学生职业生涯规划

大学阶段是同学们步入职业社会前的重要准备期,是个人做好职业生涯的重要时期,提早用心做好职业规划,有利于做好自己的大学学习和发展规划。在这个阶段中,同学们需要坚定理想信念,扎实学识技能,练就过硬本领。所以在大学期间要珍惜时间学习,同时通过实践提升个人素质,逐步探索确立自己的职业发展目标,做好人生的导航。

1. 大学生职业规划具有重要意义

大学生的职业生涯规划不仅是按照本人的基础情况寻求一份匹配的工作,更加重要的是能够帮助本人深刻地了解自己、接纳自己,同时结合目前已经存在的主观和客观的条件去规划科学可实践的职业生涯发展路径,能够更好地实现大学生的发展目标。

大学阶段的职业规划能够激发潜能,提升实力。一份出色的生涯规划能够深化对客观外在环境和组织的认识,同时激发自身目前以及潜在的优势和潜能,进而增强学习动力、提升技能学习、提升就业竞争力;能够帮助自身更好地做好优缺点的对比分析,重新对自身价值进行准确评估判断,明确本人和目标之间的差距,助力确定更加科学的发展目标和职业理想,探索更多的潜在机会。

"志不立,天下无可成之事。"大学生活是职业生涯发展的关键时期,所以制定科学的大学生职业生涯规划是十分必要且有重要意义的。

2. 大学生职业规划书内容

一份职业生涯规划书主要包括以下内容。

(1)标题。标题中一般要含有院系、班级、姓名、学号、职业规划的年限、规划的起止时间等。职业规划的年限不区分长短,要结合每个人的实际情况而设定,大学生阶段的职业生涯规划应从当下阶段到毕业时间段。

(2)目标设定。明确职业发展的方向、每个阶段的目标和最终的总体目标。职业规划的方向也就是将来就业和从事职业的方向。阶段目标是在职业规划过程中,每一个固定时间段内的目标。总体目标是目前可以预测的最长远的目标。个人在确定总体目标时,设置长远的目标有助于最大程度挖掘自身的潜能。大学生的职业生涯规划书需要结合专业职业、个人倾向来确定清晰的初次目标。

(3)自我分析。一份科学的大学生职业生涯规划是在充分认识自身的基础上进行和开展,需要全面地反思自身、认识自身、深入剖析自身,如了解自己的爱好特长、明确自己的性格特征,了解自己的知识技能掌握情况、自身的思维模式和智商情商;也可以结合自身情况书写本人职业倾向、职业价值观、性格气质、能力评估、经历履历、分析总结等。

(4)社会环境分析。社会环境分析是对一个整体的大环境等宏观因素的分析,包含社会、政治、经济、科技、法治、文化等方面。社会环境分析对于大学生后续和长远的人生发展起着至关重要的作用,通过对国内、国外、所在地区这三个角度的评估来认知将来的发展方向,有助于后续获得更好的发展机会。

(5)其他环境分析。进行大学生职业生涯规划要适当地了解周围的环境,以及该环境对于自身职业生涯的影响。同时要结合环境的调整与变化、环境所带来的优势与限制,适时地调整自身的发展。同时需要关注本行业、本专业在社会上、在环境中的发展现状及趋势,需要关注社会、环境、行业、专业、学校、组织、就业岗位等环境分析。可以综合考虑职业目标组织形象、发展前景、实力地位、市场现状、组织管理、培训机会、福利待遇等。

(6)目标选择。目标选择需要结合已制定的职业发展方向、每个阶段的目标和最终的总体目标,进一步深化和细致分析、制定实现目标的主要影响因素,可以把职业目标计划和自身的主观条件进行最优的匹配,从而确定清晰的目标。

(7)实施方案。结合目标选择对比主客观条件,将本人的知识、技能、性格、气质、兴趣、爱好等作为基础和依据,制定生涯规划具体实施方案,在这个步骤中逐步实现清晰可操作,逐渐缩小与目标差距。

（8）评估标准。大学生职业生涯规划需要一定的可衡量性,要设定一定的评估标准来审视制定的规划是否成功、是否科学,以及是否达到目标,如何算作达到目标。如果在执行的过程中无法取得相应的结果,要表明如何调整和重新制定计划。

3. 大学生职业生涯规划实施激励

一份职业生涯在实施的过程中,实施者具备积极的心态起到非常重要的作用。这种发自于内在思想上的激励会促进个人生涯的推进与发展,反之消极的态度会对生涯发展起到阻碍前进的作用。清晰的规划是目标实现的第一步,但实施却不能仅仅停留在规划这一阶段中,要想真正地实现目标必须奋起行动,当掌握了自我激励与调整的方法后则可以进行更好的自我塑造和生涯发展。

【资料学习】

每一代年轻人都有自己的责任和担当,重要的是我们能否扛得起这杆大旗。徐枫灿的梦想是成为一名飞行员,并且她也十分相信自己能够成为一名女飞行员。为了实现自己的职业生涯目标,她每天都在进行高强度的训练,面对训练带来的新伤旧痕,她从未喊苦,从未退缩。她坚信自己现在吃的苦都是在给未来铺路。除了体力的训练,想要成为一名飞行员,还要面对高强度的专业知识的学习,要熟练掌握上千个零件的功能,驾驶时要同时关注几十个数据,这些都需要平时的努力和积累。徐枫灿平时除了训练,就是在图书馆和阅览室。就这样,她经过了层层选拔,经受住了重重艰难考验,最终实现了自己的梦想,成为陆军航空兵首位完成单飞的女飞行员。初心不只能让我们坚定方向,也能成为我们前进的动力。徐枫灿始终坚持自己的初心,兢兢业业、勤奋刻苦、努力夯实基础,最终才能逐梦蓝天,成为青年一代的榜样!

资料改编:人民日报. 有责任有担当,青春才会闪光. 荔枝新闻网. 2023-04-16. http://news. jstv. com/a/20230416/1681614947728. shtml.

在党的二十大报告中,习近平总书记专门用一段话殷切寄语青年,"广大青年要坚定不移听党话、跟党走,怀抱梦想又脚踏实地,敢想敢为又善作善成,立志做有理想、敢担当、能吃苦、肯奋斗的新时代好青年,让青春在全面建设社会主义现代化国家的火热实践中绽放绚丽之花。"

（1）怀抱梦想。新时代是追梦者的时代,也是广大青少年成就梦想的时代。实现目标需要有梦想,树立目标是开启职业生涯的第一步,当代大学生首先要树立远大的目标,人的一生总要有个远大的理想和目标。作为大学生,人生观、世界观、价值观基本都已经形成了。从小的方面说要有自我要求,从大的方面说,就要为社会、为人民做贡献。只有确定的目标才会有行动的动力。远大目标要即刻开展,不能盲目和拖延,后期可以根据实际情况和想法去调整,但要拥有确定的目标。其次要适当地设定进阶目标,目标过小、过于简单或模糊不清会让人失去前进的动力,可以利用最近发展区原理(发展有两种水平:一种是现有水平,指独立活动时所能达到的解决问题的水平;另一种是可能的发展水平,也就是通过学习所获得的潜力。两者之间的差异就是最近发展区。)有效地激发兴趣,有一定挑战性的目标才能最大地开发人的潜力。最后要积极地塑造自身。塑造过程不是一蹴而就的,而是一个循环推进和慢慢提升的过程,量变产生质变,慢慢地积累才会显著地提升和更好地进步。

（2）脚踏实地。在树立远大理想的同时，只有脚踏实地稳扎稳打地努力奋斗才能实现期待的目标。首先需要扎实基础，增长才干，积极主动地学习新知识新思想和练就过硬本领。其次需要不惧困难，顽强拼搏。大学期间正处于学习的黄金时期，要把努力学习形成一种习惯，树立梦想从学习开始、事业靠本领成就的观念，主动练就过硬本领。行百里者半九十，最后需要久久为功地持续奋斗，中华民族一直以来都具有自强不息地奋斗精神，作为新时代的新青年更需要这种锲而不舍、自强不息的奋斗精神。

（3）敢想敢为。新时代青年身上富有朝气、锐气，在追梦逐梦过程中要增强使命感、责任感和时代担当。不惧困难，迎难而上，积极调整好心态，主动迎接未知的挑战。要克服恐惧心理，提前做好准备，增强自己的信心，为自己加油打气。要敢于直面困难，积极准备方案，全力准备应对，当面临危机问题时要多维看待，综合分析和积极化解。勇于实践，不惧怕错误，时刻以积极乐观的心态勇敢前行。要敢于竞争，敢于自我突破，参与竞争过程在所难免，在谦逊待人的同时要珍惜机会，不懈追求、努力超越。

（4）善作善成。不积跬步无以至千里，不积小流无以成江海。想要善作善成要不舍寸功，打好每一步基础，做好每一步积累，只有咬定目标、埋头苦干，久久为功才能积小胜为大胜。善作善成要进一步地精益求精，要把每一件事情做细、做好，重复的事情做专做精，在守正创新和精雕细琢中实现进一步的提升。善作善成要久久为功，踏实地把每一件平凡的事情做好，不空想，不虚张，在平凡中把握和坚持。善作善成要时刻内省，在每个阶段要加强自我反省，结合自我认知和他人印象看法来逐步进行及时调整，立足计划和实践，更好地改善自身。

2.3.2　内外职业生涯

美国职业生涯管理专家埃德加·施恩把职业生涯分为外职业生涯和内职业生涯两个层面。内外职业生涯匹配不仅有利于工作的开展和推进，也有利于个人获得职业幸福感。内、外职业生涯的含义及关系见表 2-7。

表 2-7　内、外职业生涯含义及关系

职业生涯规划	内外职业生涯含义	内外职业生涯关系
内职业生涯	从事一项职业所需具备的知识、观念、心理素质、经验、能力、身体健康等因素的组合及其变化过程	内职业生涯是外职业生涯发展的前提，发展带动外职业生涯的发展
外职业生涯	从事职业时的工作单位、工作地点、工作内容、工作职务与职称、工作环境和工资待遇等因素的组合及其变化的过程	通常是由别人认可并给予的，也容易被别人否认和收回

1. 内职业生涯

内职业生涯是指投身一项职业时自身所具备的知识、观念、心理素质、能力、内心感受等方面的组合及相关的变化过程，是一个人在职业生涯发展过程中对自我的认识、了解、目标设计，是愿望如何实现的所有心理过程，即对自己有一个清晰的认识，有未来的发展规划和目标；是个人在职业发展过程中通过提高职业观念、职业品格、职业技能、职业习惯和自身素质来实现个人综合能力与社会地位的提升及获取个人荣誉的过程。而这些内容是通过自己努力获取的,不会因为外界因素改变而失去,是独属于自己、不可取代的人生财富、心灵宝藏。它有着自我实现性、不可剥夺性、可转化性的特点。

每个人需要通过学习、实践探索等方式不断地获得和提升内职业生涯,这些是个人在生涯发展过程中的原动力,是宝贵的人力资本。内职业生涯的完善能为外职业生涯发展更好地打下扎实基础。

内职业生涯是每个人在初步进行生涯探究发展过程中对各类问题自身解答的过程,想要确立内职业生涯需要深入剖析自我、全面认识自我,而在这过程中对于自身的明确、肯定认可、收获获得感便是其内职业生涯的确定。

在职业生涯发展的早期和中前期的阶段,尤其是对于大学生而言,或者是将来同学们在步入工作岗位后即将成为一名参加工作的新员工,一定要更加重视内职业生涯各方面因素,努力提升、丰富自我,更要从精神、健康及人生态度等方面不断地自省、不断地反思,这是提升自己内职业生涯最开始也是十分基础的模式。

2. 外职业生涯

外职业生涯是个人在职业发展过程中任职的职业角色、所拥有的职位、赚取的职业薪资、可以获得的职业权利等经历。这些是由外在给予的,同样也能轻易被他人掠夺。外职业生涯具有不可控性、不等偿性和依赖性的特点。

外职业生涯是内职业生涯的外部体现,例如职业单位、工作岗位、工作职务、工作内容、工作薪酬等内容的组合和变动。

外部的环境条件是外职业生涯重点强调的内容部分,一般来说,外职业生涯会随着外部的种种条件而改变,它的稳定和持续提高较为依赖内职业生涯的发展。较好的外职业生涯对于内职业生涯有促进作用,内外职业生涯之间可以互相促进和提升。

外职业生涯更加关注的是外部提供的环境和情况,它的组成因素通常会受到外部条件的限制和制约,外职业生涯的发展以内职业生涯发展为前提。好的外部条件对于内职业生涯有一定的促进和提升作用。此外,外职业生涯十分依赖内部生涯的发展,内职业生涯则是外职业生涯发展的前提条件。所以提升内部职业生涯发展是个人职业生涯发展的出发点和基础,在实际生活中,生涯的推进与发展并不是齐头并进的,偶尔会出现不匹配的情况,但是从实际情况来看,内职业生涯能够对外职业生涯有推动作用,而外职业生涯也会逐步适应内职业生涯发展水平。

3. 内、外职业生涯的构成因素

内职业生涯的组成部分可以通过外在他人的帮助而获得,但主要是依靠个人努力付出而取得的。与外职业生涯的获得不同,内职业生涯一旦获得后,他人不能轻易地剥夺和收回。

外职业生涯的组成部分一般来说是由他人认可或给予的,同时也相应地容易被他人否认和剥夺。在个人的职业生涯发展的初期,外职业生涯获得可能会与自身的付出程度不匹配,这种情况下需要以长远目光而非仅局限于眼前利益为视角看待问题,继续做出自己的踏实努力以提升自己的内职业生涯。

4. 内、外职业生涯的特点

(1)内职业生涯的特点

内职业生涯的特点如下。①自我获得性。内职业生涯各项组成因素的获得取决于自身的努力结果和付出。②不可剥夺性。内职业生涯组成获得后,一般无法被他人剥夺和收回。③转化性。内职业生涯可以转换为外职业生涯。

(2) 外职业生涯的特点

外职业生涯的特点如下。①不可操控。外职业生涯构成内容多数由他人赋予,容易被收回和否定。②不符合性。外职业生涯构成内容经常会与个人的付出不相匹配,特别是容易出现在职业发展的前期。③依赖性。外职业生涯发展以内职业生涯发展为前提和基础。

5. 内外职业生涯的关系

个体职业生涯发展的根本是个体内职业生涯的提升,个体外职业生涯则为内职业生涯发展提供条件,二者相互依存。但是在一些情况下,内职业生涯和外职业生涯并不能共同发展,有时会发生相互矛盾。从二者的根本关系来讲,外职业生涯的发展动力是内职业生涯的发展,二者的发展水平是肯定能够互相和谐适应的。

在理解了内职业生涯和外职业生涯关系后,初入职场的大学毕业生更加需要在自己的职业发展过程中明确自身的位置,做好自身的评估。当遇到困难和挫折与失败时也要直面困难,做好分析,以促进自己的内在成长为长远利益。随着社会经济的发展,在就业过程中面临的竞争也更加激烈,各个招聘单位中关注的也是求职者的核心才能,内职业生涯便是其中的核心要素。也正是因为内职业生涯非常重要,所以当内外职业生涯不匹配时,需要权衡考虑,分析内职业生涯在当下的岗位环境中是否要继续发展。当然,在内职业生涯中也要具体细化,比如个人所掌握的知识、经验、特长等。这些需要在特定情况下才能够更好地展示。而有些因素,如心态、学习能力等则对于环境的要求相对较低,很多单位在招聘人才的时候,会更加关注这些要素,而适当放松以往对知识、经历和经验的要求。所以对于大学生来说,好似一张白纸也是非常具有可塑性的,大学生们更要抓住这样的宝贵机会,努力全面发展自身,积极提升内职业生涯。

2.3.3 自我认知提升内职业生涯

在生涯发展中,自我认知是做好生涯规划和生涯发展的基础。对于大学阶段学习的大学生,个人的自我认知水平与个人的学习生活及学习能力有着较为密切的关系。所以科学地认知自我、找准自身的定位、明确自身的优势和劣势有利于强化自身优点,规避自身的短板,促进自我认识、丰富内职业生涯,也有利于制定科学有效的职业生涯规划。

1. 自我认知方法

(1) 自我反省。自我反省是当面临冲突和矛盾困难时能够冷静沉着地思考问题,能够客观科学地评价自我、找准定位、调整心态。自我认知需要自我剖析,可以通过几种方式进行。第一是对自身的智力水平和能力的判断分析,例如对于自身的学习方法、习惯效率、特长技能等进行分析。第二是对于自身的外在形象的分析,例如对标自己在集体中的作用和位置,在外在环境中的表现和自身的适应能力等的分析。第三是对于自身的精神世界的剖析。例如自己对外在事物的评判、个人的性格兴趣、爱好特长等方面的分析,通过自我的内心对话更好地了解自己的精神世界。在学习生活的过程中,可以通过自我关注、自我观察等方式来深刻地反思自身并发现问题,及时修正并吸取经验教训,可以通过正念、日记等方式记录自己的内心情绪和表现,后续可以通过不断的努力取长补短、全面发展、增强自信。

（2）对比他人。首先,客观地对自身评价需要全面地了解他人的情况。特别是要结合与自身条件相似、地位相似的人来进行比较。这样可以了解基本情况,更好地衡量自身的情况。其次,要结合环境中其他人对于自身的态度来帮助认知,如在相处过程中通过评价、意见、建议等来分析自我的问题和不足之处进而改善自我。最后,可以结合自己参加过的实际活动的反馈和结果来评估自身,也就是在客观条件上评估自我。通过以上的方式,如果个人评价与外界给予评价一致,则可以判定为自我认知较为客观;如果存在较大差距或完全相反,则自我认知不客观。针对大学生来说,可以与同龄人或同年级、同班、同专业的同学进行比较来科学地认知和了解自我。例如可以与一同竞争的同学们进行比较,在比较过程中,不要仅限于学习成绩的比较,而是要注重综合素质的考量,通过认识自身的优缺点进而了解自身与他人之间的差距,以便后续扬长避短。此外,也要观察大部分人对于自身的态度和他们对于其他人的态度区别中认知自己,进而改善自己的行为处事。

（3）征求意见。全面客观地认知自我就不能仅仅局限于自我视角中,需要用他人的眼光和角度来审视自己,这样才能更好地发现自身存在的问题进而有利于后续的自身完善。一般来说,外在的判断和他人的评价更加客观、完整、清晰。个人的评价一定程度上会存在认知盲点,所以当我们倾听他人对我们的意见时,首先要尊重他人提出的评价,要以一种包容、开放、虚心的态度来接受他人提出的评价。同时也要冷静地看待,一方面不能盲从盲信,另一方面也不能忽视和对立,要结合家长、老师、同学、朋友提出的评价和意见促进更深层的认知,这也有利于自己后续的改正。大学生可以主动地请教辅导员、班主任或者就业指导中心的老师,了解自己在他人眼中的形象以及优缺点。长期相处的师生、家长、朋友提出的意见一般来说是较为客观公正的,通过借助他人的意见有利于更精准地审视自我、接纳自我、重塑自我、实现自我。

（4）专业测试。结合一些技术测试来更好地了解自我,通过一些测量工具或测验手段来辅助,例如智力测验、人格测验、神经心理测验、能力测验。个人可以根据实际的需要去选择相应的测量工具,也可以在专业的指导下使用。

2. 自我认知提升

（1）做好气质类型分析。气质是指心理活动在强度、速度、灵活性、极致性上的典型而稳定的心理特征,具有天赋性,是个性中较稳定的特征。形象气质在求职过程中是较为重要的部分,一个人的气质类型对其职业生涯有着一定的作用。所以大学生要正确认识自己,明确自我定位。个人的气质类型有多血质、胆汁质、黏液质、抑郁质。四种气质类型不分好坏,适合的职业类型也不尽相同,个人可以根据自身的气质特点发挥本人优势,努力培养在岗位上的良好气质形象。

（2）做好职业兴趣探究。在需要的前提下,结合个人的兴趣寻求自己喜好的活动,这样有助于提升注意力、思维活跃度和意志坚定情况。兴趣是重要的动力,是成功不可或缺的因素,职业兴趣是兴趣在职业方面的表现,是指人们对某种职业活动具有的比较稳定而持久的心理倾向,使人对某种职业给予优先注意,并向往之。职业兴趣会促使个人对兴趣岗位投入的注意力较强,有助于促进个人在实践中的自觉性和积极性,也能够体现出对待工作的态度。后续的适应情况具体外在表现为全身心投入工作的兴趣、从工作中获得的幸福感和满意度,坚持本工作的持久度和稳定性以及成就感。兴趣发展需要通过三个阶段,有趣、乐趣、志趣,如果选择的职业与兴趣相吻合就会产生无穷的动力,更有利于施展个体才能,这样不仅容易取得好的业绩,也会形成一种正向的循环。

（3）做好性格判断。性格是一个人对现实的稳定的态度，以及与这种态度相应的，习惯化了的行为方式中表现出来的人格特征。性格大致可以分为能力型、活跃型、完善型和平稳型。能力型的人性格比较外向，比较实干，情绪较为乐观，对于认定的目标较为有信心，但有时性格较为急躁，办事比较迅速，不拖拉、不等待。活跃型的人较为外向开朗，善言谈，热情奔放，擅长沟通交往和结交朋友。活跃型的人有启发大家思维的能力，极具富有感染力。完善型人相对比较内向，做工作较为认真，逻辑思维较好，对于抽象事物推理分析能力较强，对工作要求比较严格，希望把工作尽善尽美。平稳型人格性格相对内向，工作稳重踏实，具有良好的人际关系，随和有耐心，在交际上能够宽以待人，懂得与他人友好相处，具备一定的行政管理能力。

（4）提升职业能力。能力是促进内职业生涯发展的重要因素，也是个人顺利完成工作和活动所必要的，大学生走入职场前要全面地发展个人的能力。第一要积极培养个人的社交能力，在走入社会时，需要对物质环境和人际关系的不断变化做出迅速调整、适应，联系沟通交流能力是十分重要的，要锻炼自身交流联系、沟通技巧水平。第二要培养自己的职业能力，作为重要的心理因素，大学生要增强自信、诚信、主动、责任心等宝贵品质。第三大学生要积极培养个人的职业技能，只有练就扎实的基本技能才能够在岗位上得心应手。这些技能不仅仅包括书本上的内容，还包括如观察能力、记忆能力、想象能力、思维能力等，此外也包含如人际交往、创新服务等技能。第四要积极提升自己的团队合作能力，增强融入和归属意识，可以在日常生活中与宿舍同学、同班同学、社团同学在实践活动过程中不断地锻炼自身的团队协作能力。

【练习与实践】

选择题

（1）下列属于职业生涯规划的内容的是（　　）。

A. 认知自我　　　B. 要去什么位置　　　C. 要做什么事情　　　D. 以上都是

（2）以下不是职业生涯规划的重要性的是（　　）。

A. 帮助你最终实现美好的理想　　　　B. 帮助你不用太努力就可以发展自己

C. 帮助你目标明确地发展自己　　　　D. 帮助你扬长避短地发展自己

（3）以下不是内职业生涯特点的是（　　）。

A. 自我获得性　　　B. 不可操控　　　C. 不可剥夺性　　　D. 转化性

（4）对内职业生涯、外职业生涯的关系表述正确的是（　　）。

A. 内职业生涯的发展会促进外职业生涯发展

B. 内职业生涯发展是外职业生涯发展的结果

C. 外职业生涯比内职业生涯超前越多越好

D. 只要外职业生涯发展得好就会促进内职业生涯发展

（5）以下不属于自我认知的方法的是（　　）。

A. 自我反省　　　B. 监督他人　　　C. 专业测试　　　D. 征求意见

参考答案

2.4　职业社会要求与专业认知

案例引导

"知己知彼，百战不殆"，作为将来要步入就业岗位的大学生而言，对于职业的了解和专业的认知是十分必要的，只有充分了解才能提前做好准备、积极积累，为将来用人单位的选择和个人发展奠定基础。

2.4.1 职业认知

对于职业的认知,要先明确职业的分类。职业分类是以国家的社会分工为前提,采用一定的标准、方式、原则,按照性质和特点对人们所从事的专业化的工作系统地进行分类和整理。对我国而言,《中华人民共和国职业分类大典》是我国第一部对职业进行科学分类的权威性文献。目前我国的职业分类见表2-8。

表 2-8　我国的职业分类

类别号	类别名称
第一大类	党的机关、国家机关、群众团体和社会组织、企事业单位负责人
第二大类	专业技术人员
第三大类	办事人员和有关人员
第四大类	社会生产服务和生活服务人员
第五大类	农林牧渔生产及辅助人员
第六大类	生产制造及有关人员
第七大类	军人
第八大类	不便分类的其他从业人员

2022年7月,我国公示了新修订的《中华人民共和国职业分类大典》,围绕数字经济、绿色经济、制造强国和依法治国等要求,专门增设或调整了相关中类、小类和职业。2022年9月,《中华人民共和国职业分类大典》(2022年版)终审通过,把新颁布的74个职业纳入。2022年版在保持八大类职业类别的基础上,增加了158个新的职业,目前职业数达到了1639个。

2.4.2 各类职业现状和大学生职业发展路径

为了更好地适应社会的发展,用人单位也在对选聘人才系统进行调整,逐渐完善人力资源管理体系。同时,当前社会也为大学生职业发展提供了更加自由广阔的空间。在职业生涯发展的路径上,大学生们也要通过多元化的方式来更好地实现自我的价值。

1. 传统组织

大中型企业等传统组织一般分为国企和民企两大重要的部分,也是国民经济的重要组成部分,依据我国目前的基本经济制度,它们的支柱作用非常重要。近年来国企对求职者的吸引越来越强,国企也提供了较好的个人发展机会和更稳定的薪资,受到大学毕业生们的喜爱。但国企在招聘中也容易存在一些问题,如招聘审批流程长,时间久,需要求职者耐心等待;在岗位设置、实施方案等方面灵活性较弱;招聘渠道较为单一等。

作为大学生,求职进入国企后,可以根据相应的岗位选择相应的发展路径,例如单通道职业生涯路径、双通道职业生涯路径等(单通道模式是指员工只能依靠晋升管理岗位,才能获得职位的晋升和薪酬的提高。双通道模式是指除了管理通道的晋升,专业人才还可以通过专业技术通道的晋升实现职位的晋升和薪酬的提高。多通道模式是指将双通道模式中的专业技术通道细分为多个专业技术通道)。大学生们可以充分结合自身的条件和优势,深入企业了解岗位要求、管理制度、经营环境等制订职业生涯计划,快速提升自我以更好地适应岗位和取得职业成就。

大型民营企业为了更好地适应市场竞争现状,近年来也制定了新的人才选聘策略,例如建立新型的人才招聘理念,关注素质能力、注重人职匹配、关注求职者入职以后和职业发展中的职业幸福感;制定更加科学的招聘规划,调整流程和框架等;丰富招聘的方式、创造更好的就业环境、增加激励制度、提升关怀的力度等。

2. 公务员

近年来考公务员成为众多大学生的毕业后追求,但选择公务员进行就业也存在着一些问题,例如公务员考试的难度较大、考试的内容范围较广、答题时间较为紧凑;在岗位上晋升的难度较大,因为有着较为严格的晋升机制;公务员岗位的薪资待遇相对一般,公务员的收入取决于当地的财政能力,各地区情况不同,薪资待遇便不同,几乎没有将来薪资暴涨的可能。为了更好地优化,各级政府也制定了一些相应的制度和措施。例如调整机制,优胜劣汰,提升公务员队伍的效率和质量。再如实行相应的轮岗制度,全面地提升公务员的综合能力,提升干部的综合水平,激发公务员队伍活力,提供良好的发展机会。再如实行职务与职级并行制度,进一步完善公务员分类管理制度等。

作为大学生,在求职公务员时可以从综合管理类、专业技术类、行政执法类三个工作方向去探索,具体需要提升全面的自我认知,明确自身定位,确定职业目标。确定职业目标时需要全面了解工作的大环境,包括宏观环境和微观环境,总结经验进而及时调整个人的职业规划。

3. 事业单位

结合当下就业压力和就业形势的严峻性,较为稳定的事业单位逐渐成为大学生十分偏好的求职意向。事业单位的招聘一般通过考试和考核两种方式。事业单位也存在着一些问题,如企业的整合度和利用度有待提升,考试和考核的制度标准不够完善,在编与不在编人员的待遇差距较大,部分人员创新意识和工作效率有待提升等。为了进一步优化,目前事业单位已经逐步设置更加科学的招聘条件,官方统一发布招聘信息,完善和制定更科学的考试内容,逐步提升非在编人员的工作待遇,制造更好的学习氛围和更公平的激励机制。

对于大学生而言,求职事业单位面临着很大的吸引力,虽然事业单位看似稳定,但仍存在变数,也容易受到国家的政策影响。所以对于大学生来说,要做好面对外在环境所带来的机遇和挑战,清醒地认知自身条件,确定科学的奋斗目标,做好有效的安排。在选择岗位时,关注好管理岗位、专业技术岗位和工勤技能岗位三种类型,结合自身的兴趣和条件进行岗位选取,同时要想后续更好的晋升,不仅要提升个人的道德素质,还要努力提升个人的业务素养,如专业知识的提升、相关知识的积累、综合素质的提升等。

4. 社区就业

在社区就业就是把就业和社区的服务相结合,依托社区和组织开展社会化服务,为社区的居民提供服务和方便的一种就业方式。社区的就业岗位一般可以分为三种类型:①便民利民的服务,服务对象基本是社区的居民;②公益性服务,一般为大众服务,使大众受益的非营利性服务;③后勤保障服务,是除了服务社区居民以外,在住宅社区内的各类单位所需要的后勤服务。社区就业有以下特点:①综合性,在服务的对象和内容上关系较为复杂;②辅助性,和其他岗位相比,社区服务的岗位具有辅助生活管理的特点;③福利性和营利性结合,社区服务有救济帮扶等服务性的特点,也有一定的营利性质;④灵活性,如劳动时间的灵活、薪酬的灵活、人员成本的灵活;⑤不稳定性,受到服务人群的雇佣关系影响,这种关系是不稳定的。

2020年6月,七个部门联合印发《关于引导和鼓励高校毕业生到城乡社区就业创业的通知》,拓宽了高校毕业生的就业渠道。对于大学生而言,首先要对党的政策、方针进行理论系统化的学习,并且认真贯彻执行。其次,如果将来从事社区工作,要把自己的位置摆正,加强服务热情,提高服务效率,遇事要有耐心和责任心。最后要明确工作目标和服务宗旨,从点点滴滴严格要求自身,从小事开始积极锻炼自己,树立良好的大学生社区工作者形象,加强自身素质,不断学习,时刻牢记全心全意为人民服务的宗旨,忠实地做好本职工作,同时虚心学习,加强团队合作,不断充实和完善自己,通过不断地学习和积累,提高自身的工作能力,更好地做好服务工作。

5. 中小型企业

2005年中共中央办公厅、国务院办公厅印发《关于引导和鼓励高校毕业生面向基层就业的意见》的通知,在文件中大力支持中小型企业和非公有制单位招聘录用高校的毕业生,后续国家持续地在发布各项政策来支持大学生到基层去就业、到中小型企业去就业。目前的中小型企业处在不同的发展阶段,彼此之间的差距也相对较大。部分小微企业还处在从经验管理向科学管理的过渡阶段。大学生进入后,容易将所学的大企业先进理念与之作比较,从而产生怀疑感和信任感,降低工作效率。此外,中小微企业的激励机制有待进一步完善,品牌文化底蕴也有待进一步强化,知名度有待进一步提升。

将来中小微企业也将成为大部分大学生毕业选择的主要方向。作为大学生要调整观念,踏实工作,在企业中不断地提升自我,逐步成为中小微企业的中坚力量。此外,在中小微企业中没有森严的等级,发展的前景和升迁的机会较好;此外小微企业相对规模较小,接触高层机会较多,能够更方便地向前辈学习专业能力,提升自身的管理能力。小的企业更能提供空间和平台帮助新人发挥创新能力和个性施展,促进新人更全面地锻炼,是一种适合毕业生和大学生创新的发展平台。

6. 新农村就业

在大学生就业困难以及新农村发展的背景下,政府积极倡导大学生毕业后到农村就业和创业。在实际过程中,大学生到新农村就业也面临着一些困境,例如刚毕业的学生对农村相对发展落后的情况会产生畏难情绪,缺乏改变现状的责任感,难以适应农村艰苦的生活环境,不能胜任基本的农村活动等。农村当地的风土人情和生活习俗,对于刚毕业的大学生,短时间内无法深入了解,很难和群众打成一片,容易陷入迷茫的困境和自我怀疑。此外,大学生的社会经验较少,已有的自我认知和现实情况也存在着不小差距,容易迷茫困惑、无所适从。

【资料学习】

广西江门村党总支书记杨宁,曾是名大学生村干部。在一次乡村走访活动中,她看到乡亲三人分吃一碗粉,下定决心要当"脱贫领头人"。大学毕业时,杨宁本可以在南宁市的农资公司工作,但她却毅然选择回到家乡,回到这片养育她的土地去当一名大学生村干部。最初她贷款五万元建起了竹子收购点但宣告失败,贷款种辣椒结果辣椒苗长斑腐烂,后来她又贷款了二十万元,带领农户种植起了高山葛根,可最后还是以失败告终。经历了三次失败后她并没有被挫折打败,而是选择自掏腰包免费给村民们提供稻谷肥料,发动村民种植紫黑香糯米。功夫不负有心人,最终获得大丰收!2020 年,杨宁当选为村党总支书记。她组织村里的留守妇女成立了苗阿嫂种养专业合作社,发展家乡特色产业。在她的带领下,到 2020 年,家乡 327 名贫困人口全部脱贫,现如今,村民年均收入较 13 年前期翻了 10 倍多。从穷乡僻壤的深山苗寨到如今瓜果飘香的美丽乡村,这一切都离不开杨宁的付出,正是因为她不忘初心,扎根家乡苗寨,坚定信念才成功吹响了脱贫的号角。杨宁的成功并不是偶然的,是她对于未来目标的明确以及为目标而奋斗努力的行动促使她一步步走向成功,她用实际行动证明了什么是"不忘初心,方得始终。"

资料来源:环球网.感动中国丨杨宁:不怕弯多山高 只盼家乡更好.央视新闻.2023-03-04.https://ms.mbd.baidu.com/r/10MA3xC7yvK?f=cp&u=b45551cfcdbbdc68.

习近平总书记 2016 年在全国高校思想政治工作会议上指出:"要鼓励高校学生把视线投向国家发展的航程,把汗水洒在艰苦创业的舞台,到基层去、到西部去、到祖国最需要的地方去,做成一番事业、做好一番事业。"国家也积极地鼓励大学生到基层去就业创业。

7."三支一扶"计划

"三支一扶"计划即支教、支农、支医和帮扶乡村振兴计划,是人力资源和社会保障部牵头组织实施的帮助高校大学毕业生基层服务的项目。每年会选派高校毕业生到基层去进行"三支一扶",服务期一般为二至三年。服务期满后可以自主择业,同时可以享受优惠政策。在服务期间可以享受工作生活补贴、一次性安家费,按照规定参加基本养老保险、基本医疗保险等社会保险,以及参加各类培训等。"三支一扶"顺利期满后,可以参加公务员的定向招录、事业单位的招聘,同时也可以享受考研加分、学费补偿、贷款等优惠政策,也可以享受应届毕业生就业创业等相关优惠政策。

8.特岗教师计划

特岗教师计划是中央实施的一项对中西部地区农村义务教育的特殊政策。通过公开招聘高校毕业生到中西部地区"两基"攻坚县、县以下农村学校任教,引导和鼓励高校毕业生从事农村义务教育工作,创新农村学校教师的补充机制,逐步解决农村学校师资总量不足和结构不合理等问题,提高农村教师队伍的整体素质,促进城乡教育均衡发展。一般来说,特岗教师任期为三年,大部分特岗教师工作地点为县城以下的农村乡镇初中或乡镇中心小学。在特岗教师的服务期间会享受工资性补助,按照规定参加社会保险享受五险一金待遇,在编期间也会享受职称评聘评比等,服务期满后考核合格且愿意留任可入编落实工作等待遇。此外服务期满在考研等方面也会有相应的加分和优先录取。

9.大学生应征入伍

2009 年国家出台了应届高校毕业生入伍的预征政策,大规模普及征集普通高校应届毕业生入伍。为进一步鼓励大学生参军入伍,在国家优惠及政策的基础之上,也相应地给予学历提升的政策,如复学、专升本、读研、报考军校、士兵提干、保送入学、直招军官等政策。此外,在就业保障上也会提供相应的技能培训、职业培训、就业服务以及安排工作。在经济方面也有相应的经济优待,如家庭优待金、学费补偿代偿、自主就业经济补助,服役津贴和退役金。

2.4.3 职业社会对人才的要求

作为大学生,较之已经工作过的职场人员更需要客观认知当下的职业环境和用人单位的具体要求,对自身进行准确的定位,做好规划才能更具备竞争力。

1. 认知职业环境

社会的发展会影响着职业环境的调整,因此大学生在进行职业生涯规划时,要客观认清当下的职业环境,并学会依据形势来调整自己的职业规划方向和路径。对职业环境的认知包含以下几个方面。

(1) 认知社会宏观环境。社会的宏观环境是指该职业在整个大的环境中以及发展过程中所处的社会地位以及社会环境对本职业产生的影响,包括政治环境、经济环境、文化环境、法治环境、科技环境等。

① 政治环境是一切活动的前提,具体可分为国内政治环境及国外政治环境,在不同的环境下,政策方针会对经济生产带来较大的影响,只有政治稳定,才能有利于持续稳定的生产发展,才能为职业提供基本的保障。

② 社会经济发展状况、相应的国家经济政策、经济全球化等方面的相互联结作用形成的经济环境变化直接影响职场环境的现状与发展,因此经济环境也是职业环境的前提基础。

③ 社会文化环境包括当下的环境情况、风俗习惯、生活方式及精神层面的信仰观念及价值观等。社会文化环境具体对于职业发展的影响主要在于对于个人职业意向的影响、对于个人职业能力的影响、对于个人职业习惯的影响,以及对于个人职业价值观的影响。

④ 法治环境是指所有就业人所处的国家或地区的政治制度、体制、方针政策、法律法规等方面。大学生需要时刻关注劳动法律法规,避免在职业生涯规划中出现错误。

⑤ 科技环境是指科学技术发展的现状情况及其对职业岗位产生的较为重要的影响。科技的发展也更加需要高素质人才,因此作为大学生更要努力提升自己的知识和能力水平,提升自身竞争力。

(2) 认知微观环境。微观环境也会影响到个人品质和个人成长。对于大学生来说,关系最为密切的是家庭生活环境和校园生活环境。

① 家庭生活环境是对我们影响最深远的环境,如一个人的交流言行、习惯性格等,都对我们有着源远流长的影响。家庭生活环境主要通过以下几个因素影响着个人职业生涯发展,包括家庭的经济地位、家庭教育文化、家庭成员的职业及职业榜样、家庭成员对子女的职业期望等。

② 针对大学生而言,校园生活环境也是会对一个人的成长产生重要的影响,校园作为学习生活的重要场景,是一种能够促进大学生提高综合素养能力的重要环境。例如,校园文化能够促使大学生形成更科学积极的职业生涯规划,能使规划更加具有导向性和实践性。

2. 用人单位对大学生的要求

大学毕业生了解企业的用人标准对自己的顺利就业意义重大。除了专业知识,一些用人单位在选聘大学毕业生时往往注重考察求职者的以下能力和素养。

(1) 工作态度。工作态度是对个人目前所从事职业和工作处于社会中的地位作用、素质要求及现状等多维度的认知评价以及由此而产生的情感体验和行为的选择。在任何工作岗位上，只有积极的工作心态才能够主动自觉地走进工作，同时对工作产生兴趣和投入的意愿。反之，如果面对工作始终保持消极的工作态度，不仅会产生低迷、抱怨、烦躁、指责等负能量负情绪，也会将工作作为一种负担和累赘，从而影响工作的进展和业绩，进而对将来的工作发展和进步都有一定的阻碍作用。

（2）实践操作能力。作为初入职场的新人，大学生的实践操作能力相对较弱，所以需要在实践操作能力方面努力提升和加强培养，具体可以从以下几个方面入手。①激发自身的实践动机，适时给予自身一定的实践压力，大学生可以制定相应的实践目标，主动体验感受，积极调整心态，在各类实践活动中锻炼提升自身。②关注自身的生理和心理素质，促进综合协调发展。对于大学生而言，具备各个领域和专项的实践能力是很难达到的，不同领域和实践所需要的专项技能是不尽相同的，所以可以结合自身的情况，根据个人的潜质和兴趣，有的放矢地增强相应的专项实践能力，为将来的发展打下坚实的基础。③需要加强在真实的情境中锻炼和提升。只有在反复的实践过程中磨炼才能更好地强化实践能力，如在过程中根据遇到的各种困难做出的各种预案、面对突发问题的判断、决策和反思等，这些可以在真实的情境中更好地锤炼相应的实践操作能力。

（3）团队合作能力。团队合作能力是指与其他的团队人员以一个共同目标，相互协作、共同努力、相互帮助、协调配合的能力。团队合作能力可以通过以下几个方面来提升。①尊重团队成员。在一个团队中，每个人会有不同的性格工作方式和爱好，所以在团队协作过程中需要尊重彼此，认可对方的成就积极地去尊重、欣赏和信任对方，以一个平等尊重的心态去与对方交流和沟通。②要和团队成员彼此欣赏，遇到问题要相互包容，团队的创新能力非常重要，而创新能力也是源于团队成员之间存在的差异和彼此的独特，也正因如此才会让团队体现了综合优势，能够促进团队的持续动力和不断发展。③要互帮互助诚信守诺。作为大学生要热心助人，这样会有利于团队成员对于新人的接纳。在交往过程中，团队成员彼此只有诚信守诺才能增强个人信用、树立自身的信誉，促进后续的交流和合作。

（4）单位忠诚度。单位忠诚度是指本人认可单位的文化环境，认为单位能够提供较好的机会和相应的物质回报。同时在工作过程中能够全身心地投入，并将个人的发展有机地融入企业单位中。单位也会对员工通过发展、待遇、情感和企业文化的方式留人。当今的企业越来越重视员工的忠诚度。①作为大学毕业生首先要诚实守信，与求职单位需要坦诚沟通，在求职应聘时注意信息透明，不要只停留在肤浅的感性认知，需要客观了解、认真思考和谨慎决定，对自己和单位负责。②在工作过程中培养忠诚度，如积极参与入职培训，对于企业文化认真了解深入学习，将公司文化、行业特点、运营模式、管理特色深入了解，早日融合到单位中。③要忠诚于自己的个人选择，确定了入职及发展的方向和岗位后，要敢于吃苦、戒骄戒躁、虚心学习，以持续的积极认真态度不断为单位注入力量。

（5）敬业精神。关于敬业精神，敬业是道德的范畴，指的是个人对所从事工作负责任的态度，也是对自身工作的一种基本尊敬。加强敬业意识，可以从以下几个方面去提升。①树立正确的职业理想。大学生可以树立客观持久的职业成就目标向往，这也是将来事业成就的前提和基础，良好的职业理想能够促进职业的顺利发展。②树立较好的立业意识。通过科学的职业理想目标对自身激励和导向，能够更好地激发本人的热情。③树立较好的职业信念。热爱自己的事业，对本身的职业有敬重和热爱的态度。④端正从业的态度。对待职业和工作要勤勤恳恳、脚踏实地。⑤关注自身的职业获得感。大学生可以积极引导自身获得愉悦和满足的职业体验。⑥遵守职业道德,在过程中严格要求自身,确保言行符合职业行为规范。

此外,一些其他的宝贵品质也是招聘单位较为关注的,如学习意愿可塑性、解决问题能力、计算机和外语能力、社会责任感、表达沟通能力、执行能力、领导能力、创新能力等,作为应届大学生可以结合自身情况,对标用人单位具体要求积极提升自身素养,提升竞争力。

2.4.4　专业与职业

大学生所学专业与今后从事的职业一般有对应关系,但这并不代表学习某一专业就必须要从事对应的职业。

1. 基本理解

专业与职业两个名词十分相似,它们之间既有密切的联系关系,又有区别和不同。职业是一个人从事岗位的工作性质,而专业是指所学的内容具有独专之处,也指这个独专之处的具体内容。专业为职业而服务,职业对专业有着导向作用。针对大学生而言,大学四年的过程是积累的专业化学习进程,而专业化的学习会对将来的职业发展起到非常重要的作用,有效地处理好二者关系,对于后续成才发展具有较重要的作用。

在大学阶段同学们接受高等教育,而高等教育中重要内容是学科专业的设置和调整。专业的设置能够反映学校的人才培养目标和具体的专业结构,会直接影响对大学生培养的质量。从当下的就业状况及社会发展可见,就业压力较大,人才竞争激烈,招聘单位对于人才的要求和条件也越来越高,据此大学生应努力提高适应性,以扎实的专业学习提升专业素养,随时准备好将来从事职业的基本功。

2. 二者关系

(1)专业是职业的媒介,社会上任何一份应聘的岗位都有明确的岗位职责,如果想成功获得岗位,务必要具备岗位要求相应的职业能力。而对于在校园的大学生来说,需要通过专业学习来获得相应职业能力。

(2)专业学习能够有效地促进大学生的职业能力发展。随着就业环境的压力和人才之间的竞争,大学生也需要具备更高的素质,众多企业不仅要求大学生有扎实的知识,也要有较强的专业能力。专业促进职业的发展,职业在实践中稳步提升。大学生要客观了解自身情况,同时也要持续积极努力锤炼自身。

(3)扎实地提升专业能力有利于在职场中发挥优势。同一个专业将来有多个职业方向的选择,而一份职业却需要丰富的专业知识来做基础,大学生只有扎实地学好专业知识,依据岗位职业要求和社会的发展情况将已获得、已学习的知识深入理解、有机重组,才能更好地发挥其功能,进而提升个人的职业竞争力,在职场中抢占先机。

(4)职业是随着社会的发展逐步形成的具体细化工作,专业和职业有着密切关联,专业为职业服务是前提和基础。职业为专业提供导向。在大学中,学校会根据社会上对职业的要求设置相应的学科专业。在职业发展过程中,不局限于同一个专业,只要具备相应的职业素质也有可能有发展空间。

从有关调查的统计数据来看,大部分毕业生在职业的选择上还是能够联系所学的专业,只有少部分与职业专业不相关。专业适配度高更有助于职业的适应和发展,所以针对大学生而言,扎实学好专业课有助于将来在求职自己的意向岗位时取得一定的基础优势。

同样的,职业对于大学生的专业学习有着较高的要求,在专业学习环节,扎实的专业知识是做好大学生职业生涯规划的前提,也是出发点。大学生需要在大学期间明确努力的学习方向,充分发挥自主意识,学会自我管理,确定学习目标,完成学习任务,增强职业能力。

3. 大学生的专业提升

在大学一年级所学习的主要为基础性的课程。内容包括公共基础课程、专业基础课程、通识教育和思想政治教育等课程。大学一年级是大学生活的初始阶段,也是基础的阶段,是初步接触专业学习的重要关键时期。从高中步入大学,所处的环境发生了巨大的变化,同学们会产生众多的不适应、自我意识相对较弱,同时自我期望又较高,在学业上时常会出现较为放松的情况,所以针对大学一年级学生而言,①在专业提升方面,要对自身的专业学习有一个初步的了解,特别要关注今后从事的职业或与本专业相关的职业。例如,通过与老师学长学姐等进行交流的方式或者参与校院系班级开展的交流活动等。②同学们需要尽快融入新的环境和新的班集体中,尽快地熟悉大学生活,了解本阶段的生活特点。③适应本专业的学习方式、方法,了解基本规律,为后续的专业发展打下良好基础,同时也要初步了解本专业将来的职业发展设计、制定初步的职业生涯发展规划。

大学二年级学习的主要内容为专业基础课,也就是专业理论课,部分同学会涉及实习内容。在本阶段的专业提升过程中,同学们会逐渐从现实和发展的角度来审视自我,进而确定和选择接受自己的专业。大学二年级是专业提升与发展的重要阶段,也是大学生扎实提升自身能力,发挥个人爱好、增长知识储备的重要阶段。在这个阶段中,同学们会向不同的方向发展,每个人对于专业知识、社会知识的学习也得到进一步的深化,思想也更加活跃。此外,除了专业课程学习,同学们也会参与更多的活动来丰富充实自身的世界观、人生观和价值观。在大学二年级的专业提升过程中,同学们要考虑将来的专业发展方向,并通过参加相关的活动来提升基本素质。①投入更多精力用在学业方面,关注本专业本领域的发展前沿动态,增强自主学习的动机和本领。②提升自我管理、自我教育的能力。③积极参与学校组织的团学活动,锻炼自身的各项能力,拓宽知识面,掌握本专业和相关专业的知识和技能。

大学三年级主要的学习内容为专业课,具体包括专业理论课和专业技术应用课。这个学年是大学生学习的分水岭,同学们会结合自身的情况设定不同的毕业发展选择。在专业的学习上,同学们会更加关注本专业领域的部分,积极地主动探求本专业将来的就业发展方向。结合自身情况对专业知识进行有针对性的学习、实践和提升。大学三年级的专业学习阶段是全面综合提升个人素养的重要环节,由原来的基础课学习转变为专业课的学习。在这个阶段,同学们的思想观念更成熟,职业理想更明确,具有更强的思维能力,也能够较为主动自觉地进行自我提升。可以通过一些实践活动来增长个人才干,学业方面会更加关注自身的专业发展和职业发展,以及对标本专业将来的就业情况。

大学四年级为综合实践的学年,这个学年是对前三年专业学习中所积累的基础专业知识和掌握的专业技能进行沉淀和总结,在专业方面需要完成大学四年级实习和毕业论文设计来总结和检验大学四年获得的综合成果。大学四年级是同学们由学校进入社会职场的重要阶段,也即将开启成为职场人的新角色。在这个阶段的同学们思想活跃,具有一定的独立性,职业方向已基本确定,具有较强的社会责任感和职业抱负感。通过四年的专业学习和积累锻炼具备了一定的知识能力,但容易存在对自身定位过高、理想与现实有差距的情况。也有部分同学存在畏难、不自信的心态,或缺乏吃苦以及受挫继续奋进的勇气。在大学四年级想要提升专业竞争力,可以从以下几方面入手:①提前做好个人的职业意向定位;②在大学最后阶段的学习任务中要认真踏实,计划有序逐步推进,如实习毕业论文、毕业设计等;③要做好专业选择和就业求职的各项准备工作,主动出击;④要珍惜大四学年的宝贵时光,时时充电,不断完善自身,以便适应就业要求。

【练习与实践】

能力与择业自测量表

能力是完成一项工作的条件之一,根据各自的能力特点差异,对职业的选择也会有差异。通常我们要学会扬长避短,如逻辑思维强的人比较适合从事数学、哲学等理论性强的工作,想象思维强的人较适合从事文学艺术创作的工作,具体行动强的人适合从事机械方面的工作。因此,了解自己的能力倾向和不同职业的能力需求可以帮助我们合理地选择适合自己的职业。职业能力自测问卷可以帮助了解自己现有的各种能力情况,为求职和实现职业目标服务。

1. 测试

请根据自身的实际情况,在表 2-9 相应的选项栏中打√。

表 2-9　能力与择业自测量表

能　　力		强	较强	一般	较弱	弱
一般学习能力倾向(G)	① 快而容易地学习新的内容					
	② 快而正确地解决数学题目					
	③ 你的学习成绩处于					
	④ 对语文的理解、分析综合能力					
	⑤ 对所学知识的记忆能力					
语言表达能力倾向(V)	① 善于表达自己的观点					
	② 阅读速度和理解能力					
	③ 掌握词汇量的程度					
	④ 你的语文成绩					
	⑤ 你的文学创作能力					

续表

能　　力		强	较强	一般	较弱	弱
算术能力倾向（N）	① 做出精确的测量					
	② 笔算能力					
	③ 口算能力					
	④ 速算能力					
	⑤ 你的数学成绩					
空间判断能力倾向（S）	① 解决立体几何方面的问题					
	② 画三维度的立体图形					
	③ 看几何图形的立体感					
	④ 想象盒子展开后的平面形状					
	⑤ 想象三维度的物体					
形态知觉能力倾向（P）	① 发现相似图形中的细微差异					
	② 识别物体的形态差异					
	③ 注意物体的细节部分					
	④ 观察图案是否正确					
	⑤ 对物体的细微描述					
文秘能力倾向（Q）	① 快而准确地抄写资料					
	② 发现错别字或计算错误					
	③ 能很快地查找编码卡片					
	④ 较长时间工作能力					
	⑤ 一般应用文的写作能力					

续表

能　　力		强	较强	一般	较弱	弱
眼、手运动协调能力倾向(K)	①玩电子、网络游戏					
	②篮、排、足球运动					
	③乒乓球、羽毛球运动					
	④操作计算机能力					
	⑤打字能力					
手指灵巧倾向(F)	① 灵巧地使用很小的工具					
	②穿针眼、纺织等使用手指的活动					
	③用手指做一件小手工艺品					
	④使用计算器的灵巧程度					
	⑤弹琴(钢琴、电子琴、手风琴等)					
手腕灵巧倾向(M)	① 用手把东西分类					
	② 在推拉东西时手的灵活度					
	③ 很快地削水果					
	④ 灵巧地使用手工工具					
	⑤绘画、雕刻等手工活动的灵活性					

2. 统计方法

对每一类职业能力倾向计算统计次数,然后每一类职业能力倾向算出一个分数,每类平均分＝("强"项之和×1＋"较强"项之和×2＋"一般"项之和×3＋"较弱"项之和×4＋"弱"项之和×5)除以5。得分四舍五入,将分数填入表2-10。

表 2-10　自测评分统计

职业能力倾向	自评等级	职业能力倾向	自评等级
G		Q	
V		K	
N		F	
S		M	
P			

3. 测试结果

根据表 2-10 所列结果,在表 2-11 中找到你适合的职业(等级数为职业能力倾向等级,表示此职业必须达到的职业能力的最低水平)。

表 2-11 测试结果对照

职 业 类 型	职业能力倾向								
	G	V	N	S	P	Q	K	F	M
生物学家	1	1	1	2	2	3	3	2	3
建筑师	1	1	1	1	2	3	3	3	3
测量员	2	2	2	2	2	3	3	3	3
测量辅导员	4	4	4	4	4	4	3	4	3
制图员	2	3	2	2	2	3	2	2	3
建筑和工程技术专家	2	2	2	2	2	3	3	3	3
建筑和工程技术员	2	3	3	3	3	3	3	3	3
物理科学技术家	2	2	2	2	3	3	3	3	3
物理科学技术员	2	3	3	3	2	3	3	3	3
农业、生物、动物、植物学的技术专家	2	2	2	4	2	3	3	3	3
农业、生物、动物、植物学的技术员	2	3	3	4	2	3	3	3	3
数学家和统计学家	1	1	1	3	3	2	4	4	4
系统分析和计算机程序编制者	2	2	2	2	3	3	4	4	4
经济学家	1	1	1	4	4	2	4	4	4
社会学家、人类学者	1	1	3	2	3	3	4	4	4
心理学家	1	1	2	2	2	3	4	4	4
历史学家	1	1	3	4	4	3	4	4	4
哲学家	1	1	4	3	3	3	4	3	4
政治学家	1	1	3	3	3	3	4	4	4
政治经济学家	2	2	2	3	3	3	3	3	5
社会工作者	2	2	3	4	4	3	4	4	4
社会服务助理人员	3	3	3	4	4	3	4	4	4
法官	1	1	3	4	4	3	4	4	4
律师	1	1	3	4	4	3	4	4	4
公证人	2	2	3	3	3	3	4	4	4
图书馆管理学专家	2	2	3	3	4	2	3	4	4
图书馆、博物馆和档案管理员	3	3	3	2	2	4	3	2	3
职业指导者	2	2	3	4	4	3	4	4	4
大学教师	1	1	3	3	3	3	4	4	4
中学教师	2	2	3	4	3	3	4	4	4
小学和幼儿园教师	2	2	3	4	3	3	4	4	4
职业学校教师(职业课)	2	2	2	3	3	3	3	3	3
职业学校教师(普通课)	2	2	3	4	3	3	4	4	4

续表

职业类型	职业能力倾向								
	G	V	N	S	P	Q	K	F	M
内、外、牙科医生	1	1	2	1	2	3	2	2	2
兽医学家	1	1	2	1	2	3	2	2	3
护士	2	2	3	3	3	3	3	3	3
护士助手	2	4	4	4	2	2	2	3	2
工业药剂师	2	1	2	3	2	2	3	2	3
医院药剂师	2	2	2	4	3	3	3	2	3
营养学家	2	2	2	3	3	3	4	4	4
配镜师(医)	2	2	2	2	3	3	3	3	3
配眼镜商	3	3	3	3	3	4	3	2	3
放射科技术人员	3	3	3	3	3	3	3	3	3
药物实验室技术专家	2	2	2	3	2	3	3	2	3
药物实验室技术员	2	3	3	3	3	3	3	3	3
画家、雕刻家	2	3	4	2	2	5	2	1	2
产品设计和内部装饰者	2	2	3	2	2	4	2	2	3
舞蹈家	2	3	3	2	3	4	2	2	3
演员	2	2	4	3	4	4	4	4	4
电台播音员	2	2	3	4	4	3	4	4	4
作家和编辑	2	1	3	3	3	3	4	4	4
翻译人员	2	1	4	4	4	3	4	4	4
体育教练	2	2	2	4	4	3	4	4	4
运动员	3	3	4	2	3	4	2	2	2
秘书	3	3	3	4	3	2	3	3	3
打字员	3	3	4	4	4	3	3	3	3
记账员	3	3	3	4	4	2	3	3	4
出纳员	3	3	3	4	4	2	3	3	4
统计员	3	3	2	4	3	2	3	3	4
电话接线员	3	3	4	4	4	3	3	3	3
一般办公室职员	3	4	3	4	4	3	3	4	4
商业经营管理	2	2	3	4	4	3	4	4	4
售货员	3	3	3	4	4	3	4	4	4
警察	3	3	3	4	3	3	3	4	3
门卫	4	4	5	4	4	4	4	4	4
厨师	4	4	4	4	4	3	3	3	3
招待员	3	3	4	4	4	4	3	4	3
理发员	3	3	4	4	3	4	2	2	2
导游	3	3	4	3	3	5	3	3	3

续表

职业类型	职业能力倾向								
	G	V	N	S	P	Q	K	F	M
驾驶员	3	3	3	3	3	3	3	4	3
农民	3	4	4	4	4	4	4	4	4
动物饲养员	3	4	4	4	4	4	4	4	4
渔民	4	4	4	4	4	5	3	4	3
矿工	3	4	4	3	4	5	3	4	3
纺织工人	4	4	4	4	3	5	3	3	3
机床操作工	3	4	4	3	3	4	3	4	3
锻工	3	4	4	4	3	4	3	4	3
无线电修理工	3	3	3	3	2	4	3	3	3
细木工	3	3	3	3	3	4	3	4	4
家具木工	3	3	3	3	3	4	3	4	3
一般木工	3	4	4	3	4	4	3	4	3
电工	3	3	3	3	3	4	3	4	3
裁缝	3	3	4	3	3	4	3	2	3

资料来源：郑书娴. 一般能力倾向成套测验(GATB)在大学生中的应用研究[D].苏州：苏州大学,2010.

【复习与思考】

（1）如何应用职业生涯规划基本理论进行职业生涯规划？

（2）职业生涯规划的原则和方法是什么？

（3）如何提升内职业生涯？

（4）如何与职业社会岗位要求匹配？

第**3**章

自我认知与探索

📌 【学习目标】

(1)能够认识自我个性特征与职业匹配的关系。

(2)可以应用个体职业倾向测评方法等自我认知的各类工具与方法。

(3)能够发展正确的职业价值观。

3.1　个性与职业

案例引导　　人与人之间的差异性表明人具有个性。不同的个性适合于不同的工作,不同的工作需要不同个性的人。一个人的个性会影响到其与职业的适合度,即具有某些个性的人更适合从事某一职业。

3.1.1　个性与自我认知

职业生涯规划是一个"由内而外"的过程。认识自己,是开始职业规划的第一步。在自我认知的过程中,个性认知是一个重要方面。

1. 个性的含义和基本特征

个性特性贯穿在人的一生中,也影响着人的一生。个性是个体在遗传素质基础上,通过后天环境影响和教育作用及自我内化而形成的稳定且具代表性的心理特征的总和。个性特征的形成与环境、教育、社会和遗传因素有着密切的关系。一个人的个性特征对其心理特点和行为方式有很大的影响。

1) 个性的含义

个性就是个别性、个人性,是一个人在心理、品质、意志、情感、态度等方面不同于其他人的特质。这些特质表现于外就是言语方式、行为方式和情感方式等,任何人都是有个性的,个性化是人的一种存在方式。

《心理学大词典》中将个性定义为,"个性,也称人格,指一个人的整个精神面貌,即具有一定倾向性的心理特征的总和。"它是人的心理倾向、心理过程的特点、个性心理特征,以及心理状态等方面多层次的有机结合的心理结构。

一个人的个性结构是多层次、多侧面的,是由个体复杂的心理特征的独特结合构成的整体。这些层次包括能力、气质、性格、动机特征等。这些特征不是孤立存在的,是错综复杂、相互联系、有机结合的一个整体,对人的行为进行调节和控制。例如,有的人具有非常外向和热情的个性,他总是能够很快地与人建立联系,并与人交朋友;或者是一个非常独立和坚定的人,当她对一件事情有了确定的想法时,就会坚持到底,不会被别人的想法影响;抑或是一个充满创造力和想象力的人,他总是能够想出一些非常新颖和有趣的想法,并且能够将这些想法转化为实际的行动。

2) 个性的特征

个性特征是指个体在心理发展过程中逐渐形成的稳定的心理特点,具有倾向性与复杂性、自然性与社会性、独特性与共同性、稳定性和可塑性等方面的特征。

(1) 倾向性与复杂性。个体在形成个性的过程中,时时处处都表现出对外界事物特有的动机、愿望、定势和亲合力,从而发展为各自的态度体系和内心环境,形成了对人、对事、对己的独特的行为方式和个性倾向。例如,一个人可能会有乐观、开朗的个性倾向,或者是悲观、焦虑的个性倾向。个性是由多种心理现象构成的,这些心理现象有些是显而易见的,别人看得清楚,自己也觉察得很明显,如热情、健谈、直爽、脾气急躁等;有些非但别人看不清楚,就连自己也感到模模糊糊。一个人的个性是影响行为的,而行为又影响人的发展。个性倾向受到许多因素的影响,包括遗传、成长环境、文化、社会经验等。刚步入大学校门的学生处于个性的培育塑造阶段。在日常的学习和生活中,要有意识地根据自己的职业规划方向培养自我个性。

(2) 自然性与社会性。人的个性是在先天的自然素质基础上,通过后天学习、教育与环境的作用逐渐形成起来的。因此,个性首先具有自然性,人们与生俱来的感知器官、运动器官、神经系统和大脑在结构上与机能上的一系列个体特点,是个性形成的物质基础与前提条件。但人的个性并非单纯自然的产物,而是个体社会化的结果。大学阶段,是大学生社会化过程中的重要时期。大学生在接受高等教育的过程中,在世界观、人生观、价值观等方面逐步形成和稳定,在知识和能力上获得进一步的丰富与发展,伦理道德观念得以进一步内化,并为确立未来的人生路标做好准备。大学生通过社会生活的锤炼和科学文化知识的学习,把自己锻炼成一个独立成熟的社会人。由此可见,个性是自然性与社会性的统一。认知和塑造个性,加强自身良好个性的培养,有益于个体的社会化进程,对大学生的健康成长显得十分重要。

(3) 独特性与共同性。个性的独特性是指人与人之间的心理和行为是各不相同的。因为构成个性的各种因素在每个人身上的侧重点和组合方式是不同的。如在认识、情感、意志、能力、气质、性格等方面反映出每个人独特的一面,有的人知觉事物细致、全面,善于分析;有的人知觉事物较粗略,善于概括;有的人情感较丰富、细腻,而有的人情感较冷淡、麻木等。强调个性的独特性,并不排除个性的共同性。个性的共同性是指某一群体、某个阶级或某个民族在一定的群体环境、生活环境、自然环境中形成的共同的典型的心理特点。个性的独特性与共同性是辩证的统一,即共同性寓于独特性之中,又通过个人表现出来。大学生通过了解自己的独特性和在群体中的共同性,可以更好地认识自己,不断完善自身的个性特点,促进个人的成长和发展,规划未来的职业选择和发展方向,根据自己的优势和特点选择适合的职业和岗位,完善职业发展规划。

(4)稳定性与可塑性。个性的稳定性是指个体的个性特点在一定时间内相对稳定的特性。每个人的个性都具有自己独特的特点,这些特点在不同的情境下可能会有一定的变化,但总体上是相对固定和稳定的。例如,有的学生关心集体,热情帮助同学,活泼开朗;有的学生对集体的事也关心,但不善言谈,稳重,踏实,埋头苦干,这不同的行为表现不仅是在班集体中,在其他场合也是如此。因此,个性的稳定性也有助于学生更好地展现自己的风采和魅力。人的个性特征从青少年时期开始就相对固定,然而随着社会现实和生活条件、教育条件的变化、年龄的增长、主观的努力等,个性也可能会发生某种程度的改变,这就是个性的可塑性。由此可见,个性既具有相对的稳定性,又有一定的可塑性。作为一名大学生,了解自己的个性特点,可以更好地发挥自己的优势和避免自己的劣势,通过有意识地自我塑造和培养与职业相适应的个性特征,进行职业规划,充分调动自己的职业发展积极主动性和个人潜能。

2. 自我认知

自我认知,是生涯规划和职业发展的起点。充分、准确、完整的自我认知,犹如生涯规划和职业发展的基石,决定着生涯规划脉络的走向和职业发展路径的难易,离开客观准确的自我认知,再绚烂的人生规划都只能是无本之木、无源之水。

自我认知的程度影响着大学生进行职业规划的合理性和准确性。在做出一个合理的职业生涯规划前,首先要对自己有一个清晰的认识。只有认识了自己,才能取己所长,避己所短,才能进行准确的职业定位,确定最佳的职业目标,设计合理的职业生涯路线,对职业进行系统的整体规划。

我们每个人都会定义自己是谁,也会自我评价自己到底是什么样的一个人,出身、能力、性格、经历等,周围的人也会给自己一个定义和评价。当然,对自己的认知和别人看到的自己是不同的。

在开始这一部分内容学习之前,请先回答自己一个问题:"我是谁?"并填入表 3-1。

表 3-1　我是谁

"我"的客观描述	真实的我	理想中的我	别人眼中的我
说明:性别、身高、体重、相貌、文化程度、出身阶层、健康状况、家庭、住宅状况、收入、爱好等客观情况。	说明:对"我"的主观评价:性格、人际交往、理想抱负、自我认可度、能力等。	说明:"我"想要成为什么样的人?	说明:别人对"我"的看法?(可以征求他人的意见)

填完之后,请再仔细看一遍,你可能会发现,不同的"我"之间竟然有很大的差距。自己眼中的"我",是建立在个人的主观认知和经验基础上对自己的认识和评价。这种感知更具有主观性和个性化,会受到情绪和态度等因素的影响。而别人眼中的"我",则是他人基于观察和互动后,对自己的认知和评价,往往受到他人的个人偏好、文化背景、经验和情感等因素的影响。因此,别人眼中的"我"更富有客观性和多元性。

由于每个人的认知和评价存在主观性和客观性差异,所以自己眼中的"我"和别人眼中的"我"往往会有一定的差距。有时候自己会高估自己的能力和优点,低估自己的缺点和不足,而其他人则可能持相反的看法。存在差距是很正常的,能够了解和接受别人眼中的"我",意识到差距并找到差距的存在,有助于大学生不断拓宽自己的认知视野,提高自我认知的全面性和客观性。这也是大学生进行自我调整和自我改变的开始。

中国有一句话叫"人贵有自知之明"。意思是,能清醒地认识自己、对待自己,这才是最聪明的,最难能可贵的。古希腊德尔斐城的阿波罗神庙前竖立着一块巨大的石碑,上面刻着一句神谕——认识你自己! 表明正确认识自己的重要性,认识自己就要认识自我、肯定自我、接纳自我。

自我认知是人在社会实践中对自己的生理、心理、社会活动以及自己与周围事物的关系的认知,包括自我观察、自我体验、自我评价等。人是一个完整的有机统一体,认知是自我与所处的社会环境及社会群体相互作用完成的。

充分的自我认知,可以帮助大学生在专业学习阶段全面认识自己的特点和长处,从个人职业发展的角度,进行自我分析,明确个人职业发展方向,做出合理的职业决策。当然,人总是在不断地发展变化,学生也会随着知识的积累、实践经验的丰富,在自我认知方面更加客观、充分,形成更加准确的自我认知。只有更加深入地认识和了解自己,才能知道什么样的事情适合自己。

【资料学习】

求职前,如何找到职业规划最优解

职业规划是大学生求职前至关重要的一步。做好职业规划,在毕业求职时可以减少很多迷茫。

如何找到适合自己的发展方向? 如何做好职业规划并把规划落到实处? 在中国青年报社出品的新一期《参数》节目中,几位青年分享了自己制订职业规划的经验。

新疆大学研究生三年级学生刘小琳,正努力按照自己规划的职业方向努力,"我目前是打算回到家乡的事业单位或国企工作,投递简历的重心也放在这些单位上。我从去年 7 月开始复习国考,也会参加其他相关考试"。

罗荣灏目前在西北农林科技大学当辅导员,在大三下学期,他便确定了方向,参加学校"保留研究生入学资格从事专职辅导员"计划,"本科毕业后,我先专职做辅导员,然后在本校攻读硕士研究生,积累工作经验并提升学历"。

点滴教育合伙人、拥有 18 年职场经验的唐晓芸觉得,职业规划也是对自己人生的规划,"职业规划决定着我们未来要过什么样的人生,和什么样的人在一起,在这个社会中发挥什么样的价值。所以做职业规划的前提是明晰对自己的了解——我是一个什么样的人,我要过什么样的人生"。

刘小琳在制订职业规划时,便充分考虑了自身性格,"我不太适合社交需求量比较大的工作,比如公关、销售等。性格与工作内容匹配程度高,工作相对来说会更顺利一些,也更容易实现自我价值"。

刘小琳坦言,在做职业规划时,会存在爱幻想、好高骛远的问题,"我的一个朋友对自己的规划很简单,就是进入某个文化名人的工作室,为此她还出国进修了,但回国后没有如愿,落差感比较大"。

罗荣灏也了解到,身边很多同学在职业规划时,没有想明白自己的综合能力和岗位需求,"还有一种情况是盲目从众,比如很多同学看到其他人都在参加考研、考公,所以自己也要考,或者不知道自己要干什么,就先参加考试"。

中国青年报社社会调查中心发布的调查显示，如果职业规划不清晰，66.6％的受访大学生指出在求职过程中会目标不切实际，好高骛远。

"做职业规划有两大基石，一个是'我喜欢'，一个是'我擅长'。"唐晓芸认为，把自己喜欢的事情和擅长的事情交叉一下，二者的交叉点就是最适合自己的职业方向。

资料改编：徐丹阳. 求职前，如何找到职业规划最优解［N］. 中国青年报，2023-02-15(4).

个性适应职业环境就有利于职业路径的发展，反之则对其职业路径有负面作用。所以找准个人的职业路径，要结合自身的职业性格和职业环境进行综合分析，得到的结论才是符合职业发展方向的。职业发展必须要先认识自己，认识自己能力、兴趣和外界环境作用的关系，力争主导环境，而不是被环境所主导。

个性、兴趣、能力、价值观是一个系统、一个整体。在自我探索过程中，应注意将这四个方面进行整合分析。随着外部环境的影响和个人生涯发展的要求变化，人的个性、兴趣，特别是能力会发生变化，因此自我探索应该是一个动态的过程，我们应不断地探索自己，去体验自己的变化。只有根据活动和实践中的自我表现来判断和分析，才能更客观、全面、真实地认识自己。作为大学生，在学习自我探索相关理论知识的同时，需要更多地参与社会实践活动，包括加入兴趣社团、积极参加课堂讨论、参加各种学术活动、文化活动或志愿活动，进行多元化的体验等，帮助大学新生加强自我认知、提升自我，找到适合自己的职业和生活方向。

在职业规划过程中，个人的气质、性格起到十分重要的作用。

3.1.2　气质

气质是人的天性，无好坏之分。它只给人们的言行涂上某种色彩，但不能决定人的社会价值，也不直接具有社会道德评价含义。一个人的活泼与稳重不能决定他为人处世的方向，任何一种气质类型的人既可以成为品德高尚、有益于社会的人，也可以成为道德败坏、有害于社会的人。气质不能决定一个人的成就，任何气质的人只要经过自己的努力都能在不同实践领域中取得成就，也可能成为平庸无为的人。

1. 气质的含义

气质，在《现代汉语词典》中有两种解释，一是指人的相当稳定的个性特点，如活泼、直爽、沉静、浮躁等，是高级神经活动在人的行为上的表现；二是指风格、气度。从心理学的角度，可以理解为心理活动表现在强度、速度、稳定性和灵活性等方面的动力性质的心理特征。

气质相当于我们日常生活中所说的脾气、秉性或性情。气质是个体的一种相对稳定的自然属性，先天因素起决定性作用，例如，遗传素质相同或相近的人的气质类型虽不完全相同，但是很接近。当然，气质的稳定性也不是绝对的，它也是会发生变化的，人在经历过世事变迁之后，气质也可能会有所改变。

2. 气质的类型

在心理学中，气质是个人生来就具有的心理活动的典型而稳定的动力特征，是人格的先天基础。例如在日常生活中所说的"这个女孩子好有气质啊"，更多的是夸赞这个女孩子美丽。但此处所说的气质是指人的相对稳定的个性特点和风格气度，跟美貌是两回事。气质类型是指人气质的不同类型。人的气质是有明显差异的，这些差异属于气质类型的差异。对气质类型的划分,有不同的见解,因而形成不同的气质理论。作为代表性学说的是气质的体液说。

欧洲古代生物学家和心理学家格林(盖伦)(Galen)从古希腊希波克拉底(Hippocrates)的体液说出发,创立了气质学说,他认为气质是物质(或汁液)的不同性质的组合。在此基础上,气质说继续发展,成为经典的四种气质,即多血质、胆汁质、黏液质和抑郁质。多血质,即血液在体内占优势,心理特征属于敏捷而好动的类型。胆汁质,即黄胆汁在体内占优势,心理特征属于兴奋而热烈的类型。黏液质又称为安静型,即黏液在体内占优势。抑郁质,即黑胆汁在体内占优势,心理特征表现为沉静而羞涩、敏感,精神上难以承受或大或小的神经紧张。

3. 气质的特点

德国医生、心理学家——卡雷努思根据古希腊名医希波克拉斯的"液体病理说"所提出来的"四气质说"。"四气质说"把人的性格从总体上分为"阳刚""平淡""忧郁"及"急躁"四大类。"阳刚的多血质"情绪反应弱且快;"平淡的黏液质"情绪反应弱且慢;"忧郁的黑胆汁质"情绪反应强且慢;"急躁的黄胆汁质"情绪反应强且快。

1) 阳刚的多血质

多血质的人轻率、活泼、好事,喜欢与人交往,面对困难不会退缩,不会忌恨。很容易答应别人的事情;也很容易忘记了和别人的约定。有面对困难的勇气,但看事情不妙,也会开溜。能够调整自己的喜怒哀乐,随时保持心理平衡和往前冲刺的状态。一旦成功或受别人赞赏,就乐不可支。

多血质适合的职业:具有多血质的人们,他们充满自信、有较强的活动能力,喜欢体验和锻炼,对所有的职业都具有适应性。他们重大局、不贪小利、不感情用事,这是多血质人的长处,适应的职业如政治家、外交家、商人、律师等。在商业活动中,多血质人比其他气质类型的人能钻研得更深入,他们能使工作向前推进,因而他们可以出色地胜任管理工作。要是再有一个好助手就可以成为一个成功的管理者。

2) 平淡的黏液质

黏液质的人安静、漫不经心、散漫、邋遢等。相对于黄胆汁质的人受刺激就哇哇大叫,黏液质的人则非常迟钝或冷淡。不过,虽然行动缓慢,这类人通常诚实且值得信任。由于个性平淡,工作缓慢,所以不太容易紧张,反之,则有做事迟缓、不修边幅、喜好享乐等毛病,可以说这种类型的人多半有些利己主义倾向。

黏液质适应的职业:黏液质的出色之处是他们中大多数人都能很好地利用协调性、积极性、社会性及感情稳定性表现自己的才能,发挥出卓越的能力。而且不论职位高低,都能在各自的岗位上占有重要位置。黏液质人聪明,有较强的能力,处世精明,有出类拔萃的情报搜集能力。他们不仅能从事学术、教育、研究、医师等内向型的职业,而且也可以活跃在政治家、外交官、商人、律师等外向型职业领域。在他们当中,以其独特才能驰骋在作家、漫画家、艺术家、服装设计、广告宣传、新闻报道等领域。

3) 忧郁的黑胆汁质

黑胆汁质的人比较趋向于稳重、沉郁,经常只看到人生的黑暗面。他们多半避免迎来送往的交际活动,也不喜欢和外向活泼的多血质的人在一起。甚至看到别人欢天喜地乐不可支时,反而会不高兴。这类人一遇到困难常常心理失去平衡,一旦心情不好,便久久无法恢复正常。

埋头苦干

抑郁质适合的职业:抑郁质的人内心的有孤独倾向,遇事不是单凭聪明去处理事情,而是把自己所掌握的工作内容在头脑中组合、计算,确定方针,然后在这个范围内一个一个地去做,把问题处理好。在团体中表遇事积极认真、努力向上、毫不懈怠,喜欢与团体在一起,富有协调精神,无论置身于什么样岗位,只要肩膀负了责任,就以所从事的工作为荣,努力解决不太适应而造成的困难,努力去做好,这是抑郁质人的长处,他们做企业一般的事务管理人员、记账、资金、统计、工资管理、教育培训等工作比较易成功。

4)急躁的黄胆汁质

黄胆汁质的人对于情绪的刺激非常敏感,意志容易动摇,没有耐心,情绪忽冷忽热。这类人喜欢参加各种活动,但想法常常改变,只有三分钟热情。这种类型的人不喜欢被压抑,喜怒哀乐的表现非常明显。不过,他们不像黑胆汁质的人容易保持某种心情,不论悲伤或愤怒都是来得快去得也快。一般说来,这种类型的人既热心又有爱心,做事很有爆发力。

胆汁质适合的职业:相信实实在在的实业,不相信虚的东西,这是胆汁质的特点。胆汁质最大的气质特征是外向性、行动性和直觉性。对周围发生的事冷静注视,以旁观者的态度对待。因此比较适宜做记者、作家、图案设计师、实业家、护士、企业中外勤工作、业务员、营销员等外向型的职业。胆汁质的人一般与细致性工作无缘,一旦就业,往往对本职工作不那么专注,更容易经常更换工作单位,或者渴望成为自由职业者。胆汁质人他们对工作岗位的适应性也很强。最适合于他们的工作岗位是策划及一般事务类。

四种气质各有其优缺点。多血质的人活泼开朗,但遇事留后路情况不妙即开溜;黏液质的人平和冷淡,但做事缓慢,行动迟缓,有利己主义倾向;黑胆汁质的人稳重沉郁,但孤僻,遇到挫折很难摆脱心情烦乱;黄胆汁质的人,有爱心、热心,做事有闯劲,但极易受刺激。

健全的个性就应该发扬这四种气质之长,避免这四种气质之短。四种气质先天遗传的成分最重,一旦形成,很难改变。健全个性的形成只能以人先天就有的气质为基础,并作为主要方面,兼采其他气质的优点和长处,不断完善和拓宽固有气质内涵,使多血质的人多一些为他人服务的观念,黏液质的人多一些敏捷,黑胆汁质的人多一些乐观,黄胆汁质的人多一些宁静平和。这就是一种健全个性的培养。这种健全的个性仍然以人的固有气质为基础,兼备其他气质的优点,不断学习,克服自身先天的缺陷,使人的个性日渐成熟、丰满。

4. 气质的意义

气质只是属于人的各种心理品质的动力方面,但并不决定一个人性格的倾向性和能力的发展水平。气质相同的人可以成为对社会做出重大贡献、品德高尚的人,也可以成为一事无成、品德低劣的人。反之,气质极不相同的人也都可以成为品德高尚的人,成为某一职业领域的能手或专家。气质虽然在人的实践活动中不起决定作用,但是会影响活动进行的性质,甚至活动的效率。例如,要求做出迅速灵活反应的工作对于多血质和胆汁质的人较为合适,而黏液质和抑郁质的人则较难适应。反之,要求持久、细致的工作对黏液质、抑郁质的人较为合适,而多血质、胆汁质的人又较难适应。尽管在一些特殊职业中对人的气质特性提出特定的要求,例如飞机驾驶员、宇航员或运动员等,要经受高度的身心紧张,要求人们有极其灵敏的反应,要求人敢于冒险和临危不惧等,但对于一般的大学生学习和工作,更重要的是培养积极的学习和工作态度。具有正确的动机和积极的态度,各种气质类型的人都可能在学习上取得优良成绩,在工作中做出出色的贡献。虽然人的行为并不是由气质决定的,但是气质在人的实践活动中也具有一定的意义,是构成人们各种个性品质的一个基础,是必须加以分析和考虑的重要因素。

3.1.3　性格

气质没有好坏之分,且是先天的,与生俱来的,不易改变的。性格是后天形成的,较易改变。某种气质的人更容易形成某种性格,性格可以在一定程度上掩饰、改变气质。气质的可塑性小,性格的可塑性大。良好的后天环境对良好性格的养成非常重要。在职场上,人们往往更看重一个人的性格是否适合某个职场环境,能否胜任某些工作。如果你对自己的性格不满意,可以通过自身努力作一些调整。例如你是内向性格的人,但做的是公关工作,你可以对自己多加锻炼,使自己的性格适应这一工作环境。为此,大学新生可以把大学时期定为培养完善自我性格的重要阶段。

1. 性格的含义

性格是一个人在对现实的稳定的态度和习惯化了的行为方式中表现出来的人格特征。性格是在社会生活实践中逐渐形成的,一经形成便比较稳定,它会在不同的时间和情况下表现出来。性格对于大学生的学习、社交、生活以及职业规划都会产生深远的影响。积极、进取的性格通常能促进更好的学术表现,开放、外向、友善的性格通常会帮助大学生更好地与同学、老师和其他人建立联系,兼容、乐观、自信的性格特质通常有助于减少焦虑、压力等负面情绪,好奇、提议、开创性的性格特质会促使大学生锻炼创新思维和增强解决问题的能力。甚至对职业道路的规划产生重要的影响。

2. 性格的特征

性格分解为态度特征、意志特征、情绪特征和理智特征四个组成成分。

性格的态度特征指一个人如何处理社会各方面的关系的性格特征,即他对社会、集体、工作、劳动、他人及自己的态度的特征。如忠于祖国、热爱集体、认真负责、一丝不苟、谦虚谨慎、乐于助人、善待自己等。拥有积极的、高自我效能感的,较独立、比较开放的性格特征,可以帮助大学生克服学习和生活的困难与挑战,促进个人的进步与发展。

性格的意志特征是一个人对自己的行为自觉地进行调节的特征。如有远大理想、行动有计划、有团队精神、果断、有耐心、有毅力等。决心、毅力、自控和自律等意志特征对于大学生非常重要,可以帮助学生克服困难和挑战,坚持追求知识和实现目标。此外,这些特征对减轻压力、提高自尊和促进身心健康也会产生积极影响。

性格的情绪特征是一个人的情绪对他活动的影响,以及他对自己情绪的控制能力。良好的情绪以及情绪控制力,对于大学生同样非常重要。情绪稳定的学生更容易应对考试和课业压力,避免情绪失控。积极情绪表达的学生更容易获得他人的信任和支持,更容易与他人良好交往和合作。

性格的理智特征是指一个人在认知活动中所表现出来的特征。如独立或依赖、现实感强或爱幻想、深思熟虑或人云亦云、思维精确或思维模糊等。大学生处于学业压力、人际关系和个人内部矛盾等多重压力之下,要保持情绪的稳定和合理表达,需要具备自我观察和反思、客观推理和判断、情绪调节和控制以及问题解决和决策能力等理智特征。这些特征有助于促进学生的学业和社交成功,也能够提高个人的情感调节和身心健康。

3. 性格的测试

性格测试是通过对被测者某些行为、态度和情绪等因素的观察和分析,探究其个性特征和行为模式的一种方法,在职业规划中被广泛应用。通过性格测试可以让测试者更好地了解自己的个性与行为特点,帮助他们做出更为合适的职业规划,以及优化人际关系和提升面试的竞争力。但是需要明确的是,任何一种性格测试都无法完全准确地评价一个人的性格特质,测试只是为了提供一些指引而已。在气质与性格的测评方法中,常用到的是 MBTI 性格类型测试方法。该测试是世界上使用人数最多,也是最为权威的性格测试之一,主要通过对被测试者的 E-I、S-N、T-F 和 J-P 四个维度的测量,来评估人的性格类型。

MBTI 性格理论始于著名心理学家荣格的心理类型的学说,后经美国的伊莎贝尔·迈尔斯(Isabel Myers)和凯瑟琳·布里格斯(Katharine Briggs)深入研究而发展成型。目前它已被翻译成十多种文字。据统计,世界前一百强公司中有相当多的公司引入使用 MBTI 作为员工和管理层自我发展、改善沟通、提升组织绩效的重要方法。

迈尔斯-布里格斯类型指标(MBTI)表征人的性格,该指标以瑞士心理学家荣格划分的8 种类型为基础,加以扩展,形成四个维度。四个维度的 8 种人格类型如图 3-1 所示。

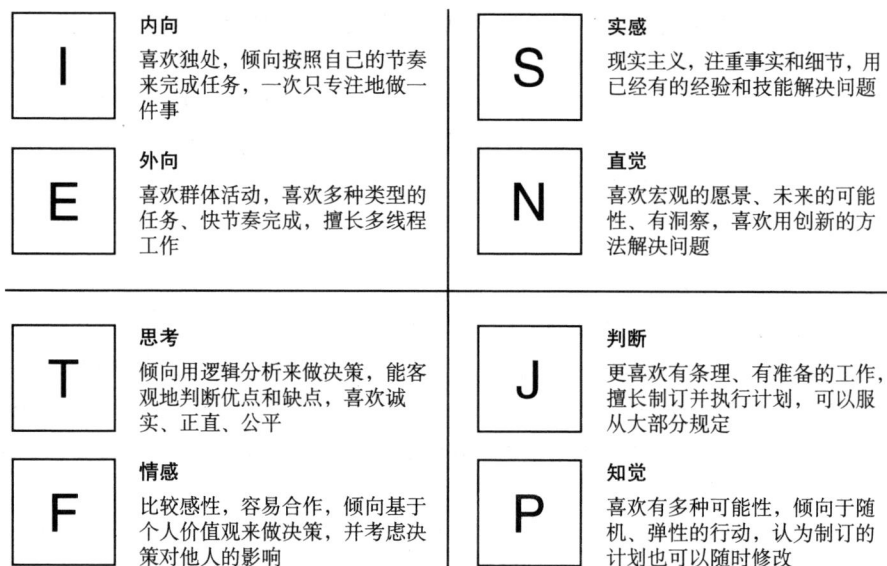

I	内向 喜欢独处,倾向按照自己的节奏来完成任务,一次只专注地做一件事	S	实感 现实主义,注重事实和细节,用已经有的经验和技能解决问题
E	外向 喜欢群体活动,喜欢多种类型的任务、快节奏完成,擅长多线程工作	N	直觉 喜欢宏观的愿景、未来的可能性、有洞察,喜欢用创新的方法解决问题
T	思考 倾向用逻辑分析来做决策,能客观地判断优点和缺点,喜欢诚实、正直、公平	J	判断 更喜欢有条理、有准备的工作,擅长制订并执行计划,可以服从大部分规定
F	情感 比较感性,容易合作,倾向基于个人价值观来做决策,并考虑决策对他人的影响	P	知觉 喜欢有多种可能性,倾向于随机、弹性的行动,认为制订的计划也可以随时修改

图 3-1   四个维度的 8 种人格类型

四个维度如同四把标尺,每个人的性格都会落在标尺的某个点上,这个点靠近哪个端点,就意味着个体就有哪方面的偏好。如在第一维度上,个体的性格靠近外倾这一端,就偏外倾,而且越接近端点,偏好越强。

1) 各个维度的含义

(1) 内向型(I)与外向型(E)维度:代表从外部世界还是从自身获取能量。

I 型:从内心世界获取能量,自省,安静而显得内向,通过思考形成自己的意见,更愿意用书面沟通,兴趣专注,当情境与事件对他们有重要意义时会采取主动,其他情况下显得被动,先思考,后行动。

E 型:通过与人交往和行动中得到活力,关注外部环境,喜欢谈话,通过交谈形成自己的意见,好与人交往,善于表达,兴趣广泛,在工作中很积极主动,先行动,后思考。

(2) 实感型(S)与直觉型(N)维度:代表获取信息的方式是感官还是直觉。

S 型:用五官来获取信息,习惯于注意那些确实已出现的信息,观察细致,注意现实,能记住细节,经过详细的推理一步步得出结论,相信自己的经验。

N 型:习惯注意整个事件的全貌与内在联系,忽略细节,善于看到新的可能性,靠直觉得出结论,相信自己的灵感。

(3) 思考型(T)与情感型(F)维度:做决策的方式是依据逻辑还是依据价值观和情绪。

T 型:做决策时会将自己从情境中分离出来,对事件的正反两方面进行客观分析,按照逻辑做出决定,目标是要找到一个能应用于所有相似情境的准则,擅长分析,爱讲理,运用因果推理,寻求一个合乎真理的客观标准,可能显得不近人情。

F 型:做决定时会将自己带入情境并试图理解每个人的感受,然后根据自己的价值观做出判断,目标是创造和谐的氛围,使每一个人都能作为独特的个体被对待,善于体贴他人,感同身受,受个人价值观的引导,富于同情心,可能会显得心肠太软。

(4) 判断型(J)与知觉型(P)维度:喜欢有组织的还是随意的生活。

J 型:喜欢过一种井井有条的生活,按计划行事,注重事情的结果,按部就班,喜欢组织和管理自己的生活,爱制订计划,喜欢把各种事情落实敲定,不喜欢计划变更带来的压力。

P 型:喜欢过一种灵活自发的生活,更愿意理解和体验生活,而不是控制它,不愿被过于详细的计划束缚,随意开放,适应随时改变方向,不喜欢把事情过早确定下来,以留有改变的各种可能性。

以上 8 个字母可以看作组成性格的独立元素,不同的组合,代表的性格类型也不同。例如,ESTJ 型人渴望向别人表达自己的观点(E),对环境有敏锐的观察力(S),意志坚强(T),做事有计划性(J)。而与之相对的 INFP 型人比较宁静自在(I),擅长内省思考(N),友善温和(F),热衷于探索事物发展的各种可能性(P)。这两种人做事各有所长,如果要协调一个多人参与的项目,ESTJ 型人会做得更出色,但如果要创作一篇想象力丰富的文章,那么 INFP 型人更游刃有余。

2) 性格类型与职业的匹配

四个维度,两两组合,共有十六种类型。以各个维度的字母表示类型,迈尔斯-布里格斯性格分类法见表 3-2。

表 3-2　迈尔斯-布里格斯性格分类法

ISTJ	ISFJ	INFJ	INTJ
ISTP	ISFP	INFP	INTP
ESTP	ESFP	ENFP	ENTP
ESTJ	ESFJ	ENFJ	ENTJ

(1) 内向感觉思考判断型(ISTJ)。严肃、沉静,因专注和执着而取得成功;务实、有条不紊、尊重事实、逻辑严密、现实、可信,能够承担责任。

适合的职业:会计师、账务核查员、工程师、财务经理、警察、技师等。

(2) 内向感觉情感判断型(ISFJ)。沉静、友好、可靠、尽责,全力以赴地承担责任;持之以恒、勤劳、细致、忠诚、周到。

适合的职业:健康工作者、图书馆工作人员、服务性工作者、教师等。

(3) 内向直觉情感判断型(INFJ)。不屈不挠,原创能力强,渴望做任何有需要的事,尽最大努力工作;很有可能获得别人的景仰,且喜欢说服别人谋取最佳的福利。

适合的职业:艺术工作者、神职人员、音乐家、心理医师、教师、作家等。

(4)内向直觉思考判断型(INTJ)。具有原创力,有较大动力去实现自己的构想和目的;眼界开阔,很快就能发现外在事件的意义;在感兴趣的领域有很好的组织和实践能力;对事存疑,具有批判性,独立,坚决,能有高水准的工作表现。

适合的职业:计算机分析师、工程师、法官、律师、工程人员、科学家等。

(5)内向感觉思考觉察型(ISTP)。是冷眼旁观者,沉静、保守,以好奇心远远地来观察和分析生活,具有非预期的幽默感;关心事件的因果,应用逻辑原则来组织事实;擅长直接切入实际问题的核心,并找出解决的办法。

适合的职业:手工艺者、建筑工作者、机械工、服务工作者、统计人员等。

(6)内向感觉情感觉察型(ISFP)。沉静、友善、敏感、善良、谦虚,即使有不同意见。也不会勉强他人接受其意见和价值观;不喜欢领导别人,而是忠实的跟随者;喜欢享受眼前的时刻,不急于完成事情。

适合的职业:文书、建筑工、音乐家、户外工作者、油漆工等。

(7)内向直觉情感觉察型(INFP)。是沉静的观察者、理想主义者,忠实、重视外在生活与内在价值的一致性;充满好奇心,能很快看到事情的可能性,并将之作为实践其想法的催化剂;具有弹性与包容性,希望了解人们及实现人类潜能的方式;较少关注周围的现实。

适合的职业:艺术工作者、娱乐工作者、编辑、心理学家、社会工作者、作家等。

(8)内向直觉思考觉察型(INTP)。沉静且保守,特别喜欢理论和科学求知;喜欢用逻辑思维来分析并解决问题,对意念思考充满兴趣,但较不喜欢热闹的聚会和闲聊;常有清楚明确的兴趣,并将该兴趣应用于职业生涯中。

适合的职业:艺术工作者、电脑分析师、工程师、科学家、作家等。

(9)外向感觉思考觉察型(ESTP)。擅长切中要害,解决问题,喜欢和朋友一起行动。或做机械性工作和运动;适应力强、容忍力佳,注重实用性且获得结果;不喜欢长篇大论,最擅长处理可以掌握、参与或投入的真实事情。

适合的职业:账务核查员、工匠、警察、销售职员、服务性工作者等。

(10)外向感觉情感觉察型(ESFP)。喜欢交朋友、善于接纳、对人友善,让每一件有兴趣的事更为有趣,使别人感到快乐;喜欢行动、让事情发生,知道正在发生什么事并且积极地参与;记忆事实比精通理论容易,对需要常识判断且实务技能的情况可妥善处理。

适合的职业:儿童保育人员、采矿工程师、秘书、督导等。

(11)外向直觉情感觉察型(ENFP)。温暖热情、精神高昂、聪明、富有想象力,几乎能做任何感兴趣的事;很快能想出困难的解决之道,帮助有困难的人;常依赖即兴创作的能力而非事前充分准备,总能找到让人信服的理由。

适合的职业:演员、神职人员、咨询师、记者、音乐家、公关人员等。

(12)外向直觉思考觉察型(ENTP)。迅速、聪敏,擅长许多事,警觉性高,口才好;可能因乐趣而和人争论不休,善于解决新的、挑战性的难题,但可能会忽略因循不变的工作;兴趣时常转变,很容易找到逻辑性的理由。

适合的职业:演员、记者、摄影师、销售人员等。

(13)外向感觉思考判断型(ESTJ)。务实、实际,倾向商业或机械;对抽象理论不感兴趣,学习须有直接或立即性的应用目的,喜欢组织和操作活动,是很好的行政人员;能很快做出决定,注意日常细节。

适合的职业：督导者、行政人员、财务经理、推销人员等。

（14）外向感觉情感判断型（ESFJ）。有爱心、善于谈话、善于合作且主动参与团体活动；喜欢和谐并能创造和谐，总是对人和善；在鼓励和赞美下会做最大的努力；主要的兴趣在于直接且显著地影响人们的生活。

适合的职业：美容师、健康工作者、办公人员、秘书、教师等。

（15）外向直觉情感判断型（ENFJ）。负责，真诚地关心其他人的想法和希望，依据他人的感觉来处理事情；能轻松地提出计划或者领导团体讨论，社会性强、受人欢迎、富有同情心；对他人的赞美和批评能及时做出反应；喜欢催化他人，协助他人发挥潜能。

适合的职业：演员、神职人员、咨询师、音乐家、教师等。

（16）外向直觉思考判断型（ENTJ）。坦率，是活动的领导者；善于建立并发展全面的方法体系，以解决组织的问题；擅长需推理和知识性的谈话，如公开演说；知识广博，而且喜爱任何能增长知识的活动。

适合的职业：行政人员、律师、经理、销售人员、工程人员等。

四个维度在每个人身上会有不同的比重，不同的比重会导致不同的表现。例如，外向感觉情感觉察型 ESFP 性格类型的人，表现为：外向、和善，乐于向他人分享喜乐。喜欢与他人一起行动且促成事件发生，在学习时亦然。知晓事件未来的发展并会热烈参与。最擅长于人际相处，具备完备常识，很有弹性，能立即适应他人与环境，是对生命、人、物质享受的热爱者。

3）MBTI 职业性格测试的有效性

人们在做 MBTI 职业性格测试时，有三种心态：过去经验中的我、真实现在的我、理想完美的我。全部以过去经验中的我去做测试题会容易得出自己过去的职业性格；全部以理想完美的我去做题会容易得出自己想象中的职业性格；以全部真实现在的我去做题，才会得出现在真实的职业性格。许多人在测试时会同时用"过去的我""真实现在的我""理想中的我"三种心态，所以每次都会出现不同结果。例如：你通常是（　　　）？

A. 一个善于交际的人　　　　　B. 安静缄默的人

这道测试题，有些内向（I）的人在心情好或环境适宜时，非常喜欢沟通和聊天，或者其一贯认为自己是善于交际的人，就会用理想完美中的我的心态去判断这道题，因此得出与现实不符的结果。还有许多内向（I）的人拥有高明的人际沟通技巧，即使善于交际，也不能以此测试说明其职业性格倾向就是外向的（E），因为这受到了交际方式因素的干扰。

职业性格测评所测试的职业性格是个相对稳定的职业性格倾向，相对稳定不代表这种倾向不会发生改变。特别是一个人职务、工作环境、个人境界与以前相比有很大提升时，其与以前相比有更为明显的职业性格倾向。

MBTI 强调一个人在 25 岁前可能职业性格倾向并不明显，会有所浮动。但是随着阅历的增加，逐渐将主要精力与注意力趋于某个方向。因此职业性格测评是可以反映动态变化的测评，它可以反映出一个人各个时期的心理偏好。需要注意的是，在测试中，被测者需要弄清楚过去经验中的我、真实现在的我、理想完美的我这三种态度，以确保测试结果的有效性。

作为大学新生，有必要让自己的个性与职业形成较好的匹配，在未来的学习和就业中顺利发展，这需要立足现实，并着眼长远的职业生涯发展，多做一些尝试、探索，逐步找到最适合自己的职业。

一个人最好从事与自己性格相符的职业,但人的个性并不能决定他的社会价值与成就水平。当你发现你的个性与职业的匹配度不高时,可以通过个人努力来弥补自身不足。

3.1.4　职业认知

职业认知是指在职业中对自己、对工作和对工作环境的理解和认识。职业认知是个人在职场中能否适应和发展的关键因素之一。拥有正确、全面的职业认知能够帮助个人更好地了解自己的职业能力和倾向,从而更好地进行职业规划、制定职业目标并实现职业发展。就业后,良好的职业认知还能帮助个人适应不同的工作环境,发挥个人职业潜力,提升工作绩效和职业素养。

1. 职业的含义

职业是人们参与社会分工,利用专门的知识和技能,为社会创造物质财富和精神财富,获取合理报酬,作为物质生活来源,并满足精神需求的工作。职业是个体获取经济来源的主要途径,从而满足基本的生存需求;是个体参与社会交往的重要手段,并从中获得社会和他人的尊重;同时,也是个体实现自我价值的必要载体,是个体奉献社会的重要途径。

2. 职业的特点

职业呈现出社会性、经济性、稳定性、多样性、规范性、技术性和时代性的特点。

(1)社会性。职业为人类在劳动过程中的分工现象,它体现的是劳动力与劳动资料之间的结合关系,也体现出劳动者之间的关系,而劳动产品的交换则体现的是不同职业之间的劳动交换关系。这种劳动过程中结成的人与人的关系无疑是社会性的,他们之间的劳动交换反映的是不同职业之间的等价关系,这反映了职业活动和职业劳动成果的社会属性。

(2)经济性。职业的经济性也叫职业的功利性,是指职业作为人们赖以谋生的劳动过程中所具有的逐利性一面。职业活动中既满足职业者自己的需要,同时,也满足社会的需要,只有把职业的个人功利性与社会功利性相结合起来,职业活动及其职业生涯才具有生命力和意义。

(3)稳定性。职业的稳定性是指企业中的员工在一段时间内拥有一份固定的工作,并且自身不会轻易离职,也不会轻易被企业解雇。职业稳定性,不管是对个人,还是对企业都是非常重要的,这关系到一个公司能否长远发展,一个人能否长时间工作。

(4)多样性。职业的多样性体现为职业种类的多样性。根据《中华人民共和国职业分类大典(2022年版)》将我国职业归为8个大类、79个中类、450个小类、1639个细类(职业)。从事的职业有教师、医生、公务员、军人、农民、工人等。

(5)规范性。职业的规范性包含两层含义:一是指职业内部的规范操作要求性,二是指职业道德的规范性。不同的职业在其劳动过程中都有一定的操作规范性,这是保证职业活动的专业性要求。不同职业在对外展现其服务时,还存在一个伦理范畴的规范性,即职业道德。这两种规范性构成了职业规范的内涵与外延。

(6)技术性和时代性。职业的技术性指不同的职业具有不同的技术要求,每一种职业往往都表现出一定相应的技术要求。职业的时代性指职业由于科学技术的变化,人们生活方式、习惯等因素的变化导致职业打上那个时代的"烙印"性。

3. 职业的意义

职业对于个人的发展是十分重要的,它不仅是一个人谋生的需要,同时也是贡献社会、实现自我的途径。对大学生而言,职业对实现自我经济独立、实现自我发展和成就、培养社会责任感和归属感、应用和发展专业知识等具有关键性影响。大学新生需要认真分析自己的兴趣和优势,做出合理的职业规划和选择,不断提升自己的能力,持续推动自己和社会的发展。

(1) 职业是个体获取经济来源的主要途径。职业是个人的一种社会活动和生活方式,又是一种经济行为。职业是个人从社会中获取各种利益的资源,取得经济收入的主要手段,满足个人基本生存需要,获得个人最基本的安全感,作为维持家庭的物质基础。大学生通过在校学习专业技能知识,选择适合自己个性的职业和工作,做好职业规划,为今后的就业做好准备。在职业活动中获得自己的收入和经济独立,减轻家庭和社会的压力。

(2) 职业是个体实现自我价值的必要载体。职业为个人发展自我个性、奉献社会、实现自我价值提供了空间。职业规定了一个人的工作岗位及其奋斗目标,个人只有以工作岗位为起点,才能实现与社会整体的融合。一个人将丰富的知识、熟练的技能出色地运用于职业活动时,就会创造出一定的效益来回报社会,从而实现自己的人生价值。大学生通过职业的选择和发展,可以找到适合自己专业和领域的工作,实现自我发展和成就。选择一个适合自己的职业,可以提高自尊心和自我认同感,培养自己的社会责任感和归属感。

(3) 职业是个体参与社会交往的重要手段。由于各种职业主体的劳动方式、经济收入的不同,个体间形成了不同的职业层次。同时,由于政治、经济、文化、历史等方面的差异,又形成了特定的等级、地位与身份。通过职业活动,个人从中获得社会和他人的尊重。职业是大学生工作实践过程中与社会联系的纽带,通过职业的交流和合作,可以获得更广泛的社会支持和资源。

(4) 职业是个体提升和发展专业水平的现实途径。大学生在学习期间掌握大量的学术和专业知识,在职业和工作中可以将学到的知识得以应用和发展,不断学习和掌握新的知识和技能,提高自己的能力和竞争力。同样,在工作中,职业活动也可以帮助从业者获得更深入的学习,发挥自我潜能,实现自我发展。

职业的意义是多层面的,除了经济意义,还包括社会意义、身份意义、发掘潜能以及提高自尊和自信等。大学阶段是选择职业和投入工作之前的准备阶段,大学新生有必要认真思考自己的职业追求和价值观,找到一个与自己人生意义相契合的职业方向,做出自己的职业规划,从而更快地实现个人成长和自我实现的愿望。

3.1.5　气质、性格与职业的关系

大学阶段是职业的准备期,大学新生在认知自己的气质、性格等个性特征的基础上,有意识地培养、塑造自己的良好个性品质,助力制定、实现自己的职业生涯规划。

1. 气质和性格的联系与区别

不同气质类型的人在形成性格时是具有倾向性的。例如,多血质容易形成热情好客、机智开朗的性格特征,而黏液质的人通常具有友善温和、社交能力强、缺乏决断力和情感敏感等性格特征。性格也时刻反映着一个人的气质,内向的人往往总体表现出黏液质或抑郁质气质,而外向的人往往表现出多血质或胆汁质的气质。

气质更多地体现了人格的生物属性,性格更多地体现了人格的社会属性。气质没有好坏之分,不决定一个人成就的高低,任何一类气质的人,都可能成为优秀的人,也可能成为碌碌无为的人;而性格受社会历史文化的影响,有明显的社会道德评价的意义,直接反映了一个人的道德风貌。

气质和性格是影响大学新生的重要因素,包括对人际关系、学习表现、心理健康以及生活方式等方面。

(1) 对人际关系的影响。外向、健谈的人更容易与人交流,交友范围更广,而内向、沉默寡言的人可能比较难以融入社交圈。

(2) 对学习表现的影响。细心、认真、勤奋的人往往表现更出色,而急躁、冲动、固执的人可能会影响学业表现。

(3) 对心理健康的影响。开朗、乐观的人更容易调节情绪,情绪稳定的人相对更容易维持心理健康,而抑郁、易怒的人则更容易产生压力和焦虑。

(4) 对生活方式的影响。个性浪漫、乐观的人喜欢体验活动,在旅游等方面更为热衷,而善于自我管理的人通常会更健康、美好、积极地生活。

2. 气质、性格与职业的关系

气质是职业适应性最主要的影响因素。不同职业对人的气质特点也有一定的要求,气质对人们所从事的职业并不具有决定性作用,而是辅助性的,其作用主要表现在对工作效率的影响上。气质与职业匹配程度高就可以起到促进作用,反之,可能会起到消极作用。性格对于职业选择有直接影响。不同性格的人适合不同职业,不同职业需要不同性格的人来从事。例如对于性格自主、独立的人来说,选择创业或自由职业更为适合。大学新生在进行职业选择和职业规划中,需要尽可能地了解自己的气质和性格,充分发挥自己的优势,避免自己的劣势,找到适合自己气质、性格的职业发展道路,实现自我提升和发展。

【练习与实践】

MBTI 职业性格测试

MBTI 测试前须知如下。

(1) 参加测试的人员请务必诚实、独立地回答问题,只有如此,才能得到有效的结果。

(2) 本报告展示的是你的性格倾向,而不是你的知识、技能、经验。

(3) MBTI 提供的性格类型描述仅供测试者确定自己的性格类型之用,该测试得出的性格类型没有好坏,只有不同。每一种性格特征都有其价值和优点,也有缺点和需要注意的地方。清楚地了解自己的性格优劣势,有利于更好地发挥自己的特长,而尽可能在为人处世中避免自己性格中的劣势,更好地和他人相处,更好地作重要的决策。

(4) 本测试分为四部分,共93题;需时约18分钟。所有题目没有对错之分,请根据自己的实际情况选择。将你选择的 A 或 B 所在的○涂黑,即●。

只要你是认真、真实地填写了测试问卷,那么通常情况下都能得到一个确实和你的性格相匹配的类型。希望能从中或多或少地获得一些有益的信息。

(1) 表3-3中哪一个答案最能贴切地描绘你一般的感受或行为?

表3-3 测试第一部分

序号	问题描述	选项	E	I	S	N	T	F	J	P
1	当你要外出一整天,你会 A. 计划你要做什么和在什么时候做 B. 说去就去	A							○	
		B								○

序号	问 题 描 述	选项	E	I	S	N	T	F	J	P
2	你认为自己是一个 A. 较为随兴所至的人	A								○
	B. 较为有条理的人	B							○	
3	假如你是一位老师,你会选教 A. 以事实为主的课程	A			○					
	B. 涉及理论的课程	B				○				
4	你通常 A. 与人容易混熟	A	○							
	B. 比较沉静或矜持	B		○						
5	一般来说,你和哪些人比较合得来? A. 富于想象力的人	A				○				
	B. 现实的人	B			○					
6	你是否经常让 A. 你的情感支配你的理智	A						○		
	B. 你的理智主宰你的情感	B					○			
7	处理许多事情上,你会喜欢 A. 凭兴所至行事	A								○
	B. 按照计划行事	B							○	
8	你是否 A. 容易让人了解	A	○							
	B. 难以让人了解	B		○						
9	按照程序表做事, A. 合你心意	A							○	
	B. 令你感到束缚	B								○
10	当你有一份特别的任务,你会喜欢 A. 开始前小心组织计划	A							○	
	B. 边做边找须做什么	B								○
11	在大多数情况下,你会选择 A. 顺其自然	A								○
	B. 按程序表做事	B							○	
12	大多数人会说你是一个 A. 重视自我隐私的人	A		○						
	B. 非常坦率开放的人	B	○							
13	你宁愿被人认为是一个 A. 实事求是的人	A			○					
	B. 机灵的人	B				○				

序号	问 题 描 述	选项	E	I	S	N	T	F	J	P
14	在一大群人当中,通常是 A. 你介绍大家认识 B. 别人介绍你	A	○							
		B		○						
15	你会跟哪些人做朋友? A. 常提出新主意的 B. 脚踏实地的	A				○				
		B			○					
16	你倾向 A. 重视感情多于逻辑 B. 重视逻辑多于感情	A						○		
		B					○			
17	你比较喜欢 A. 坐观事情发展才作计划 B. 很早就作计划	A								○
		B							○	
18	你喜欢花很多的时间 A. 一个人独处 B. 和别人在一起	A		○						
		B	○							
19	与很多人一起会 A. 令你活力倍增 B. 常常令你心力交瘁	A	○							
		B		○						
20	你比较喜欢 A. 很早便把约会、社交聚集等事情安排妥当 B. 无拘无束,看当时有什么好玩就做什么	A							○	
		B								○
21	计划一个旅程时,你较喜欢 A. 大部分的时间都是按当天的感觉行事 B. 事先知道大部分的日子会做什么	A								○
		B							○	
22	在社交聚会中,你 A. 有时感到郁闷 B. 常常乐在其中	A		○						
		B	○							
23	你通常 A. 和别人容易混熟 B. 趋向自处一隅	A	○							
		B		○						
24	哪些人会更吸引你? A. 一个思维敏捷且非常聪颖的人 B. 实事求是,具丰富常识的人	A				○				
		B			○					

序号	问题描述	选项	E	I	S	N	T	F	J	P
25	在日常工作中,你会 A. 颇为喜欢处理迫使你分秒必争的突发状况 B. 通常预先让划,以免要在压力下工作	A								○
		B							○	
26	你认为别人一般 A. 要花很长时间才认识你 B. 用很短的时间便认识你	A		○						
		B	○							

（2）在表 3-4 每一对词语中,哪一个词语更符合你心意？请仔细想想这些词语的含义,而不要理会他们的字形或读音。

表 3-4　测试第二部分

序号	问题描述	选项	E	I	S	N	T	F	J	P
27	A. 注重隐私　B. 坦率开放	A		○						
		B	○							
28	A. 预先安排的　B. 无计划的	A							○	
		B								○
29	A. 抽象　B. 具体	A				○				
		B			○					
30	A. 温柔　B. 坚定	A						○		
		B					○			
31	A. 思考　B. 感受	A					○			
		B						○		
32	A. 事实　B. 意念	A			○					
		B				○				
33	A. 冲动　B. 决定	A								○
		B							○	
34	A. 热衷　B. 文静	A	○							
		B		○						
35	A. 文静　B. 外向	A		○						
		B	○							
36	A. 有系统　B. 随意	A							○	
		B								○
37	A. 理论　B. 肯定	A				○				
		B			○					
38	A. 敏感　B. 公正	A						○		
		B					○			

续表

序号	问 题 描 述	选项	E	I	S	N	T	F	J	P
39	A. 令人信服　B. 感人的	A					○			
		B						○		
40	A. 声明　B. 概念	A			○					
		B				○				
41	A. 不受约束　B. 预先安排	A								○
		B							○	
42	A. 矜持　B. 健谈	A		○						
		B	○							
43	A. 有条不紊　B. 不拘小节	A							○	
		B								○
44	A. 意念　B. 实况	A				○				
		B			○					
45	A. 同情怜悯　B. 远见	A						○		
		B				○				
46	A. 利益　B. 祝福	A				○				
		B						○		
47	A. 务实的　B. 理论的	A			○					
		B				○				
48	A. 朋友不多　B. 朋友众多	A		○						
		B	○							
49	A. 有系统　B. 即兴	A							○	
		B								○
50	A. 富想象的　B. 以事论事	A				○				
		B			○					
51	A. 亲切的　B. 客观的	A						○		
		B				○				
52	A. 客观的　B. 热情的	A				○				
		B						○		
53	A. 建造　B. 发明	A			○					
		B				○				
54	A. 文静　B. 爱合群	A		○						
		B	○							
55	A. 理论　B. 事实	A				○				
		B			○					
56	A. 富同情　B. 合逻辑	A						○		
		B					○			

序号	问 题 描 述	选项	E	I	S	N	T	F	J	P
57	A. 具分析力　B. 多愁善感	A					○			
		B						○		
58	A. 合情合理　B. 令人着迷	A			○					
		B				○				

（3）表 3-5 中哪一个答案最能贴切地描绘你一般的感受或行为？

表 3-5　测试第三部分

序号	问 题 描 述	选项	E	I	S	N	T	F	J	P
59	当你要在一个星期内完成一个大项目在开始的时候会 A. 把要做的不同工作依次列出 B. 马上动工	A							○	
		B								○
60	在社交场合中,你经常会感到 A. 与某些人很难打开话匣儿和保持对话 B. 与多数人都能从容地长谈	A		○						
		B	○							
61	要做许多人也做的事,你比较喜欢 A. 按照一般认可的方法去做 B. 构想一个自己的想法	A			○					
		B				○				
62	你刚认识的朋友能否说出你的兴趣？ A. 马上可以 B. 要待他们真正了解你之后才可以	A	○							
		B		○						
63	你通常较喜欢的科目是 A. 讲授概念和原则的 B. 讲授事实和数据的	A				○				
		B			○					
64	哪个是较高的赞誉,或称许为？ A. 一贯感性的人 B. 一贯理性的人	A						○		
		B					○			
65	你认为按照程序表做事 A. 有时是需要的,但一般来说你不大喜欢这样做 B. 大多数情况下是有帮助而且是你喜欢做的	A								○
		B							○	
66	和一群人在一起,你通常会选 A. 跟你很熟悉的个别人谈话 B. 参与大伙的谈话	A		○						
		B	○							
67	在社交聚会上,你会 A. 是说话很多的一个 B. 让别人多说话	A	○							
		B		○						

续表

序号	问 题 描 述	选项	E	I	S	N	T	F	J	P
68	把周末期间要完成的事列成清单,这个主意会 A. 合你意 B. 使你提不起劲	A							○	
		B								○
69	哪个是较高的赞誉,或称许人 A. 能干的 B. 富有同情心	A					○			
		B						○		
70	你通常喜欢 A. 事先安排你的社交约会 B. 随兴之所至做事	A							○	
		B								○
71	总的说来,要做一个大型作业时,你会选 A. 边做边想该做什么 B. 首先把工作按步细分	A								○
		B							○	
72	你能否滔滔不绝地与人聊天 A. 只限于跟你有共同兴趣的人 B. 几乎跟任何人都可以	A		○						
		B	○							
73	你会 A. 跟随一些证明有效的方法 B. 分析还有什么毛病,即针对尚未解决的难题	A			○					
		B				○				
74	为乐趣而阅读时,你会 A. 喜欢奇特或创新的表达方式 B. 喜欢作者直话直说	A				○				
		B			○					
75	你宁愿替哪一类上司(或者老师)工作? A. 天性淳良,但常常前后不一的 B. 言辞尖锐但永远合乎逻辑的	A						○		
		B					○			
76	你做事多数是 A. 按当天心情去做 B. 照拟好的程序表去做	A								○
		B							○	
77	你是否 A. 可以和任何人按需求从容地交谈 B. 只是对某些人或在某种情况下才可以畅所欲言	A	○							
		B		○						
78	要作决定时,你认为比较重要的是 A. 据事实衡量 B. 考虑他人的感受和意见	A					○			
		B						○		

（4）在表 3-6 每一对词语中,哪一个词语更符合你心意?

表 3-6　测试第四部分

序号	问题描述	选项	E	I	S	N	T	F	J	P
79	A. 想象的　B. 真实的	A				○				
		B			○					
80	A. 仁慈慷慨的　B. 意志坚定的	A						○		
		B					○			
81	A. 公正的　B. 有关怀心	A					○			
		B						○		
82	A. 制作　B. 设计	A			○					
		B				○				
83	A. 可能性　B. 必然性	A				○				
		B			○					
84	A. 温柔　B. 力量	A						○		
		B					○			
85	A. 实际　B. 多愁善感	A					○			
		B						○		
86	A. 制造　B. 创造	A			○					
		B				○				
87	A. 新颖的　B. 已知的	A				○				
		B			○					
88	A. 同情　B. 分析	A						○		
		B					○			
89	A. 坚持己见　B. 温柔有爱心	A					○			
		B						○		
90	A. 具体的　B. 抽象的	A			○					
		B				○				
91	A. 全心投入　B. 有决心的	A						○		
		B					○			
92	A. 能干　B. 仁慈	A					○			
		B						○		
93	A. 实际　B. 创新	A			○					
		B				○				
每项总分										
			E	I	S	N	T	F	J	P

（5）评分规则如下。

① 把 8 项（E、I、S、N、T、F、J、P）加起来并将总和填在每项最下方的方格内。例如:第 93 题,选 A,则 S 计 1 分;选 B,则 N 计 1 分。

② 请复查计算是否准确,然后将各项总分填入表 3-7。

表 3-7　每项总分

外向	E			I	内向
实感	S			N	直觉
思考	T			F	情感
判断	J			P	认知

（6）确定类型的规则说明如下。

① MBTI 以四个组别来评估你的性格类型倾向：E-I、S-N、T-F 和 J-P。请你比较四个组别的得分。每个子别中，获得较高分数的那个类型，就是你的性格类型倾向。例如，你的得分是 E（外向）12 分，I（内向）9 分，那你的类型倾向便是 E（外向）了。

② 将代表获得较高分数的类型的英文字母，填在表 3-8 内。如果在一个组别中，两个类型获同分，则依据同分处理规则决定你的类型倾向。

同分处理规则：如 E＝I，请填上 I；如 S＝N，请填上 N；如 T＝F，请填上 F；如 J＝P，请填上 P。

表 3-8　评估类型

E-I	S-N	T-F	J-P

资料来源：刁静严.MBTI 人格测试为何走红——是心理学还是智商税？[N].中国城市报.2022-04-11.

3.2　兴趣与职业兴趣

案例引导

兴趣是人们力求认识某种事物和从事某项活动的意识倾向。兴趣是我们内心动力和快乐的重要来源。大学新生有一部分是选择了自己感兴趣的专业来就读。例如，如果将来想成为医生，学生就会选择医学专业。当兴趣倾向和职业相匹配时，会产生最高的满意度和最低的流动率。当然，并不是所有的兴趣都会在自己的职业中体现，关键在于在工作和生活之间协调与平衡，以及在工作与个人爱好之间适度统一。

3.2.1　兴趣

一个人的兴趣、爱好可以反映其个性特征。如喜欢尝试新事物、冒险刺激的人，可能更容易选择极限运动、旅游等冒险型的兴趣爱好。又如有创意、富于想象力的人，可能更喜欢从事艺术、文学、音乐等创意性的兴趣爱好。

职业兴趣是以一定的素质为前提，在生涯实践过程中逐渐发生和发展起来的。它的形成与个人的个性、自身能力、实践活动、客观环境和所处的历史条件有着密切的关系，因此，职业规划对兴趣的探讨不能孤立进行，应当结合个人的、家庭的、社会的因素来考虑。

1. 兴趣的概念

兴趣是个人力求认识、探究某种活动的心理倾向，以特定的事物、人或活动为对象，常常伴随着积极的情绪体验。如有的人喜欢看书，有的人喜欢打球，有的人喜欢听流行歌曲等。爱因斯坦曾经说过："兴趣是最好的老师"，兴趣具有推动活动的力量，是活动成功的重要条件之一。

2. 兴趣发展的阶段

兴趣是一种带有情感色彩的认知倾向,以认识和探索某种事物的需要为基础,是推动一个人去认识事物、探求事物的一种重要动机。兴趣是由生理兴趣发展到精神兴趣,由直接兴趣发展到间接兴趣,是一个由低级向高级、由肤浅到深刻、由狭窄到广泛的渐进的过程。根据发展程度的不同,可以把兴趣的形成过程依次划分为有趣、乐趣和志趣三个阶段。

(1) 有趣阶段。有趣阶段,是兴趣发展的第一个阶段,也是兴趣发展的初级阶段。有趣阶段是被物体外在的新异形象或新颖对象吸引产生持久注意、发生直接兴趣。通过直接的人体器官刺激而产生的兴趣,这个是最直接的,通过感官刺激获取快乐。该阶段的兴趣往往短暂易逝,非常不稳定,具有易变性、肤浅性等特点。

(2) 乐趣阶段。乐趣阶段,是兴趣发展的第二阶段,也是兴趣发展的中级阶段。乐趣阶段是在有趣阶段的基础上发展形成的,对某一事物或活动产生的特殊爱好。在乐趣的基础上,因为产生快乐后自我主动去投入,有主动认知而产生的兴趣。该阶段的兴趣变得专一而深入,具有定向和维持时间较长的特点。

(3) 志趣阶段。志趣阶段,是兴趣的发展的第三个阶段,也是兴趣发展的较高级阶段。当产生乐趣后,反复投入,在过程中也获得快乐和成就,并有可能带来价值激励就会成为志趣。即当乐趣同人们的当今社会责任感、理想和奋斗目标结合起来时,乐趣就变成了志趣,甚至终生不变。

3. 兴趣的培养

如何培养自己的兴趣? 第一步,先让自己获得足够多的感观体验。第二步,在感观兴趣还没有消退时,尽快掌握更多知识,使自己的感观兴趣进化到自觉兴趣。第三步,给自己找一个兑换价值的方式,把这个兴趣和你最感兴趣的价值绑定。感观、知识、价值兑换,不断地重复这个过程,兴趣就会慢慢固化下来。

4. 三叶草模型

生涯规划模型是一种为个人职业生涯发展提供结构化、清晰的框架。通过模型,个人能够全面、系统地了解自己的职业规划目标,发现自己的优势劣势,明确自己的价值观和动机,进而更好地把握自己的职业生涯。

1) 三叶草模型的提出

生涯规划师古典提出了一个生涯诊断模型——"生涯三叶草"模型。他认为生涯管理的三大要素是兴趣、能力和价值观,即:完美职业=兴趣+能力+价值。

其中,兴趣产生了快乐,努力产生能力,而价值观则帮助发现热爱的领域。把这三个要素放进一张图里,构成了"生涯三叶草"模型。职业生涯三叶草模型如图 3-2 所示。

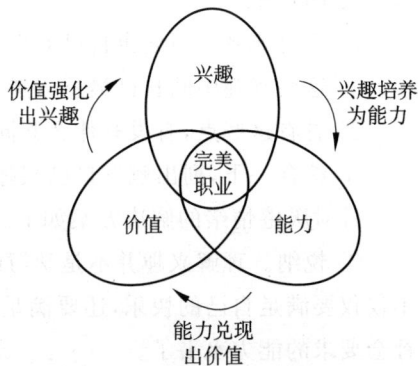

图 3-2　职业生涯三叶草模型

该模型不仅揭示了个人在职业发展过程中,兴趣、能力与价值三者的推动关系,也说明了三者缺失时对应的情绪表现及应对方法。

2) 兴趣、能力和价值的推动关系

三叶草的整体转动,是把兴趣培养成职业兴趣,慢慢把兴趣发展为能力,然后用能力找平台来兑现价值,再用价值强化兴趣。职业发展是一个顺时针的三叶草,学生先会对某一件事产生"兴趣",在兴趣的驱动下开始学习和练习;持续的学习和练习能够让学生有"能力"完成很多事情;然后开始寻找一种合适的方式(往往是某种职业)把能力兑现成自己想要的"价值"。而价值强化会使学生产生下一轮的兴趣。兴趣、能力和价值观的三叶草,就是这样旋转起来,掌握和精通某一领域,然后进入更大一轮的"兴趣—能力—价值"循环。依此不断旋转,让三叶草的漩涡不断循环扩大,让自己保持在这个循环中,保持性能最佳。

当这三者正常转动时,做事的速度和效率会高很多,更重要的是心态会无比愉悦,没有厌倦、失落、焦虑等心态,工作和生活质量也会好很多。

常常看到一些精力旺盛的人,他们好像总能在自己热爱的领域里,做着高质量的工作。那是因为他们找到了自己的生涯三叶草:调动着自己的兴趣,发挥着自己最棒的能力和才华,以此来获得自己想要的价值。作为大学新生的生涯三叶草,则是源于自己的"兴趣",选择就读自己喜爱的专业,并开始接触专业知识;通过在校期间刻苦努力地学习、实践,逐步掌握、积累、提升相关的技能,获取专业"能力";逐步明确自己想要的个人和社会"价值";或是继续考研深造,立志成为一名专业人员;或是进入各行业单位,发挥专业特长,开展生产服务工作。当这些"价值"实现后,又会产生新的"兴趣",并通过自己的努力,提高相关领域的"能力",订立和实现更大的"价值"。这样,生涯三叶草就会转动起来,不断循环扩大,保持最佳性能,工作效率提升,心态愉悦,工作和生活质量提高。

3) 三叶草缺失的应对方法

当一个人对工作没有动力或激情了,心态就会失衡,表现出厌倦、失落或焦虑的情绪。对于大学新生,如果对学习没有动力或激情了,心态就会失衡,在学业中就会表现出厌倦、焦虑或失落的情绪。而每一种情绪背后,都有其根源。

(1) 厌倦。产生厌倦的情绪,是因为缺失了兴趣。对于大学生来说,如果失去了对学习的兴趣,就会产生厌学的情绪。而挖掘兴趣,是重新寻找学习动力的重要一步。此时不妨问自己几个问题:

① 平时或者学习之余自己对做什么感兴趣?

② 这些兴趣中间自己最感兴趣的点是什么?

③ 看看这些点,有没有什么共同之处?

④ 综合一下,列出触发自己兴趣的点是什么?

针对厌倦情绪的解决方案如下。

① 悦纳。理解兴趣并不是学习的唯一追求,而且没兴趣也能成功。当兴趣成为职业时,不仅仅要满足自己的快乐,还要满足岗位能力条件和社会的要求,懂得判断自己是不是达到社会要求的能力水平了。

② 提升职业兴趣。当一个人对某一职业完全丧失兴趣时,通过外部的调适让自己重新找到感兴趣的点。如果是兴趣值变低,则需要找到原因,通过设定有挑战的高目标、恰当的知识、培训和学习,找到同伴或竞争者、做公开承诺、找到兑现方式等途径,将兴趣值恢复到最初

的水平。

③ 将兴趣发展为副业。进入能做自己喜欢的事的领域,提高兴趣给生活加点色彩,在业余生活中做自己喜欢的事。

④ 发展为自己的新职业。

(2) 焦虑。焦虑是因为能力不足而产生的,当个人能力满足不了工作要求时,就会有焦虑情绪。对于大学生来说,当学习能力无法满足当前的学习要求时,就会产生学习焦虑的情绪。学生需要对自己的学习能力进行探索和提升。

针对焦虑情绪的解决方案如下。

① 悦纳。不妨问自己几个问题:

● 当下真实的能力状况是什么?

● 如果完美的能力是 10 分,现在大概是多少分?

● 请你想象当自己的能力非常完美时,你会是什么样子?

● 如果让他对现在的你说一句话,他(她)会说什么?

● 如果你能看到焦虑背后一直很努力的自己,让那个一直努力的你对现在的你说一句话,他(她)会说什么?

● 综合这两个人的说法,你对自己的叮咛是什么?

② 调整目标。对于你来说,一个你觉得舒服、有动力的目标是什么? 达到这个目标,对你有什么价值? 什么情况、指标出现的时候,你就知道自己达到这个目标了? 你会如何抵御来自别人或者自己的"更高要求"? 当一个人对这些话题进行了清晰地梳理之后,他(她)对于自己的"三叶草"、对于目标就会有相对比较清晰的界定。

③ 提升能力。不妨问问自己:希望自己在哪些方面提升能力? 有没有哪一个能力的提升会明显改善现在的工作状态? 如果给这个能力打分,你认为可以打多少分? 近期的目标是希望达到多少分? 你准备采取哪些方式来提升这个能力? 针对这些问题,可以用能力三核理论(我们把"知识""技能"和"才干"称为能力的三个核心要素)进行梳理,再做出一个计划。

④ 发挥优势方式。转行进入自己更加满意的专业领域;将能力核心区的关键能力发挥到极致。

(3) 失落。失落往往来自价值观的缺失,来自企业的回馈达不到个人的预期。挖掘价值观的方式可以有:用职业价值观量表、价值观卡片做测评,不断进行深度追问。

针对失落情绪的解决方案如下。

① 悦纳。要充分的理解自己。自己已经很好地满足了一些需求;生活并不可能同时满足自己所有的需求,只能先满足核心的需求;有一些需求没有被满足,是个人成长的空间。

② 调整资源。更好地满足自己,通过平衡轮(教练技术里有一个常用的工具叫"平衡轮",就是将一个圆平均分成 8 等份,然后将自己工作、生活或生命中一些并列的内容填写在图中,以帮助自己清晰现状,觉察到平时忽略的部分,找出希望有所改变的内容,然后制订计划,采取行动),分析自己的缺失;在现有资源下,最好的可能结果是什么? 有没有哪些地方一旦提高,就能提高所有的需求的? 下一步的计划是什么?

③ 链接价值。当前所做的事情与自身价值之间存在怎样的联系和关系,将它们之间进行了对应。不妨问问自己:现在身边的这些事情中,如果要获得这些价值,有什么可能性? 如

果你今天做的事情中和未来你要实现的事情有一些联系,那会是什么? 如果让未来的你告诉今天的你做事情的意义,那会是什么?

④ 转换价值。即转行,进入自己更加满意的专业领域。

厌倦时需要改变,焦虑时需要成长,失落时需要价值。针对心态失衡的三种情绪,需要找出自己是在兴趣方面出现了问题,还是在能力上面无法有更好的突破,或是在价值上得不到满足,然后有针对性地进行调整。

【资料学习】

数学家华罗庚

1910 年,华罗庚出生在江苏省金坛市。他小时候家中清贫,父亲在小镇上开了个小杂货铺,代人收购蚕丝,一家人过着半饥不饱的生活。华罗庚上初中时,对数学产生了特殊的兴趣,他的老师王维克很器重这个聪明机灵的少年,常常单独辅导他,给他出一些难题做,这使少年华罗庚得益匪浅。

华罗庚在金坛中学念完初中后,因家里无力再供他上学,只得辍学到父亲的小杂货店里帮助料理店里的事情。可这位酷爱数学的年轻人,人虽然守在柜台前,心里经常琢磨的还是数学。王维克老师借给他几本数学教材,华罗庚便跟着这几位不会说话的老师步入了高等数学的大门。华罗庚 18 岁那年,在王维克老师的帮助下,到金坛中学当了一名会计兼管学校事务工作。他曾回忆当时艰难的生活:"除了学校里繁重的事务外,早晚还要帮助料理小店的事务。每天晚上大约 8 点钟才能回家。清理好小店的账目之后,才能钻研数学,常常到深夜。"

19 岁那年,他发觉一位大学教授的论文写错了。便把自己的看法写成一篇文章,题目叫《苏家驹之代数的五次方程式解不能成立之理由》,于次年发表在上海的《科学》杂志上。随后,华罗庚又连续发表了几篇数学论文署名"金坛人"。

这个在数学论坛上崭露头角的"金坛人",引起了清华大学数学系主任熊庆来教授的注意,他写信邀华罗庚来当时北平的清华大学数学系当管理员。到清华后,华罗庚的进步更快了。后来,他又被熊庆来教授推荐到英国剑桥大学去深造,成了世界著名的数学大师。

当新中国成立的消息传来时,华罗庚不再留恋美国的优异条件,踏上了返回祖国的旅程。他说:"为了抉择真理,我应当回去! 为了国家民族,我应当回去! 为了为人民服务,我应当回去!"1950 年的一天,这位已担任了中国科学院数学研究所所长的著名教授,在填写户口簿时,在"文化程度"一栏里写了"初中毕业"4 个字。这虽然使许多人惊讶不已,却是事实:他的的确确只有一张初中毕业证书。这位数学大师的数学知识,几乎都是通过自学获得的!

资料改编:林承谟.华罗庚的故事[M].武汉:华中科技大学出版社,2013.

3.2.2 职业兴趣

职业兴趣是兴趣在职业方面的表现,是一个人对待工作的态度,对工作的适应能力,是人们对某种职业活动具有的比较稳定而持久的心理倾向,使人对某种职业给予优先注意,并向往之,表现为有从事相关工作的愿望和兴趣。职业兴趣是个人进行职业规划时需要注意的重要因素之一,拥有职业兴趣将增加学生专业学习的满意度、稳定性和成就感。

1. 职业兴趣的概念

职业兴趣是对某类职业或工作的积极态度。当人们兴趣的对象指向某一职业时就形成了职业兴趣。它是个人成功的推动力。不同的人有不同的职业兴趣,如果能够从事与自己的职业兴趣相符的职业,个体在工作中就能更加积极热情、全神贯注和富有创造力。

2. 职业兴趣对职业发展的影响

职业兴趣可以提高人的工作效率,是事业成功的重要因素,在职业活动中具有十分重要的作用。同样,对于大学新生,拥有职业兴趣,会表现出更加积极的学习态度和更高的学习效率。这也是学生掌握、精通专业知识技能的重要因素,对未来的就业和职业发展起到至关重要的影响。

(1) 影响职业定向和职业选择。在选择职业时,人们会考虑自己对某种工作是否感兴趣,并将兴趣作为职业选择的参考之一。

北京有一个青年叫夏强,因为喜欢与人打交道,擅长交际,职高毕业以后,他放弃了上大学学习档案管理的机会,心甘情愿地来到国安宾馆当服务员。为了当一名出色的服务员,他刻苦练习服务技能,就拿托盘来说吧,先是托沙袋,然后是托酒瓶子,又苦又累,但他乐此不疲。对服务工作的热爱之情使得他对自己职业的认识不断提高,他认为服务工作大有学问,服务的好坏,直接关系到祖国的荣誉。工作之余,他主动参加成人高考,努力学习饭店管理知识,还拜了两名厨师学艺,多方面提高自己的业务水平。夏强到国安宾馆才一年多,就连升三级,从普通服务员升为领班,又升为主管,成为这一行业的佼佼者。

在学生中,有时也会出现这样的情况,由于学生的兴趣有限或高考填报志愿、高考分数等主客观因素,以致所选的专业未能如愿。如果出现这样的情况,请用你那双"善于发现的眼睛",通过多种途径和方法,努力培养自己对所学专业的兴趣。

(2) 促进智力开发,挖掘潜能。大家熟悉的音乐人刘欢,在他上学时,是个学习成绩中等,但对音乐比较痴迷的学生。他一直是学校的文艺骨干,经常在学校里组织演出,那时他常常夜里在楼道弹吉他、唱歌,同屋的朋友都无法忍受刘欢的"折磨"。当年,学法语的刘欢曾参加过一次由法国使馆举办的法语歌曲大赛,刘欢的一曲法国民歌《奥维涅人之歌》赢得了大家的掌声,于是刘欢得到了到法国旅游半个月的机会。那时候大家出国多带回香水和时装,而刘欢却整日待在法国小镇的酒馆里,带回了一段属于自己的灵感,他创作的《阿尔卑斯山的小雨》就是其在法国的灵感结晶。当年有人邀请他演唱《雪城》《便衣警察》等歌曲时,总是以让这个年轻人来试试的态度,那时,这个国际关系学院的团委老师刘欢不断地穿梭于北京的各大录音棚,为的不是成名,也不是得利,仅仅是因为喜欢音乐,喜欢唱歌。一个人对于某一事物具有浓厚的兴趣,就会激发他主动求知、探索创新的欲望和热情,并促使他的智力和体力都能进入最佳状态,能最大限度发挥自身潜能和创造性。

(3) 提高工作效率。职业兴趣可以使人更快地熟悉并适应职业环境和职业角色,也是事业成功的重要因素。一个人对某项工作感兴趣时,枯燥的工作也会变得丰富多彩、趣味无穷。兴趣使工作不再是一种负担,而是一种享受。兴趣可以调动人的积极性,使其积极主动地思考、全身心地投入工作中;兴趣可以使人集中全部精力,充分发挥其敏锐的观察力、高度的注意力、丰富的想象力。因此,兴趣和能力的合理结合会大大提高工作效率。有资料表明:如果一个人对某份工作有浓厚的兴趣,他就可能发挥其全部才能的 $80\% \sim 90\%$,并能长时间地保持高效率而不感到疲劳;反之,如果一个人对某份工作缺乏兴趣,就只能发挥其全部才能的20%～30%,且容易筋疲力尽。于敏曾是中国科学院的研究员,也是中国交叉科学的开拓者之一。他自小就对数学和物理非常着迷,这种兴趣推动了他不断地自我学习和探索,最终成为一名杰出的科学家。他的职业兴趣也让他在自己的领域里取得了非凡成就。作为我国核武器理论研究和国防高技术发展的杰出领军人物之一,他在氢弹研制中,解决了热核武器物理中一系列基础问题,开创性地提出了从原理到构型基本完整的设想,发挥了理论研究设计开拓者、领军人的关键作用,填补了我国原子核理论的空白,为国家氢弹突破做出了重大贡献。

3. 职业兴趣培养的途径与方法

人的职业兴趣是可以培养的。社会的需要是职业兴趣产生的基础,一定的专业学习和社会实践是职业兴趣形成和发展的动力。根据实际需要,个人可以通过多种途径和自身的努力去改变和发展职业兴趣。

(1)培养广泛的兴趣。兴趣广泛的人一般见多识广,思考问题时能从多方面受到启发,在职业选择上有较大的余地,在职业变动时也能较快地适应新的职业。张红是某校幼教专业的毕业学生,毕业后进入一所幼儿园工作。她在校期间,踏实好学,兴趣广泛。她热爱读书,文章写得不错;也喜欢美术,画画儿挺棒;她还喜欢唱歌,声音浑厚圆润,是难得的女中音,这些兴趣爱好,为她以后成为一名优秀的幼儿教师奠定了良好的基础。

(2)形成中心兴趣。人的兴趣应该广泛,但还要有所集中,就像太阳光通过凸透镜的聚焦作用一样,兴趣广泛而集中才能有效地扬长避短,发挥最佳才能,在工作岗位上一显身手。如果不能形成中心兴趣,没有确定的方向,心猿意马,什么都是浅尝辄止,自然难以成功。美国著名文学家马克·吐温说:"人的思维是了不起的,只要专注某一事业,那就一定会做出使自己都感到吃惊的成绩来。"

(3)保持稳定的职业兴趣。一个人应该在某一方面具有持久和稳定的职业兴趣,而不能朝三暮四、见异思迁,稳定的职业兴趣能够使人爱岗敬业、不断进取,能够最大限度地发挥自身潜能,并使自己得到发展和获得成功。前面提到兴趣广泛的幼教老师张红,在参加工作的第三年就取得了显著的成绩,她与幼儿在一起的照片登上了北京《学前教育》杂志的封面,又两年后,她被提升为幼儿园的保教主任。她先后被评为区级骨干教师、市级骨干教师,撰写的论文分别在区教研、区学术年会中获奖,制作的投影片在市幼教电教软件的比赛中获奖,还被评为区百名优秀青年教师、优秀团员、爱国立功竞赛标兵、精神文明先进个人,常年深耕在本职岗位上的她为自己热爱的幼教事业做出了较大的贡献。

(4)培养切实的职业兴趣。前面谈到了"认识你自己""人贵有自知之明",在培养职业兴趣的过程中也该如此,对自己的认识和评价一定要客观,既要考虑社会环境和职业需要,也要切合自身的实际,这样才能知己知彼,量力而行,实现人职匹配。小魏,30岁且未婚,目前在一家培训机构担任托福培训老师,业余时间在一家室内设计公司做兼职工作,平日里喜欢画画、看电影、听音乐等。在别人看来,她的生活过得还算舒服,但是小魏却十分苦恼。她认为目前的培训工作只是谋生手段,自己对于艺术方面的事情更感兴趣,希望将自己喜欢的事情做成职业。但又担心自己因为年龄、资历、积累都不占优势。目前,她依然选择了依靠托福培训为主要谋生手段,业余时间做设计工作。对于自己的设计爱好,她表示可以不断积累经验,总结心得,不断提升自己的设计能力,希望积累到一定程度,条件成熟了,有机会能够做成自己的个人设计品牌。

4. 职业兴趣的测评方法

常见的职业兴趣测评方法有三种：①行为观察，即通过观察个体参与各种活动时的行为表现来推测其兴趣之所在；②知识测验，即通过测试个体掌握特定职业特殊词汇和其他信息的情况来推断其兴趣之所在；③职业兴趣测试，即职业兴趣问卷测验，这是目前职业兴趣测评中最具科学性，也是最常用的方法。当然，不同的测试方法各有优劣，学生可以根据情况选择合适的方法来进行职业兴趣的测评。同时，需要注意测评结果只是参考，最终还需要考虑个人的实际情况和职业发展的趋势。

【练习与实践】

霍兰德职业兴趣测试

以下为一个包含90道题目的问卷，每道题目是一个陈述句，请你根据自己的真实情况对这些陈述进行评价，如果符合实际情况就在相应的题目前打"√"，否则打"×"，请不要漏答。

1. 强壮而敏捷的身体对我很重要。　　　　　　　　　　　　　（　　）
2. 我必须彻底地了解事情的真相。　　　　　　　　　　　　　（　　）
3. 我的心情受音乐，色彩和美丽事物的影响极大。　　　　　　（　　）
4. 和他人的关系丰富了我的生命，并使它有意义。　　　　　　（　　）
5. 我相信自己会成功。　　　　　　　　　　　　　　　　　　（　　）
6. 我做事必须有清楚的指引。　　　　　　　　　　　　　　　（　　）
7. 我擅长自己制作、修理东西。　　　　　　　　　　　　　　（　　）
8. 我可以花很长的时间去想通事情的道理。　　　　　　　　　（　　）
9. 我重视美丽的环境。　　　　　　　　　　　　　　　　　　（　　）
10. 我愿意花时间帮别人解决个人危机。　　　　　　　　　　　（　　）
11. 我喜欢竞争。　　　　　　　　　　　　　　　　　　　　　（　　）
12. 我在开始实施一个计划前会花很多时间去计划。　　　　　　（　　）
13. 我喜欢使用双手做事。　　　　　　　　　　　　　　　　　（　　）
14. 探索新构思使我满意。　　　　　　　　　　　　　　　　　（　　）
15. 我希望寻求新方法来发挥我的创造力。　　　　　　　　　　（　　）
16. 我认为能把自己的焦虑和别人分担是很重要的。　　　　　　（　　）
17. 成为群体中的关键任务执行者，对我很重要。　　　　　　　（　　）
18. 我对于自己能重视工作中的所有细节而感到骄傲。　　　　　（　　）
19. 我不在乎工作时把手弄脏。　　　　　　　　　　　　　　　（　　）
20. 我认为教育是个发展及磨炼脑力的终身学习过程。　　　　　（　　）
21. 我喜欢非正式的穿着，尝试新颜色和款式。　　　　　　　　（　　）
22. 我常能体会到某人想要和他人沟通的需要。　　　　　　　　（　　）
23. 我喜欢帮助别人不断改进。　　　　　　　　　　　　　　　（　　）
24. 我在决策时，通常不愿冒险。　　　　　　　　　　　　　　（　　）
25. 我喜欢购买小零件，做成成品。　　　　　　　　　　　　　（　　）
26. 有时我长时间阅读，玩拼图游戏，冥想生命本质。　　　　　（　　）

27. 我有很强的想象力。 （　　）

28. 我喜欢帮助别人发挥天赋和才能。 （　　）

29. 我喜欢监督事情直至完工。 （　　）

30. 如果我面对一个新情境,会在事前做充分的准备。 （　　）

31. 我喜欢独立完成一项任务。 （　　）

32. 我渴望阅读或思考任何可以引发我好奇心的东西。 （　　）

33. 我喜欢尝试创新的概念。 （　　）

34. 如果我和别人有摩擦,我会不断尝试化干戈为玉帛。 （　　）

35. 要成功就必须定高目标。 （　　）

36. 我喜欢为重大决策负责。 （　　）

37. 我喜欢直言不讳,不喜欢拐弯抹角。 （　　）

38. 我在解决问题前,必须把问题进行彻底分析。 （　　）

39. 我喜欢重新布置我的环境,使它们与众不同。 （　　）

40. 我经常借着和别人交谈来解决自己的问题。 （　　）

41. 我常想起草一个计划,而由别人完成细节。 （　　）

42. 准时对我来说非常重要。 （　　）

43. 从事户外活动令我神清气爽。 （　　）

44. 我不断地问:为什么? （　　）

45. 我喜欢自己的工作能够抒发我的情绪和感觉。 （　　）

46. 我喜欢帮助别人找到职业关注点。 （　　）

47. 能够参与重大决策是件令人兴奋的事情。 （　　）

48. 我经常保持清洁,喜欢有条不紊。 （　　）

49. 我喜欢周边环境简单而实际。 （　　）

50. 我会不断地思索一个问题,直到找到答案为止。 （　　）

51. 大自然的美会深深地触动我的灵魂。 （　　）

52. 亲密的人际关系对我很重要。 （　　）

53. 升迁和进步对我极重要。 （　　）

54. 当我把每天的工作计划好时,我会较有安全感。 （　　）

55. 我不害怕过重的工作负担,且知道工作的重点。 （　　）

56. 我喜欢能使我思考、给我新观念的书。 （　　）

57. 我希望能看到艺术表演、戏剧及好的电影。 （　　）

58. 我对别人的情绪低潮相当敏感。 （　　）

59. 能影响别人使我感到兴奋。 （　　）

60. 当我答应一件事情时,我会尽力监督所有细节。 （　　）

61. 我希望粗重的肢体工作不会给别人带来不便。 （　　）

62. 我希望能学习所有使我感兴趣的科目。 （　　）

63. 我希望能做些与众不同的事。 （　　）

64. 我对别人的困难乐于伸出援手。 （　　）

65. 我愿意冒一点险以求进步。 （　　）

66. 当我遵循成规时,我感到安全。 （　　）

67. 我选车时,最先注意的是好的引擎。 （　　）

68. 我喜欢能刺激我思考的话。 （　　）

69. 当我从事创造性的事情时,我会忘掉一切旧经验。 （　　）

70. 我对社会上有许多人需要帮助感到关注。 （　　）

71. 说服别人依计划行事是件有趣的事情。 （　　）

72. 我擅长检查细节。 （　　）

73. 我通常知道如何应对紧急事件。 （　　）

74. 阅读新发现的书是件令人兴奋的事情。 （　　）

75. 我喜欢美丽、不平凡的东西。 （　　）

76. 我经常关心孤独、不友善的人。 （　　）

77. 我喜欢讨价还价。 （　　）

78. 我花钱时小心翼翼。 （　　）

79. 我用运动来保持强壮的身体。 （　　）

80. 我经常对大自然的奥秘感到好奇。 （　　）

81. 尝试不平凡的新事物是件相当有趣的事情。 （　　）

82. 当别人向我诉说他的困难时,我是一个好听众。 （　　）

83. 做事失败了,我会再接再厉。 （　　）

84. 我需要确切地知道别人对我的要求是什么。 （　　）

85. 我喜欢把东西拆开,看看能否修理它们。 （　　）

86. 我喜欢研读所有的事实,再有逻辑地做出决定。 （　　）

87. 没有美丽事物的生活,对我而言是不可思议的。 （　　）

88. 人们经常告诉我他们的问题。 （　　）

89. 我常能借着资讯网络和别人取得联系。 （　　）

90. 小心谨慎地完成一件事是件有成就感的事情。 （　　）

将兴趣测验中打"√"的题号进行统计,评分办法见表3-9。

表 3-9　评分办法

现实型（R）	1	7	13	19	25	31	37	43	49	55	61	67	73	79	85
研究型（I）	2	8	14	20	26	32	38	44	50	56	62	68	74	80	86
艺术型（A）	3	9	15	21	27	33	39	45	51	57	63	69	75	81	87
社会型（S）	4	10	16	22	28	34	40	46	52	58	64	70	76	82	88
管理型（E）	5	11	17	23	29	35	41	47	53	59	65	71	77	83	89
常规型（C）	6	12	18	24	30	36	42	48	54	60	66	72	78	84	90

请算出每种类型打"√"的数目,并填在下面。

现实型（R）_____　研究型（I）_____　艺术型（A）_____　社会型（S）_____　管理型（E）_____　常规型（C）_____。

将上述分数从高到低依次排好,并填在下面。

第一位_____　第二位_____　第三位_____　第四位_____　第五位_____　第六

位_____。

根据以上的探索和测试结果,对照下面霍兰德职业代码,就可以找出与自己职业兴趣类型相符的职业,见表3-10。首先根据你的职业兴趣代号,在下表中找出相应的职业,例如你的职业兴趣代号是 RIA,那么牙科技术员、陶工等是适合你兴趣的职业。然后寻找与你职业兴趣代号相近的职业,如你的职业兴趣代号是 RIA,那么,其他由这三个字母组成的编号(如IRA、IAR、ARI 等)对应的职业,也较适合你的兴趣。如果你的职业兴趣代码没有在列表中找到,请参考相近的职业代码。

表 3-10　霍兰德职业代码

职业代码		对应的职业
现实型	RIA	牙科技术员、陶工、建筑设计员、模型工、细木工、制作链条人员
	RIS	厨师、林务员、跳水员、潜水员、染色员、电器修理工、眼镜制作工、电工、纺织机器装配工、服务员、装玻璃工人、发电厂工人、焊接工
	RIE	建筑和桥梁工程、环境工程、航空工程、公路工程、电力工程、信号工程、电话工程、一般机械工程、自动工程、矿业工程、海洋工程、交通工程等技术人员、制图员、家政经济人员、计量员、农民、农场工人、农业机械操作员、清洁工、无线电修理、汽车修理、手表修理工人,管工、线路装配工、工具仓库管理员
	RIC	船上工作人员、接待员、杂志保管员、牙医助手、制帽工、磨坊工、石匠、机器制造工、机车(火车头)制造工、农业机器装配工、汽车装配工、缝纫机装配工、钟表装配和检验工、电动器具装配工、鞋匠、锁匠、货物检验员、电梯机修工、托儿所所长、钢琴调音员、装配工、印刷工、钢铁工人、卡车司机
	RAI	手工雕刻工、玻璃雕刻工、制作模型人员、家具木工、制作皮革品人员、手工绣花人员、手工针织人员、排版员、印刷工、图画雕刻员、装订工
	RSE	消防员、交通巡警、警察、门卫、理发师、房间清洁工、屠夫、锻工、开凿工人、管道安装工、出租汽车驾驶员、货物搬运工、送报员、勘探员、娱乐场所的服务员、起卸机操作工、灭害虫者、电梯操作工、厨房助手
	RSI	纺织工、编织工、农业学校教师、某些职业课程教师(诸如艺术、商业、技术、工艺课程)、雨衣上胶工
	REC	抄水表员、保姆、实验室动物饲养员、动物管理员
	REI	轮船船长、航海领航员、轮船大副、试管实验员
	RES	旅馆服务员、家畜饲养员、渔民、网修补工、水手长、收割机操作工、搬运行李工人、公园服务员、救生员、登山导游、火车工程技术员、建筑工、铺轨工人
	RCI	测量员、勘测员、仪表操作者、农业工程技师、化学工程技师、民用工程技师、石油工程技师、资料室管理员、探矿工、煅烧工、烧窑工、矿工、保养工、磨床工、取样工、样品检验员、纺纱工、炮手、漂洗工、电焊工、锯木工、刨床工、制帽工、手工缝纫工、油漆工、染色工、按摩工、木匠、农民建筑工作、电影放映员、勘测员助手
	RCS	公共汽车驾驶员、一等水手、游泳池服务员、裁缝、石匠、烟囱修建工、混凝土工、电话修理工、爆炸手、邮递员、矿工、裱糊工人、纺纱工
	RCE	打井工、吊车驾驶员、农场工人、邮件分类员、铲车司机、拖拉机司机

续表

职业代码		对应的职业
研究型	IAS	普通经济学家、农场经济学家、财政经济学家、国际贸易经济学家、实验心理学家、工程心理学家、心理学家、哲学家、内科医生、数学家
	IAR	人类学家、天文学家、化学家、物理学家、医学病理及动物标本制作者、化石修复者、艺术品管理者
	ISE	营养学家、饮食顾问、火灾检查员、邮政服务检查员
	ISC	侦查员、电视播音室修理员、电视修理服务员、验尸室人员、编目录者、医学实验室技师、调查研究者
	ISR	水生生物学者、昆虫学者、微生物学家、配镜师、正视力者、细菌学家、牙科医生、骨科医生
	ISA	实验心理学家、普通心理学家、发展心理学家、教育心理学家、社会心理学家、临床心理学家、目标学家、皮肤病学家、精神病学家、妇产科医师、眼科医生、五官科医生、医学实验室技术专家、民航医务人员、护士
	IES	细菌学家、生理学家、化学专家、地质专家、地理物理学专家、纺织技术专家、医院药剂师、工业药剂师、药房营业员
	IEC	档案保管员、保险统计员
	ICR	质量检验技术员、地质学技师、工程师、法官、图书馆技术辅导员、计算机操作员、医院听诊员、家禽检查员
	IRA	地理学家、地质学家、声学物理学家、矿物学家、古生物学家、石油学家、地震学家、声学物理学家、原子和分子物理学家、电学和磁学物理学家、气象学家、设计审核员、人口统计学家、数学统计学家、外科医生、城市规划家、气象员
	IRS	流体物理学家、物理海洋学家、等离子体物理学家、农业科学家、动物学家、食品科学家、园艺学家、植物学家、细菌学家、解剖学家、动物病理学家、作物病理学家、药物学家、生物化学家、生物物理学家、细胞生物学家、临床化学家、遗传学家、分子生物学家、质量控制工程师、地理学家、兽医、放射性治疗技师
	IRE	化验员、化学工程师、纺织工程师、食品技师、渔业技术专家、材料和测试工程师、电气工程师、土木工程师、航空工程师、行政官员、冶金专家、原子核工程师、陶瓷工程师、地质工程师、电力工程师、口腔科医生、牙科医生
	IRC	飞机领航员、飞行员、物理实验室技师、文献检查员、农业技术专家、动植物技术专家、生物技师、油管检查员、工商业规划者、矿藏安全检查员、纺织品检验员、照相机修理者、工程技术员、程序员、工具设计者、仪器维修工
常规型	CRI	簿记员、会计、计时员、铸造机操作工、打字员、按键操作工、复印机操作工
	CRS	仓库保管员、档案管理员、缝纫工、讲述员、收款人
	CRE	标价员、实验室工作者、广告管理员、自动打字机操作员、电动机装配工、缝纫机操作工
	CIS	记账员、顾客服务员、报刊发行员、土地测量员、保险公司职员、会计师、估价员、邮政检查员、外贸检查员
	CIE	打字员、统计员、支票记录员、订货员、校对员、办公室工作人员
	CIR	校对员、工程职员、海底电报员、检修计划员、发版员
	CSE	接待员、通信员、电话接线员、卖票员、旅馆服务员、私人职员、商学教师、旅游办事员
	CSR	运货代理商、铁路职员、交通检查员、办公室通信员、簿记员、出纳员、银行财务职员

续表

职业代码		对 应 的 职 业
常规型	CSA	秘书、图书管理员、办公室办事员
	CER	邮递员、数据处理员、办公室办事员
	CEI	推销员、经济分析家
	CES	银行会计、记账员、法人秘书、速记员、法院报告人
管理型	ECI	银行行长、审计员、信用管理员、地产管理员、商业管理员
	ECS	信用办事员、保险人员、各类进货员、海关服务经理、售货员、购买员、会计
	ERI	建筑物管理员、工业工程师、农场管理员、护士长、农业经营管理人员
	ERS	仓库管理员、房屋管理员、货栈监督管理员
	ERC	邮政局局长、渔船船长、机械操作领班、木工领班、瓦工领班、驾驶员领班
	EIR	科学、技术和有关周期出版物的管理员
	EIC	专利代理人、鉴定人、运输服务检查员、安全检查员、废品收购人员
	EIS	警官、侦查员、交通检验员、安全咨询员、合同管理者、商人
	EAS	法官、律师、公证人
	EAR	展览室管理员、舞台管理员、播音员、驯兽员
	ESC	理发师、裁判员、政府行政管理员、财政管理员、工程管理员、职业病防治、售货员、商业经理、办公室主任、人事负责人、调度员
	ESR	家具售货员、书店售货员、公共汽车的驾驶员、日用品售货员、护士长、自然科学和工程的行政领导
	ESI	博物馆管理员、图书馆管理员、古迹管理员、饮食业经理、地区安全服务管理员、技术服务咨询者、超级市场管理员、零售商品店店员、批发商、出租汽车服务站调度
	ESA	博物馆馆长、报刊管理员、音乐器材售货员、广告商售画营业员、导游、(轮船或班机上的)事务长、飞机上的服务员、船员、法官、律师
艺术型	ASE	戏剧导演、舞蹈教师、广告撰稿人、报刊、专栏作者、记者、演员、英语翻译
	ASI	音乐教师、乐器教师、美术教师、管弦乐指挥、合唱队指挥、歌星、演奏家、哲学家、作家、广告经理、时装模特
	AER	新闻摄影师、电视摄影师、艺术指导、录音指导、丑角演员、魔术师、木偶戏演员、骑士、跳水员
	AEI	音乐指挥、舞台指导、电影导演
	AES	流行歌手、舞蹈演员、电影导演、广播节目主持人、舞蹈教师、口技表演者、喜剧演员、模特
	AIS	画家、剧作家、编辑、评论家、时装艺术大师、新闻摄影师、男演员、文学作者
	AIE	花匠、皮衣设计师、工业产品设计师、剪影艺术家、复制雕刻品大师
	AIR	建筑师、画家、摄影师、绘图员、环境美化工、雕刻家、包装设计师、陶器设计师、绣花工、漫画工
社会型	SEC	社会活动家、退伍军人服务官员、工商会事务代表、教育咨询者、宿舍管理员、旅馆经理、饮食服务管理员
	SER	体育教练、游泳指导
	SEI	大学校长、学院院长、医院行政管理员、历史学家、家政经济学家、职业学校教师、资料员
	SEA	娱乐活动管理员、国外服务办事员、社会服务助理、一般咨询者、宗教教育工作者

续表

职业代码		对 应 的 职 业
社会型	SCE	部长助理、福利机构职员、生产协调人、环境卫生管理人员、戏院经理、餐馆经理、售票员
	SRI	外科医师助手、医院服务员
	SRE	体育教师、职业病治疗者、体育教练、专业运动员、房管员、儿童家庭教师、警察、引座员、传达员、保姆
	SRC	护理员、护理助理、医院勤杂工、理发师、学校儿童服务人员
	SIA	社会学家、心理咨询者、学校心理学家、政治科学家、大学或学院的系主任、大学或学院的教育学教师、大学农业教师、大学工程和建筑课程的教师、大学法律教师、大学数学、医学、物理、社会科学和生命科学的教师、研究生助教、成人教育教师
	SIE	营养学家、饮食学家、海关检查员、安全检查员、税务稽查员、校长
	SIC	描图员、兽医助手、诊所助理、体检检查员、监督缓刑犯的工作者、娱乐指导者、咨询人员、社会科学教师
	SIR	理疗员、救护队工作人员、手足病医生、职业病治疗助手

资料来源:李琦. 职业发展与就业指导[M].北京:清华大学出版社,2020.

3.3　能力与职业胜任

能力是人们顺利实现某种活动或任务的身体和心理条件,能力有两个决定因素:知识和技能。知识属于人们的认知经验,主要通过学习和记忆获得。技能是运用已有的知识经验,通过练习而形成的趋于完善化、自动化的智力活动方式和肢体动作方式的复杂系统。技能又分为操作技能和自我管理技能。操作技能是指人对外在事物进行操作的技能,自我管理技能则指人通过练习获得的,对自我的观念、习惯、态度、情绪等进行管理的技能。能力与职业的关系密切。各职位对从业者的能力和技能要求是不同的,只有个人的能力特点与职业的能力要求相符合,而且要求具备的技能也是自己比较愿意使用且能够胜任的技能,个人才能愉快地工作,才能得到成就满足。因此,在职业规划前我们要澄清自己的能力,并根据目标职业培养自己的能力。在未来的工作中,我们同样需要对自己的能力进行有效管理,使能力得到发挥与发展,而能力的提升会驱动自己的职业生涯得到更好的发展。

3.3.1　能力

能力是个性心理特征之一,是个体完成一定活动的本领,是一种力量。任何一种活动都要求参与者具备一定的能力,而且能力直接影响着活动的效率。不同的人在能力方面是存在差异的。在学生中,学习能力较强的人,学习效率就会比较高。

1.能力的概念

能力是顺利、有效地完成某种活动所必须具备的心理条件。能力是和完成某种活动相联系的,其发展会受到遗传、环境和教育因素的影响,因此能力的发展会出现个体差异,如智商的高低、能力类型的异同、能力发展的早晚等。能力是不断发展,永不停滞的,所以时时刻刻都要加强对职业所需能力的培养。

2. 能力的分类

能力有以下几种分类方法。

(1) 按照能力发展程度分,分为能力、才能和天才。才能是指一个人已经具备但未表现出来的、在某个领域的知识、经验和体力、智力等各种能力的有机组合。例如,具备了音乐能力所需要的知识、经验和体力、智力,就可以说有音乐才能。天才,是指人拥有一定的天赋,才能高度发展,创造性地完成任务,在某一个领域做出突出贡献。例如,爱因斯坦在理论物理上是天才,牛顿在经典物理上是天才。

(2) 按照能力的结构分,分为一般能力和特殊能力。一般能力即平常所说的智力;特殊能力是从事某种专业活动或某种特殊领域活动所表现出来的能力,如绘画能力、数学能力、写作能力等。

(3) 按照能力所涉及的领域分,分为认知能力、操作能力和社交能力。认知能力是获取知识的能力,即智力;操作能力是支配肢体完成某种活动的能力,如体育运动、手工操作能力;社交能力是从事社会交往的能力,如言语表达和感染力、组织管理能力等。

(4) 按创造程度分,分为模仿能力、再造能力和创造能力。模仿能力是仿效他人行为的能力;再造能力是按照现成的模式或程序掌握知识技能的能力;创造能力是不按照现成的模式或程序,独立掌握知识技能、发现新规律、创造新方法的能力。

3. 能力与智力的差异

能力和智力不能混淆。智力是从事任何活动所必须具备的最基本的心理条件,即认识事物并运用知识解决实际问题的能力。例如,敏锐的视觉是美术创作所必需的但不是音乐创作所必需的,所以它是一种能力;而观察力、记忆力、思维力是从事任何活动都必须具备的,所以它们属于智力范畴,思维力是智力的核心,代表着智力的发展水平。

每个人都具有一种或多种能力组成的能力系统,了解能力的分类,可以更客观、系统地评价自己所具备的各种能力,从而能更准确地匹配职业。

4. 能力与知识、技能的关系

知识是历史经验的总结和概括。技能是通过练习而获得和巩固,完成活动的动作方式和动作系统。能力是隐性的,知识和技能是外显的。能力与知识、技能之间有着密不可分的联系。能力是掌握知识技能的前提,没有某种能力难于掌握相关的知识和技能。在掌握知识技能的过程中,能力也会得到发展。能力是职业选择的一个重要条件。人要胜任某一项工作,不仅要具备从事任何职业所需的一般能力,还要具备所从事职业需要的特殊能力,并习得工作中所要运用的知识和技能。所以,个人在选择职业之前,首先要明确自己的能力倾向,确定职业领域,并习得职业所需的技能,个人的职业发展才能顺利。工作是能力和技能得到提高的一个重要途径。将自己的所学应用于实践,将抽象的知识具体应用并产生效益,在实践中检验,在实践中学习,让自己的能力不断提升,技能不断丰富。例如,陈同学是大学本科毕业生,计算机专业。他学习刻苦,老师讲的、课本上写的都学得很透彻,每次考试分数都很高。但让他苦恼的就是动手实践能力太差。大学毕业面临找工作,笔试都顺利过关,但当测试实际编程技能时,他一次次被刷下来。有一位面试官建议他去参加一个Java培训班,加强一下动手实践能力的训练。通过在培训班的学习,他掌握了作为一个程序员应具备的技能,再加上优异的学习成绩,最终找到了一份理想的工作。

5. 能力、技能与职业的关系

能力是职业选择的一个重要条件。人要胜任某一项工作,不仅要具备从事任何职业所需要的一般能力,还要具备所从事职业需要的特殊能力,并习得工作中所要运用的知识和技能。所以,个人在选择职业之前,首先要明确自己的能力倾向,确定职业领域,并习得职业所需的技能,个人的职业发展才能顺利。

工作是能力和技能得到提高的一个重要途径。将自己的所学应用于实践,将抽象的知识具体应用并产生效益,在实践中检验,在实践中学习,让自己的能力不断提升,技能不断丰富。

6. 能力与技能的测评类型

(1) 智力测评:智力高的人比智力低的人学得快,做得好;不同职业对人的智力的要求也不尽相同。在智力测评中,我国主要采用的是先由韦克斯勒的韦氏成人智力测验(WAIS-RC)以及联合型瑞文测验(CRT)。

(2) 技能测评:技能测评是对一个人技能技巧的实际水平的测验,而不是潜在可能水平的测验,属于成就测验。测验的方式大多数是作业实例测验,比如,SRA 听写技巧测验、DAT 语言使用测验、明尼苏达工程类类推测验、业务打字测验等。

(3) 能力倾向测评:可以判断一个人的能力优势与在某一职业成功发展的可能性。此类测验分为普通能力倾向测验和特殊能力倾向测验。

(4) 学习能力测评:是用笔试的方式测评学习能力。例如,升学考试就是一种学习能力的测评,通过考试的人,有能力进入更高层次的学习。

【资料学习】

习近平致信祝贺首届全国职业技能大赛举办

2020 年 12 月 10 日中华人民共和国第一届职业技能大赛在广东省广州市开幕。中共中央总书记、国家主席、中央军委主席习近平发来贺信,向大赛的举办表示热烈的祝贺,向参赛选手和广大技能人才致以诚挚的问候。

习近平总书记在贺信中指出,技术工人队伍是支撑中国制造、中国创造的重要力量。职业技能竞赛为广大技能人才提供了展示精湛技能、相互切磋技艺的平台,对壮大技术工人队伍、推动经济社会发展具有积极作用。希望广大参赛选手奋勇拼搏、争创佳绩,展现新时代技能人才的风采。

习近平总书记强调,各级党委和政府要高度重视技能人才工作,大力弘扬劳模精神、劳动精神、工匠精神,激励更多劳动者特别是青年一代走技能成才、技能报国之路,培养更多高技能人才和大国工匠,为全面建设社会主义现代化国家提供有力人才保障。

中共中央政治局常委、国务院原总理李克强做出批示指出,提高职业技能是促进中国制造和服务迈向中高端的重要基础。要坚持以习近平新时代中国特色社会主义思想为指导,深入贯彻党中央、国务院决策部署,进一步完善技能人才培训培养体系,积极营造有利于技能人才脱颖而出的良好环境,深入开展大众创业万众创新,引导推动更多青年热爱钻研技能、追求提高技能,打造高素质技能人才队伍,培养更多大国工匠,让更多有志者人生出彩,为促进就业创业创新、推动经济高质量发展提供强有力支撑。

资料来源:新华社. 习近平致信祝贺首届全国职业技能大赛举办. 中国政府网. 2020-12-10. http://www.gov.cn/xinwen/2020-12/10/content_5568637.htm.

3.3.2 职业能力

任何一个职业岗位都有相应的岗位职责要求,一定的职业能力则是胜任某种职业岗位的必要条件。因此,求职者在进行择业时,首先要明确自己的能力优势以及胜任某种工作的可能性。

1. 职业能力的概念

职业能力是个体将所学的知识、技能和态度在特定的职业活动或情境中进行类化迁移与整合所形成的能完成一定职业任务的能力,人们从事其职业的多种能力的综合。职业能力主要包含三方面基本要素:①为了胜任一种具体职业而必须要具备的能力,表现为任职资格;②步入职场之后表现的职业素质;③开始职业生涯之后具备的职业生涯管理能力。

2. 职业能力的构成

职业能力是多种能力的综合,可以把职业能力分为一般职业能力、专业能力和综合能力。

1) 一般职业能力

一般职业能力主要是指一般的学习能力、文字和语言运用能力、数学运用能力、空间判断能力、形体知觉能力、颜色分辨能力、手的灵巧度、手眼协调能力等。此外,任何职业岗位的工作都需要与人打交道。因此,人际交往能力、团队协作能力、对环境的适应能力,以及遇到挫折时良好的心理承受能力都是我们在职业活动中不可缺少的能力。

2) 专业能力

专业能力主要是指从事某一职业的专业能力。在求职过程中,招聘方最关注的就是求职者是否具备胜任岗位工作的专业能力。例如,你去应聘教学工作岗位,对方最看重你是否具备最基本的教学能力。

3) 综合能力

职业综合能力是指一个人在职场中所需具备的多方面能力,包括但不限于技能、知识、沟通、团队合作、决策、领导等方面的能力。具备职业综合能力的人可以适应不同的职业环境,独立完成工作任务,协调团队合作,快速适应职场变化,实现自我职业发展。职业综合能力是职场成功的关键之一。主要包括四个方面。

(1) 跨职业的专业能力。从三方面可以体现出一个人跨职业的专业能力:①运用数学和测量方法的能力;②计算机应用能力;③运用外语解决技术问题和进行交流的能力。

(2) 方法能力。①信息收集和筛选能力;②掌握制订工作计划、独立决策和实施的能力;③具备准确的自我评价能力和接受他人评价的承受力,并能够从成败经历中有效地吸取经验教训。

(3) 社会能力。社会能力主要是指一个人的团队协作能力、人际交往和善于沟通的能力。在工作中能够协同他人共同完成工作,对他人公正宽容,具有准确裁定事物的判断力和自律能力等,这是岗位胜任和在工作中开拓进取的重要条件。

(4) 个人能力。随着中国经济体制改革的深入、法治的不断健全完善,人的社会责任心和诚信将越来越被重视,假冒伪劣将越来越无藏身之地,一个人的职业道德会越来越受到全社会的尊重和赞赏,爱岗敬业、工作负责、注重细节的职业人格会得到全社会的肯定和推崇。

3. 职业核心能力

职业核心能力是在人们工作和生活中除专业岗位能力之外取得成功所必需的基本能力,

它可以让人自信和成功地展示自己、并根据具体情况如何选择和应用。职业核心能力又称为职业关键能力和职业通用能力。职业核心能力是指任何职业或行业工作都需要的,具有普遍适用性和可转移性的且在职业活动中起支配作用的职业能力。职业核心能力可以划分为可转移的技能和使这种转移成为可能的技能或使能技能。可转移的技能是指可应用于不同的情境里的知识和技能。使能技能是指促使将这些技能应用于新的情景的能力。从学习的角度看,会学比学会更重要。使能技能是更高层次的技能。

当前,职业核心能力已经成为人们就业、再就业和职场升迁所必备的能力,也是在校、已就业和即将就业人群竞争力的重要标志,它也必将成为企事业单位在职人员综合素质提高的重要内容。

4. 职业能力的考量

日常生活和职业活动的观察和研究都证明,人的职业能力各不相同,有人善于言语交谈,有人善于操作,有人善于理论分析,有人善于事务性工作。每个人都有自己独特的能力结构。社会上的职业也是多种多样的,各种职业对从业者的能力要求亦各不同,有的需要言语能力,有的需要计算能力,有的需要动手能力,大多数职业需要几种能力的综合。

职业能力倾向测试是通过一组科学编排的测试题,对一个人的言语能力、数学能力、空间判断能力、观察细节能力、书写能力、运动协调能力、动手能力、社会交往能力和组织管理能力进行综合测评。同时,是个人进行自我探索,明确自身能力特点的工具,也是企事业单位招聘、选拔、培养各类人才的常用工具。

(1) 职业能力测试。职业能力测试属于一种倾向性的测试,又称为职业能力倾向性测试,是通过某些测试来预测某人的职业定位以及适合的职业类型、性格等,通过职业测试能更好地确定一个人对其从事职业的综合考量。职业定位是自我定位和社会定位的统一,职业测试可以辅助自己寻找到适合的职业定位,只有在了解自己和职业的基础上才能够给自己做准确定位。

(2) 职业能力测试类别。《职业能力测评系统》中主要包括:EQ 情商测评、事业心测评、沟通交流能力测评、处理问题能力测评、领导能力测评、创业潜力测评、成功倾向测评、职业选择测评、工作压力测评、工作态度测评、职业满意度测评、人际关系测评等。科学全面的职业评测工具,可以帮助受试者在自身最擅长的职业里获取最成功的职场人生。

(3) 行政能力职业测试。行政职业能力测验,简称行测,它和智力测验一样,属于心理测验的范畴。它用来测试应试者与拟任职位相关的知识、技能和能力,是考查应试者从事公务员工作所必须具备的一般潜能的一种职业能力测试。主要测查与公务员职业密切相关的、适合通过客观化纸笔测验方式进行考察的基本素质和能力要素。主要考察言语理解与表达、数量关系、判断推理、资料分析、常识判断五大专项。

3.3.3　职业胜任

胜任能力是将圆满完成工作所需要具备的知识、技能、态度和个人特质等用行为方式描述出来。这些行为应是可指导的,可观察的,可衡量的,而且是对个人发展和企业成功极其重要的。胜任能力与我们通常所说的“能力”有所区别,这个能力更多指知识和技能。

1. 胜任力

“胜任力”这个概念最早由美国哈佛大学教授戴维·麦克利兰(David·McClelland)于

1973 年正式提出,是指个体具有的、为了达成理想绩效以恰当的方式一贯使用的特征,是能够将某一工作中有卓越成就者与普通者区分开来的个人的深层次特征。这些特征包括知识、技能、自我形象、社会性动机、特质、思维模式、心理定势,以及思考、感知和行动的方式。胜任能力是将圆满完成工作所需要具备的知识、技能、态度和个人特质等用行为方式描述出来。

2. 胜任力素质模型

美国哈佛大学教授戴维·麦克利兰于 1973 年提出了冰山模型,如图 3-3 所示,是将人员个体素质的不同表现形式划分为表面的"冰山以上部分"和深藏的"冰山以下部分"。其中,"冰山以上部分"包括基本知识、基本技能,是外在表现,是容易了解与测量的部分,相对而言也比较容易通过培训来改变和发展。而"冰山以下部分"包括社会角色、自我概念、特质和动机,是人内在的、难以测量的部分,不太容易通过外界的影响而得到改变,但却对人员的行为与表现起着关键性的作用。

斯潘塞(Spencer)等人在麦克利兰冰山模型的基础上,从特征的角度将其冰山模型中的六个层次改为了五个层次。斯潘塞的冰山模型如图 3-4 所示。该模型的水上部分为知识和技能,水下部分为自我概念、特质和动机。其中,知识和技能是裸露在水面上的表层部分,这部分属于基准性素质,是对员工的基础素质要求,是很容易被测量、观察和模仿的,它不能把组织中的优秀者与一般者区别开来,这部分的素质是可以通过培训获得的。而自我概念、特质和动机等属于潜藏于水下的深层部分的素质,这一部分属于鉴别性素质,它是区分绩效优异者与一般者的关键因素;职位越高,该部分发挥的作用比例就越大。与基准性素质相比,鉴别性素质不容易被观察和测量到。难于对其进行改变和评价,这部分素质很难通过培训获得。

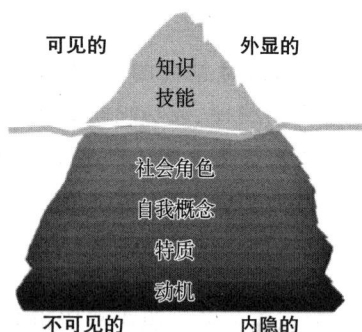

图 3-3　戴维·麦克利兰的冰山模型

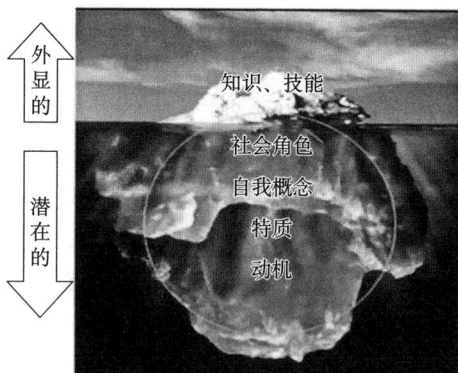

图 3-4　斯潘塞(Spencer)的冰山模型

(1) 知识,指个人在某一特定领域拥有的事实型与经验型信息,例如,物业管理、人力资源管理,生产运营管理等学科的专业知识。还包括员工在某一组织中工作时所必须掌握的一些相关信息,例如公司的基本简介、产品知识和客户信息等。

(2) 技能,指结构化地运用知识完成某项具体工作的能力。即对某一特定领域所需技术与知识的掌握情况。例如,计算机操作技能、财务分析能力等。

(3) 社会角色,社会角色是与个人的某种社会地位、身份相一致的一系列权利、义务的规范和行为模式,它是人们对有特定身份的人的期望,如团队合作精神。

(4) 自我概念(自我认知),是指个人对自己行为和心理状态的洞察和理解,主要包括自我观察和自我评价两个方面。自我观察是个人对自己的感知、思维和动机等方面的觉察能力;自我评价是个人对自己的行为及人格特征等方面的判断与评估能力。具有较强自我认知能力的人能够积极地调整自己的行为和心理状态,以达到胜任本岗位工作的要求。

(5)特质,是个体特性以及个体拥有的对情境或信息的持续性反应,是由于个人的某种倾向而导致的某些行为,它可以用描述个人人格特点的描述词进行描述,如自信,和蔼可亲等。

(6)动机,个人对某种事物或某个时间持续渴望,进而付诸行动的念头,它会指导个人选择有利于目标实现的行为方向前进,它对个人追求或避开某事物、开始或停止某活动具有推动作用。

3. 大学生职业素质培养途径

冰山模型对"素质"的定义是知识,技能及职业素养的整合。所谓职业素养,是指个人的价值观和心理素质。《国家中长期教育改革和发展规划纲要(2010—2020年)》指出:提高质量是高等教育发展的核心任务。在应用型大学中,需要培养具有社会责任感、创新精神和实践能力的高素质工程型、技术型人才,在实践中拓宽视野、增长才干、服务社会,既满足社会需求又能充分发展个人才能。实践教学与育人对于实现应用型人才的要求具有特殊和重要作用,融大学生思想政治教育、专业教育、创新创业教育和社会服务于一体。对大学生的素质培养应包括以下方面的内容,大学生职业素质培养途径见表 3-11。

表 3-11　大学生职业素质培养途径

培养途径	内容
思想品德教育	认真学习学校开设的关于思想政治教育的课程,强化集体主义意识,通过理论学习提升自己的思想道德品质
心理素质培养	在心理素质培养上,首先应当在挫折面前给自己积极的心理暗示,其次进行思维调整,从不同角度去思考问题
专业学习	参加新生入学教育,向专业课老师了解本专业的现状、发展以及未来就业情况等;通过导师针对人才培养方案的解读和引导,制订个人的专业学习计划和生涯规划;参加学院举办的校内外专家学术讲座、报告等,学习专业前沿问题。认真完成课程学习,在获得最基本的专业知识的同时,根据自身的生涯规划,积极主动地选择并构建与自己兴趣、爱好、能力、特点相适应的生涯发展能力培养课程体系,不断完善知识结构,为提升生涯发展能力提供知识基础
项目实践	参与项目训练。项目不仅仅是满足于课本中的理论内容,而且要结合社会生产实际中的实际运行项目
第二课堂	利用课余时间,参与社团活动、勤工俭学、专业实习、参加各类竞赛及担任学生干部等一系列校园或社会实践活动,锻炼和培养团队合作能力、组织能力、人际交往能力等能力。学生也可以根据自己的喜好和特长,选择参加合适的社团活动,在丰富自己的课余生活的同时,更是在集体活动中培养自己的兴趣特长,锻炼提升自己的社会交往能力、组织管理能力、语言表达能力等
社会实践	通过组织学生开展校内外教学实验、教学见习、教学实习、生产实践、顶岗实习、毕业论文、科研活动、专业实践、社会实践等多种形式的实践环节,来达到育人育德之目的,从而实现人的全面发展

4. 职业胜任

职业胜任是指在工作中所需的技能、知识、能力和素质等方面,能够胜任和完成工作所需的任务和职责。职业胜任是在既定的工作、任务,组织或文化中区分绩效水平的个性集合,素质决定一个人是否能够胜任某项工作或者很好地完成某项任务,素质是驱使一个人做出优秀表现的个人特征的集合。职业胜任包括个人的职业素养,即了解职业规范、遵守职业道德和职业操守、拥有有效的领导能力、沟通技巧和人际交往能力。同时,职业胜任还包括具备所需的技能和能力,如分析和解决问题、创新思维、组织和计划、执行能力、技术能力等。

大学新生在校期间,努力学习文化知识的同时,应多参加社会实践活动,在校期间可进入企业实习,了解企业的运作流程,培养自己未来的职业胜任能力。

【练习与实践】

你的动手能力强吗

俗话说:光说不练假把式,光练不说傻把式,又练又说才是真把式。一个人理论知识再强,但实际动手能力不足,那也只是纸上谈兵,不能解决现实问题,算不得有真本领。如今,越来越多的人意识到,要想成功,必须践行。因为,知易行难,"知道了"与"学会了"之间,其实还有非常遥远的距离,动手操作进行实践是弥补这个差距的最佳方法。而如何更快速、有效地落实执行,动手能力就显得格外重要。做一做下面的自测题测试一下自己的动手能力吧。

小测试:请根据题目选出一个最符合你现状的选项,如果有的情境没有经历过,那就假想一下自己遇到后会做出什么反应,将对应的选项选出即可。

1. 家里的东西坏了,我喜欢将它们拆开,试着摆弄、修理。　　　　　　　　　　　(　　)
   A. 非常符合　　　B. 基本符合　　　C. 偶尔符合
   D. 基本不符　　　E. 完全不符

2. 我不喜欢那些走在科技前沿的智能产品,操作起来太复杂。　　　　　　　　　(　　)
   A. 非常符合　　　B. 基本符合　　　C. 偶尔符合
   D. 基本不符　　　E. 完全不符

3. 有些物品我喜欢网购,仅仅是因为我喜欢自己组装的感觉。　　　　　　　　　(　　)
   A. 非常符合　　　B. 基本符合　　　C. 偶尔符合
   D. 基本不符　　　E. 完全不符

4. 我认为能用钱解决的问题,那就不要费力气去解决。　　　　　　　　　　　　(　　)
   A. 非常符合　　　B. 基本符合　　　C. 偶尔符合
   D. 基本不符　　　E. 完全不符

5. 相比较于象棋和围棋,我更喜欢拼图、乐高和魔方。　　　　　　　　　　　　(　　)
   A. 非常符合　　　B. 基本符合　　　C. 偶尔符合
   D. 基本不符　　　E. 完全不符

6. 每次遇到电脑不能正常工作,我就会茫然不知所措。　　　　　　　　　　　　(　　)
   A. 非常符合　　　B. 基本符合　　　C. 偶尔符合
   D. 基本不符　　　E. 完全不符

7. 我经常自己在家烹饪美食。　　　　　　　　　　　　　　　　　　　（　　）
　　A. 非常符合　　　　B. 基本符合　　　　C. 偶尔符合
　　D. 基本不符　　　　E. 完全不符

8. 我发现网上绝大多数教授烹饪的视频都是骗人的,因为按照他们所教步骤根本就做不出菜来。　　　　　　　　　　　　　　　　　　　　　　　　　　　　　（　　）
　　A. 非常符合　　　　B. 基本符合　　　　C. 偶尔符合
　　D. 基本不符　　　　E. 完全不符

9. 抛开成绩不说,对于物理、化学实验课,我还是非常喜欢的。　　　　　（　　）
　　A. 非常符合　　　　B. 基本符合　　　　C. 偶尔符合
　　D. 基本不符　　　　E. 完全不符

10. 尽管有些事做不来,但我能头头是道地分析,并让周围人信服。　　　（　　）
　　A. 非常符合　　　　B. 基本符合　　　　C. 偶尔符合
　　D. 基本不符　　　　E. 完全不符

11. 同学、朋友遇到麻烦都喜欢找我帮忙,大部分问题我动动手就能解决。　（　　）
　　A. 非常符合　　　　B. 基本符合　　　　C. 偶尔符合
　　D. 基本不符　　　　E. 完全不符

12. 众多家务活中,我最喜欢洗碗刷锅、倒垃圾了。　　　　　　　　　　（　　）
　　A. 非常符合　　　　B. 基本符合　　　　C. 偶尔符合
　　D. 基本不符　　　　E. 完全不符

计分方式如下。

单号题:选 A 记 1 分,选 B 记 2 分,选 C 记 3 分,选 D 记 4 分,选 E 记 5 分;

双号题:选 A 记 5 分,选 B 记 4 分,选 C 记 3 分,选 D 记 2 分,选 E 记 1 分。

将各题得分相加,即获得总分。

分数解释如下。

12～24 分:你的动手能力非常强。你是一个动手达人!相信你从小就比较喜欢捣鼓一些小东西,非常喜欢做手工制品,经常能做出一些让人们吃惊的事来。而且你非常聪明,总能将自己的想法慢慢变成现实,这样的你在社会工作中一定会非常具有优势。

25～36 分:你的动手能力属于正常水平。动手能力在某种程度上可以反映一个人的灵活度,要知道理想是一方面,能不能达到是另一方面。不要高估自己的动手能力,免得因达不到目标而感到沮丧;也不要低估自己的动手水平,妄自菲薄。只要你多加练习,还是能超越常人,让别人看到你优秀的一面的。

37～48 分:你的动手能力不足。你的动手能力可能稍微弱一些,也许是因为在成长过程中没有注重这方面能力的培养,也可能是因为自己比较懒惰,所以对于动手制作的事总想着尽可能地糊弄过去。尽管你目前动手能力不足,但只要勤加练习,还是有提升空间的,毕竟熟能生巧嘛。

49～60 分:你的动手能力非常弱。动手能力很弱并不是因为你笨,很大程度上是因为你懒得动手。可能家庭环境比较舒适吧,家人好像也不是非常注重你动手能力的培养,你似乎根本不需要自己动手。如果你希望自己能尽快成长和发展,那就走出舒适圈,扔掉懒惰包袱,假以时日,动手能力定会慢慢提高。

说明:动手能力即为实践能力,实际上就是一个人的工作能力。其包含两方面的内容:既能把理论应用于实践中,使理论与实践相结,也能灵活地、创造性地利用所学理论为生产服务。那么,如何提高动手能力呢?来试试下面这五个有效步骤。

(1)激发行为动力。提高动手能力的关键在于将"要我做"变成"我要做"。激发行为动力一要不怕失败,二要不能懒惰。不怕失败就需要科学认识失败,从心理学的角度来说,不管结果是成功还是失败,只要勇于去做,那都算是成功,是一种对自我挑战的成功。克服懒惰的最好方法就是激发自己足够的焦虑,所谓"焦虑不够,动力不足",增加动手行为的自我奖励,可以有效将自己从懒惰的舒适区中拉出来。

(2)制订动手计划。行动之前,需要制订一个切实可行的计划,具体到时间、地点和操作的具体流程。制订动手计划要关注三个要点:一是在制订计划前尽可能多地搜集各方信息,包括环境信息、人文信息,也包括他人成功或失败的经验;二是客观准确评估自己的能力,设置自身能力能做到的具体环节;三是在修订计划时留有一定的弹性,这样可有效提高计划的执行性。

(3)进行心理演习。这个过程可以加深个体对学习的技能(尤其是动作技能)的理解,促进大脑皮层建立与加强神经和肌肉之间的连接。简单的心理演习就是通过想象,将计划在脑海中完整地操作几遍。如果心理演习与身体练习能较好地结合,那么就能提高动作技能训练的效果。

(4)立刻动手去做。"所有的学习都是行动的副产品。"这句话是美国教育学家杜威的经典名言,他强调提高能力的最有效方式就是立刻动手去做。在实践操作中、在解决具体问题中总结出属于自己的动手经验,经验积累到一定程度,就会量变引起质变,转换成个人稳定的能力。立刻动手去做不是盲目、冲动地去做,而是根据计划,参照心理演习的结果,动态地调整着去做。立刻动手去做本身也是克服拖延的好方法,很多时候,执行力有了,问题也就迎刃而解了。

(5)及时总结反思。成功后总结经验,记录成功的要点;失败后吸取教训,告诫自己以免再入雷区。只有这样,动手能力才能不断地稳中有升。如果条件允许,可以将自己总结的经验和反思的教训与动手能力更强、经验更丰富的人交流,去印证自己的总结反思是否正确,还有哪些地方需要弥补和调整。通过多方协作与对话,加深对问题的认识,可以更快更有效地促进动手能力的提高。

资料来源:袁京泉. 你的动手能力强吗[J]. 成才与就业. 2022.11.

3.4 职业价值观

案例引导　职业价值观是指一个人对与职业相关的事物(包括人、事、物)及对自己的行为结果的意义、重要性的总体评价,即工作中最重要、最想要。职业价值观是相对稳定的内在的追求,因人而异,在特定环境下可以改变。职业价值观对个体职业选择和发展起到引导和维持的作用,会影响职业满意度和职业稳定性。

3.4.1 需要

人生需要与价值观的关系密切,价值观决定了人的选择和行为,而需要是价值观的基础。

1.需要的概念

需要是有机体感到某种缺乏而力求获得满足的心理倾向,它是有机体自身和外部生活条件的要求在头脑中的反映。换言之,就是人对所缺少的东西产生的欲望和要求。人类个体需要的产生,受到诸多因素的影响,主要有生理状态、情境和认知水平。需要是不断发展的,当旧的需要得到满足后,人们又会产生新的需要。所以,需要是人积极性的来源。需要和需求都是个体在生活中缺乏某种东西在人脑中的反映。需求是客观的,而需要是主观的,是对客观需求的一种主观意识。

2.需要层次理论

美国心理学家马斯洛提出来的需要层次理论认为可以把人的需要分为五个层次:生理需要、安全需要、社交需要、尊重需要和自我实现需要,马斯洛需要层次理论如图 3-5 所示。这种五阶段模式可分为不足需求和增长需求。前四个级别通常称为缺陷需求(D 需求),而最高级别称为增长需求(B 需求)。这五个层次是由低级到高级逐级形成并逐级得以满足的。只有当低层次的需要得到适当的满足后,高层次的需要才能引起人们的注意。但是在人的高级需要产生以前,低级需要只要部分满足就可以了,不是必须百分之百地满足。例如,为实现理想,不惜牺牲生命,不考虑生理需要和安全需要。

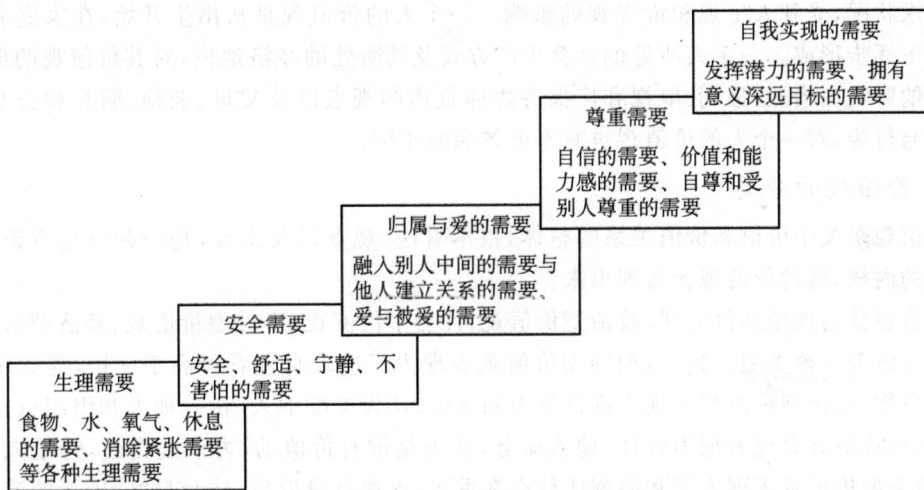

图 3-5 马斯洛需要层次理论

3.需要与职业的关系

如果将马斯洛需求层次理论与对职业的需要进行对应时,最基础的"生理需要",可以对应到一份可以满足人基本生存需要的工作或一个职业。当这一层需要得到满足后,按照马斯洛需求层次理论,在高一层次的"安全需要"中,对应的包括工作的稳定性、职业的安全性等。马斯洛需求层次理论中下一层级的"归属与爱的需要",对应到职业中,包括工作单位的人际关系融洽程度、人文环境的优良等。马斯洛需求层次理论再下一层级的"尊重需要",对应到职业中,包括工作体现出的社会地位、因工作而感受到的自我受尊重程度等。马斯洛需求层次理论的"自我实现需要",对应到职业中,包括职业中体现的职业理想、自我价值的实现等。

4. 了解自我的需要

需要的层次是选择的出发点,受到社会、时代、家庭、观念和经济等因素的影响,如金钱、权利、稳定性、职业价值等分别体现了不同层次的需要。结合自身情况明确自己需要的层次和对象,再进行相应层次具体职业对象的选择。准备一张纸,依次写出生活中自己最想要的五样东西,并与朋友分享自己的感受,接着再逐一删除,最后只保留一样,每删除一样东西后都要与朋友分享自己的体验。对每一个人来说,每一次删除都是一次矛盾的抉择。最后留下的那一样,就是你最需要的东西。经过这个过程,你可以清楚地了解自我需要的内容的轻重和主次。

3.4.2　价值观

价值观在职业生涯发展中起到极其重要的、决定方向性的作用,甚至往往超过了兴趣和性格对人们的影响。当人们遇到矛盾冲突妥协或放弃时,常常也是出于价值的考虑。

1. 价值观的概念

价值观是指一个人对周围的客观事物(包括人、事、物)的意义、重要性、总的看法和评价,是人们在一定的环境中的动机、目的需要和情感意志的综合体现。价值观是社会成员用来评价行为、事物以及从各种可能的目标中选择自己满意的目标的准则。价值观反映了人们的认知和需求状况,受到人生观和世界观的影响。一个人的价值观是从出生开始,在家庭和社会的影响下逐步形成。一个人所处的社会生产方式及其所处的经济地位,对其价值观的形成有决定性的影响。当然,报刊、电视和广播等媒体宣传的观点以及父母、老师、朋友和公众名人的观点与行为,对一个人的价值观也有不可忽视的作用。

2. 价值观的分类

价值观是关于价值和价值关系的整体、根本看法、观点以及态度,是一种自觉意识,是价值观念的内核,通过价值观念表现出来。

价值观分为理论型价值观、政治型价值观、社会型价值观、审美型价值观、经济型价值观、宗教型价值观6种类型。其中,理论型价值观表现为把追求真理看得高于一切,喜欢用理论来理解事物;政治型价值观表现为推崇权力和地位,认为支配他人、指导他人和组织行动有价值;社会型价值观表现为把为群体、他人服务,认为是最有价值的,力求爱自己,爱他人,相互关爱;审美型价值观表现为美和协调比什么都重要,重视自身形象,洁身自好,厌恶同流合污;经济型价值观表现为重视实用价值,强调学以致用,习惯通过经济效用来判断行为价值;宗教型价值观表现为认为信仰是人生最有价值的,用宗教思想和仪式来指导规范自己现世行为。

6种价值观念划分并不是绝对的,分类只是为了更好地理解。事实上,每个人都或多或少地具有这6种价值观,只是核心价值观因人而异。

3. 价值观的澄清

价值观的形成不是灌输,而是通过澄清的方法,通过选择、赞扬和实践的过程来实现。澄清价值观对于个人的职业选择和职业发展,甚至是人生都具有重要的意义。请按照指示语分析并填写以下内容,发现自己的内在需求、价值观的特点。

在你的生命历程中,影响最深的事情有哪些?你最想做的事情是什么?请完成下面12个句子,你便可以找到一些答案。

● 如果我有500万元,我会＿＿＿＿＿＿＿＿＿＿＿＿＿＿＿＿＿＿＿＿＿＿＿＿＿＿＿＿

- 我最欣赏的一个理念是_____。
- 在这个世界上,我最想改变的是_____。
- 我一生中最想要的是_____。
- 我在下面这种情况下表现最好:_____。
- 我最关心的是_____。
- 我幻想最多的是_____。
- 我的父母最希望我能_____。
- 我生命中最大的喜悦是_____。
- 我认为我自己是_____。
- 熟知我的人认为我是_____。
- 我相信_____。

价值观是人类对于社会行为和行事方式的评估,反映了人们的信仰、态度和行为取向。价值观受到文化、社会、宗教、教育、家庭等因素的影响,不同的人有不同的价值观,包括主观性(人们基于自己的生活经验和认知,对事物的价值的主观评价)、多元性(不同人、不同文化和不同时期的人对于某些事物的不同价值评判标准)、稳定性(个体的价值观通常具有相对稳定性的,不容易受到外部干扰和冲击)、影响力(影响个人的思考、行为和决策,它可以指导人们的行为和生活)、心理性(涉及人的情感、信仰、态度和决策,具有很强的心理性质)、综合性(多个因素综合而成的评价标准,其中包括了道德、宗教、文化、教育等方面的因素)和认知性(人们所认知和理解的,通常是在个人的经验和知识的基础上形成的)。了解个人的价值观,可以帮助大学新生更清晰地认识自我,帮助学生在专业学习、校园生活以及社会交往、职业规划中做出更好的决策。

4. 价值观排序

价值观在我们确定生涯目标中起着特别重要的主导作用。我们每一个人都有一套独一无二的价值系统,当你为了拟订一个理智的职业决议而进行自我认知时,你需要明确哪一种价值最切合你的个性。我们需要认识自己的个人价值观以及职业价值观,在择业和生活中做出遵从个人心灵深处的价值观决定,你才会感觉舒心,感觉到工作的乐趣。例如,选择了一份赚钱多但并不喜爱的工作,你可能会感觉愁闷难过,那是因为在你的价值观系统里,金钱的排序比较低。

5. 价值观与职业的关系

价值观往往决定职业期望,影响职业方向和职业目标的选择。在职业规划中,价值观被作为职业定位的最关键因素。只有所从事的职业与自我价值观相符合时,人才不会有心理冲突,才能充分调动起积极性,最大程度地发挥能力,满足高层自我实现的需要,产生成就感。

价值观受所从事职业的影响而发展变化。通过对所从事职业的认知、了解和体验,价值观的内容也会不断改变和更新。从事某项工作之前,对工作的认识是表面的、肤浅的,只有努力经历后,才会有收获,才能体会到它的价值所在。

【资料学习】

张桂梅:坚守梦想 无私奉献

15年前,时任云南丽江华坪县儿童福利院院长的张桂梅有一个梦想:建一所免费女子高中,让贫困山区的女孩都能读高中、考大学,阻断代际贫困。

2008年9月,在当地党委政府的支持下,在社会各界的援助下,全国第一所免费女子高中——华坪县女子高中开学了。

14年来,在校长张桂梅率领的教师团队努力下,丽江边远山区的2000多名女孩从华坪县女子高中毕业,圆了大学梦。

今天,党的二十大代表张桂梅,又有什么新梦想?

"我现在的梦想,就是希望山里的孩子,不管是男孩女孩,想读什么书就能读什么书! 希望山里孩子与城里孩子的教育同步!"张桂梅告诉记者。

让山里孩子与城里孩子的教育同步,这是张桂梅的新梦想,也是张桂梅20多年来的不懈追求。让贫困女孩上免费高中,是她追求的第一步。

学校创立之初,许多初中毕业的山区女孩因为家庭贫困上不了高中,被迫去打工甚至早婚。华坪女子高中为她们打开了校门,她们能免费读书,生活上还可以得到学校的资助。走进女子高中的女孩命运从此改变,与贫困渐行渐远。许多学生家长自豪地说:"我的孩子在女高读书不要钱!"

但张桂梅不满足于山区女孩读高中,她期望女子高中的学生们都能上大学,认为山区贫困女孩只有考上大学,才能真正改变命运。

"今年142个毕业生都考上大学了,孩子们实现了她们的目标,但还没有实现我的考上清华北大的目标!"虽然女子高中的高考成绩每年都在丽江市名列前茅,张桂梅还是有些遗憾,她希望山区的女孩像城里孩子一样,不仅能上大学,还能上最好的大学!

华坪县地处边远山区,女子高中难以吸引高质量的教师人才,靠什么和城里的学校和学生比拼? 张桂梅说出女子高中的成功秘诀:"我们从红色教育中汲取坚守和奉献的力量。"

建校初期,条件异常艰苦,17个教职工走了9个,张桂梅带领6名党员教师向党旗宣誓,决心坚守校园和课堂。张桂梅每天上午课间操时带领全校学生唱《红梅赞》,学习信仰坚定的江姐。"第一届有一个班高考全部上了本科线,全班同学都写了入党申请书。"张桂梅说。

红色文化教育成为华坪女子高中的传统和鲜明特色,给了全校师生巨大的动力。每当接到在边疆村寨当村干部、在西藏雪山中从军的毕业生打来电话问候,知道她们环境再艰苦也愿意坚守时,张桂梅十分欣慰:当年播下的红色种子,今天结出了红色之果。

张桂梅还带着山里女孩们参观了位于攀枝花市的三线建设博物馆。她说:"要让孩子们实地了解革命前辈的艰苦奋斗的历史,了解先辈们如何在十分艰苦的地方建起一座座工业城市。比起先辈吃的苦,我们现在吃的苦不算啥!"

"我是共产党员,只要我还有一口气,就会为党育人、为国育才,让大山里的孩子们成为合格的社会主义接班人!"张桂梅坚定地说出她一生的梦想。

资料来源:张勇. 张桂梅:坚守梦想 无私奉献. 光明网-《光明日报》.2022-10-09. https://news. gmw. cn/2022-10/09/content_36072753. htm.

从张桂梅老师的身上,我们看到的是人民教师以德施教的仁爱之心和至善至美的师者大爱。她用教书育人的燃灯精神,倾尽全力,奉献所有,点亮了大山里的希望之光;她在平凡岗位上以实际行动,践行自己心中的职业价值观,心系学生,致力教育,服务人民;她以坚韧纯粹,甘为人梯的职责使命感,鼓舞着越来越多的青年干部,坚定职业信念,在工作岗位上贡献青春才智。

3.4.3　职业价值观的树立

俗话说："人各有志。"这个"志"表现在职业选择上就是职业价值观,它是一种具有明确的目的性、自觉性和坚定性的职业选择的态度和行为,对一个人职业目标和择业动机起着决定性的作用。理想、信念、世界观对于职业的影响,集中体现在职业价值观上。

1.职业价值观的概念

职业价值观是指人生目标和人生态度在职业选择方面的具体表现,也就是一个人对职业的认识和态度以及他对职业目标的追求和向往。人们对社会职业需求所表现出来的评价,是人生价值观在职业问题上的反映。每个人的职业价值观不同,因而对某一职业的评价和取向也会不同。职业价值观因为对某一职业的信仰和追求而形成的道德概念和行为准则,是帮助个人树立职业目标,引领职业生涯发展的基本信仰和行为规范。

2.职业价值观的分类

在当代社会,每一种职业都有一定的价值,不同的职业体现着不同的价值内容,社会舆论也会对这些价值内容做出评价,所以人们在思想上对不同的职业做出了不同的评价、态度。

职业价值观根据不同的标准可以进行不同的分类。心理学家马丁·凯茨通过长时间对多种职业的研究,发现了 10 种与工作相关的职业价值观,如图 3-6 所示。

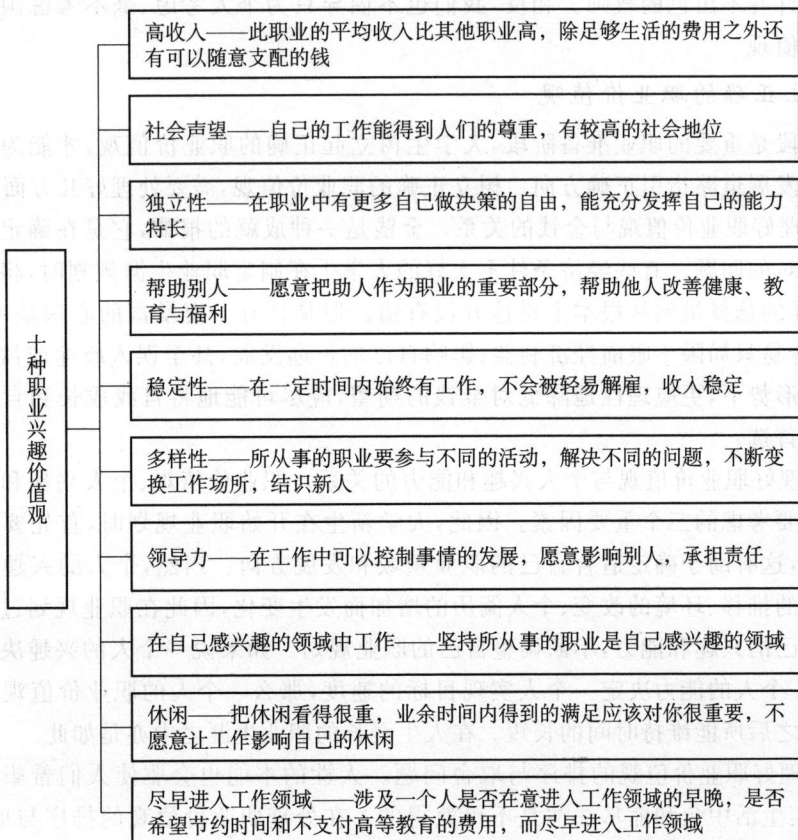

图 3-6　十种职业兴趣价值观

资料来源:方志勇,邵天舒,金伟林.职业规划与创业就业指导[M].北京:经济科学出版社,2021.

3. 职业价值观的确立

职业价值观是今后大学生职业人生的方向标,它的确立无论是对个人还是对个人都至关重要。

(1)职业价值观与职业选择的关系。由于受家庭环境、教育、兴趣爱好等多方面的影响,不同个体的职业价值观是不同的,而这种不同会影响人们对就业方向和具体职业岗位的选择。例如,是要工作舒适轻松,还是要高标准的工资待遇? 当两者有矛盾冲突时,最终影响我们决策的是存在于内心的职业价值观。因此,我们很有必要明确并不断审视自己的职业价值观。

(2)职业价值观的排序与取舍。职业价值观的特性决定人们不会只有唯一的职业价值观,要对自己的职业价值观进行排序,找出你认为最重要、次重要的方面,并提醒自己不可能什么都得到。否则就会患得患失,终其一生也不清楚自己到底想要什么,更谈不上职业生涯的成功和对社会的贡献,因为没有一种职业能完全满足一个人所重视的各种价值观,因而,了解自己各种价值观的权重排序并懂得取舍是非常必要的一件事情。

(3)职业价值观中个人与社会的关系。人不能离开社会而独立存在,个人只有在工作中为社会做贡献才能实现自己的职业价值。当然并不是说要忽略择业中的个人因素,如果只关注社会责任,这样不但不利于个人发展,也是社会的损失。例如,在教育落后、师资匮乏的地区,出于发展教育的需要,让一个富于科学创造力、不善言辞的学者去从事普通的教师工作,对个人而言大材小用,壮志难酬,对社会而言可能会使国家损失一项重大的发明,该地区不过多了一个也许并不出色的教师。相反,我们也不倡导只为个人考虑、毫不考虑国家和社会需要的职业价值观。

4. 树立正确的职业价值观

大学阶段是重要的职业准备阶段,大学生树立起正确的职业价值观,才能为自己大学期间的成长与发展道路指引正确方向。树立正确的职业价值观,需要处理好几方面的关系。

(1)处理好职业价值观与金钱的关系。金钱是一种成就的报酬,它是在确定职业价值观时首先要面对的问题。有些经济条件不太好的大学生在制定职业生涯规划时,将金钱作为首选目标,这样的选择虽然从根本上讲这并没有错。但是怀有一夜暴富的心理是不正常的,更是狭隘的,容易只局限于眼前经济利益,影响自己的长远发展,甚至误入歧途或欲速不达。在严峻的就业形势下,更应理性地降低对金钱的期望,应尽可能地将自我成长和自我实现作为职业发展的首选。

(2)处理好职业价值观与个人兴趣和能力的关系。职业价值观、个人兴趣和能力是人们在择业时需要考虑的三个重要因素。因此,大学新生在开始职业规划时,首先要考虑个人的兴趣和能力,这有助于确定适合自己的职业领域和发展方向。当然,个人的兴趣和能力可能会随着时间的推移、环境的改变、个人阅历的增加而发生变化,因此在职业规划过程中需要不断地审视自己的兴趣和能力,不断调整自己的职业规划。如果说一个人的兴趣决定着一个未来的成就,一个人的能力决定一个人实现目标的速度,那么一个人的职业价值观则决定一个人取得成就之后所能维持时间的长短。在人生漫长的职业生涯之中亦是如此。

(3)处理好职业价值观的排序与取舍问题。人性的本能也会驱使人们希望什么都能得到,但在现实生活中鱼和熊掌往往是不可兼得的。在处理职业价值观的排序与取舍问题时,要充分结合个人的兴趣爱好、能力特长、职业市场和社会需求等,明确自己的职业规划和目标。在此基础上,对自己的职业价值观进行评估,从个人偏好、社会价值、职业前景、技能提升、稳定性等维度进行排序和取舍,做出最适合自己的选择。在职业规划时不能只看眼前利益,而是要考虑职业规划的长远性。

(4) 处理好职业价值观中个人与社会的关系。一个人的职业选择应该不仅仅追求个人利益,也应该为社会和他人创造价值,以实现职业与社会的双赢。人不能离开社会而独立存在,个人只有在工作中为社会做贡献才能实现自己的职业价值。大学新生在开始职业规划前,要先了解自己的价值观和原则,以确保所选择的职业是符合个人价值观的。同时,对社会所需要的职业和行业进行研究,了解当前和未来的就业趋势和需求,以便更好地将个人的职业规划与服务社会有效的结合。还有,将自己擅长和感兴趣的职业领域作为优先考虑的职业选择,确保更容易地实现个人未来的职业发展。

(5) 处理好淡泊名利与追逐名利的关系。淡泊名利与追逐名利是一组相对的概念,应该把它们看作是一种平衡。名利是人的欲望使然,欲望可以使人成就大的事业,也可使人自我毁灭。过度追求名利会让我们失去内心的平静和真正的幸福,而太过淡泊则可能错失人生的机遇和成就。在处理淡泊名利与追逐名利的关系时,要明确自己的价值观和人生目标,在追求发展、获得回报的路上不失去自我,学会感恩,并从内心真正认识到只有为他人和社会做出相应贡献,才能得到个人的物质和精神回报。始终保持平常心面对名利得失,不过度沉迷于物质和虚荣,保持内心的平静和真正的幸福感。

【练习与实践】

《职业价值观量表》

请仔细阅读职业价值观量表(表 3-12),并在每题前方填上 1～5 的数字,代表该选项对你的重要性。其中,5 代表非常重要,4 代表很重要,3 代表重要,2 代表不太重要,1 代表不重要。职业价值观量表的记分和解释见表 3-13。

表 3-12　职业价值观量表

题号	题目	分值	题号	题目	分值
1	能参与救灾济贫的工作		16	能帮助贫困和不幸的人	
2	能经常欣赏完美的艺术作品		17	能增添社会的文化气息	
3	能经常尝试新的构想		18	可以自由的提出新颖的想法	
4	必须花精力去思考人生		19	必须不断学习才能胜任	
5	在职责范围内有充分自由		20	工作不受他人干涉	
6	可以经常看到自己的工作成果		21	常觉得自己辛劳没有白费	
7	能在社会扮演更重要的角色		22	能使你更有社会地位	
8	能知道别人如何处理事务		23	能够分配调整他人工作	
9	收入能比相同条件的人高		24	能常常加薪	
10	能有稳定的收入		25	生病时能有妥善照顾	
11	能有清净的工作场所		26	工作地点光线通风好	
12	主管善解人意		27	有一个公正的主管	
13	能经常和同事一起休闲		28	能与同事建立深厚友谊	
14	能经常变换职务		29	工作性质会经常变化	
15	能成为你想成为的人		30	能实现自己理想	

题号	题 目	分值	题号	题 目	分值
31	能够减少别人的苦难		46	常帮助他人解决困难	
32	能运用自己的鉴赏力		47	能创作优美作品	
33	常需构思新的解决方法		48	常提出不同的处理方案	
34	必须不断地解决新的难题		49	需对事情深入分析研究	
35	能自行决定工作方式		50	可以自行调整工作进度	
36	能知道自己的工作绩效		51	工作结果受到他人肯定	
37	能让你觉得出人头地		52	能自豪介绍自己的工作	
38	可以发挥自己的领导能力		53	能为团体拟订工作计划	
39	可使你存下很多钱		54	收入高于其他行业	
40	有好的保险和福利制度		55	不会轻易被解雇或裁员	
41	工作场所有现代化设备		56	工作场所整洁卫生	
42	主管能采取民主领导方式		57	主管学识和品德让你敬佩	
43	不必和同事有利益冲突		58	能够认识很多风趣的伙伴	
44	可以经常变换工作场所		59	工作内容随时间变化	
45	工作常让你觉得如鱼得水		60	能充分发挥自己专长	

表 3-13 职业价值观量表记分和解释

对应题目	职业价值观	得分	对应题目	职业价值观	得分
1、16、31、46	利他主义		9、23、39、54	经济报酬	
2、17、32、47	美的追求		10、24、40、55	安全稳定	
3、18、33、48	创造发明		11、25、41、56	工作环境	
4、19、34、49	智力激发		12、26、42、57	上司关系	
5、20、36、50	独立自主		13、27、43、58	同事关系	
6、21、36、51	成就满足		14、28、44、59	多样变化	
7、21、37、52	声望地位		15、29、45、60	生活方式	
8、22、38、53	管理权力				

资料来源:方志勇,邵天舒,金伟林.职业规划与创业就业指导[M].北京:经济科学出版社,2021.

【复习与思考】

(1)认知自我个性特点与职业特征。

(2)练习应用个体职业倾向测评方法等自我认知的各类工具与方法。

(3)结合自己的个性特征,结合所学专业,制定未来的专业学习和职业规划。

第 4 章

大学生涯与职业准备

【学习目标】

(1) 学会大学生活适应与管理。

(2) 认知和把握大学学习。

(3) 开展大学期间的社会实践与素质拓展。

(4) 学习情商修炼与人际协调。

4.1 大学生活适应与管理

案例引导

党的二十大报告指出:"当代中国青年生逢其时,施展才干的舞台无比广阔,实现梦想的前景无比光明。"在这个资源汇集的时代,大学有学术研究的实验中心、有专业探讨的工作室、有朝气蓬勃的社团,还有那蛟龙百出的各级学科专业。这里是一个大舞台,才华横溢的大学生可以仰望星空,脚踏实地,敢想敢为,实现梦想。作为大学里的大学生,在这四年里,将学会如何拥有开阔的视野、智慧的创获、品性的陶熔以及对民族与社会发展的贡献和担当,这些学思践悟的理念无不潜移默化地影响着青年大学生的人生走向与抉择。

大学是一个磨炼思想、塑造新人、资源丰富的大平台,它是人生新的起点也是人生的转折点。进入大学后终于放下高考的重担,支配所有属于自己的时间,开始追逐自己的理想和兴趣,独立参与团体和社会生活,在学习理论的同时亲身实践,大学里所踏出的每一步都是夯实大学生们未来人生道路的基石,也是大学生们集中精力充实自我的重要成长历程。因此,大学生活对大学生的个人成长和未来的职业发展会产生深刻的影响。大学新生由于生活环境、学习方式和社会角色等方面的转变,必然要经历一个从不适应到适应的过程。能否顺利度过适应期,对大学新生的成长和成才至关重要。

4.1.1 大学生活适应阶段出现的问题

刚入学的大学生还处于青春期,懵懵懂懂就已经闯入成人世界的大门,虽然角色上已经是一名大学生,但是心理上还属于"高中后",面对大学生活中的一切未知数,新的学校、新的环境、新的同学、新的老师、新的课程,在没有进行充分的自我认知和环境探索的前提下,惯用中学时期的生活体验、学习经验和人际交往模式套入大学生活的节奏中,往往对未来有着多维度的憧憬与幻想。但当理想与现实出现了偏差,目标和现状产生了巨大鸿沟,挫败感和无力感会伴随而来,情绪与心态可能受到前所未有的冲击,进而产生退却心理。这种不适应性也成为新生入学后的一种普遍存在的现象,而如何适应崭新的大学生活成为新生入学的一门"必修"课程,也是大学生职业生涯规划中的第一步。

创新工场董事长李开复在给"开复学生网"的学生回信中是这样描述大学生活:"大学是人一生中最为关键的阶段。从入学的第一天起,你就应当对大学四年有一个正确的认识和规划。为了在学习中享受到最大的快乐,为了在毕业时找到自己最喜爱的工作,每一个刚进入大学校园的人都应当掌握七项学习:学习自修之道、基础知识、实践贯通、兴趣培养、积极主动、掌控时间、为人处世。只要做好了这七点,大学生临到毕业时的最大收获就绝不会是'对什么都没有的忍耐和适应',而应当是'对什么都可以有的自信和渴望'。只要做好了这七点,你就能成为一个有潜力、有思想、有价值、有前途的快乐的毕业生。"

大学生活与中学生活相比,可以说是两种不同维度的培养模式间的碰撞,从衣来伸手、饭来张口到独立自主的生活管理,从接受式学习到自主性学习,从灌输式教育到探索式教育,从逻辑思维能力培养到跨学科知识整合能力培养,高中教育和大学教育的异质性,是新生入学后适应困难的主要原因。中学教育培养模式单一,偏重应试倾向,容易忽视对学生创新意识的激活,思维模式相对固化,一些大学新生进入大学校园后有种"不识庐山真面目,只缘身在此山中"的不知所措感。大学生活中与崭新环境的磨合,自我形象的塑造、奋斗目标的树立、人际关系的构建、学习方法的探寻、日常生活的管理等层面都面临着与中学时代迥然不同的学习、工作、生活境遇的转场和身份的转变,这也是新生阶段出现适应性问题的主要来源。

1. 社会角色的转变

大学生与中学生担任着不同的社会角色,从高中升入大学,不仅仅是学段和学校的变化,更是文化和心理上的变化,大学生面临着一个新的"社会化"过程。

(1)职业与发展。在中学时代,学生的心理和思想尚未成熟,职业目标还未确定,存在许多未知性;而大学生作为即将步入社会的"准人才",职业目标随着学科专业的学习也初步形成。大学生不仅要完成从"青少年"到"青年人"的角色转变,还要完成"学生"到"社会人"的转变,家庭、学校、社会对大学生的预估值和期许度也存在着较高的评价标准。

(2)责任与担当。中学生属于未成年人阶段,无论是学业的监管还是学校的保护都会享有父母监督和法律监护的合法权益;步入大学后,跨越十八周岁的年龄界限,意味着大学生将以独立个体的身份承担作为一名公民的法律责任和义务,要对己、对他人和对社会负责。这些前所未有的自身角色转变及角色能力的提升会使初入校园的新生产生来自四面八方的压力,甚至出现角色转变障碍和角色扮演不当等问题。

2. 奋斗目标的转变

中学和大学由于其教学任务、教学内容、教学模式、培养方式的不同,学生在两个阶段所追求和设定的人生目标及奋斗方向有着迥异的差别。从中学到大学,学生的奋斗目标从为考上理想大学而发奋,到向追求学有所成、人格完善、思想独立、适应社会转变。

中学阶段学生思想相对单纯,学习、生活、实践等活动的开展均在学校、老师和家长所设定的框架中进行。"少年辛苦终身事,莫向光阴惰寸功"成为绝大多数中学生学习期间秉承的理念,在班主任和父母的有效监管下,高考成功也成为除自己之外所有家庭成员、亲戚朋友、学校老师等全体社会成员所寄托的强烈意愿和殷切希望,这促使学生在中学阶段的所有精力全身心地投入学习中,考大学这个明确的奋斗目标也成为绝大多数学生冲刺方向的唯一终点线。

新生在进入大学校园后其身份和角色虽然已经发生了转变,但学生的心理状态还停留在中学阶段,思维方式也同样沉浸于老师和家长为其描绘的蓝图框架中。高考过后,大部分学生在中学时期的奋斗目标已经完成,自认困难时期已经走过,马上迎来多姿多彩的大学时光,激情满怀,理想远大。但跨进大学校门的那一刻,陡然发觉,面对大学的整合能力、自主能力、协同能力、科研能力、合作能力等多元化的发展要求时,没有监督与引导,缺乏思考与规划,迷茫且焦虑,彷徨又无措,骤然失去了前进的动力,找不到自身奋斗的方向和目标。

3. 培养方式的转变

中学和大学在培养目标、教学目标、学习成就评价标准等方面存在着诸多差异,需要学生在两种教育培养方式的转变与衔接中做出调整和适应。从中学生到大学生要完成人生阅历,知识结构,自身素养等承上启下的"结构性调整",很多学生进入大学后面对这种大刀阔斧的"变革"出现适应困难,甚至影响到自身的学业发展。

(1) 由健康人格塑造向健全人格培养转变。中学阶段学生正处于人格的形成期,由于高考升学压力所形成的以分数论英雄的局面,在教育过程中往往忽视了学生在这个阶段的理智、情绪、意志等诸多方面的人格塑造。大学阶段分数已不再是学生压力的主要来源,正确的行为意识、良好的品德内涵、积极的生活态度、健康的审美情趣、较强的自我调控能力,成为大学培养健全人格的主要切入点。

(2) 由同质化发展向创新意识激活转变。中学阶段以升学为目标的应试型教育,通常以满格的知识灌输为主要教学方法,导致理论与实践形成较强的剥离感,没有格物致知的学习过程,缺乏消化知识的探究性和思考性,同质化的教育模式也难以满足学生个性成长需求。大学阶段的开放式教育,在满足时代对创新人才的要求同时,鼓励和引导学生独创精神的产生,提供学生创新能力表现的空间和环境,开设表达创新能力的训练课程,引导学生打破思维定式。

4. 思维方式的转变

中学到大学是个体逐渐步入成年的转折点,也是行为发展的关键阶段,在这个年龄阶层,学生的自然年龄也会完成从未成年人到成年人的完整跨越。面对大学生活环境和节奏的改变,学生个体的思维方式也会发生重要转型,即要完成从感性化的非成人思维向更加理性化的成人思维转变。这种"非成人化"向"成人化"转变,是学生从形式逻辑思维发展到辩证逻辑思维建立的必经之路,也是学生在思维方式上从"跟随"到"自控"的转化过程。

(1) 理性思维的建构。中学生思维的周密性与冲动性并存,被学校、家庭密切关照管理中的中学生在日常学习生活中经常体现为盲从性和依赖性;大学的开放式管理与之相反,要求学生具备创新性和多维性,不能秉承"非黑即白"和"非此即彼"的思考方式,需要多层次地看待问题的产生和事情的发展,用冷静、审慎、客观的态度处理所遇到的问题。要力求做到辩证全面而不唯心片面,要远见务实而不目光短浅,对人生重大问题的选择要深思熟虑,三思而后行,而不要盲目冲动或感情用事,要用成熟与担当、理性与责任的处事方式,对自己的言行举止负责,对自己的选择判断负责。

（2）联系性思维的养成。心理学有一种蝴蝶效应揭示现象之间的联系性："有只南美洲亚马逊河流的蝴蝶偶尔扇动了几下翅膀，可以在两周以后引起美国得克萨斯州的一场龙卷风。"这种效应表明一件表面上看来非常微小且毫无关系的事情，却有可能带来巨大的改变。

联系性思维是一种认知技能，这种思维方式只要通过正确指引，经过一段时间的努力，将会产生意想不到的效果。"握一知多"是养成联系性思维的主要方法：在学习过程中能够在庞大且复杂的知识体系中进行有效的分析、总结以及归纳，抓住事物的主干，探寻其中的规律，提纲挈领，形成"一"的多学科知识关联，让全部知识容纳于自身思维范畴，变成属于自己的应用技能。

5. 学习模式的转变

中学的学习模式多以接受知识点、掌握运用方法、跟随式学习为主，这是一种"教＋学"为主要关系的内化知识存储的学习方式；到了大学，学习环境由"硬"变"软"，学习氛围相对宽松，学生自我支配时间多，学习模式为以自主性研究、开发创新能力、探究性学习为主，成为一种"教×学"为主要关系的过程化互动融合的学习方式。这种从完全灌输式教育到大量探索、研讨、自律的学习方式转变，将给学生的学习认知和学习能力带来很大的挑战。

（1）学习目标不同。清晰的学习目标会激发学习的积极性和产生源源不断的行为动力。中学时期的学习目标较为单一，主要以取得优异的学习成绩和考上理想的大学为前进方向，学生在书山漫步，与题海作战，应对"千军万马过独木桥"的学习挑战；大学的学习目标较为多元，专业知识的学习只是学习目标中的一部分，而通过第二课堂等途径的综合素质能力的养成也是成为德智体美劳全面发展的复合型人才的重要内容。如果作为大学新生入学后彻底放松，完全陷入享乐主义的情境，不能适应新的学习压力，就会产生焦虑、失落，甚至厌学等一系列链条反应，负面情绪的累积，很容易使学生丧失在大学生活中的学习动力和方向。

（2）学习内容不同。中学的学习内容精、课程少，数学、语文、英语就占了半边天，这个阶段以基础性知识为主，学习内容也对应着高考的考试科目；大学阶段的学习内容广、课程多，融合了公共基础课、校选课、专业基础课、专业课、选修课、实训课等多类别，多层级的课程设置，学习内容是为了建立自身的专业知识体系和符合专业人才培养的需求。

① 课程深度性大。大学的知识深度和课程内容比起中学来讲广且深，其体量大，内容杂，学习任务重。把具有广度和深度的知识学好，需要先站稳，再站高。课外知识的延展学习是大学课程中常见的形式，参观、实践、讲座和资料查阅也成为拓宽知识面和知识体量的方法。

② 知识灵活度高。相较于中学死记硬背的知识记忆点，大学具备"人外有人，天外有天"的发散性知识传播路径，注重"学、问、疑、思"的脑力劳动过程，在学习中灵活掌握知识维度，提高学生认知的积极性、主动性和创造性，强化自主和能动意识，能够达到"无师自通"的境界。

③ 考试形式多样。中学的考试形式以闭卷笔试为主，老师阅卷、判分、得分，期末考试的卷面成绩即是学生的最终成绩。大学所开设课程以学分和绩点为主要的成绩计算方式，囊括平时成绩、期末成绩和总评成绩。考核方式分为考试课程和考查课程。考试课程一般包括闭卷考试和开卷考试，适用于理论性比较强的课程或者是重要的专业核心课程；考查课程则不以试卷的方式进行考核，而是以提交学习心得、论文报告、设计作品、期末作业等形式，适用于动手操作性比较强的课程。

（3）学习方式不同。著名科学家钱伟长曾对大学生说："一个青年人不但要用功学习，而且要有科学的学习方法。"进入大学后，大学生普遍感到知识浩如烟海，各类活动繁多，以什么样的学习方式才可以处理好课本知识与课外知识、专业学习与能力培养等诸方面的关系，是许多大学生深感矛盾、困惑的问题。中学是应试型的学习方式，考试考什么，老师教什么，学生就学什么，押题、背诵和画重点让学生养成了死记硬背和依赖性的学习习惯，忽略学生主观能动性的发挥。大学提倡"引导式"教学，自主学习，分配时间，发散思考，在传承知识和创新知识的同时，充分发挥学生的潜能，增强合作意识，培养独立思考能力。

6. 生活方式的转变

每到开学季的新生入学阶段，"家长殷切护送学生报到"的动人画面屡见不鲜，更有类似这样的实例存在："一名拉着行李箱的新生家长走到校门口，对着查验证件的志愿者理直气壮地要求给从未出过远门的学生铺床！"这个"铺床"的理由当然不能成立，最终也不一定会成行，可细思下来，究竟是什么缘由造成家长提出这类"肆无忌惮"的要求？什么样的生活背景养成了这种欠缺独立生活能力且无法断奶的"巨婴"？是由于家长娇惯儿女的思维定式还是学生已养成的依赖心理造成的结果。

进入大学后，大学生告别父母，开始独立生活。大多数新生从小就受到学校、家庭无微不至地照顾、安排和保护，过惯了"衣来伸手，饭来张口"的日子。在崭新的环境里，即将开启一段为期四年的集体生活的"旅程"，相当一部分大学生几乎没有独立生活经验，遇到来自五湖四海不同地域、不同文化、不同方言、不同家庭背景的同学及其所带来的人生观、世界观、价值观的差异，容易导致个体之间的冲突和生活习惯的不协调，势必会产生层出不穷的问题与矛盾。所以，学会共同生活、合作分享、团队融合，是完成习惯被呵护向自我管理转变的重要一课。

7. 交往方式的转变

《礼记·学记》中指出："独学而无友，则孤陋而寡闻。"朋友是你了解外部世界的桥梁，也是你不断完善自己的标尺。一个人学习，而不接触外部环境是行不通的，只有与朋友共同探讨、集思广益、取长补短，才能弥补自身的缺憾，并获得更多知识。

自"00后"活跃在大学舞台之后，我们发现拥有"社交恐惧症"的人群与日俱增，许多学生在网络世界里可以夸夸其谈、畅所欲言、无所不能，但到了现实世界中，尤其是面对面的交流沟通，有些学生判若两人，或少言寡语，或紧张多汗，或无所适从。对于大多数学生而言，这并不是真正意义上的心理障碍，而是出于对陌生环境的不适应所导致的一种心理反应。大学的自主性，自由度和开放性，把校园构建成一个半开放式的"小社会"，学生在这里通过学习和实践，逐步与社会接触和接轨，每天都要面对不同角色的人群，人际关系的处理也因此复杂而多变，所以如何有效的交往也成为新生入学的重点课程。

（1）交往对象的变化。在以往的成长阶段，学生的全部经历都集中于考学之上，社交对象较为单一，老师、同学、家长构成了交往个体的"交际圈"和稳定的"朋友圈"。到了大学之后，开放的学习环境和较为宽松的管理模式，不仅对大学生的思想观念、文化修养、行为方式等方面提出了较高的要求，人与人之间的交往更具独立性色彩和个性化需求，交往对象也演变成了导师、同学及相关社会人员，从一个人、一组人再到一个团体。

在大学生的交往过程中，有个典型的"适应不良症候群"现象，就是极易产生宿舍矛盾。如果说大学是社会的"缩影"，那么宿舍就是"家"的代名词。在校学生有近三分之二的时间在宿舍中度过,宿舍同学也是新生进入大学后最先熟悉的社交群体。由于宿舍中的交往对象来自天南海北,每个成员之间都存在着个体特点、思想观念、风俗习惯、价值取向、物质差距等差异,依据大学生个人化、个性化和自由化的人际交往特点,理解共情,换位思考,宽以待人,融入集体生活是大学生人际关系从依附到独立,从被动到主动的一个重要转变过程。

(2)交往能力的变化。交往能力即人的生存发展能力,是人们进行交往的首要前提条件。马克思曾说:"人是各种社会关系的总和,每个人都不是孤立存在的,他必定存在于各种社会关系之中,如何理顺好这些关系,如何提高生活质量就涉及了社交能力的问题。"

人际交往能力是大学生综合能力的一部分。中学时期由于社交时间的限制,社交圈集中于自身建立的小团体中,社交能力的体现程度和辐射力度一般在同伴关系中铺陈展开;大学阶段,我们发现担任过党支部书记、团委书记、学生会主席、班长、团支书等职位的学生群体,他们的社交能力会更胜一筹。经历过实践岗位的历练,使得学生的行为举止、待人接物、工作方式等都更趋于社会化需求。大学生个体的交往能力随着年龄的增长、生活空间的扩展、社会阅历的不断增加,交往愿望也会越来越强烈。学生根据自身掌握社交技能尝试建立和谐的人际关系,发展亲密感,学习社会规范,不断积累生活经验,提升自身的表达理解能力、人际融合能力和解决问题的能力。

(3)交往形式的变化。中学时期的交往形式以"合适"和"共性"为基础,拥有相同的兴趣、相同的爱好、相投的性格就能迅速建立友谊关系。大学的交往形式凸显社会性,更注重思想交往和心理交往,在交往过程中文化、思想、道德、法规的语言符号成为信息传递以及精神产出的一种社会意识的传播与交流形式。随着智能化时代的到来,人们足不出户就能了解社会动态,享受生活的便利,学生们纷纷加入"低头族"和"宅家族"的行列,个体交往方式也从"面对面"演变成"面对面+键对键"。网络交往成为大学生交往的主要方式,它把人与人之间的社交关系从现实情境拉到虚拟世界里,姓名、性别、年龄、学校,社会关系的存在都可以是虚拟化和数字化的。网络社交虽有着很好的开放性和互动性,但同时也隐藏了现实社会中的诸多特征,造成大学生在日常生活中个体之间的交往、群体之间的交往、个体与群体之间的交往出现了部分"社交退化"的趋势,学生道德意识薄弱,既不关心集体,也不关心他人,交往面窄,交往程度浅,无法产生进一步的情感探索、情感沟通和情感交流。

我们面对新的新的环境、新的组织、新的社会关系,总会经历从陌生到熟悉的过程,在这个过程中,学生势必面临着方方面面的挑战。缺乏独立生活的能力,缺少集体生活的习惯,水土不服的生理反应,开支无度的财务危机,无所适从的校园活动,"三点一线"的枯燥生活,都是适应大学生活的必由之路和常见问题,而培养方式、社会角色、奋斗目标、思维方式、学习模式、生活方式、交往方式的转变,也是大学生适应阶段容易产生各种摩擦和各类问题的根源。要知道,从相对熟悉的依赖环境到充满忐忑的陌生环境,并不是所有的认知都能处处欢歌笑语和充满诗情画意。

人生当中所处的自然环境和社会环境总在不断地变化,所以适应不仅仅是大学新生所遇到的问题,也是每一个生命个体在一生中都要面临和需要解决的人生课题。因此,能够适应不同社会环境的变化是每个人成熟和心理健康的重要指标。大学四年学会如何用"理性"战胜"感性",对于每一位新生都是锤炼心智的关键时期。大学新生环境适应能力的提高,对于顺利完成从中学生到大学生的转变,投入大学的学习生活有着直接的意义。在大学四年里,大家应该努力为自己编织生活梦想,明确奋斗方向,奠定事业基础。

4.1.2　大学生活适应的方法

我国晋代诗人陶渊明在《杂诗》中写道:"盛年不重来,一日难再晨,及时当勉励,岁月不待人。"这是告诫青年人,美好的青春岁月一旦过去便不会重来,应当趁年富力强之时勉励自己努力奋斗。作为新时代的大学生,正值豆蔻年华,需要珍惜和把握这段最美好的时光,努力拼搏,才能让自己的人生更有意义和价值。走进大学不仅仅意味着远离父母亲人,更意味着要面临"改变",要适应新的环境,要直面自己的成长,要独立地生活学习并且为自己的将来出谋划策。虽然在适应的过程中也不乏拥有成长的烦恼以及理想与现实的落差,但面对诸多的不稳定、不确定、复杂性、模糊性,尽快找到适应大学生活的方式和方法,为个体成长和未来的职业发展做好铺垫和规划。

1. 正确认识自己

正确认识自我、正视自我、接纳自我,是开启新征程最重要的一个前提和基础,一个人只有正确地认识了自己,才能在漫漫人生道路上不迷茫。

1) 自我觉醒的重要性

刚迈出中学大门又跨进大学校园,大学生从懵懵懂懂的少年步入风华正茂的青年,但年龄段的升级并不代表学生的自我认知也会随之充盈。在这个过渡时期,学生的心智和思维仍停留在中学阶段,对自身的情绪、能力、兴趣、心理、价值观等方面的掌控也处于抓取信息、解释信息、重新建构信息的编码过程。只有做出科学理智的分析判断,及时调整个人布局,才能避免终日在"我是谁、我来自哪、我去向哪儿"的状态下纠结徘徊。正如老子所言:"知人者智,自知者明。"当一个人悟透了自己,便能扬长避短,找准定位,在前行路上,走得平稳踏实。

2) 自我认知的测量工具

每个人都有不同的禀赋与性情,测量工具的使用可以协助自我从客观理性的角度看待立体的自己;我是谁? 我喜欢做什么? 我能做什么? 目前自我探索的测量工具繁多,我们通过简要介绍以下几种常用的认知方法和测量工具米走入认知自我的世界。

(1) 自我评定法。这个方法可以尝试用三句话描述自己的特点,包括自己的兴趣、爱好与特长、性格、能力、价值观、技能、智商、情商、思维方式等。如我是一个什么样人? 我的优点是什么? 我的不足有哪些?

(2) 360 度测评。认识自己并不是一件很简单的事情,我们除了自我评定的方法外,还可以借助于旁观者的力量来认知自我。如通过家人、亲戚、朋友、老师和同学等周围的人对自我进行客观的评价,来达到自我认知的目的。如通过对方的描述,查找异同,反思形成固有印象的原因和你想成为什么样的人。

(3) 橱窗分析法。也叫"周哈里窗"模式,是心理学家鲁夫特与英格汉提出的,"窗"是指一个人的心就像一扇窗,"周哈里窗"展示了关于自我认知、行为举止和他人对自己的认知之间在有意识或无意识的前提下形成的差异,由此分割为四个范畴。①面对公众的自我塑造范畴;②被公众获知但自我无意识范畴;③自我有意识在公众面前保留的范畴;④公众及自我两者无意识范畴。普通的窗户分成四个部分,人的心理也是如此。因此把人的内在分成公开我、隐私我、脊背我、潜在我四个部分。其中,"潜在我"是影响一个人未来发展的重要因素,"脊背我"是准确对自己进行评价的重要方面。

(4) 心理测试法。这个方法是通过回答有关问题来认识自己、了解自己。测试题目是心理学家们精心研究设定的,只要如实回答,就能大概了解自己的相关情况。这是一种简易性的自我剖析方法。常用的测试方法有人格测试、智力测试、能力测验、职业倾向测验。例如,MBTI 职业性格测试、霍兰德职业兴趣测量表、16PF 人格测验等。

对于刚刚步入大学的新生来讲,面对诸多的不确定因素,通过科学的测量工具和测试方法,辅助自我认知,从多个角度来考察,得出一个客观的结果。制定一个适合自己需要的职业生涯规划,在大学期间能够有目标、有计划地储备能量,为今后人生职业生涯的成功发展开辟一个新空间。

3)自我认知的方法

(1)自我观察。正所谓:"金无足赤,人无完人",个体的优点和缺点都是共存而生,充分认知自我要从全面性和发展性来进行。无论是从外在形象的面貌、性格、言行,还是从内在修养的品德、素质、能力,我们都需用发展的眼光和包容的心态优化自己的长处和改善自身的不足。在自我认识过程中势必伴随着虚荣、自卑、从众、逆反、自大等情绪元素。在这些情感体验过程中,需要我们自觉调节和自我控制自身的行为及想法。

(2)他人评价。在认识自我的探索过程中很容易陷入"当局者迷"的思维陷阱里,我们带着主观意愿进行自我判断的时候,会选择性地吸收和自我预期方向一致的结果,而自动忽略了和预判结果相反的信息。但跳脱出自我的范畴,周围的同学、老师、家人、朋友却能以"旁观者清"的角度看待我们的优缺点,做出客观的评价。因此,虚心接受,努力倾听,冷静分析,用"以人为镜可以明得失"的角度来充分认识自己。

(3)社会实践。大学里的第二课堂可谓是精彩纷呈,学生通过参与各类社团,考察自身的人际沟通能力和团队协作能力;通过组织开展活动,分析自身的组织管理能力;通过学科专业调研,发现自身的知识掌握和运用程度。同时,在参与社会各类别实践活动中,还能与同龄人进行相关比较,分析自己在活动过程中的表现及成果,从而更加客观地认识自己。

(4)反思总结。在进入人生另一个阶段后,因为外部环境的变化使我们不断发现自我、完善自我,努力让自己的思想心智逐渐成熟起来。但在这个寻觅的过程中,对于自我的认知还不能完全清晰定位,建构强大内心,不断从外界汲取能量,补充自己心中的不足,不断帮助自己成长认知。因此,记录经历、不断归纳、详细总结、经常反思是认识自我的另一个切入口。我喜欢做什么? 我的性格是怎样的? 我擅长的技能有哪些? 我心中的愿望是什么?

2. 找到价值归属

不知道学习是为了什么,不知道人生是为了什么,什么才是让人生有价值、有意义的事情,没有稳定的价值观和人生观,就没办法在生活中找到方向感和信任感。进入大学后,学生在适应过程中出现价值危机,产生悲观和消极的态度,这是个人探索的正常过程。可以通过理解人与人、人与社会相互独立且关联的各方面关系,通过榜样建立价值归属。我们可以寻找优秀的学长学姐,进行职业访谈,倾听他们的大学期间的生涯规划、学习计划或职业发展历程,并以之为榜样,进而模仿学习,最后为之超越,探索职业发展的可能性。

3. 尝试不同角色

角色尝试是保持对世界的持续认知和关注的关键能力,空杯心态才能收获满满。学生进入高校后,社会角色发生了改变,不仅要完成从"少年"到"青年",从"学生"到"社会人"的角色转变,还要拥有"破圈"的勇气,让自己走出舒适圈,多加入一个团队,多参加一个组织,多一份兼职工作。选择产生可能性更多的事情,融入不同的团体,尝试不同的学习,承担不同的任务,扮演不同的角色,保持开放的心态,建立成长性思维,如此以往,大学才会增加更多的可能性。

4. 自我确信能力

自信能带给我们做事情的动力和幸福感,发挥着心理调节和理性看待自身的作用。能力越大快乐值越高。反之,如果一个人对自身的个人能力和潜力并不确信,在解决问题时缺乏主心骨,面对生活的决定和未来的目标甚是迷茫,逃避面对问题的惰性,长此以往就会丧失兴趣,阻挡进步,无法挖掘自身更多价值,更不会存在任何幸福感。自信的状态在于懂得衡量,在追求自我实现时,能够衡量自身能力与所求事物的差距,存在清晰的自我认知,和对于事物的判断,三思而后行,不让自我步入失衡的状态,有渴求但懂得克制,不让事物超出自我的判断范围。因此,大学生要认知在确定的能力范围内追求满足自我能力和自我价值,用强大的内心组成支撑自我成长的支柱。学生可以通过尝试写日记,记录生活中的"小确幸",以积少成多的内容带给自己满怀信心的进步。

4.1.3　大学生活的管理

大学生活实质上是大学生自我社会化的过程,即通过大学生活的历练成为社会的独立工作者。大学期间,学生的物质消费、精神活动、社会交往、时间支配等多方面产生翻天覆地的转变,为了让自己的大学生活变得更美好、更有效、更有质量,大学生需要学会料理自己生活的方方面面,从依赖走向独立,从依附转变为驾驭,完成生活角色的独立转化,加强对自己的筹划管理即自我管理。从心理范畴来讲,"自我"是个体对其存在状态的认知,包括对自己的生理状态、心理状态、人际关系及社会角色的认知。大学生的自我管理,是对其大学期间的目标、思想、心理和行为等方面进行的管理,也是个体在外部环境、规章制度、法律法规等条件限定下实现自我约束、自我教育、自我激励、自我实现的一个过程。自我管理的好坏与学生自身的成长发展息息相关。

1. 大学生自我管理的基本要素

大学生需学会在以下几方面管理自己。

(1) 学会自立。在过往的学习生活中,习惯了"指令性"的节奏,总被告知:"要这样做"和"不能那样做",这把无形的戒尺使得学生养成了事事依赖的习惯。到了大学,学生没有了依靠的源泉,环境的改变要求学生必须从习以为常的惯性中走出来,学会自己行动,自己做主,自己判断,自己对自己负责。从自立走向独立,这是一个适应和转变过程,也是大学生锻炼提高能力,夯实心理素质,强化道德品质的过程,是人生不可缺少的成长过程。

(2) 懂得自知。简单来讲就是了解自己和认识自己。学生的认知层次、情绪处理方式、遇到事情的应对策略等均影响着大学期间学习、工作、生活的发展方向,通过这种"自知之明"的养成,大学生不会过于高估自己,也不会轻易贬低自己,能够清晰认知自身的优点与不足,用成熟的思维方式明确自我意识和价值目标。

(3) 保持自律。大学生活没有了老师和家长的约束与管教,个人也拥有了较多的支配时间,各种诱惑扑面而来,很容易陷入"自在生活"的陷阱里,失去学习的动力和生活的方向。自主式的学习方式,自助式的活动模式,自由式的生活空间,需要学生拥有自己监督自己、自己教育自己、自己约束自己的自我管理的调控能力,聚焦目标、聚焦资源、聚焦行动,激发自我潜能,通过自律精神的养成,给自己打造一种健康积极的生活状态。

2. 大学生自我管理的具体内容

1) 目标管理

理想目标的缺失,是目前大学生群体中普遍存在的现象。一些大学生每天过着宿舍—教室—食堂的三点一线生活,网游、聚餐、娱乐等无目的性的休闲活动充斥整个大学生活。回首来路,发现大学四年一事无成,一无所有。大学期间,学生作为意识的主体,应该清晰地知道自己的目标是什么?如何达到?何时达到?如何进行目标效果评价等。

(1) 设定目标。学生应从自我管理的需求出发,通过时间、精力、知识、学习、日程、行动、心态等方面,设计想要达到的目标预期效果;结合主客观实际情况,从自身个性心理特征的性格、气质、兴趣、能力、价值观的角度出发,了解自己能够高效完成设定计划的基准线;通过正确认知自己的角色和使命,判定什么样的行动能达到预期中的结果。最后,从大到小,从深入浅,从重到轻,层层确认所设定长期性、挑战性的愿景、计划、任务的完整程度,聚焦每月、每周、每天的工作、健康、学习、社会服务等下一步的行动。

(2) 执行计划。这个阶段需要有勇有谋,排兵布阵。①统筹兼顾。通过目标分类和项目清单等方式,优先选择更有价值的事情,合理分配任务;②劳逸结合。根据自身的精神状态调整计划清单,做到及时反馈,设立规则,自我奖励,动态多变,高效完成任务;③循序渐进。要遵循科学的原则在完成任务的过程中感受自己的变化,养成良好习惯;④和平共处。学生按照既定的目标前行,但过程中总会出现无法避免的误差,随之产生焦虑、恐惧和拖延的情绪与状态,在这种刺激和反应中制造空档,化被动为主动,为自己创造一个缓冲区域,降低心理落差,以应对负面情绪和突发情况。

(3) 评价反馈。学生设定的所有目标及计划,无论长短,都要有追踪、反馈及调整,主要目的是实时检测自己的行动有没有偏离方向。在反馈的过程中,我们要检查自身设定的目标是否清晰,是否具有较强的学习力和能动性,并且方便后续行动以及通过总结检验目标达成后的效果,并结合结果进行相应调试。

2) 技能管理

"有一技之长当能傍身"这句话,自儿时起长辈们的谆谆教诲就一直萦绕在耳边。技能是我们的能力体现,也是我们的生存之本。大学阶段是在我们的一生中有机会系统性地接受教育,全心建立知识基础,增长技能、积蓄能量的重要时期。①硬技能。硬技能是指工作实践中需要的专业技能,熟悉和精通某种特定专业领域的知识。如学科专业知识,考取各类证书等;②软技能。软技能则更多指因个人属性产出的能力,如人际交往能力、沟通能力、竞争能力、合作能力等。这些技能往往是个人品质和素养的载体,软技能使人们能更好适应环境,能与他人融洽地相处,表现出色并通过结合硬技能来实现目标。大学期间,提升沟通能力,协作能力,适应能力,组织能力,解决问题能力,人际交往等能力,同时拥有一技之长,无论在任何时候,任何场合,都有利于大学生得以未雨绸缪去迎接今后的各种挑战。

3) 时间管理

(1) 时间管理的重要性。时间是我们职业生涯规划中最珍贵的资源要素。如果我们把"时间碎片"找到,并拼接起来,你会发现其实你并不缺少时间。大学生的时间管理更多体现在授课时间之外的课余时间里。时间管理能力是大学生在学习和管理个人事务过程中理应具备的一种能力,同时也是提高学习业务能力,促进综合素质提升,面对激烈社会竞争而立于不败之地的重要科学规划途径。从某种意义上说，一个人的成就跟时间管理得好坏是成正比的。

（2）时间管理"四象限"法则。四象限是管理学家科维提出的时间管理的理论，指处理事情应分主次，确定优先的标准是紧急性和重要性，据此可以将事情划分为四个象限。

第一象限，重要又紧急。这个象限的事情在时间上具备紧迫性，并且十分重要，需要我们必须尽快做好的事情，需要立即行动去解决，如去医院看病，期末考试等。

第二象限，重要不紧急。该象限的事情需要长期坚持，在时间上不具备紧迫性，需要分解任务，制订计划，按部就班地去完成，如制订学习计划，维护人际关系等，这些对于个人的成长具有重大的意义。

第三象限，紧急不重要。有一些看起来很急的事情，需要我们去处理，实际上并不重要，但这种事情很容易因为太紧急而被定义为重要的事情，具有迷惑性。我们需要判断事情是不是和我们的长期目标相吻合，来决策事情的重要性，如果重要就把它归为第一象限，如果不重要就可以安排给其他人来处理或者延迟处理。

第四象限，不重要不紧急。这一象限里的事情大多为琐碎的杂事，不具备时间的紧迫性，也没有任何的重要性可言，但是我们却最喜欢做这种事情，这是时间被大量浪费的主要原因，如玩网络游戏、刷短视频等。

（3）时间管理有以下三种方法。

① 培养良好的时间意识。管理学家彼得·德鲁克曾指出："如果我们不能有效地管理自己，那么无论什么样的技巧、能力、知识或经验都无法造就有效的管理者。"大学生往往因为日积月累的生活习惯，产生出大量的"零碎时间"的片段，这些片段形成了时间中的大量浪费因子，使学生在学习、工作、生活中无法做到事不过夜、案无积卷。合理的作息时间、科学的时间安排、恰当的时间分配是效率最大化利用时间的有效途径。

② 掌控合理的时间分配。根据个人的目标、生理节律特点和客观条件来合理地分配时间，包括学习时间、休息时间、娱乐时间等。任何事情都要分清轻重缓急，做好计划表，按任务的重要性、紧急性优先级来协调安排时间，要把主要时间和精力集中在完成重要和紧急的任务上，让自己能够在精力最旺盛的时间段处理最重要、最困难的工作。能一次做完的事情，绝不反复拖拉，并且给自己预留一定的弹性时间，处理突发问题。减少使用手机和互联网的时间，多进行输入和输出的练习，如坚持整理课堂笔记等。

③ 明确个人的时间目标。我们用个人的价值观来决定自己的目标，了解管理时间对未来的重要性。在进入校园后，学生要快速度过理想真空期和高考释放期，把大学的目标当作高考目标一样重视，并设定数量合理和具体时限的目标。可以根据课程安排和自身学习情况，以学期、月或天为单位设立可实现的长期目标和短期目标，在长期规划的基础上，聚焦短期目标，减少内耗。让自己周围的环境更加和谐，同时也是让自己处在与自己价值观相同或相近的人群之中，这样能保持较好的情绪，事半功倍。

4）财务管理

在大学中，懂得如何理财有助于提高学生的自我管理水平和自我发展意识。智能化时代开启，人们的消费观念、消费意识、消费习惯都发生了变革，从纸币货币到数字人民币，人工智能的到来给人们的日常生活带来快速与便捷。对于没有固定收入，缺乏理性消费、理财意识、理财计划的大学生来说，智能化的生活就是一把双刃剑，可以助你一臂之力，也可以消磨人的意志,学生容易陷入过度消费、物质享受、奢靡之风、浪费之习的"温柔乡"。因此我们要树立财务管理意识,建立生活账目明细表。

(1)学会记账。建立自己的"小账本",对一个月的收支情况进行记录,看看"花钱如流水"到底流向了哪儿,哪些是必不可少的开支,哪些是可有可无的开支,哪些是不该有的开支。同时,可以开通网上银行,随时查询余额,对自己的资金了如指掌,并根据银行卡余额随时调整自己的消费行为。尝试记账和预算可以很有效地帮助学生安排自己的收入和支出,也可以减少不理性消费。

(2)学会兼职。兼职是一项不需要预付任何资本的纯增值方式,而且几乎没有什么风险。找一份合适的校外兼职,会进一步扩充自己的财务本金。这种理财"增值"方式,成为大学生理财的一个重要组成部分。

(3)学会节约。诸葛亮把"静以修身,俭以养德"作为"修身"之道。大学生要学会从小事做起,逐步养成节俭的习惯。学生时代饮食要营养均衡,着装要耐穿耐看,居住要简单实用,出行要省钱方便。例如,在学习方面,可以使用别人用过的课本、参考书等,以相对便宜的价格买入二手计算机等。

(4)教育投资。教育投资是理财的基础,是帮助大学生在将来取得良好职业发展同时获得持续稳定现金流的途径。在大学期间,大学生应该在学好专业知识的同时,提高外语水平、增强计算机能力和取得相关证书,并且掌握相应的理财知识,为以后生活中的投资理财打好基础。

(5)尝试创业。面对当今严峻的就业形势,创业已成为一种趋势,一些大学生在毕业前就开始采取应对措施,根据校园生活的特点开发市场,尝试校园创业。

面对瞬息万变的社会与日渐紧密的国际化趋势,拥有广阔的视野、学会多元化地思考问题是对每一位现代大学生提出的时代要求。只有在大量的阅读和学习实践中不断摸索才能养成良好的品行素质,在时光洪流中泰然自若。

【练习与实践】

20 个"我是谁"的填写

练习目的:认识并接纳自我

(1)20 分钟之内,写下 20 个"我是……"要求尽量反映个人特点,真正代表自己。

(2)将自己所陈述的 20 项内容从身体状况、情绪状况、才智状况、社会关系状况等方面进行归类。

(3)仔细分析自己的分类,从中得到启发。

资料来源:石建勋.职业生涯规划与管理[M].北京:清华大学出版社,2017.

4.2 大学学习

案例引导　习近平总书记曾对广大青年人做出这样的嘱托:"知识是每个人成才的基石,在学习阶段一定要把基石打深、打牢。学习就必须求真学问,求真理、悟道理、明事理,不能满足于碎片化的信息、快餐化的知识。要通过学习知识,掌握事物发展规律,通晓天下道理,丰富学识,增长见识。人的潜力是无限的,只有在不断学习、不断实践中才能充分发掘出来。"

4.2.1　学习理念

大学是青年时期最美好的人生阶段，也是知识累积和学习投入的最关键时期。作为一名大学生要树立符合社会发展需求的学习理念，将学习能力作为人生必备的能力，视为生活的需要，前进的乐趣，不断从中汲取知识，丰富自我，发展自我，提升自我，拿到进入智能时代的必备的"通行证"和"合格证"，做到"不积跬步，无以至千里。不积小流，无以成江海。"

1．自主学习理念

自主学习是一种能动的学习。正所谓"自得之学可以终身用之"，在大学期间，学生要养成自求和自知、善问和善思的学习习惯。要求学生有明确的学习目的，根据专业要求和社会需要，积极主动地掌握相关知识、技能和方法，自主确定学习目标、制定学业规划、拟订学习计划、检查学习效果，让自己真正成为学习的主人，养成和培养自主学习的能力，以适应社会发展和个体发展的需求。因此，学生在完成学校的"规定动作"之外，还要通过阅读、听讲、研究、观察和实践等手段使自己的知识与技能、方法与过程得到提高，不断扩充"自选动作"，完善综合素质能力。

2．终身学习理念

正所谓"活到老，学到老"，勤奋学习是中华民族自古以来的传统美德。从古至今，我们通过努力的终身学习实践，获得渊博的知识、完美的道德。从庄子的"吾生也有涯，而知也无涯"到韩愈的"书山有路勤为径，学海无涯苦作舟。"这些超凡的智慧都在劝诫后辈们，知识是没有边界的，我们需要在无止境的学习中，不断地进步，不断地探索，不断地更新，不能有厌倦之心，要建构起终身学习的优良习惯和学习理念。在科学技术日新月异的时代，知识的更替瞬息万变，人们不仅蕴藏着旺盛的学习积极性，也面临着被时代洪流淘汰的危机感。因此，学习不仅仅是在校期间的专利，也是个人在不同的人生阶段进行知识、技术、能力更替的迭代过程，这是人们持续一生都要完成的自我更新的使命。大学生只有抱定"终身学习"的理念，具有"不断充电"的紧迫感和行动力，为未来的生存和发展做好知识储备，才能处变不惊，不被社会淘汰。

3．全面学习理念

中国有句顺口溜："学好数、理、化，走遍天下都不怕"，这在当时的时代背景下，具有一定的社会现实性。然而随着如今科学、技术、经济的迅猛发展，现代社会对人的知识、能力和技术的整合应用等能力的要求越来越高，只有具备复合型人才的发展要求，才能在现代竞争中脱颖而出。

(1) 德才兼备。学生在大学期间，既要学习科学文化知识和学科专业技术知识，又要学习如何做人。

(2) 灵活运用。在学习过程中，不但要获取知识，更要注重培养运用知识的能力。

(3) 专精广博。在学习过程中，要处理好"博"与"专"的关系，做到理论与实际相结合。作为新时代大学生，不仅要具有扎实宽厚的学科知识，还要具有将知识应用于社会实践的能力和创新能力。在学好、学精专业知识的同时，应广泛涉猎相关学科知识。

4．研究性学习理念

研究性学习是大学学习的基本表现形式，研究性学习对大学生的学习素养提出了较高的要求,要求大学生在学习过程中充分发挥自身的主体性,具有问题意识和研究问题的能力,掌握基本的科研方法,养成批判性思维习惯,形成良好的思维品质,在探讨、领会和掌握前人的智力成果的基础上,产生新的思想和火花,不把自己固化在单一的频道上,学会主动探知新的知识领域,进入更高维度的频道。大学生进行研究学习的形式主要包括个体独立学习和小组合作学习。

4.2.2　学习方法

英国生物学家达尔文曾说:"最有价值的知识是关于方法的知识。"合理的学习方法能让人更快更持久地掌握知识。大学学习的有效性不仅与学习方法有关,也是个体不断发展、经验不断积累的导向结果。迈入大学校园,学生面临着全新的学习环境、学习模式、学习任务。学生通过专业知识学习、思想行为学习、应用技能学习,在科学研究方法和实验技术操作的过程中,逐步实现个体的长知、长智、长识、长技。

1. 选择性学习方法

选择性的学习方式在大学中较为常见。由于学分制的实施,学生可以根据自己的兴趣、爱好和智能优势方向自主选择培养计划内的所修课程、所需学分、所属分组以及选择课程中对应的任课教师。这种学习方式,可以激发学生的主体意识,使学生在个体选择中学习,在自主学习中选择,在选择中谋求自身发展,学生既是学习活动的选择者,也是学习活动的实践者。

(1)课程的选择。学生根据课程分布和学分需求,可以在培养计划范围内自主选择感兴趣的学科和课程,为个体发展的主动探究、自主学习提供了广阔的空间和足够的时间。

(2)教师的选择。学生依据任课教师的学科研究和发展方向,自主选择适合所选课程的教师作为任课教师。教师和学生研究方向一致,可促进教师在授课中,与学生的心理磁场更好融合,学习氛围更加和谐,沟通交流也更为顺畅。

(3)合作对象的选择。这个选择可以是课上的协作小组、课下的作业成员,也可以是课题的合作团队,社团的部门干事,无论是同一内容上选择,还是同一方式上的合作,对于学生来说能够自由组合,比较灵活。

(4)学习方式的选择。大学的多元化学习方式从发展性、融合性、多面性的角度,充分尊重学习过程中存在的个体差异。学生选择适合自身学习方式,可以有效地提高学习效率,同时根据学生自己认知发展的特殊性以及不同的学习需要,促使他们主动参与到教学过程中。

2. 探究性学习方法

这种学习方法是学生在自主学习的基础上,通过更深层次研究情境,在"问题导向式"的引导下,发现问题,探索问题,解决问题,形成主动参与、主动调查、主动分析、主动表达的一种学习过程。这种主观能动性的产生,培养大学生在学术领域、现实生活以及社会实践中,获取的创新能力和探索精神。

(1)提出问题。用来探究科学性问题,问题的来源出自学生、任课教师、学习材料或其他途径。

(2)收集资料。针对问题收集事实证据,可以通过资料整理获得数据链条。

(3)形成分析。从数据分析结果出发,总结事实,形成解释。

（4）做出评价。独立地考察其他事实来源，建立事实与已有分析的联系。

（5）阐述观点。根据事实依据，阐述和论证自己的认知及观点。这种学习方式，有效地转变"灌输式"的传统教学模式，使学生从"知识的接收者"转变为"知识的探索者。"

3. 发现性学习方法

这种学习方式是不仅仅局限于"学会什么知识"，而是启发学生主动地去发现知识的结构、理论和规律，学会在获得知识的基础上"如何去学习"。进入大学后，知识的获取方式不再是传统的"老师讲，学生听"的教学模式，独立学习，独立思考，独立进行思维建构，最大限度地改变学生被动接收知识并记忆的思维习惯，发挥学生自主学习的积极性、主动性，正如孔子所言："不愤不启，不悱不发。举一隅不以三隅反，则不复也。"

（1）知识的学习。进入大学，我们学习的知识内容更为复杂多样，从基础性知识更迭为专业性强的学科知识，知识点深且广，从分科学习到交叉学科研究，是一个让学生主动探索、研究、辩论的学习过程。

（2）发现性思维培养。我们运用丰富的想象力，调动思维力的探索性，在基础知识累积的覆盖面上获得更多前瞻和未知的内容和领域，最终达到对所学知识的理解和掌握。我们的记忆过程是一个解决问题的过程，自己发现的知识才是真正属于自己的东西。

4. 再生性学习方法

我们常说"温故而知新，可以为师矣"，通过温习已学的知识，并从中获得新的领悟，知识的"再生"，就是在人们理解记忆和机械记忆的基础上，重新进行记忆点"自我修复"的一个过程。再生性学习也就是重复性学习。这种学习的方式往往需要经历三个阶段。

第一阶段，课前参与。大学课程的讲授内容一般多且讲授快，学生会经常性抱怨授课内容不够详尽，这其实是对大学教学方式的认识不足所致。大学课堂学的是"知识的精要"，真正的功夫是要下在课堂之外，你要做自己学习的监督者。学生拿到教材后，就应以浏览的方式过一遍，掌握整体框架，并在上课前参与预习相关内容，对即将学习的知识要点有一个整体的认知，便于在日后的预习中能"以后补前"。

第二阶段，课上听讲。在校园里，学生一天中有过半的时间都是在课堂上度过，大学课堂的学习氛围较为宽松，经常能看到老师在台上授课，学生在台下卧倒一片的场面。失去监管的大学课堂，学生就像放飞的气球，失去了聚精会神和认真听讲的能力。在大学的每一个课堂上，把认真成为习惯，跟随老师的思路，边听边思考，你会很享受这种高质量的动作给你带来的好处，而大学有四年的时间让你持续地培养这个能力。当然，如果在大学里将持续散漫形成习惯后，在今后工作、学习和生活中，也很难让自己专注投入。

第三阶段，课后巩固。课后复习是重复学习前两个阶段接收的知识点，"课前参与"主要的表现为接受性的学习；"课上听讲"是对知识的消化和理解；而此后的对知识深化的过程便是"重复性学习"。这三个阶段是一种由此及彼的梳理和举一反三的升华，也是与遗忘斗争的有力武器。

著名心理学家艾宾浩斯对遗忘现象研究发现，人们对学到的新知识，一小时后只能保持44%，两天后只留下 28%，6 天后只剩下 25%。这些数据表明，知识刚学过之后，遗忘特别快，经过较长时间以后，虽然记忆保留的量减少了，但遗忘的速度却放慢了。显而易见，复习的最佳时间是记材料后的 24 小时以内，最晚不超过两天，在这个区段内稍加复习即可恢复记忆。过了这个区段因已遗忘了材料的 72% 以上，所以复习起来就"事倍功半"。

(1)课后回忆。也称"尝试回忆"或"试图回忆",即在听课的基础上,把所学内容回忆一遍,它具有检验听课效果的作用,也有学生把课后回忆叫作"过电影",如果能顺利回想,就证明听课效果好,反之就应寻找原因,改进听课的方法。

(2)精读教材。对课堂上未完全理解或在回忆中未能再现的内容要着重精读教材,精读时要把握要领,从多个角度分析同一个内容,并有意识地加强对易混淆概念的辨析。

(3)整理笔记。听课和授课时间有限,难免会产生记忆遗漏点,课堂上能否准确、快速地记录老师的授课思路、讲解内容,对于课后的笔记整理、补充更新有着重要的搭桥作用。此外,在课后复习中,可能会有新的发现、新的体会,也需要补充到笔记中去。而正确的记笔记方式是 80% 时间用来听,20% 时间用来记录,这样记忆和理解水平才可能大幅度提升。

第一,康奈尔笔记法。这一方法几乎适用于一切讲授或阅读课,特别是对于听课笔记,这种方法是记与学、思考与运用相结合的有效方法。首先把笔记本分为提示栏、笔记内容、总结三部分,记录笔记时,只把笔记写在第二部分栏中;其次进行课后总结,课后要点写在左边第一部分提示栏中;复习的时候,复述所学内容,用自己的话总结要点写在页面下方第三部分总结栏中;最后要多次记忆,每周至少花 10 分钟重读某科笔记。

第二,符号记录法。符号记录法就是在课本、参考书原文的旁边加上各种符号,如直线、双线、黑点、圆圈、曲线、箭头、红线、蓝线、三角、方框、着重号、惊叹号、问号等,便于找出重点,加深印象,或提出质疑。什么符号代表什么意思,你可以自己掌握,但最好形成一套比较稳定的符号系统。使用符号记录法要注意四点:①读完后再做记号。在还没有把整个段落或有标题的部分读完并停下来思考之前,不要在课本上做记号。②要善于选择。不要一下子在很多项目下划线或草草写上许多项目,这样会使记忆负担过重。③用自己的话。页边空白处简短的笔记应该用你自己的话来写,这些话会成为这一页所述概念的提示。④要整齐。符号要尽量整齐,而不要胡写乱画,否则会影响你以后的复习和应用。

(4)习题练习。练习包括书面作业、实际操作等,在练习中要理解教材的基础,有针对性,针对重点难点练习,同时要留心总结解题方法,寻求解题规律,以收到举一反三、触类旁通的效果。

5."思维导图"学习方法

"思维导图"由英国著名心理学家、教育家东尼·博赞在 1971 年发明。东尼·博赞在大学时代遇到了信息吸收、整理及记忆的困难问题后,在研究大脑的力量和潜能的过程中,发现达·芬奇在他的笔记中使用了许多图画、代号和连线,在此基础上形成了综合运用文字、符号、图片、色彩的图形化思维,以树状发散结构直观展示知识结构,呈现思考过程和知识点间的关联关系。

(1)思维导图的绘制。思维导图是一种放射性思维的具体体现,把主题放在中央图形上,沿中央图形向四周放射,引申出其下的次级主题,形成较高层次的分支,次级主题由关键图形或关键词组成,从而引发新的联想,以次级主题为发射点,再次产生分支结构,依此方式逐次进行展开,将所有的主题放在一张图形上,各分支形成一个连接的节点结构,并且末端开放。这种放射性思考方法,不仅可以加速资料的积累量,更能将数据依据彼此间的关系分层分类管理,更系统地完成资料的储存、管理及应用,提高大脑运作的效率。

(2)思维导图的作用。在大学生的自主学习中,可以通过思维导图确定学习计划和目标,规划学习过程,提高课堂学习效率。大学课堂需要在短短的两节课时间内传递大量的信息,有的课程的教材厚达 400 多页,而课时却往往只有 32 个学时或 48 个学时,平均到每节课需要讲授 10 多页的内容。学生每天要上 2～3 门课不等,大量的知识需要在短时间内学习,这就需要有高效的知识管理方法来帮助对所学知识进行有效的梳理,达到理解和掌握知识的学习目的。为了记录学习内容和整理自己的思想,学生在课堂上一般需要做笔记,如果使用思维导图做笔记,可以用关键词或课堂教师所讲的主题作为中心主题,从这个中心出发辐射一系列的线,线的另一端是主题的次一级主题,线上面记载讲授内容的重点关键词,依次向外延伸,就可以建立一个表现形式多样、层次分明、色彩丰富、重点突出的笔记思维导图。

(3) 思维导图的使用。作为有效的学习工具,还可以使用思维导图进行知识的巩固和复习迎考。例如,当你看到"奥运会"三个字的时候你会想到什么? 首先,你是不是会想到北京奥运会、圣火传递、奥运村等。这些词语伴随着图像迅速在你的脑海里一一浮现。也就是说,我们的大脑是从一个点出发,联想到很多相关的点,这是我们的大脑思考问题的第一步。第二步,再把联想到的相关知识点进行归纳和整理。思维导图的画法,也就是按照这两个步骤来的。很多学生在考前复习时,都是拿着书本没有目的和规律地背诵,脑海中的知识都是一些杂乱的碎片,等到考试结束,脑子里剩下的就已经不多了。如果在复习的过程中,利用思维导图的方式,可以有效地避免这个问题。首先,学生可以利用课堂上所做的思维导图笔记,再现当初课堂的学习过程,温习和记忆课堂讲授的内容,然后重新绘制新的思维导图复习笔记。从小到大,建立知识框架,先把某一课程的某节内容做成一个小的思维导图,然后在此基础上扩展到章节思维导图,最后将一本书的内容在每章的思维导图基础上生成一张清晰而形象化的综合性大图。通过线条连接可以轻而易举地发现各个重要方面之间的内在联系;使用不同的色彩区分章节内容,利用色彩的刺激效果来加深记忆;将关键词和颜色、图案联系起来,充分发挥大脑的潜能,形成永久记忆,不易遗忘。

(4) 发散思维的养成。思维导图的结构和原理跟脑细胞的活动完全一样。从一个点到四周无限扩展的发散性思维,才符合大脑的本性,因此在激发人的发散性思维方面,威力惊人。思维导图树状的发散结构和图文并茂的组织形式,是一种开发思维潜力,提高思维能力简单高效的工具,我们可以利用思维导图工具来指导大学生进行发散思维训练。

6. SQ3R 学习法

SQ3R 学习法是美国爱荷华大学心理学教授罗宾逊所提出的一套读书方法。SQ3R 具体分为浏览、提问、阅读、背诵、复习五步。

(1) 浏览。浏览就是对全书进行快速浏览,弄清这本书的基本内容,对作者的基本观点有一个初步印象。

(2) 提问。大学生在学习过程中,不仅要学会解决问题,而更重要的是学会提出问题。在读书时,要透过书中表面字句去捕捉问题,敢于在无疑处生疑,提出自己的设想。有了问题,就会进一步去探索,从而可能提炼出新观点。例如,可以采用把标题改成问题的形式。如把标题"职业生涯规划"改为"什么是职业生涯规划,它有什么性质"。这样就会对阅读产生好奇心,在这种任务驱动下能更好地集中注意力。

(3) 阅读。经过浏览全文和提问这两个步骤,接下来就是精心细读教材了。此时的阅读目的很明确——解决自己提出的问题,所以应按每一章节进行阅读,边读边想自己曾经提出的问题,并用铅笔把自己认为重点及难点的地方分别用"☆"和"?"等符号做标记。

(4) 背诵。不是指逐句地复诵或默记,而是指在理解的基础上,集中精力把有关章节的中心思想和基本观点牢记在脑中。这是预习甚至复习过程中一种非常有效的学习模式。

（5）复习。对教材的每一个章节都进行了前四个阶段的操作以后，还要进行综合整理，使知识更加系统化，以达到"鸟瞰全局"的效果。

4.2.3　学习资源

大学时代可以说是人生征途上的黄金时代，思想意识的形成和变化、身体各部分的发育和成熟、智力的升级和稳定，都将在大学时代完成。随着社会的进步和高校教育的不断革新，成熟的专业知识体系、各级教师的教学经验、完善的图书馆资源、灯火通明的自习室、先进开放的实验室等这些高校学习资源的投入和使用，使大学生不仅能在校园内得到更为优质和丰富的线下学习资源，也能利用网络学习资源，有效提升自己的学习成效。

1. 慕课 MOOC 学习

MOOC 指的是大规模开放在线课程。慕课在中国起步于 2013 年，特别是新型冠状病毒感染疫情期间，全国高校利用慕课与在线教学开展了一场史无前例的大规模在线教学实践，不仅成功应对了新型冠状病毒感染疫情带来的停教、停学危机，而且掀起了一场高等教育领域的"学习革命"。据教育部发布的信息，截至 2022 年 2 月底，我国上线慕课数量超过 5 万门，选课人次近 8 亿，在校生获得慕课学分人次超过 3 亿，慕课数量和学习人数均居世界第一。慕课汇集了全世界顶尖高校的优势课程，其开放度及个性化能大大满足各类学生的需求，为大学生获取学习资源带来机遇。

（1）学会选课。选课是慕课学习的重要环节，要知道如何选好课（讲得好的），选对课（你需要的）。所谓选好课，就是要选名校名家的课程，选讲得好的课程学习。而选对课，就是选择当下最需要的课程，真正感兴趣的课程。在慕课的学习之初，学习者应该选择跟自己的学习、生活和工作密切相关的课程。

（2）善用资料。慕课的形式是多种多样的，较为常见的是视频、讲义、作业和项目的组合。加之慕课的学习是以完全在线的形式展开的，因此在学习慕课的过程中，学习者是否能充分利用好课程所提供的所有学习材料，就显得尤其重要。

（3）管理时间。慕课及其他网络课程的学习不受时间限制，大学生可以在自己认为合理的时间进行学习，同时还可以根据需求重复进行，或者有重点地选择部分内容进行巩固。但是在慕课学习过程中，有的学生选取了太多的课程，无法合理分配并管理好自己的慕课学习时间，其结果势必导致辍学。

（4）记好节点。目前，许多慕课都只是持续数周。这样在选课、学习和考核的各个不同时间段，记好课程时间节点就显得尤其重要。如果学习者事先注册了课程，原本计划学习，但是忘记了课程开课时间，就变成了一种"爽约者"了。同时，学生在学习慕课的过程中，应当弄清楚课程评分政策。

（5）在线互动。慕课最大的优点就在于学习者互动参与。因此在慕课学习的过程中，大学生应当用好在线论坛，积极参与课程社群中的互动和交流，尤其是要把同时修读慕课的其他来自世界各地的"同学"视为重要的资源，通过在线论坛和社群中的互动交流，在向慕课讲授者学习的同时，向来自世界各地的学习者学习。

2. 科研参与

科研参与为大学生积累学习经验、发展自己的兴趣和潜能提供良好机会。无论是独立开展科研活动还是参与他人的科研项目,大学生积极参与科研活动可以提升其发现问题、解决问题的能力,从而最终促进自身思维水平和整体认知水平的提高。

(1) 培养科研兴趣,提高创新意识。科研兴趣是指对不确定事物或未知事物进行追求和探索的愿望,并期望运用科学方法参与探索实践的自觉行为。人人心中都有兴趣的种子,但并非人人生而具有科研兴趣,科研兴趣需要培养、需要熏陶。在大学的环境里,教学课堂、图书馆、实验室,甚至是寝室等都可以成为学生探索未知的场所,不管是专业内领域,还是专业外的视角,都是一个提出问题、解决问题、分析问题的创新过程。

(2) 明确科研目的,培育人格素养。很多高校都有相应的"大学生科研训练计划",以本科生导师、本科生科研项目等形式,吸引广大学生参与科研实践。在参与科研项目的过程中,也是培养学生务实的科学态度,百折不挠的探索精神和奋斗精神的重要经历。

(3) 参与科研实践,深化专业知识。对于大学生而言,做好科研的两个必备条件是进行科研选题和导师选择。很多学校为本科生设立了专项科研项目,学生只要学有余力就要积极申报。参与科研也是充实、巩固,检验理论联系实际的效用,激发学生求知欲,提高知识运用能力和动手实践能力,并且懂得用"科研"的头脑去思考问题。

(4) 选好科研团队,学会合作共享。大学生科研团队一般是按"课题制"组建的课外研究团队。该科研团队是为了解决一个相对独立、内容较单一、周期一般较短、规模不大的研究项目而组建而成。同时可以通过学术会议、学习方法和学习工具等交流渠道,掌握不同的知识面和共享资源,创建团队积极向上的交流合作氛围。

3. 图书馆

从中外高校图书馆的发展来看,高校图书馆的产生,满足了人类传承文化的需要,是人类文化传承和创新的基础性设施。进入大学,我们发现课内学时大幅度减少,知识信息量明显增加,参考书刊的作用相对提高,主动式学习取代被动式学习,这些模式的变更使得学生花费在课堂之外的时间远大于课堂之内的时间。因此图书馆的丰厚资源,成为大学生将课内学习转化为课外学习的必备场所。

(1) 熟悉图书馆。大学新生入学后,首先,了解本校图书馆的硬件资源,包括图书馆的馆藏资源和图书馆馆舍结构,如书库、阅览室、信息共享空间、研修室等;其次,掌握图书馆的软性资源,如建馆历史、工作流程、分类规则、阅览地点、借阅方式、规章制度、服务咨询、学科服务、展览咨询以及其他活动。

(2) 要学会阅读。古人云:"凡读书:整容,定心,看字,断句,慢读;务要字字分晓。"图书馆被誉为大学的心脏,是大学生最理想的阅读场所。习近平总书记在首届全民阅读大会上指出:"阅读是人类获取知识、启智增慧、培养道德的重要途径,可以让人得到思想启发,树立崇高理想,涵养浩然之气。中华民族自古提倡阅读,讲究格物致知、诚意正心,传承中华民族生生不息的精神,塑造中国人民自信自强的品格。"对于大学新生来讲,图书馆是大学的第二课堂,在享受阅读的同时,还要制订自己的读书计划,促使学生养成主动学习的习惯,建立良好的学习氛围,培养广泛的阅读兴趣。

(3) 掌握专业知识。教师在课堂上传授的多是专业基础知识,而图书馆备有各个专业的多种教材、参考书和专业刊物。大学生应充分利用图书馆的多种信息资源,翻阅与专业相关的书籍,了解本专业的全貌、前沿和发展趋势,并通过在图书馆的学习加深对课堂教学内容的理解,主动探询和掌握最新的专业知识。

(4)移动图书馆。高校的移动图书馆具有使用灵活、不受时空限制、检索速度快、传递迅速、同时支持多用户使用等一系列优点,因而成为高校图书资源的重要组成部分。学生可以使用各种移动设备,如智能手机、平板电脑等接入,实现资源一站式检索,全文阅读下载。同时,还能实现馆藏书目信息及个人借阅信息的查询、图书预约和续借等功能。这就极大地方便了学生在图书馆以外的地方进行借阅。

4. 学术讲座

现代大学的学术讲座,又称学术演讲或学术报告,是指某一学科领域的专家学者、知名人士围绕相关主题在一定的时间内,将自己的观点或知识以报告或演讲的方式传授给听众的一种学术活动。我国历来就有讲学的传统。早在春秋战国时期,孔子、老子、孟子等大师就经常召集弟子在身边对他们进行上至天文下至地理的教育。如今大学教师与学生进行思想交流、思维碰撞、学术讲座、课堂讲授与辩论都是学习知识与创造知识必不可少的方式。而其中又以学术讲座为知识浓缩与思想精华之亮点。学术讲座作为学者思想的凝聚,也是学子汲取知识营养的途径,让在校的大学生真正实现"足不出校,便知天下事"。

(1)讲座目的。社会发展与科学研究日新月异,我们可以从讲座中了解理论发展和科学研究的最新动态,分享演讲者学术生涯中的研究成果和研究心得,并领略讲演学者们的文化底蕴、治学态度、学术精神以及人格特征,彰显学术研究之无穷魅力。华裔诺贝尔奖获得者丁肇中先生在《个人陈述写作思路之案例篇》中曾指出,他之所以踏上科学研究的道路缘于曾经聆听一位诺贝尔奖得主的讲座,他认为该讲座对他走向科学研究之路产生了深远的影响,并促使他的研究兴趣转向实验物理学领域。

(2)讲座类别。大学里的讲座可以分为指导性和学术性两类。在指导性讲座中,演讲者能给我们以切实的人生指导。通过听讲座,我们有机会和来自各个方面各个行业的优秀者接触,有机会分享专家、学者们的研究成果,领略他们的人格魅力。这样,大学讲座的作用才能得到真正的发挥,讲座才能成为我们大学学习生活的重要组成部分,才算真正地使用了讲座这一资源。百度创始人李彦宏曾在一次访谈中说道,他在北大听过的讲座不计其数,除了专业内容外,还涉及哲学、宗教、艺术等各种知识。

(3)讲座信息。获取相关的讲座信息,最简单的途径就是关注学校的各类网站和公告栏。一般来说,主办方会提前在相关场所发布线上、线下的讲座信息,可以通过查看学校里专门网页来获取近期讲座的详细资料,也可以在公告区最醒目、人流最密集的地段查询张贴的宣传资料。

(4)讲座笔记。讲座的笔记记录相对有些难度,既没有板书,一般也不会有明确固定的主题思路,主讲人所传达的内容也比较宽泛,甚至多条主线并行开展,因此要认真听,抓住重点记。同时,还要记下讲座者的个人信息、讲座题目、主要内容。讲座者一般在开讲之前对自己进行自我介绍,有时还会留下自己的联系方式,如电话、微信号、邮箱等相关信息。

4.2.4 学习能力

联合国教科文组织出版的《学会生存》一书中有这样一句话:"未来的文盲,不再是不识字的人,而是没有学会怎样学习的人。"当今社会出新的事物层出不穷,作为新时代的大学生,需要在知识和信息总量呈几何级数增长的社会中,拥有持续学习和不断创造的能力,在学习和生活中完善知识的填充和积累。因此,学习能力是大学生具备的首要本领,它的强弱决定了大学生的学业成绩、成长方向乃至就业发展。学习能力就是运用科学的学习方法独立地获取信息、加工和利用信息、分析和解决实际问题的一种个性特征。

1. 自学学习能力

自学能力也就是举一反三或无师自通的能力。中学时老师会一次次重复课本内容,但进了大学后,老师只能充当引路人,学生必须积极主动地探索、学习和实践。在大学四年,要学会从一个被填充知识的人,变为自学知识的人,要学习思考的方法,培养举一反三的能力。大学生不应该只会跟在老师的身后亦步亦趋,而应当主动走在老师的前面。最好的学习方法是在老师讲课之前就把课本中的相关问题琢磨清楚,然后在课堂上对照老师的讲解弥补自己在理解和认识上的不足之处。

2. 批判学习能力

每一件事情,都有多种看法,不是只有一个非黑即白的答案。不同的人有不同的意见,每个意见都值得了解和珍惜。不要被教条束缚,要学会用不同的观点来看问题。怎么样培养批判式思维能力呢?就是我们在每碰到一个知识点时,不但要学会问"为什么",还要学会问"为什么不"。"为什么一定是这样,为什么不可能是那样?"这会让你更深入地了解问题的本质。

李开复在演讲中提到创新工场的同事王俊煜是北大元培班的高才生,毕业后进入了谷歌。谷歌公司有非常强烈的工程师文化,每做一个产品,都想着技术如何酷,如何难以被竞争对手效仿。但谷歌工程师较少去想,用户要这个东西有什么用。王俊煜是个特别重视用户体验的人,十分在乎用户的感觉。他深深地了解,一个产品不论技术有多难,如果用户不喜欢用,还是无法取得成功的。他在谷歌的时候就多次因研发思路不同和人发生争执,但因为公司里的工程师文化,他的声音经常被淹没。那时,大部分用户体验设计师都会"识相"地去做强势、资深的工程师希望做的东西,但王俊煜执着地提出自己的想法,在改进产品上做出了重要的贡献,并从这个过程中学到了很多东西,也得到了工程师的尊敬。批判式思维给了他信心,于是他决定加入创新工场,成为"豌豆荚"的共同创始人。后来,"豌豆荚"发展成为创新工场投资的所有产品里用户评价很高的一个。

3. 创新性学习能力

创新是一个人创造力的来源,大学生在日常的学习和工作中,能以发散性思维和创造性思维为核心,在学习中善于感悟、兼收并蓄,发现问题、解决问题,是创新精神和实践能力的结合。大学生能够从不同的角度地培养创新意识,开发创新能力、陶冶创新个性,树立高层次的学习价值观、理解创新性学习过程,构建科学的学习模式,培养他们适应社会和工作的需要。学生现代社会创新型人才也成为各大企业竞相争夺的对象。所以,在校期间培养自己的创新意识,结合学习的实践和未来的设想,独立思考,大胆探索,标新立异碰撞出新的观点,开拓思维,活跃想象力,使自己向创新型人才靠拢。

4. 融会贯通学习能力

在大学的学习中,必须遵循整体性原则,把各种知识作为相互联系的整体来对待。对任何知识的理解,总是以已有经验、知识为基础,如果各自知识是孤立的,将会影响利用这些知识关系去理解新的问题。好比白色光是由七种不同颜色的光按不同比例混合而成,如果缺少一种颜色,就不能形成白色光。因此将需要学习的多种多样的知识,分层次地组织起来,联系起来,不仅便于记忆、便于应用,而且通过知识的新组合,知识的信息量会激增,走向有序,形成新的概念和方法。

5．辩证思维学习能力

任何概念是抽象的也是具体的。掌握概念不仅是从个别到一般的过程,而且也包括一般再回到个别的过程。只有经过这样的反复才能真正掌握概念。认识的辩证过程是"从生动的直观到抽象的思维,并从抽象的思维到实践"。抽象思维是运用概念、判断、推理反映现实的过程。抽象思维撇开事物的具体形象,抽取事物的本质属性。大学生要学会运用抽象思维。另一种思维方式是形象思维,形象思维是以形象作思维的运动形式,以感情做思维运动的动力,并带有想象、联想和幻想的思维活动。概念、定理是严肃、抽象、呆板的,而对于具有辩证思维能力的人,这些定理、概念在他们的心中都是活泼、具体、生动而有感情的。大学生们在学习中不可被定理、概念抽象的外表所阻碍,要努力发掘它们内在的、活生生的内涵,要从感情上去理解,从而把握它们。

【练习与实践】

尤金·劳德赛创造力倾向测试

测试时,只需在每一句话后面用一个字母表示同意或不同意,同意的用 A,不同意的用 C,不清楚或不确定的用 B。回答必须准确、诚实。

1．尤金·劳德赛创造力倾向测试内容

(1) 我不做盲目的事,也就是我总是有的放矢,用正确的步骤来解决每一个具体问题。

(2) 我认为,只提出问题而不想获得答案,无疑是浪费时间。

(3) 无论什么事情要我产生兴趣,总比别人困难。

(4) 我认为合乎逻辑的、循序渐进的方法,是解决问题的最好方法。

(5) 有时,我在小组里发表的意见,似乎使一些人感到厌烦。

(6) 我花大量时间来考虑别人是怎样看待我的。

(7) 做自认为是正确的事情,比力求博得别人的赞同要重要得多。

(8) 我不尊重那些做事似乎没有把握的人。

(9) 我需要的刺激和兴趣比别人多。

(10) 我知道如何在考验面前,保持自己的内心镇静。

(11) 我能坚持很长一段时间来解决难题。

(12) 有时我对事情过于热心。

(13) 在特别无事可做时,我倒常常想出好主意。

(14) 解决问题时,我常单凭直觉来判断"正确"或"错误"。

(15) 解决问题时,我分析问题较快,而综合所收集的资料较慢。

(16) 有时我打破常规去做我原来并未想要做的事。

(17) 我有收集东西的癖好。

(18) 幻想促进了我许多重要计划的提出。

(19) 我喜欢客观而又有理性的人。

(20) 如果我在本职工作之外的两种职业中选择一种,我宁愿当一个实际工作者,而不当探索者。

(21) 我能与我的同事或同行很好地相处。

（22）我有较高的审美感。

（23）在我的一生中，我一直在追求着名利和地位。

（24）我喜欢那些坚信自己结论的人。

（25）灵感与成功无关。

（26）争论时使我感到最高兴的是，原来与我观点不一致的人变成了我的朋友，即使牺牲我原先的观点也在所不惜。

（27）我更大的兴趣在于提出新建议，而不在于设法说服别人接受建议。

（28）我乐意自己一个人整日"深思熟虑"。

（29）我往往避免做那种使我感到"低下"的工作。

（30）在评价资料时，我认为资料的来源比其内容更为重要。

（31）我不满意那些不确定和不可预计的事。

（32）我喜欢一味苦干的人。

（33）一个人的自尊比得到别人敬慕更为重要。

（34）我觉得力求完美的人是不明智的。

（35）我宁愿和大家一起工作，而不愿意单独工作。

（36）我喜欢那种对别人产生影响的工作。

（37）在生活中，我常碰到不能用"正确"或"错误"来加以判断的问题。

（38）对我来说，"各得其所""各在其位"，是很重要的。

（39）那些使用古怪和不常用的词语的作家，纯粹是为了炫耀自己。

（40）许多人之所以感到苦恼，是因为他们把事情看得太认真了。

（41）即使遭到不幸、挫折和反对，我仍能对我的工作保持原来的精神状态和热情。

（42）想入非非的人是不切实际的。

（43）我对"我不知道的事"比"我知道的事"印象更深刻。

（44）我对"这可能是什么"比"这是什么"更感兴趣。

（45）我经常为自己无意中说话伤人的行为闷闷不乐。

（46）纵使没有报答，我也乐意为新颖的想法花费大量时间。

（47）我认为"出主意无甚了不起"这种说法是中肯的。

（48）我不喜欢提出那种显得无知的问题。

（49）一旦任务在肩，即使受到挫折，我也要坚决完成。

（50）从下面描述人物性格的形容词中，挑选出 10 个你认为最能说明你性格的词。

精神饱满的	有说服力的	实事求是的	虚心的	观察敏锐的
谨慎的	自高自大的	有主见的	有献身精神的	有独创性的
性急的	高效的	乐于助人的	坚强的	老练的
有克制力的	热情的	时髦的	自信的	不屈不挠的
有远见的	机灵的	好奇的	有组织力的	铁石心肠的
思路清晰的	脾气温顺的	不拘礼节的	有理解力的	有朝气的
严于律己的	精干的	讲实惠的	感觉灵敏的	无畏的
严格的	一丝不苟的	谦逊的	复杂的	漫不经心的
柔顺的	创新的	泰然自若的	渴求知识的	实干的

好交际的　　　善良的　　　孤独的　　　　不满足的　　　　易动感情的
束手无策的　　足智多谋的　　爱预言的　　　拘泥形式的

2. 尤金·劳德赛创造力倾向评分方法

本测试一共 50 道题，包括前 49 道题 A、B、C 选项对应的分数以及第 50 题性格分数，加上可得总分。前 49 道题 A、B、C 选项对应的分数见表 4-1。

表 4-1

题目	A	B	C	题目	A	B	C
1	0	1	2	26	−1	0	2
2	0	1	2	27	2	1	0
3	4	1	0	28	2	0	−1
4	−2	0	3	29	0	1	2
5	2	1	0	30	−2	0	3
6	−1	0	3	31	0	1	2
7	3	0	−1	32	0	1	2
8	0	1	2	33	3	0	−1
9	3	0	−1	34	−1	0	2
10	1	0	3	35	0	1	2
11	4	1	0	36	1	2	3
12	3	0	−1	37	2	1	0
13	2	1	0	38	0	1	2
14	4	0	−2	39	−1	0	2
15	−1	0	2	40	2	1	0
16	2	1	0	41	3	1	0
17	0	1	2	42	−1	0	2
18	3	0	−1	43	2	1	0
19	0	1	2	44	2	1	0
20	0	1	2	45	−1	0	2
21	0	1	2	46	3	2	0
22	3	0	−1	47	0	1	2
23	0	1	2	48	0	1	3
24	−1	0	2	49	3	1	0
25	0	1	3				

第 50 题对应分数如下。

● 下列每个形容词得 2 分。

精神饱满的　　观察敏锐的　　　不屈不挠的　　　柔顺的　　　　足智多谋的
有主见的　　　有献身精神的　　有独创性的　　　感觉灵敏的　　无畏的
创新的　　　　好奇的　　　　　有朝气的　　　　热情的　　　　严于律己的

● 下列每个形容词得 1 分。

自信的　　　　有远见的　　　　不拘礼节的　　　一丝不苟的　　虚心的
机灵的　　　　坚强的

- 其余形容词得 0 分。

3. 将分数累计起来,对应下列得分区间,即可做出判断。

- 110～140 分,表示创造力非凡。
- 85～109 分,表示创造力很强。
- 55～84 分,表示创造力强。
- 30～54 分,表示创造力一般。
- 15～29 分,表示创造力弱。
- －21～14 分,表示无创造力。

资料来源:韩薇,吴玉娟,杨晓梅.理科学生创造力水平及其影响因素调查研究——以宁夏大学学生创造力测试调查为例 [J].中学物理,2020(7):38.

4.3　大学生社会实践与素质拓展

大学有小型社会之称,但常年生活在象牙塔中的学生群体,毕业后往往难以融入社会,究其缘由,主要是因为全部精力都投射在学业之中,而忽略了自身的动手能力、实践能力和创造能力,这也从另一方面造成了学生过于理想化的职业规划与社会需求之间存在的脱节现象。大学期间,学生社会实践机会的增加与能力的提升,不仅能够促进学生的全面发展,还能让其更加真切地了解到现实状况与社会需求,制定出符合实际情况的职业生涯规划。因此,大学生面对巨大的就业压力,需要不断提高自己各个方面的才能,苦练"内功",这样才会在社会激烈的竞争中脱颖而出。

4.3.1　社会实践中的个人成长

社会实践对于在校大学生具有巩固专业知识、确认就业方向、职场准备过渡、增强竞争优势等多方面意义。《习总书记叮嘱我们要当实干家,不做"空里客"》这篇文章中反复出现一个词——"社会实践"。习近平总书记说:"知识分子尤其是当代大学生要明确所肩负的历史使命,光有成才的愿望和条件不够,还必须深入实际,向实践学习,向工农学习,甘当小学生,在火热的社会生活中锻炼成长。"大学生在掌握基础理论的同时,不能忽视能力的培养,只有把理论和实践相结合,把知识和能力相融通,深入社会,了解社会,服务社会,才能学有所用,发现自身不足,适应日新月异的新变化、新情况以及新问题,在锻炼中成长,在实践中成才,在复杂的科学研究和生产实践中,有所发现,有所发明,有所创造,有所前进,形成沟通能力、分析能力、应变能力和团队合作能力,为今后走出校门、踏进社会创造充分而有利的条件。

1. 社会实践的内涵

从广义的角度来理解,社会实践主要指的是人类认识世界、改造世界的各种活动的总和。从狭义的方面来看,社会实践就是指假期实习或是在校外实习。自 1990 年起,中宣部、教育部、共青团中央联合开展了大中专学生暑期社会实践活动,至今已有三十余年,这期间从"观察国情民意"到"聚焦社会问题"再到"服务城乡发展",社会实践活动依据国情的发展,内容不断丰富,项目不断拓展,形式也不断创新。总体来说,大学生社会实践活动一直紧密围绕"受教育、长才干、做贡献"这一内涵,不断挖掘活动的深度和广度。

(1) 接受教育。是锻造大学生思想深度和精神涵养的首要层面,这种如盐入味的思想洗礼,让大学生拥有扎根沃土的家国情怀、责任意识和勇担重任的精神。

(2)增长才干。是锤炼专业技能和坚定学科方向的第二层面,通过立足专业的实践转化,让大学生找到能力提升的奋斗价值和人生目标。

(3)做出贡献。是践行扎根基层和服务人民的第三层面,通过春风化雨的志愿服务,让大学生回报社会和反哺社会的作用凸显。

2. 社会实践的意义

社会实践为大学生提供了一个理论联系实际、知识链接能力的平台,是第一课堂的重要支撑和有效延伸,是第二课堂的重要渠道和有效抓手,大学生投身其中可以了解社会、认识国情,增长才干、锻炼毅力、培养品格,增强历史使命感和社会责任感。大学生通过积极参加各项实践活动,接触校外广阔的天地,遨游书本外的世界,提高社会的交往能力,增强学习的自觉性和主动性,明确自身的职业定位,培养独立性的人格,为大学生健康成长提供价值导向和智力支持,是实践育人的重要阵地。

3. 社会实践常见的类型

根据共青团中央、全国学联《关于进一步加强和改进大学生社会实践的意见》,将大学生社会实践的类型分为八个方向、十一类载体。其一,从教育理念来看,军政训练、生产劳动、社会服务和科技发明侧重于培养学生的思想道德品质、志愿服务精神、创新意识开发;勤工助学和学习参观侧重于增进学生对社会经济和红色精神的认知;教学实践、专业实习和社会调查侧重于提高学生对学科专业知识的应用能力和实际操作的运用能力,形成上下求索的精神;"三下乡"和"四进社区"侧重于引导学生体察国情民情,勘探时代发展,深入人民,扎根基层,促进融入社会的历练和服务意识的养成。其二,从参与程度来讲,教学实践、专业实习和军政训练纳入学校的培养计划,属于"人人参与"的"必修课程";社会调查、生产劳动和社会服务、科技发明、勤工助学、学习参观,均属于"自愿参与"的"任选课程"。"三下乡"和"四进社区"活动是学校和社会的联合培育行动,属于"优选参与"的"限选课程"。

(1)教学实践和专业实习。大学教育要与社会需要紧密结合,才能发挥出大学教育的真正作用。大学生分析问题和解决问题的能力需要通过实践见真知。大学生要把课堂上、书本里学到的普遍理论同具体实践结合起来,在实践中培养自己的分析问题和解决问题的能力和真才实学。要认真对待学校安排的各类实践教学活动,不断增强全面运用专业知识和巩固理论知识的能力。在市场经济的调控下,很多高校都开设了金工实习、生产实习、毕业实习等教学环节。实习实践是大学生从校门走向社会,理论联系实际的第一步,是对社会和未来从事的职业一次直接接触。在实习中,学生可以对今后的工作环境、工作性质、工作要求以及自己所学专业的应用范围进行全面了解,汲取实践经验,发现自己的优势与不足,强化专业知识的再学习。

(2)军政训练。高校的军政训练主要包含军事训练和军事理论两门课程,是所有新生进入大学后接触的第一门社会实践类课程。大学生通过军政训练,意在提高思想政治觉悟,增强国防观念和国家安全意识,培养爱国主义、集体主义、社会主义和革命英雄主义精神,加强组织纪律观念,发扬艰苦奋斗、吃苦耐劳作风,以及养成自我约束、磨炼个人意志的良好习惯。

(3)生产劳动和社会服务。高校根据培养计划在第二课堂设置公益劳动实践课程的内容、规则和积分,引导大学生参加如垃圾分类、光盘行动、疫情防控等生产劳动,培养大学生的劳动观念和职业道德。团中央发布《高校共青团青年志愿服务工作指引(2022 年版)》,大力倡导大学生参加志愿服务等公益活动,引导大学生运用所学知识和技能服务人民,奉献社会,培养为人民服务的道德观,弘扬社会主义道德风尚。大学生志愿服务活动主要可以分为校内志愿服务和校外志愿服务活动。首先,校内志愿服务。一般是校园环境建设、公益文化活动、宣传教育活动等。例如,学校组织的会议、论坛、校庆、迎新、毕业活动中的翻译、接待、会务、志愿服务等。其次,校外志愿服务。有扶贫、支援西部、医疗服务、法律宣讲、大型经济、体育、文化活动及社会公共活动场所志愿者服务。如志愿服务西部计划、贫困地区支教计划、青春红丝带志愿行动,2022 年北京冬奥运会志愿者等。他们以"奉献、团结、友爱、互助"为宗旨,以志愿服务的形式参与社会生活,奉献个人力量,是大学生参与社会实践、锻炼个人综合品质和道德品格的良好载体。

【资料学习】

冬奥志愿者:青春笑脸　不负韶华

在北京冬奥会闭幕式的志愿者短片《温暖的雪花》上,我们看到了一个女孩睫毛的特写——在风雪交加、极度寒冷的赛场边,一位礼仪志愿者的睫毛上都结上了晶莹的冰——这位女孩就是这个礼仪团队中年龄最小的刘啸腾。对于这个团队的女孩们来说,在崇礼的几个月是极其艰苦的,她们面对严寒、风雪,还要长时间地保持姿态站立,完全靠毅力和经验去保持手持托盘的平稳。北京联合大学礼仪团队的队长张欣说,是强大的精神力量和团队的力量让她们坚持下来,顺利完成了任务。

北京联合大学的这支冬奥会冬残奥会礼仪志愿者团队由八位女孩组成,这些女孩正处在青春洋溢、美丽绽放的最好年华,镜头下的她们体态优雅,笑容灿烂,让人过目难忘。张欣是这个团队的队长,工作中她细致入微,思路清晰,看起来温柔又强大。就是这样的几位刚满20 岁的女孩,承担起了冬奥会和冬残奥会的颁奖礼仪工作,她们不畏严寒,有着坚强的毅力和面对困难的勇气,让人敬佩,也让人心疼。从 2021 年 8 月暑假经历了为期 31 天的封闭集训,又在 11 月参与了冬奥会的测试赛任务(相约北京 2021—2022 国际雪联单板滑雪和自由式滑雪障碍追逐世界杯),直到 2022 年 3 月北京冬奥会落幕,一共历经了 7 个多月的时间。

张欣说,对于她们来说,最大的困难莫过于严寒天气了。"尤为让我印象深刻的是除夕前一晚,礼仪人员与电视转播的第一次大联排。那晚的暴风雪是我们有生以来从未见过的,北风怒吼,夹杂着鹅毛大的雪花在空中呜咽着。这时已是晚上 9 点,零下 25 摄氏度,我们穿着礼服站在候场区,仪式音乐响起,我端着托盘向前行进,努力在旋着的大风中保持自己核心的稳定。站定后,帽子上的飘带在风中一下一下抽打在脸上,雪花一秒不停歇地冲进眼睛又瞬间化开,我的眼角早已忍不住地泛起泪花,但依然和其他两位托盘员一样一动不动、嘴角上扬、迎着狂风大雪保持微笑。"张欣说,回到化妆间时,每个人都两肩霜花、头顶白雪,睫毛也冻上了厚厚的冰晶。

在极度低温、风雪交加的崇礼,这些年轻的姑娘们承受着前所未有的考验。"虽然颁奖礼服有加热功能,但手脚特别容易在零下 25 摄氏度的天气中失温,有很多次我端着托盘的手,在指端已经没有了任何知觉,当时其实内心也是很怕出现失误的,完全靠毅力和经验去保持托盘的平稳。"张欣说,尽管她们的工作环境艰苦,需要很大的毅力和战胜困难的勇气,但幸好她有温暖的团队,更有强大的精神力量支持。

"每次进行颁奖仪式的时候,我都感觉充满了力量——伴随着呐喊声,我的身后是人山人海的观众和大大小小随风摇曳的五星红旗；我的身前是为国争光的运动员们身披国旗，站上领奖台的无限荣光。在这个岗位上，我已经数不清多少次热泪盈眶。"

张欣说，她很感谢这次经历，让年轻的自己体验到了信仰、坚持与超越自我的力量。她也把冬奥冠军徐梦桃对礼仪团队说的话铭记于心："老天是公平的，你只要不放弃你的努力，你的努力一定会找到你，要对得起这份坚持。"姑娘们说，听了徐梦桃姐姐的话，手脚再冷，心都是炽热的。在这些年轻的姑娘们身上，我们看到了青春朝气，看到了坚强勇敢，更看到了美好的未来。这一代青年人个性多元、开放包容、自信独立、守正创新，因为他们正是和我们伟大祖国一同成长起来的"新新青年"！

资料改编：苏悦怡，冬奥志愿者：青春笑脸　不负韶华．北京青年周刊微信公众号，2022.05.04. https://mp. weixin. qq. com/s/ArJcks7LvtlOdQEE9kJ8bw.

（4）社会调查。社会调查是大学生社会实践活动常用的形式和方法，通过对某种社会现象和问题进行实地走访参观、调查研究、社会考察等形式，促进大学生接触社会和了解国情，掌握科学的研究方法、储备社会知识和增加阅历。

（5）科技发明。科技发明是指大学生利用自己的专业知识或者技能特长参与科技创新活动，并将其产生的成果运用到个人创业、促进经济发展、推动社会进步中去。科技发明主要包括课外科技活动和课外创业活动、大学生研究训练项目、大学生自主创业等形式。例如，大学生自主创业实践主要通过建立创新基金，合理开放实验设备，为学生提供平台，结合专业，引导学生争取在技术改造、科技发明、工艺革新、技术推广模式上有所突破。同时，积极引导一批有创业兴趣的学生，配备专业指导教师，参与创业类设计大赛，规范和促进学生科技成果转化，鼓励学生开展创业实践。

（6）勤工助学。勤工助学是指学生在学校的组织下利用课余时间，通过劳动取得合法报酬，用于改善学习和生活条件的社会实践活动。勤工助学是高校资助家庭经济困难学生的一种途径，也是增进学生对社会和国情的了解。学校通过广开渠道，利用图书馆、后勤、行政办公区等场所为困难学生提供相应岗位，根据公开招募的方式，在大学生完成学业的同时，竞争上岗，并取得合理的经济收入。勤工助学原则上每周不超过8小时，每月不超过40小时，劳动报酬由学校按月计算。

（7）学习参观。这里的学习参观主要指组织广大学生奔赴博物馆、纪念馆、展览馆、烈士陵园等爱国主义教育基地，改革开放前沿和经济社会发展成效显著的地方进行学习参观，以其所承载的革命历史、革命事迹和革命精神为内涵，使学生通过学习性、故事性、参与性，了解党史、新中国史、改革开放史、社会主义发展史的历程和成就，增强大学生自我启发的信念感、忠诚度和责任心。

（8）大学生"三下乡"和"四进社区"社会实践活动。20世纪80年代初，共青团中央首次号召全国大学生在暑期开展"三下乡"社会实践活动，随后逐步在全国高校展开，时至今日已成为各大高校锻炼学生社会实践能力的一种重要的常规性活动，也是考核学生综合素质的重要指标。2005年，共青团中央进一步提出了大学生要利用寒暑假等时间开展文化、科技、卫生"三下乡"和科教、文体、法律、卫生"四进社区"活动。这类活动一般以扶贫、济困、扶老、救孤、恤病、助残、救灾、助医、助学等为工作重点，按照"目标精准化、工作系统化、实施项目化、传播立体化"和"按需设项、据项组团、双向受益"的原则，组织大中专学生志愿者广泛开展形式多样的社会实践活动。

4. 社会实践能力的自我培养

企业在招聘时,往往会优先录用有相关实习工作经验和一定组织管理能力的毕业生。大学生在求职择业过程中,由于缺乏社会实践这一重要环节的历练,就业能力和动力明显不足。大学生社会实践能力的形成是一个逐渐积累的过程。当前,高校已明确把提高大学生的社会实践能力放到突出位置并在建构其培养模式中提供了教育保障。但高校作为培养大学生社会实践能力的外因只起着导向和环境支持的作用,将社会实践能力从被动变为主动,才使学生提高自我认知、了解职业信息,提升就业水平,积攒实践经验自我内化的过程。

(1) 激发内驱动力。内驱动力的激活,需要大学生在自我培养的积极性、主动性和创造性中产生内部唤醒状态。大学生要充分认知市场大环境中的就业前景和人才竞争的日趋白热化现象。用人单位对个人能力的要求在逐年提高,工作经验或实践经历这道门槛制约了许多毕业生在求职择业中的选择,因此大学生要按照社会有用之才的需求和规格来建立和完善自己的知识、能力、素质的关联体系,将个人成才目标与社会需要统一起来,外化为自己的亲身实践经历,提高社会实践能力。

(2) 明确计划目标。目标的建立是激励人们努力奋斗并为之创造实现目标条件的行动指南。在大学期间有计划地提高自己的社会实践能力,为今后走上工作岗位打下先行的基石。当然目标的制定,不能脱离实际、好高骛远,要知己所长和知己所短,在执行过程中也要将长期目标和短期目标的相互结合。在社会实践能力的自我培养过程中,通过短期目标的设定,可以体验完成目标的成就感,激励自己向更高的目标迈进。长期目标的设定,可以辅佐短期目标向更远的方向航行,这样就不会出现失去奋进的动力,发生左右摇摆甚至偏离发展方向的情况。

(3) 勇于探索实践。在大学生社会实践能力的培养过程中,奋斗精神、开拓精神、创新能力、协作能力的学习和获取,对于身处大发展、大格局时代的青年学生而言,是一种在思想和学习上的创新与挑战。在校期间,实践教学、第二课堂、团学组织是大学生自我培养社会实践能力的主要阵地。实践教学包含课堂教学、实验操作、毕业论文、企业实习等环节,这些教学项目的有效历练,有利于大学生理论联系实际,培养自身的表达能力、自主学习能力、社会认知能力、人际交往能力等;第二课堂是教学实践的补充环节,不论是参加个体的课外实践活动还是参加群体的课外实践活动,都应该做到多看、多问、多思、多动手,在活动中谦虚谨慎、脚踏实地,在活动中增长见识;团学组织中的学生干部往往是团队中的具备较强的口语表达能力和组织管理能力的人选,从而团学组织成为大学生全面培养和锻炼自己社会实践能力的有力平台。经过团学组织历练的学生,在激烈的就业市场中能够脱颖而出具备有较好的竞争力。

(4) 优化培养策略。在自我培养社会实践能力中,大学生应对培养的设定目标和计划的执行力度进行反馈与调节,它可以帮助大学生对自我培养过程进行监督、回顾、思考和评价,并及时地采取补救措施,了解自我培养活动的进展状况,对照拟订计划评估达到目标的程度,及时发现其优点和不足,对下一步自我培养活动进行修正、改变和调整优化自我培养策略,进一步提高自我培养的主动性和可控性。

5. 社会实践的设计与实施

大学生社会实践选择什么样的实践项目,不仅决定着实践的方向和内容,制约着实践的过程,而且体现着实践者的水平,甚至关系着实践的成败。所以,选定恰当的实践项目是开展社会实践的基本前提。

（1）选题的现实性意义。选题的现实性是指实践的选题是否具有社会价值，是否与社会生活、社会热点、民众关心、学生思想实际，特别是现代化建设中亟待解决的问题密切相关。学生运用所学理论去认识社会、指导实践，在接触、参与社会生活的实践中接受思想政治教育，加深对马克思主义基本理论的认识和理解，增强思想政治理论课学习的主动性、积极性，提高运用马克思主义立场、观点和方法分析问题、解决问题的能力。一般来讲，社会实践的选题会聚焦在重大活动、历史事件、乡村振兴、精准扶贫、校友访谈、创新创业、生态文明等方面。

（2）选题的可行性原则。选题的可行性主要考虑和分析实践的各种条件，比如人力、物力、财力等各方资源。同时结合自身的兴趣特长、经济条件、身体状态等条件，实践题目选择不宜过多，流程设置应简单，操作难易适中。此外，还要充分考虑安全因素、交通条件和食宿问题，对实践地点和实践内容要做好充分调查，在保证安全的前提下，结合学校特色、社会热点、市场需求、个人实际、自身发展等因素选择适合自己的课题，从而达到"双赢"的目的。

（3）选题的创新性要求。实践项目可以从主题、形式、内容等方面有所突破，而且能提出自己的观点和看法。有了新颖的题目和内容，实践活动就有灵魂和价值，也能避免浪费。创新性可以从两方面入手：一方面题目形式和内容，都是新的，这类活动需要有扎实的理论基础，对某一课题有深入的见解；另一方面由旧题目出发，提出新的观点和看法，加以论证，以大学生的视角抓住隐藏的问题与其价值所在，展开活动。

（4）项目的精细规范管理。一个实践项目往往需要多个专业的知识理论来支撑，因此在实践团队组建上也经常呈现出不同专业、不同年级人员相互交叉的现象。这种取长补短的做法，使活动开展更加顺利，内容更加丰富，也更具有实践价值。在组建社会实践团队时，一是要根据实践活动的需要确定人员，包括负责人、参加人数及人员组成。参与实践者都必须承担某一方面的具体任务，分工要明确。二是要制定所需的经费预算，要考虑到资料复印、交通、食宿、成果汇报等方面的需要，决定申请额度。三是计划中要充分估计到项目进行过程中可能发生的意外事件，做好安全预案。

6. 社会实践报告的撰写

社会实践报告是社会实践成果的集中体现，直接关系到实践考察成果质量的高低和社会作用的大小。要撰写好实践报告，就要掌握报告的格式、结构和写法。一般来说，社会实践报告要经过以下五个基本步骤。

（1）确立主题。主题是社会实践报告的灵魂，要注意报告的主题要与调查主题一致；要根据调查和分析的结果，对调查资料进行取舍，使得主题集中鲜明。

（2）锁定布局。这是调查报告的关键环节。布局是指调查报告的内容构架、安排及展现形式的总体设计。

（3）拟定提纲。这个过程实际上就是把调查材料进一步分类、构架，做到围绕主题、层层递进、环环相扣、层次分明。

（4）撰写报告。根据确定好的主题和提纲，进行调查报告的撰写。在撰写过程中，一是要注意结构合理，要有标题、导语、正文、结尾、落款；二是文字要规范，通俗易懂，特别要注意数字、图表、专业名词术语的使用，做到准确生动。

（5）修改完善。在完成调查报告后，要认真修改，检查是否有需要增加和删减的内容。

在完成这些工作后,才能上交。

4.3.2　大学社团中的个人成长

高校学生社团是由拥有共同兴趣爱好的大学生自发组成的,自发组织开展的各类活动的学生群众团体,它是校园文化的重要组成部分,是大学生活中不可或缺的重要载体。如果说社会实践是大学生对社情和国情的浅层探索,那么学生社团就是大学生基于共同的兴趣和目标的深层交互。这些社团为学生提供了深化知识、锻炼才干、发展兴趣、增进合作的良好渠道。

1. 学生社团的类型

大学校园中的学生社团是五光十色的,可以按类型进行划分。

(1) 理论学习型社团。该类型社团又被称为红色社团,是在当代高校中以共同的政治信仰和理想信念为基础而搭建起来的学习类社团。该类型社团开展活动的范围有一定的局限,并且因为活动内容的层次较高,经常被授予政治性任务,成为高校思想政治理念的先行传播者和指引学生理想信念的重要载体。该类社团主要以马克思主义相关理论的学习为主,是对高校思想政治教育工作中党的先进理论进课堂、进教材、进头脑“三进”要求的落实。社团根据不同年级学生的特点开展丰富多彩的理论学习研究活动,将党的奋斗目标教育、党的历史教育、国情教育和学生成才教育融为一体,成为大学生“三观”教育的重要载体。

(2) 学术科技型社团。高校学生以学习研究和专业实践为基础,以自然科学和专业知识为背景,进行跨专业、跨学科领域之间的相互交流的一类社团。学术科技型社团又分为两种类型:一种是专业型社团。这类社团主要是以专业学术探讨和交流咨询为主要活动内容,他们的活动形式多以举办讲座等为主;另一种是研究型社团。这类社团的活动内容主要是为了促进不同学科领域之间的学术交流和开阔视野,其活动形式通常会以文字形式表现出来,如法律学会、外语协会、计算机协会等。

(3) 文艺体育型社团。该类型社团是一种以成员的艺术特长、竞技爱好为基础的社团组织,为了满足高校学生在精神生活层面的不同追求建立而成。由于社团活动具有较强的视听效果,极具情感渲染,因此深受高校学生的喜爱,并逐渐扩大规模,成为我国高校学生社团的主力军团,如文学社、话剧团、艺术团、足球协会、篮球协会等。

(4) 公益实践型社团。随着北京奥运会和北京冬奥会的成功举办,公益服务意识不断深化,并在大学中迅速发展。该类型社团主要的活动方式为大学生走出校园,利用智力和体力优势,以学科专业知识和体力劳动输出为主,以实践为基准为社会提供非营利性服务。它又可以分为两种类型:一种是专业技术服务型,如读者协会、公关协会等;另一种是劳动服务型,如青年志愿者协会等。

2. 学生社团的作用

在新时期我国高等教育发展和变革下,高校学生社团在繁荣校园文化、促进学生全面发展等方面发挥了积极作用。学生社团的建设和成长在我国高校教育体制改革中发挥着至关重要的作用。高校学生社团的持续发展,不仅为青年学子提供了展现特长和专业素质的广阔平台,而且在提升学生社会实践能力、推动专业技术创新、促进多学科领域交流等方面起到桥梁链接和推波助澜的关键性作用。

（1）推动高校素质教育，促进学生全面发展。现代科学技术越来越呈现高速综合化的发展趋势，这要求当代青年胸怀广阔，有较高的道德水平。高校素质教育是身体心理、专业业务、思想道德、科学文化、生活技能等方面的教育。其中思想道德素质是根本，文化素质是基础，业务素质是本领，身体心理素质是本钱，这些都是挑选人才不可缺少的条件。健康有益的高校学生社团活动，起到了实践教学的作用，在一定程度上弥补了理论教学中的不足。通过这些活动，青年学生可以从德、智、体、美等方面充分发挥自身主体性、调动积极性，培养社会实践能力和团队精神意识，不断丰富自身和完善自我。因此高校学生社团对学生素质教育和全面发展起着辅助和调节作用。

（2）加强思想品德修养，培养学生团队精神。思想品德决定着做人的尊严、价值和成就，包含道德与人生发展双重含义。这也是我们常说的通过有效疏导，通过思想理论融汇，帮助大学生明确正确的世界观、人生观和价值观的真正意义。高校学生社团在国家和学校开阔的视野中制定了自身的章程和制度，所谓约法三章，其目的就是使大学生约束规范自我、培养公德意识，追求高尚的人生，树立积极进取的态度，科学对待人生环境，从而促进大学生良好品德的养成。而上层建筑的搭建使得高校学生通过参与社团，亲身体会到集体活动所带来的愉悦感和凝聚性，增强团队合作精神和树立大局意识。

（3）改善沟通交往环境，建立身心健康发展。有效沟通和交往可以让大学生在不断克服困难和取得成功的过程中，培养乐观向上、勇敢、自信、有自制力的优良品质。当今大学生心理年龄正处于成长和发展的过渡阶段，因此一旦踌躇满志的信心建立后，突然发现社会环境中人外有人、天外有天，势必会造成强烈的心理落差和心理障碍。高校学生社团是由拥有共同兴趣爱好的青年学生所组成的一个团体，因此社团内部环境和谐，成员能迅速融入并建立良好的人际关系，并对大学生的身心发育、个性形成、自信心培养都起着不可替代的作用。

（4）繁荣高校校园文化，推动学术科技创新。社团是校园文化的重要组成部分，由于高校学生社团发展迅猛，社团活动类型、活动种类和成员数量不断递增，这些现象的出现，均为校园文化的繁荣发展注入了无限生机和活力，并打下了坚实的基础。良好的精神风貌对学风建设和学术科技创新都起到了巨大的推进作用，通过对科学技术和专业文化知识的认知、学习、转化和运用，培养高校学生产生创新意识、创新精神和创新能力的自发性教育实践活动。因此高校学生社团是培养具有创造实践能力的社会型人才的重要载体，而大学生在积极参与社团中不断探索与创新，以实际行动为繁荣校园文化建设做出卓越贡献。

3. 学生社团的选择

初入大学校园，学生在逐步适应大学生活的过程中，会被多元化的社团组织所吸引，加入什么类型的社团？加入几个社团？怎么加入社团？这些因素经常使学生陷入选择性困境中。我们在选择社团时，首要前提是个人的时间和精力充足，且不影响学业；其次一定是择己所爱、择己所长、择己所需的团学组织，始终牢记选择的关键在于质量，而不是数量。

（1）从兴趣出发，避免从众心理。大学生在新的环境里，由于受到群体的影响和压力，为了满足群体接纳个体的程度，容易产生多方面的从众效应。学生在选择社团时，会出现"同学选什么，自己就选什么"的跟随现象，导致忽略了自身和社团的匹配程度以及是否能真正能够实现个性和兴趣的自由发展，这种从众心理会抑制学生的个性发展，扼杀其创造力，使墨守成规成为常态。

（2）与专业结合，做到学以致用。教学课堂传授的内容多以理论基础知识为主，社团的组织与活动,将文字里的学科专业知识转化为理论联系实际的应用内核,为大学生提供了一个提前走入职场的半实战场所,通过社团的历练提高自身全要素综合实践能力。

(3)同规划契合,实现与时俱进。学生社团本身就蕴含着大学生职业生涯规划的契机,它为在校学生提供了一个现实基础和实践平台。大学阶段是职业发展的助跑期,面对严峻的就业压力,职业规划要从大一开始。首先,社团的文化教育功能发挥着规章、制度、纪律等硬性要求和潜移默化的教育作用,寓教于活动中;其次,大学职业规划本身就是一个动态的过程,需要在实践的基础上,对自身行为和目标做出调整和反馈,社团是校园信息的传播载体,学生可以从社团直接获取反馈信息;最后,学生通过社团的社会化服务,完善自身发展,体现人生价值,通过与社会的尝试对接,让学生对职业有感性认知,有利于做出合理的职业生涯规划。

高校学生社团在完善大学生知识结构、专业实践、素质修养、思想品德、科学技术、身心健康等方面都具备突出和全面的综合实力,它能使学生对专业知识进行理论联系实际的操练,还可以锻炼学生的心理素质和提升整体实力。因此参与学生社团,有助于学生的综合素质和实践能力的全面化拓展。

4.3.3 素质拓展中的个人成长

由于时代的发展和社会的需求,我国的教育改革在不断深化,党的二十大报告更是强调:坚持以人民为中心发展教育,加快建设高质量教育体系,发展素质教育,促进教育公平。我国的素质教育历经几十年的探索,从全面推广"提高全民族素质"到素质教育被提升到我国教育改革发展的战略主题的高度,从概念的提出到实践应用,素质教育在实施、坚持和发展的过程中以培养学生德智体美劳全面发展为核心,从文化基础、自主发展、社会参与三个维度阐明了中国学生应具备的人文底蕴、科学精神、自主学习、健康生活、责任担当、实践创新的核心素养。大学作为素质教育的接力平台,通过第一课堂和第二课堂的联动与融合,发挥全员、全方位、全过程的育人模式,深度培育大学生的贴近社会、适应岗位和完善自身综合实践能力的统筹发展,聚焦培育学生成为一名"全面发展的人"。

1. 素质教育

"六艺"中的礼、乐、射、御、书、数是中国古代素质教育的思想雏形,它包含了社交礼仪、艺术教育、语文书法、自然科学、军事体育等多方面的学习内容,从"小艺"中的("书"与"数")文化理论基础,到"大艺"里的("礼""乐""射""御")专业技能知识,涵盖了德才兼备的人才教育体系,和我们目前提倡的"德智体美劳"综合素质有着异曲同工之用。

素质教育是一种以提高受教育者诸方面素质为目标的教育模式。"素"的原本含义是本色,即事物的本来形体、根本属性;"质"的含义是指事物的固有性质。素质是每个人在生活、工作、学习等各种活动中所展现出的基本知识、基本能力和基本品质。从中共中央、国务院印发的《关于深化教育改革,全面推进素质教育的决定》,明确了素质教育的目标、内容、保障措施起,经过几十年的教育改革发展,"核心素养"已经成为数字化进程加速时代适应终身发展和社会发展需要的必备品格和关键能力。进入大学,学生首先应着眼于培养自我学习、自我教育、自我发展的知识与能力;其次真正将学习的重心转移到启迪心智、孕育潜力、增强后劲中;最后把适应变化到学会变化、接受问题到问题解决作为自身综合素质和能力的进阶目标。

2. 素质拓展

素质拓展，又称拓展训练、外展训练（outward bound），原意为一艘小船驶离平静的港湾，义无反顾地投向未知的旅程，去迎接一次次挑战，去战胜一个个困难。

（1）素质拓展的起源与内涵。第二次世界大战期间，英国船队在大西洋频频受到德国潜艇攻击，事件中人们发现从海中生还的并不是那些身强体壮的人，而是一些具有丰富野外生存经验、意志坚强且具有良好团队精神的人。可以说素质拓展是一种"先行后知"的培训方式，讲究实际操作能力的锻炼，客观事物的科学分析，解决方式的准确判断，是一种富有创新性、挑战性和趣味性的户外活动，激发人们的潜力、活力、创造力和凝聚力，培养人们积极进取的人生态度和团队合作精神，从而达到提升团队战斗力的目的。

（2）素质拓展与素质教育的关系。素质拓展是素质教育实施的平台、手段和途径，它既是素质教育的实践应用能力的外在延伸，又是素质教育深化内涵的有力支撑。其一，素质教育的理论基础为大学生素质拓展搭建了基石。大学的素质教育主要通过第一课堂的讲授，使学生获得知识、能力及素质的培养，但要将学生培养成为社会所需的具有综合素质和能力的人才，第一课堂的基础教育还是缺乏理论联系实践的步骤和环节。因此，整合和调度多方教育资源，按照素质教育的要求针对第二课堂的课外教育来实现开发与培养。大学生素质拓展的形式与内容在人才培养上，正是体现了第一课堂和第二课堂有机结合。其二，大学生素质拓展的实践体系为素质教育提供了载体。大学通过专业教育把传授知识、提高能力、培养素质三者融为一体，素质拓展作为实践教学的外力，可以对专业教育起到积极的补充和完善作用。大学综合素质教育体系为大学生素质拓展的实施创造了良好的环境和条件，而大学生素质拓展又为大学实施综合素质教育体系提供了有效的实践载体，使思想道德、科学文化、创新能力和健康人格的培养相互衔接、交叉综合，共同构成了完整的素质拓展训练体系。

3. 大学生素质拓展

实施大学生素质拓展，有利于形成大学生自觉参与素质教育的积极导向。

1）大学生素质拓展的主要目的

大学生素质拓展的主要目的是"磨炼意志、陶冶情操、完善人格、熔炼团队"。素质拓展训练有助于帮助大学生在社会交往中真诚地交流、顺畅地沟通，改善人际关系，调节心理波动，控制情绪变化，提高承受能力，更好地发挥自身的特长与潜质。在与他人相互配合与协作、相互学习与借鉴中，素质拓展活动通过更广阔的生活情景或社会现象的设定，使参与者获得感官上的直接认知，培养大学生以积极开拓的姿态去迎接挑战。

2）大学生素质拓展的实施途径

共青团中央、教育部、全国学联等单位联合颁布的《关于实施"大学生素质拓展计划"的意见》中，要求高校系统化设计开展第二课堂活动，客观记录学生参与情况，毕业时形成"大学生素质拓展证书"。后续随着全国高校的陆续试点和推广，作为"大学生素质拓展计划"的延伸，2018 年团中央、教育部发布《关于在高校实施共青团"第二课堂成绩单"制度的意见》，充分借鉴第一课堂教学育人机理和工作体系基础，以思想政治引领、素质拓展提升、社会实践锻炼、志愿服务公益和自我管理服务工作内容等方面认证学生参与"第二课堂"活动的经历和成果，促进"第二课堂成绩单"成为学校人才培养评估、学生综合素质评价、社会单位选人用人的重要依据。

（1）"第二课堂成绩单"包括以下五大体系[①]。

① 课程项目体系。课程项目体系主要围绕思想素质养成、政治觉悟提升、文艺体育项目、志愿公益服务、创新创业创造、实践实习实训、技能特长培养等内容进行。课程项目体系在设计上充分借鉴第一课堂教学模式，配备教学大纲，师资力量，教学方案，考核方式等；在活动上充分吸纳团学组织、机关院系、企业机构等举办的促进学生全面发展、科学反映学生成长状况的项目；在目标上充分聚焦人才培养、学校文化传承，挖掘符合大学生成长规律和第二课堂的育人价值。

② 记录评价体系。在记录上实行客观性、写实性、价值性、简便性的原则，依据学生参与共青团第二课堂的表现进行科学记录和科学认证；在评价上根据教学周期的各个时间节点，采用学分、绩点、积分等评价方法，对学生表现出的德智体美劳等综合素质进行全面描述性评价和反映。

③ 数据信息体系。大学的各级部门通过联动，审核、更新统筹数据资源，建立科学化、系统化、制度化、规范化的数据信息平台。将"第二课堂成绩单"中课程项目的发布、管理、评估、记录、评价、认证等过程化数据接入数据管理系统，通过自下而上地逐级过滤，完善个人、班级、学院、学校等逐级评价的认定流程，并对上传和审核的数据信息的真实性、完整性、准确性进行把关。

④ 动态管理体系。立足大思政视域下形成系统性和科学性的第二课堂质量监测评估体系，充分运用"互联网＋大数据"等现代信息技术，对学生参与第二课堂情况进行分析评估，反馈第二课堂育人成效，动态调整第二课堂课程项目设计，促进第二课堂活动完善与迭代。同时，通过内控激励措施和监督管理机制，了解学生动态的成长状况、优化人才培养方案、掌握项目参与状态。

⑤ 价值应用体系。共青团"第二课堂成绩单"制度具有客观跟踪记录、科学评价评估、引导学生成长、服务育人大局、强化组织建设、促进学生就业等功能。重点突出结果应用和价值发掘，将共青团"第二课堂成绩单"作为学生在校期间综合素质测评、评奖评优、升本推研、推优入党以及用人单位选人用人等的重要依据，形成学生、学校、社会三方的有效联接。

（2）"第二课堂成绩单"课程设置[②]。进入新时代以来，高校紧紧围绕"培养什么样的人"这一核心要务，深入改革创新。高校第二课堂在这个问题上，结合第一课堂的特点，针对大学生的综合素质能力需求，全面盘点自身工作特色和育人优势，对所有校园文化活动进行整合、分类和优化，将"第二课堂成绩单"的活动课程分为若干类别，融合德育、智育、体育、美育、劳育等全方位综合素质的模块设置，引导和帮助大学生完善智能结构，全面成长成才。

① 德育类活动课程，可包括团日活动、党团校培训、青年马克思主义者培训、组织评优、推优入党、干部锻炼、主题教育等活动，主要记载学生参加党、团组织的思想引领类重要事件，以及在思想认识、道德品质、相关荣誉等方面的表现，用来记录和反映大学生思想品德和干部履历的表现。

② 文学类活动课程，可包括文学创作、写作竞赛等活动，用来记录和反映大学生文化修养水平。

---

① 共青团中央、教育部联合印发《关于在高校实施共青团"第二课堂成绩单"制度的意见》(中青联发〔2018〕5号)，2018年7月3日.

② 李发武. 关于高校"第二课堂成绩单"制度的 理性认识与实践思考[J]. 广东技术师范学院学报，2019(4)：5.

③ 学术类活动课程,可包括学术研究、科技发明、创新创业等活动,用来记录和反映大学生的创新创业能力水平,主要记载从事创新项目、创业活动、发表论文、出版专著、取得专利、参加各级比赛(学术、科技、创业类)中取得的成绩。

④ 技能类活动课程,可包括技能竞赛、素质拓展等活动,用来记录和反映大学生实操能力水平。

⑤ 专业类活动课程,可包括专业知识竞赛和专业技能训练等活动,用来记录和反映大学生专业技能水平。

⑥ 实践类活动课程,可包括社会实践、挂职锻炼、志愿服务、就业实习、岗位见习、参加与港澳台及国际交流访学的经历等活动,用来记录和反映大学生实践经历和服务能力。

⑦ 艺术类活动课程,可包括歌舞比赛、文艺表演等活动,主要记录参与文化艺术训练、展演、人文素养等各级各类校园文化活动的经历所取得的成绩,以及有益于身心发展的各种经历,以培养文化艺术修养和健康心理为目标。

⑧ 体育类活动课程,可包括球类比赛、体育竞技等活动,用来记录和反映大学生身体素质。

⑨ 视听类活动课程,可包括名人讲座、人物访谈、成长对话等活动,用来记录和反映大学生认知体会。

⑩ 自选类活动课程,可包括学生自己选择报名参加的校外各类活动,经核实认证后纳入"第二课堂成绩单"成绩考核,用来记录和反映大学生自我完善的情况。

3) 大学生素质拓展的方法

大学生在参与素质拓展活动中要注意以下几点。

(1) 敢于体验。体验是大学生参与素质拓展的第一步,也是素质拓展过程的开端。大学生应积极投身于共青团各类团学组织和高校素质拓展项目,在不同的组织、不同的项目、不同的活动中体验生活,历练自己的观察、表达和行动能力,这种初始的体验是整个过程的基础。

(2) 懂得分享。在亲身体验素质拓展的开端后,不能闭门造车,大学生还要学会与其他体验过、参与过或观察过相同活动的小组人群分享他们的感受或观察结果,通过分享实践过程和成果,带动经验的流动。

(3) 学会交流。分享个人的观点是学生在静态语境下培养考察事物的现象与结构的关联程度,它的交际效果没有发生重大变化,因此需要个人与个人、个人与群体、群体与群体之间通过交换语境和分享内容将关键节点结合起来,供其他人参加探讨、交流以及反映自己的内在思维模式。

(4) 组织整合。通过分享与交流,大学生要从经历中总结出活动的规律、原则并归纳提取出精华,再用某种方式去进行组织和整合,将零散的东西彼此衔接,以帮助学生进一步定义和认清体验中得出的结果,实现资源共享和协同工作,形成有价值、有效率的一个整体。

(5) 实战应用。最后一步是策划如何将这些实践体验应用在学习、生活和工作中,运用"全脑"进行体能、情感和精神上的锻炼,发展自身的学习能力。而应用本身也成为一种体验,有了新的体验,循环往复,学生才可不断进步。

4) 大学生素质拓展的意义

大学生素质拓展从时代需要出发,注重培养大学生的学习态度和学习能力,促进他们在德智体美劳的全过程发展。引导大学生学会做人、学会求知、学会实践、学会生活,为获得终身学习能力、创造能力以及生存和发展能力打好现实基础。

（1）自主性培养。只有大学生的自主性得到了开发，其个性才能获得真正意义上的全面发展。大学生应该把握当前创新发展的社会历史条件，根据自身的特点、爱好，自主地选择感兴趣的发展领域。

（2）创造性培养。大学生正是开发创造性的黄金年龄，这一时期对创造性能力的培养至关重要。第一课堂是大学生综合素质培养和提高的主渠道，第二课堂的实践锻炼则是大学生创新思维培养和提高的不可或缺的重要形式。通过第二课堂多种形式的累积，可以激发大学生产生富有创见的思维，逐步提高创造性的形成，进而实现创造性发展。

四年光阴一晃而过，毕业回首时，用什么来纪念我的大学？这是每个学生在进入大学后都应该仔细思索的问题：一张证明自己学历的毕业证书、一本志同道合好友的留言册、还是一个记录大学足迹生活的相册……在众多纷繁的物件里，我们是否可以加上一份"第二课堂成绩单"，它是大学生在校期间接受素质教育的有力证明，系统、规范地记载了大学四年的成长历程，是我们走出"象牙塔"和进入社会的最好纪念。

【练习与实践】

时间管理自我诊断量表

1. 测试要求

请根据自己在日常学习与生活中对待时间的方式与态度，选择最适合你的答案。

2. 测试题

（1）星期天，你早晨醒来时发现外面正在下雨，而且天气阴沉，你会（　　）。

    A. 接着再睡

    B. 仍在床上逗留

    C. 按照一贯的生活规律，穿衣起床

（2）吃完早饭后，在上课之前，你还有一段自由时间，你会（　　）。

    A. 无所事事，根本没有考虑学习点什么，不知不觉地过去了

    B. 准备学点什么，但又不知道学什么好

    C. 按照预先订好的学习计划进行，充分利用这一段自由时间

（3）除每天上课外，对所学的各门课程，在课余时间里你会（　　）。

    A. 没有任何学习计划，高兴学什么就学什么

    B. 按照自己最大的能量来安排复习、作业、预习，并紧张地学习

    C. 按照当天所学的课程和明天要学的内容制订计划，严格有序地学习

（4）你每天晚上（　　）安排第二天的学习时间。

    A. 不考虑   B. 心中和口头   C. 书面写出

（5）你为自己（　　）拟定"每日学习计划表"，并严格执行。

    A. 很少   B. 有时   C. 经常

（6）你每天的休息时间表（　　）有一定的灵活性，以使自己拥有一定时间去应对预想不到的事情。

    A. 很少   B. 有时   C. 经常

（7）当你发现自己近来浪费时间比较严重时，你会感到（　　）。

    A. 无所谓   B. 很痛心   C. 应该从现在起尽量抓紧时间

（8）当你学习忙得不可开交，而又感到有点力不从心时，你会（　　　）。

　　A. 开始有些泄气，认为自己脑袋笨，自暴自弃

　　B. 有干劲，有用不完的精力，但又感到时间太少，仍然拼命学习

　　C. 开始分析检查自己的学习时间分配是否合理，找出合理安排学习时间的方法，在有限的时间提高学习效率

（9）在学习时，常常被人干扰打断，你会（　　　）。

　　A. 听之任之　　　　　B. 抱怨，但又毫无办法　　　C. 采取措施防止外界干扰

（10）当你学习效率不高时，你会（　　　）。

　　A. 强打精神，坚持学习

　　B. 休息一下，活动活动，轻松轻松，以利再战

　　C. 把学习暂时停下来，转换一下兴奋中心，待效率最佳的时刻到来，再高效率地学习

（11）阅读课外书籍时，你会（　　　）。

　　A. 无明确目的进行阅读，见什么看什么，并常读出声来

　　B. 一面阅读一面选择

　　C. 有明确目的地进行阅读，运用快速阅读法，增强自己的阅读能力

（12）你喜欢（　　　）的生活。

　　A. 按部就班、平静如水

　　B. 急急忙忙、精神紧张

　　C. 轻松愉快、节奏明显

（13）你的手表或书房的闹钟经常（　　　）。

　　A. 比标准时间慢　　B. 比较准确　　　　　C. 比标准时间快一些

（14）你的书桌（　　　）井然有序。

　　A. 很少　　　　　B. 偶尔　　　　　C. 常常

（15）你（　　　）反省自己处理时间的方法。

　　A. 很少　　　　　B. 偶尔　　　　　C. 常常

3. 统计方法

选择 A，得 1 分；选择 B，得 2 分；选择 C，得 3 分。将各题的得分加起来，然后根据下面的评析判断自己的时间管理水平和能力。

4. 测试结果

（1）35～45 分，有很强的时间管理能力。在时间管理上，你是一个成功者，不仅时间观念强，而且能有目的、有计划、合理有效地安排学习和生活时间，时间的利用率高，学习效果良好。

（2）25～34 分，较善于对时间进行自我管理，时间管理能力较强，有较强的时间观念，但是，在时间的安排和使用方法上还有待进一步提高。

（3）15～24 分，时间自我管理能力一般，在时间的安排和使用上缺乏明确的目的性，计划性也较差，时间观念较淡薄。

（4）14 分以下，不善于时间管理，时间自我管理的能力很差，在时间的自我管理上是一个失败者，不仅时间观念淡薄，而且也不能合理地安排和支配自己的学习、生活时间，你需要好好地锻炼自己，逐步掌握管理的技巧。

资料来源：鞠殿民 . 大学生职业生涯规划[M]. 西安：西安电子科技大学出版社，2016.

4.4 情商修炼与人际协调

案例引导

大学生要正确认识到人际交往的重要性,不能把自己封闭在狭隘的生活小圈子里,而应以积极的态度,使自己的人际交往能力适应未来社会发展的需要。现代社会中,人与人之间的相互依存和联系更加密切。人与人之间和谐关系的形成、友谊的建立、职业的起航、事业的成功,都需要在良性人际关系中实现。人际交往能力是现代人重要的素质能力,也是影响一个人能否适应社会、步入职场的重要条件。

4.4.1 情商管理

人们常常把情商看成衡量情绪、情感素养高下与否的标尺。甚至在有些人看来,情商的高低不仅是决定着一个人事业成功与否的关键因素,还是衡量一个人综合素质高低与否的关键指标。我国古代先贤思想中的"内圣外王"和"天地人和",就是对人、自我以及关系治理的哲学思维的解读,意在告诉人们在学习、生活、工作、社会活动中要致力于心灵的修养,做到内心自洽、情感自得。

习近平总书记在天津和高校毕业生、失业人员等座谈时,问村干部杨代显"情商重要还是智商重要?"杨代显回答"都重要"。习近平总书记说:"做实际工作情商很重要,更多需要的是做群众工作和解决问题能力,也就是适应社会能力。"大学生正处在即将迎接社会挑战的重要成长时期,不仅要有扎实的文化功底,也要有较高的情商素养,只有"情智双全",才能适应社会发展对人才的需求。随着物质条件和精神生活的极大满足,我们发现大学生的"吃独食""未断奶""书呆子"的现象越来越广泛,他们的自我认知、情绪管理和人际交往等方面都存在着薄弱环节。因此,大学生增进自我身心健康、提高情商和情绪认知管理、培养和谐人际关系,是为人处世之道,也是职业发展的深层次需求。

1. 情商内涵

丹尼尔·戈尔曼在 1995 年出版的《情绪智商》书中首次提出"情绪智力"的理论,也就是我们通常说的情商(EQ)。它是指人在情绪、情感、意志、耐受挫折等方面的品质,是一个人驾驭自己的情绪、认知他人的情感及处理自己与他人之间情感关系的能力。情商是智商得以最大程度发挥的保证,是心理素质的核心部分,也是大学生应具备的基本素养,情商水平的高低对一个人能否取得成功也有着重大的影响作用。

2. 情商构成

研究学者认为情商主要由五个方面构成。

(1)通过自我了解,认识情绪。只有认识自己,才能成为自己生活的主宰。情绪是变量,它会随着外界感知的变化而波动,因此不断监测自身情绪时时刻刻的变化,察觉情绪的走向,观察和审视自己的内心体验,它是情感智商的核心。

(2)通过自我管理,控制情绪。情绪是一个多面体,现实生活中有效掌控自我的性格、态度、处事方法等交往因素,在生活中学会调控自身的情绪,使之适时适度地表现出来。

(3)通过自我激励,激活情绪。这是一种生生不息的向上生长的能力,它能够依据活动的设定目标和保持乐观,调动、指挥情绪,使人自如应对生活中的挫折,走出低谷,重新出发。

(4) 通过识别他人的情绪,产生同理心。能够通过细微的社会信号、敏感地感受到他人的需求与欲望,共情感受他人的情绪,这是与人正常交往,实现顺利沟通的基础。

(5) 通过调和人际关系,构建沟通桥梁。利用个人的感染力、展示力、融合力等总体协作能力调控自己与他人的情绪反应,这是获得成功与幸福的必要因素,也是领导力和管理能力的一种体现。

3. 提高情商的方法

在应试教育下,无论是家长还是老师,多侧重于学生智力的培养,而忽略了情商的训练。进入大学后,一些大学生难以进行有效的交流成为社交中最大的障碍。提高情商是把不能控制的情绪变为可以控制的情绪,从而提高理解他人及与他人相处的能力。在人际关系中不是只关注别人,或者只关注自己,而是要关注"我们"。所以,情商讲究的是一种协同合作的态度。

(1) 减少负面情绪。抱怨和指责都属于不良情绪,这些负面情绪会随着批评的声浪水涨船高,越传越烈。"未经他人苦,莫劝他人善",在人际交往中,严格要求自己,不批评,不指责,不抱怨,不埋怨,不要站在自己的道德制高点上去要求别人,多做对他人有意义的事情。

(2) 持有积极心态。现实生活中冷漠、无助、抱怨充斥着本该热情、活力、包容的生活圈。积极心态是应对消极状态的良药,大学生在学习、生活、工作中知道如何调动自己的积极情绪,让好的情绪伴随每天的生活中,不受负面情绪的影响,不斤斤计较,心胸宽广,同时拥有一颗包容和宽容的心。

(3) 提升沟通效率。沟通与交流是一种技巧,有效沟通是"听"和"说"的结合体,能够明确沟通内容,确立目标,善于聆听,勤于交流,并且以坦诚的心态来对待他人,真诚且有礼貌,在判断与思考中不断地总结和领会交流意图。

(4) 学会赞美他人。戏剧家莎士比亚曾说:"赞美是照在人心灵上的阳光。没有阳光,我们就不能生长。"赞美是人际关系中重要的润滑剂。人们总是喜欢和能给予自己信心的、真诚地赞美自己优点的人相处。尤其是同龄人之间的相处,只有能看到对方的优点,才能进步得更快,总是挑拣别人缺点的人则会故步自封且矛盾重重。

4.4.2 情绪管理

情绪管理就是善于掌握自我,善于调节情绪,对生活中矛盾和事件引起的反应能适可而止地排解,能以乐观的态度、幽默的情趣及时地缓解紧张的心理状态。

1. 情绪内涵

情绪是指人们在内心活动过程中所产生的心理体验,或者说是人们在心理活动中,对客观事物是否符合自身需要的态度体验。情绪是与生俱来的,与人的需要是否被满足相关。人在认识客观事物的过程中,不仅了解事物的表面特征,揭示事物的本质及内在联系,同时还会对所反映的事物产生喜好或厌恶之情。

2. 情绪管理

情绪管理是高情商的基础,对于大学生的心理健康有着重要的影响。大学生正经历着青年时期波动较大的动态变化,情绪情感的不稳定性、冲动性、开放性,影响着大学生们认识活动的方向、行为的选择、人格的形成以及人际关系的处理。长期持续的不良情绪会严重阻碍大学生的学业发展、求职择业以及就业后的职场关系。所以，管理情绪的第一步，应当是接纳自己的情绪状态，顺从自己的情绪体验。

3. 疏解情绪的方法

俗话说："笑一笑，十年少；愁一愁，白了头。"社会的白热化竞争让人们的生活压力越来越大，内心也容易变得焦虑和浮躁，负面情绪如果长期不能得到缓解，将会导致身体罹患疾病和产生心理问题。因此，我们要成为情绪的"主人"，常保鲜活的心情笑傲人生。

（1）转移注意。人的情绪容易受到外在的事物与场景的影响，所以时间和空间环境一旦发生变化，情绪也会随之改变。当个体察觉到自身陷入负面情绪时，可以选择自己感兴趣的点来切入，或者做一些能让自己专心投入的事情来分散和转移注意力，将不愉快的心情暂时忘却。

（2）倾诉宣泄。倾诉是疏解不良情绪的最好方式。倾诉的对象可以寻找朋友、家人、师长、心理医生等自己信赖的人。事实上，不少大学生意识不到自己的负面情绪累积导致的心理危机或心理疾病，很少主动向心理咨询中心或是相关专家寻求解决方法。

（3）运动疏解。通过运动，大脑中会分泌一种可以支配的心理和行为的肽类。其中一种叫作"内啡肽"的物质，科学家称为"快乐素"，它作用于人体能使人产生愉悦。当你情绪坏、心情糟时，正确选择对应的运动项目，能更有效地让心情好起来。

（4）音乐调节。现代医学表明，音乐能调整神经系统的机能，解除肌肉紧张，消除疲劳，改善注意力，增强记忆力，消除抑郁、焦虑、紧张等不良情绪。音乐不同于其他艺术，它带给人听觉的享受，借助于情绪色彩鲜明的音乐旋律的变化来影响人情绪的起伏，我们应因人、因时、因地、因心情的不同而选择不同的音乐。

（5）放松训练。放松调节主要是针对身体肌肉进行的，通常情况下，我们可以采用冥想、瑜伽等腹式呼吸法来进行彻底的身心放松。放松调节也可以围绕头部、腰部、四肢等展开。

（6）改变认知。人之所以有情绪，是因为我们对事情做出了不同的解释，每件事情不同的人观点不同，则会产生不同的情绪反应。所以我们可以通过改变认知，来改变我们的情绪。比如在为了某件事烦躁时，可以对事情进行重新评价，从另外一个角度看问题，改变我们刻板看问题的方式。

4.4.3　人际关系管理

中国自古有礼仪之邦之称，先辈们礼尚往来和互敬谦卑的姿态，很好地诠释了忠诚、尊重、敬畏、呵护、仁爱等交往之道。在现代社会中，人际交往已经成为一种常见的生活状态，交往面越宽，交往越深，双方的认知程度也就越完整，对自己的认知也就越深刻。大学生正处于身心发展处于日趋成熟的阶段，在和社会的接轨过程中，其人际交往的复杂程度也会受到外部环境和自身理想信念、价值观和人生观的影响。对于大学生而言，拥有良好、融洽的人际关系，是促进其优良个性品质的形成，以及成长成才的前提条件。

1. 人际关系内涵

人际关系主要表现为人们心理上的距离远近、个人对他人的心理倾向及相应行为等。

（1）人际关系。社会心理学研究表明，人际关系是在交往的基础上形成的相对稳定的情感纽带,是人与人之间心理上的关系,人们通过人际交往在社会生活中交流信息、沟通感情。由于人际关系是一个内涵十分深刻、外延又非常广阔的概念,它有广义和狭义之分。广义的人际关系,即在各种社会关系中,一切个体的人与人之间关系的总和,它包括人与人之间的直接关系,也包括人与人之间的间接关系。狭义的人际关系,即两个或者两个以上个体,通过各种媒介进行思想和行为的相互作用,所形成的相互依存的关系,它包括人与人之间的心理关系、法律关系、道德关系、经济关系等。

(2) 大学生人际关系。马克思曾经说过:"人是一切社会关系的总和。"社会属性是人的本质属性。人际交往存在于每一种社会关系之中,并在社会生活的各个角落表现出来。大学生的人际关系是在社会实践和学习生活中的不同领域、不同方面的具体表现。对于大学生来说,正常的人际交往和良好的人际关系都是其心理正常发展、保持健康成长、构建美好生活的必要前提。在校园中,大学生除了通过课堂、网络、书籍等途径获得知识之外,同样对外界有着强烈的探索意向和交往意愿,每天都会与老师、同学、家人、朋友以及其他社会人员发生各种各样的关联,在人际交往的动态过程中,大学生互相接触、互相链接,不断适应、不断塑造、实践人生、感悟人生,进而成为真正现实的、具有个性特征的人。

2. 大学生人际关系的特点

人际交往始终贯穿大学生活始终,处理人际关系需要掌握一定的交往原则、交往艺术和交往技巧,大学生渴望能够在校园中建立起良好的人际关系,这不仅是一种求得他人认可的心理追求,而且在某种程度上决定其在大学阶段的学习效果和生活质量。随着社会对人的适应能力提出的更高要求,交往也成为当代大学生人格发展的重要课题,交往方式和交往内容也发生了根本性的变化。

(1) 主动性和迫切性。进入大学,独特的氛围环境、视野的开阔度、知识的吸纳力使得大学生的学习方式和生活环境都发生着悄然的变化。这个阶段的大学生思想活跃、精力充沛、兴趣广泛,心理和生理也日趋成熟。因此,富于理想情感和讲究情投意合,使得大学生迫切需要与人交谈和主动沟通,以此扩展朋友圈,结交新同学,从而获得更多的信息咨询,开阔视野、丰富知识、学会处世以表现自己各方面的才能,获得稳定的情绪,保持足够的自尊心和自信心。这种主动出击和迫切需求,决定了大学生人际交往具有更大的广泛性、互动性和多样性。

(2) 平等性和纯洁性。首先,人际交往的基础是"人人平等"原则,大学生随着自我意识的发展,独立和自尊的要求日益增强,于是产生了强烈的"成人感",对交往的平等性要求越来越高。大学生在人际交往的过程中都在同一身心发展水平上,一些傲慢、无理、指责、控制、批评、嫉妒等消极现象,在相同的年龄、经历和心理条件下,没有得到尊重彼此的理解和包容,就会产生矛盾、误解和争论。所以,平等相待和一视同仁,是大学生人格平等和角色相同的基本要素。其次,大学时代正是思想活跃、感情丰富、极富浪漫的时期,头脑中充满了对理想的憧憬和对生活的热爱,用纯粹来承担友谊的果实,他们所承担的社会角色也不存在因经济关系所带来的一系列利益冲突。因此,大学生在交往过程中的人际关系较少会出现功利色彩。

(3) 独立性和开放性。进入大学校园,大学生开始了真正自我管理的独立生活,这种生活方式无疑为他们的独立意识培养提供了空间。由于大学生之间个性差异,无论活泼好动还是冷静孤僻,大学生的交往活动都呈现出交往意识很强,交往范围较宽,交往方式的丰富多彩的个性化和自主性特点。他们在人际交往中由自立于家庭、自立于朋友向自立于社会过渡,并且在这个过程中逐步建立起理性的思维意识,较强的批判精神和独特的事物见解能力。

（4）社会性和动态性。任何人都是处在一定的社会关系中从事社会实践活动。社会属性是人的本质属性,人的自然属性也深深打上了社会属性的烙印。大学生群体的社会关系随着他们走出家门,结交朋友,交流信息,接收新思想,与社会的接触更加频繁与密切,人际交往呈现出前所未有的开放式趋势,他们参与社会交往,增长见识,在交往中形成人际关系状态的发展变化和相互转化的一个动态过程。

3. 大学生人际关系的构建

人际关系影响一个人的事业、生活、身心健康等方方面面。良好的人际关系不是简简单单、一蹴而就能形成的,而是需要精心维护、不断经营。大学生中很多人的心理较为脆弱,人际关系的构建对于大学生的成长成才具有非常重要的作用。

1）同学关系

同学关系是大学生人际关系的主体和基本交往的对象。大学生一般是同辈群体,在生理、心理、年龄,兴趣、爱好方面有着共同特征和共同语言。身处集体生活,大学生的生活习惯和个性特征都存在着一定的差异,在交往过程中,由于交往频率高、空间距离小,难免会产生摩擦和矛盾,但是同学之间的真挚友情所产生的化解矛盾以及拥有积极向上的力量是不可忽视的。

（1）主动交往。人际交往有主动与被动、积极与消极、有效与无效之分。主动交往不仅可以使人掌握人际交往中的主动权,展现个人交往的魅力和风采,而且可以消除交往中的心理障碍,增强自信心,提高人际交往的质量和效率,大学生要克服自卑、孤独、自傲、胆怯、怀疑等心理状态,要善于主动参与、主动问候、主动请教、主动援助。

（2）相互尊重。宿舍作为大学生活的基本单元,不仅是大学生住宿的场所,也是学习、娱乐、交流、交往的重要场所。大学生宿舍成员相对固定,朝夕相处,相互之间频繁接触,宿舍成员之间的行为品质、兴趣爱好得到充分暴露,这些小矛盾在不知不觉间影响着同学之间的关系,如果得不到及时化解,日积月累,就会导致误会加剧,直至爆发"战争",严重的还会诱发心理疾病。所以,大学生在人际交往中,要以真诚、理解、宽容、平等、互助的态度交往,以"自我"为中心向以"集体"为中心的转变。

（3）换位思考。人和人之间是不同的,但却是可以理解的,要努力跳脱自己的巢穴,站在他人的立场上考虑问题,用自身的情感体验、思维方式等与对方联系起来,站在对方的立场上体验和思考问题,这样双方的沟通会变得更加顺畅和温馨。要切忌以自我为中心,克服傲慢和嫉妒心理,还要积极参加各项集体活动,以增进人际交往。坚持"五湖四海"、全方位交往,摒弃"小圈子"和"拉帮结派"等庸俗作风。

2）师生关系

新西兰教育学者约翰·哈蒂用15年时间对影响教学效果的各种因素进行了大规模实证研究。这项涉及约2.4亿名学生的研究最终得出结论:师生关系是影响教育的关键因素之一。清华大学老校长梅贻琦说:"学校犹水也,师生犹鱼也,其行动犹游泳也。大鱼前导,小鱼尾随,是从游也。从游既久,其濡染观摩之效,自不求而至,不为而成。"老师不仅传授知识,而且应处处率先垂范,用自己的高尚无瑕的品德,使学生耳濡目染,奋力从游在广阔水面上。大学生在学习理论知识、实践技能和社会经验的过程中,通过教师品德、情操、学问的薪火相传,化于无形,得之不失。师生关系是在老师和学生的理解、信任、交流、互动中不断完善。

（1）尊敬老师。老师对于学生有传道授业之恩，在文明大国、礼仪之邦的中国，尊师重道更是传统美德。习近平总书记同陈秋影老师的师生情谊就是优秀的例子，总书记在给陈秋影老师信中写道："尊师敬教是中华民族的传统美德，正如毛主席对徐特立老人所说的那样：您过去是我的老师，现在仍然是我的老师，将来还是我的老师。老师的恩情我是永远不会忘记的。"在大学校园中，老师是为学生传授知识、答疑解惑、培养技能、助力成长的重要人物，大学生尊敬老师要细化到学习生活的细节中。

（2）主动沟通。大学的教育方式不再是灌输式和填鸭式，以学生的自主式学习为主。学生和老师之间，学术讨论更加自由，交流方式更为畅通，学习方式更显多样。刚进入大学校园，很多新生过于内敛和羞涩，往往会故步自封，在自己和老师之间拉起一道无形的心墙，不敢说、不敢看、不敢问，上课来，下课走，总是无法迈出向老师请教问题的第一步。勤学好问不仅使自身学业受益，还能加深了解老师的品位和追求，建立共同兴趣，交换看法，缩短精神间距，这是师生间情感的共鸣，也是建立良好师生关系的美好开端。

3）家庭关系

家庭关系是我们最基础的人际关系，家庭的成长氛围、父母的教养方式等对于大学的人格成长、人际关系、情绪管理能力、亲密关系的建立与发展等都有深远的影响。进入大学后，深受家庭问题困扰的同学们似乎找到了避风港，通过远离家乡、专注学业等方式来缓解或回避家庭压力，一旦与家人联系或回到原生家庭时，就立刻被"打回原形"。

大学生和父母所成长的时代不同，在教育程度、文化素质等方面存在差异，随着生理和心理年龄的成熟，既不需要躲在父母的羽翼之下，也无需受到父母全方位的管控，理念的分歧总会产生多种矛盾。两代人只要都能做到求同存异，了解自己的父母和家庭，接纳父母及自身的局限性，接纳和尊重双方所有的过往，不仅可以填平"代沟"，还能够成为彼此很好的朋友，减轻父母负担，成为可依赖的人，因此改变生活的权利和责任掌握在自己手里。

4. 大学生人际交往技能

大学生培养良好的人际交往能力，不仅是大学生生活的需要，更是大学生适应社会的需要。

（1）尊重他人。自尊是一个人重要的心理需求，每个人都期望在人际交往中得到尊重。大学生在人际交往过程中，无高低贵贱之分，只有将心比心，以情换情，善于发现对方的优点，从而达到相互之间的心理平衡、互补与理解，这样的人际关系才能和谐共处以及长长久久。因此，大学生在人际交往中尤其要注意尊重的原则，注意讲究文明用语，注重他人的生活习惯，不损伤他人的名誉和人格，承认或肯定他人的能力与成绩。在人际交往中时刻自我提醒，自我暗示，以平等心待人，善于发现他人优点。

（2）真诚守诺。马克思曾经把真诚、理智的友谊赞誉为"人生的无价之宝"。诚实讲信用是人际交往得以延续的重要因素。大学生在人际交往中抱着心诚意善的动机和态度，真诚待人，承诺的事情尽量做到，这样才能赢得别人的信任，彼此建立深厚的友谊，才能相互理解、接纳、信任，同时情感上引起共鸣。

（3）学会赞美。只有真实的赞美才能最打动人的心灵。在人与人的接触中，良好的人际交往和沟通能力不是与生俱来的，它需要在社会交往实践中学习、锻炼和提高。沟通中的技巧犹如人际关系的润滑剂，它可以帮助人们在交往活动中增进彼此的认识和了解，缩短心理距离，建立良好的关系。每个人都希望得到别人的认可，而认可的常见形式就是赞美。当我们看到其他人身上的优点或者变化时，大胆地给予赞美或认可，会给对方带来欢乐，这种欢乐和谐的氛围使人与人之间的关系变得轻松融洽。

（4）懂得宽容。人非圣贤，孰能无过？宽容是一个人必不可少的一种素养。古人常说："宽则得众，宽厚得福。"这句话孕育了理解、体贴、善待他人的精神。人们在生活中不可避免地会产生矛盾或冲突，对于别人的错误不要揪着不放、斤斤计较、以牙还牙或者坚决对立，那么隔阂就会越来越深，人际关系只会越来越紧张，要能做到"化干戈为玉帛"。宽容大度不仅能够拥有更多朋友，也是自己生活愉快的方法。大学生在人际交往中要学会做个有心人，善于体察别人的心境，主动关心他人，采取不同的方式使对方感受善意和温暖。

（5）善于倾听。倾听是大学生获取知识、进行交往的必要手段，也是对正在倾诉一方的尊重、理解和接纳。大学生与他人沟通交流时，不仅要学会倾听，更要善于倾听，并不时地给予适当的反馈和回应，运用倾听的技巧去实现交流的最佳效果。"说"离不开"听"，倾听在人们的生活和学习中有着重要作用。人们在日常生活中，言语时间的使用情况是：听占45%，说占30%，读占16%，写占9%。也就是说，在生活中，人们有将近一半的时间在听。大学生在倾听对方谈话时，不随意打断别人的交谈，要态度诚恳有礼貌，注意力集中，不仅要听清说话者所表达的内容，而且要听懂对方的语气、语调等副言语信息，看懂对方的体态语言，在表明观点的同时避免冲突。

（6）交往适度。在人际交往中有一个著名的"适度定律"。意思是对一个人的好要把握好一个度，超过这个度，人际关系有可能走向反面。大学生在交往中要注意时间适度、距离适度和频次适度。①时间适度，大学生要防止因在人际交往中投入太多的时间和精力而荒废学业；②距离适度，不刻意迎合，不无故疏远，大学生在人际交往中时刻保持一定的安全距离是非常必要的，只是不同程度的人际关系其距离的大小可适当调整；③频率适度，有的同学交往，关系好时，形影不离。一朝不和，即互相攻击，老死不相往来，这对双方的心理健康和人际关系发展都不利。人际交往，应该疏密有度，不疾不徐，不冷不热，温润和缓，淡而不腻。

【练习与实践】

测测你的情商有多高？

请你安静下来，诚实地回答下列的每一道测试题，一定要按照你的真实想法回答，而不是试图用学校里学来的做多项选择题的技巧，去猜哪一个才是对的，好，下面开始！

● 测试内容

（1）假设坐飞机时，突然受到很大的震动，你随着机身左右摇摆。这时候，你会（　　　）。

　　A. 继续读书或看杂志，或继续看电影，不大注意正在发生的骚乱

　　B. 注意事态的变化，仔细听播音员的播音，并翻看紧急情况应对手册以备万一

　　C. A 和 B 都有一点

　　D. 不能确定——根本没注意到

（2）假设大人带一群 4 岁的孩子去公园玩，其中一个孩子由于别人都不和他玩而大哭起来。这个时候，你认为应该（　　　）。

　　A. 置身事外——让孩子们自己处理

　　B. 和这个孩子交谈讲道理，并帮助他想办法

C. 轻轻地告诉他不要哭了

D. 想办法转移这个孩子的注意力,给他一些其他的东西让他玩

(3) 假设你希望在某门课程上得优秀,但是在期中考试时却只得了及格。这时候,你应该(   )。

A. 制订一个详细的学习计划,并决心按计划进行

B. 决心以后好好学

C. 告诉自己在这门课上考不好没什么大不了的,把精力集中在其他可能考得好的课程上

D. 去找老师,试图让他给高一点的分数

(4) 假设你是一个保险推销员,去访问一些有希望成为你的顾客的人。可是一连十五个人都只是对你敷衍,并不明确表态,你变得很失望。这时候,你会(   )。

A. 认为这只不过是一天的遭遇而已,希望明天会有好运气

B. 考虑一下自己是否适合做推销员

C. 在下一次拜访时再做努力,保持勤勤恳恳工作的状态

D. 考虑去争取其他的顾客

(5) 假设你是一个经理,提倡在公司中不要搞种族歧视。一天你偶然听到有人正在开有关种族歧视的玩笑。你会(   )。

A. 不理它——这只是一个玩笑而已

B. 把那人叫到办公室去,严厉斥责他一顿

C. 当场大声告诉他,这种玩笑是不恰当的,在你这里是不能容忍的

D. 建议开玩笑的人去参加一个有关反对种族歧视的培训班

(6) 假设你的朋友开车时,别人的车突然危险地抢到你们前面,你的朋友勃然大怒,而你试图让他平静下来。你会(   )。

A. 告诉他忘掉它吧——现在没事了,这不是什么大不了的事

B. 放一盘他喜欢听的磁带,转移他的注意力

C. 一起责骂那个司机,表示自己站在他那一边

D. 告诉他你也曾有同样的经历,当时你也一样气得发疯,可是后来你看到那个司机出了车祸,被送到医院急救室了

(7) 假设你和好友发生了争论,两人激烈地争吵。盛怒之下,互相进行人身攻击,虽然你们并不是真的想这样做。这时候,最好(   )。

A. 停止20分钟,然后继续争论

B. 停止争吵,保持沉默,不管对方说什么

C. 向对方说抱歉,并要求对方也向你道歉

D. 先停一会儿,整理一下自己的想法,再尽可能清楚地阐明自己的立场

(8) 假如你被分到一个单位当领导,想提出一些解决工作中困难问题的好方法。这时候,你第一件要做的事是(   )。

A. 起草一个议事日程,以便能充分利用和大家在一起讨论的时间

B. 给人们一定的时间相互了解

C. 让每一个人说出如何解决问题的想法

D. 采用一种创造性发表意见的形式,鼓励每一个人说出此时进入他脑子里的任何想法,而不管该想法有多疯狂

(9) 假如一个 3 岁的小孩非常胆小,对陌生地方和陌生人有些神经过敏或者有些恐惧。你认为家长应该（　　）。

A. 接受他具有害羞气质的事实,想办法让他避开他感到不安的环境

B. 带他去看儿童精神科医生,寻求帮助

C. 有目的地让他一下子接触许多陌生人,带他到各种陌生的地方,克服他的恐惧心理

D. 设计渐进的系列挑战性计划,每一步相对来说都是容易对付的,从而让他渐渐懂得他能够应对陌生的人和陌生的地方

(10) 假如现在你又开始学儿时学过的乐器了。你想最有效地利用时间,应该（　　）。

A. 每天坚持严格地练习

B. 选择能稍微扩展你能力的乐曲去练习

C. 只有当自己有情绪的时候才去练习

D. 选择远远超出你的能力但通过勤奋的努力能掌握的乐曲去练习

● 评析

(1) 可选除了 D 以外的任何一个答案。选择答案 D 反映了你在面临压力时经常缺少警觉性。记分:A＝20,B＝20,C＝20,D＝0。

(2) 选 B 最好。情商高的人善于利用孩子情绪状态不好的时机对孩子进行情绪教育,帮助孩子明白是什么使他们感到不安,他们正在感受的情绪状态是怎样的,以及他们能进行的选择。记分:A＝0,B＝20,C＝0,D＝0。

(3) 选 A 最好。人自我激励的一个标志是能制订一个克服障碍和挫折的计划,并严格执行它。记分:A＝20,B＝0,C＝0,D＝0。

(4) 选 C 最好。情商高的一个标志是面对挫折时,能把它看成一种可以从中学到东西的挑战,坚持下去,尝试新的方法,而不是放弃努力,怨天尤人,变得萎靡不振。记分:A＝0,B＝0,C＝20,D＝0。

(5) 选 C 最好。形成一种多元化气氛的最有效的方法是公开挑明这一点。当有人违反时,明确告诉他你的组织的规范不容许这种情况发生。不是力图改变这种偏见,而只是让人们遵照规范去行事。记分:A＝0,B＝0,C＝20,D＝0。

(6) 选 D 最好。当一个人处于愤怒状态时,使他平静下来的最有效的办法是转移他愤怒的焦点,理解并认可他的感受,用一种不激怒的方式让他看清现状,并给他以希望。记分:A＝0,B＝5,C＝5,D＝20。

(7) 选 A 最好。中断 20 分钟或更长的时间,是使愤怒引起的生理状态平息下来的最短时间。否则,这种状态会歪曲你的理解力,使你更可能出口伤人。平静了情绪后,你们的讨论才会更富有成效。记分:A＝20,B＝0,C＝0,D＝0。

(8) 选 B 最好。一个单位的成员之间关系融洽和谐,每个人都感到心情舒畅时,工作效率才会最高,人们才能自由地做出他们最大的贡献。记分:A＝0,B＝20,C＝0,D＝0。

(9) 选 D 最好。生来带有害羞气质的孩子,如果他们父母能安排一系列渐进的针对他们害羞的挑战,并且这种挑战是能逐个应付得了的,那么他们通常会变得喜欢外出起来。记分:

A＝0,B＝5,C＝0,D＝20。

（10）选 B 最好。给自己适度的挑战,最有可能激发自己最大的热情。这既能使你学得愉快,又能使你完成得最好。记分：A＝0,B＝20,C＝0,D＝0。

● 结论

最高分数为 200 分,一般人的平均分为 100 分。

● 建议

（1）如果你得分较少,应该努力提高自己的情商。

（2）如果你得分少于 25 分,最好另找个时间重测一下。

资料来源:马志国.测测你的情商有多高？[J].家庭医学:新健康,2003-02-11.

【复习与思考】

（1）步入大学的新生容易出现哪些适应问题,如何解决？

（2）大学生如何进行自我管理？

（3）大学的学习理念是什么？ 大学生如何把握大学学习？

（4）大学生参加社会实践和素质拓展活动的意义是什么？

（5）大学生如何处理人际交往中的难题和障碍？

第**5**章

职业目标探索

案例引导

【学习目标】

(1) 能够了解就业政策，把握就业市场。

(2) 能够进行就业政策分析，规划就业去向。

5.1 分析就业形势、找到就业市场

当下，全球化、知识化、信息化和多元化进一步发展，使所有人都面临着新的挑战。技术的发展与革新、人才的流动促使市场更快地革新与进步，求职者也面临更大的竞争压力。对于大学生就业，只有及时全面了解、认知就业形势，分析、找到就业市场，才能更有的放矢地做好准备和后续顺利地求职成功。

5.1.1 就业形势分析

在当今经济新常态的背景下，国家的社会经济发展在发生着变化，而这些变化也在影响着市场的供求。大学生作为就业市场中供给方的重要组成部分，外在的环境变化势必会给他们带来一系列的挑战。

1. 经济发展新常态

中国经济发展进入新常态，是党中央在新的时代条件下，对当前与未来一个时期经济走势的科学论断，这一方面是对之前提出的"三期叠加"（即增长速度换挡期、结构调整阵痛期、前期刺激政策消化期）判断的理论升华；另一方面，也为后续提出新发展理念以及由中高速增长转向高质量发展提供了核心语境。

1）新常态面临新背景

改革开放以后，我国经济迅速发展，成为全球重要的经济体。但是在经济快速发展的同时，也面临着一些发展中的挑战。

① 虽然人口红利仍在形成进程中，但存在着人口老龄化程度加剧、劳动力市场结构不合理、教育和人才培养不足等问题，这些问题需要通过改革和创新来解决。同时，国际贸易和投

资环境也不稳定,这对中国的经济发展和人口红利的发挥带来一定的压力和不确定性。

② 资源在慢慢地枯竭,过去国内一般是以各种生产要素的投入驱动经济增长,但后期城市化发展、耕地的缩减、配套的约束不到位、资源的浪费等也成为持续经济增长中的隐患风险。

③ 创新能力有待提升,结合国家统计局网站公布的数据来看,我国的技术引进和改造费用超过了购买国内技术的经费支出,可见在创新能力方面,我国还需进一步提升发展。

2) 经济发展特征

我国的经济已经进入了新的常态,主要表现在以下方面。

① 经济放缓,目前我国的经济增长速度由高速转为中高速,经济增速呈现回稳的态势。

② 结构调整,在新常态下结构在不断地优化升级。

③ 第三产业慢慢成为产业主体,消费需求逐渐成为主要类型,城乡区域差距慢慢地减小,收入分配方面居民的收入占比正在上升等。

④ 经济新常态的核心内涵,也就是经济增长的动力逐渐转换为创新驱动,面对着当下国际化和经济的发展,大部分企业在主动转型,创新意识明显提升。

3) 经济发展新变化

习近平总书记指出,我国发展仍处于重要战略机遇期,我们要增强信心,从当前我国经济发展的阶段性特征出发,适应新常态,保持战略上的平常心态。目前我国的经济增长由原来的高速增长转变为中高速,这是一种可持续的经济增长速度,在未来十年我国的经济增长也将对全球做出更大的贡献。此外,我国的经济产业结构也在不断地优化升级,从制造业为主转变为服务业为主,服务业的吸纳就业能力高于制造业,发展服务业将有效地促进就业的目标,有利于改善民生。

党的二十大报告中指出,强化就业优先政策,健全就业促进机制,促进高质量充分就业。健全就业公共服务体系,完善重点群体就业支持体系,加强困难群体就业兜底帮扶。统筹城乡就业政策体系,破除妨碍劳动力、人才流动的体制和政策弊端,消除影响平等就业的不合理限制和就业歧视,使人人都有通过勤奋劳动实现自身发展的机会。抓好就业工作是保障和改善民生的重要内容。国家高度关注高校毕业生等青年的就业,也出台了大量促进扶持大学生就业创业的政策和保障,体现了党和国家对大学生就业的要求和期望。

2. 大学生创新创业新趋势

随着知识全球化发展的逐渐深化,各个国家之间的人才竞争愈发激烈,对人才的要求也不断提高。创新创业能力是现阶段中国对大学生人才的核心要求之一。

"互联网＋"引领创新创业的发展新趋势。当下,产业互联网成为未来制造业的代表,也是我国将面临的机遇与挑战和时代发展的趋势。随着社会大众消费的变化与升级,互联网消费普及推动着数字经济技术与实体经济的深度融合,也为我国数字经济的发展带来了新的机遇。

专创融合成为创新创业人才的新趋势。《国家中长期人才发展规划纲要(2010—2020 年)》提出我国与发达国家仍然存在着人才水平的差距,主要是体现在高层次创新人才的差距。后续教育部相应出台了一系列有力举措,加强创业素质教育,注重大学生专业教育与创业教育的融合。作为大学生,需要自觉把创新创业教育和专业教育有机融合,更好地适应新常态下社会的发展需求。这要求大学生全面地提升从业能力和创新创业能力,在扎实学好专业教育课程的基础之上,深化知识的创造和运用,能够有机地融合,内化后续,进而解决创新等系列问题,成为能够兼顾专业和创新的"综合性人才"。

新个体经济成为大学生自主创业的新趋势。随着近年来毕业生人数的直线上升,就业竞争压力逐渐变大。作为大学生,不仅应具有较好的理论知识和良好的素质,还需要树立科学的发展观和择业观,积极主动地投入创新创业的行列。2020 年,国家发展改革委等 13 个部门发布《关于支持新业态新模式健康发展激活消费市场带动扩大就业的意见》,提出"鼓励发展新个体经济"。2020 年以后,受疫情影响,一些传统的经济受到很大的冲击,能够抓住机遇、寻求突破、实现发展也势在必行。"新个体经济"给予作为大学生就业者更好的自主权和选择权,广大的大学生们也愿意投入此项的就业创新方式中,发挥个人特长,寻求更有创造力的生活方式。

5.1.2　就业市场分析

就业市场一般指人才市场,大学生的就业市场就是大学毕业生人才市场。

1. 就业市场需求与供给新趋势

2020 年高校毕业生达到 874 万人,2021 年高校毕业生 909 万人,2022 年高校毕业生 783 万人,2023 年全国普通高校毕业生规模达到了 1158 万人。高校毕业生对就业岗位有着很大需求,而经济发展状况则会对就业,尤其是就业市场中提供的就业岗位产生直接的影响。党的二十大报告中指出,就业是最基本的民生。要实施就业优先战略,强化就业优先政策,健全就业促进机制,促进高质量充分就业。

在现代化国家开启新征程的开端,需要以科技创新来催生新发展动能。可以预测在今后的十年、二十年,社会的发展也会对人才的需要提出更高的要求。所以作为大学生,需要具备良好的创新精神,才能更好地适应社会发展需要。

此外,我国的区域经济发展和基层就业也将成为新的增长点。国家提出了乡村振兴的战略,这是一项能够有效推动城乡均衡发展的重要举措。随着大学生们走进中西部、走向农村、走入基层发展,当地的产业结构也在逐渐发生变化,国家也相应出台了许多惠农的政策,这些都为大学生到农村的基层就业带来了更好的发展空间。

除了实施乡村振兴战略,城乡社区发展也有待进一步建设。中共中央组织部、人力资源和社会保障部、民政部等七个部门也联合发出《关于引导和鼓励高校毕业生到城乡社区就业创业的通知》,鼓励大学生们围绕着社区的需求进行积极的就业和创业,发挥才能长板,贡献自己的青春力量。

2. 把握就业市场

大学生要在就业期准确地把握就业市场就要根据自己的个人职业生涯规划明确自身的就业方向,认真分析自身,通过职业目标的选择、职业发展的实践来找寻适合自己的就业市场,可以通过认识自身和了解现状两方面综合考虑,进而选择最有利于自身求职选择实现的就业市场。

(1) 明确自身条件把握就业市场。在进入职业市场,选择前期需要对自身进行认真的审视及客观的分析。例如,自身的职业目标、市场需求现状、求职预计投入等,要在前期做好谋划和分析工作,这样能够加强求职择业针对性,并有效地避免浪费时间及金钱,进而提高效率。

(2) 关注就业市场信息来把握就业市场。在选择和进入职场时,大学生需要全面地了解就业市场的信息,可以通过网上查询、咨询学校,了解现场考察等方式来了解就业市场的各种信息。

(3) 了解就业市场资质来把握就业市场。在选择就业市场时可以提前了解就业市场的主办方,大部分的省市及学校部门的主办单位组织的双选市场一般较为规范,招聘单位的质量也相对较好。对于无形的就业市场,如网站等,建议求职学生选择有知名度的网站及公众号,网络上的信息好坏夹杂,正规的就业市场能够提供有效的就业信息,提高效率。反之,容易出现虚假招聘,导致上当受骗的情况。

(4)了解就业市场规则来把握就业市场。在进入就业市场时,前期需要做好充足的准备,如证件材料等,对于无形的就业市场,大学生可以多浏览网站,通过各板块的功能以及搜索按钮等有效方式全面了解信息,提高搜索信息的效率。

(5)增强权益保护意识,把握就业市场。在就业市场过程中,鱼龙混杂的信息会混淆同学们的视听,所以在求职过程中需要了解相应的就业权益,学习就业权益保护的方法和途径,增强维权的意识,加强自我保护。同时也可以了解相关的一些救济途径,当面临虚假招聘和上当受骗时,要勇于拿起法律武器捍卫自身权益。

5.2 规划毕业去向,探索职业目标

案例引导　当前,高校毕业生就业形势严峻,但基层人才短缺。教育引导高校毕业生到基层工作,是拓宽毕业生就业新空间、解决毕业生就业结构性矛盾的有效途径,也是国家培养具有崇高德行人才的重要导向。大学生在基层就业不仅可以锻炼能力、增长才华,还能因此获得更广阔的发展空间。党中央、国务院提出要引导鼓励毕业生到基层就业,国家各部委、各地方政府陆续推出了一系列基层就业项目,主要有人力资源和社会保障部组织的高校毕业生"三支一扶"计划,教育部牵头组织的"农村义务教育阶段学校教师特设岗位计划",共青团中央组织的"大学生志愿服务西部计划"等。与此同时,国家还加大了高校毕业生入伍服义务兵役的政策力度和高校毕业生自主创业的扶持力度。各地方政府结合本地情况,也陆续制定了具体的政策措施。

这些政策和项目大多数都有相应的保障措施及优惠条件,毕业生可根据自身专业、生源地区等个人情况,判断是否适合自己,从而有针对性地把握好这些政策和项目。一般各地方政府出台的就业项目在报名资格上对本地高校和本地生源的毕业生有倾斜政策。

5.2.1　"三支一扶"

"三支一扶"计划,即支教、支农、支医和帮扶乡村振兴计划,是人力资源和社会保障部牵头组织实施的高校毕业生基层服务项目,主要目的是为基层输送青年人才、为青年提供成长舞台。每年全国招募选拔一定数量高校毕业生到基层服务,服务期一般为2年。工作期满后自主择业,择业期间享受一定的政策优惠。

从2006年开始,我国为了促进高校毕业生就业工作,开始实施"三支一扶"计划。项目实施以来已累计选派46.9万余名高校毕业生到基层服务,在促进高校毕业生就业、助力脱贫攻坚、推动经济社会事业发展、优化基层人才队伍结构上发挥了积极作用。

2021年,中央组织部、人社部等十部门决定实施第四轮(2021—2025年)高校毕业生"三支一扶"计划,将围绕基层全面实施乡村振兴战略对人才的需求,每年选派3.2万名左右,累计选派16万名高校毕业生到基层从事支教、支农、支医和帮扶乡村振兴等服务。

1. 报名方式

"三支一扶"计划招募工作由各省级人社部门具体负责,有报考意向的高校毕业生可关注相应省份人社部门官网、官方微信公众号等发布的招募公告,也可以关注中国人力资源市场网(http://chrm.mohrss.gov.cn)中"三支一扶"专栏,及时获取报考信息。具体报名条件以公告为准。优先招募脱贫户、零就业家庭毕业生和已参加规范化培训医学专业毕业生。

2. 服务期间的政策支持

服务期间,"三支一扶"人员可享受相应的补助,按规定参加基本养老保险、基本医疗保险等社会保险,参加专项培训和行业培训。

1) 补助

中央财政按照东部地区每人每年 1.2 万元、中部地区 2.4 万元、西部地区 3 万元(西藏、新疆南疆四地州 4 万元)和一次性安家费每人 3000 元的标准给予补助。

2) 社会保险等待遇

各地加大资金支持力度,按照有关规定缴纳基本养老、基本医疗、工伤保险,结合实际创造条件缴纳住房公积金,办理补充医疗和人身意外伤害险等,发放艰苦边远地区津贴。推动基层服务单位加强工作生活保障,参照本单位人员标准给予相应补助。按月足额发放工作生活补贴,保障达到当地乡镇机关或事业单位从高校毕业生中新聘用人员试用期满后工资收入水平。

3. 服务期满就业创业政策

服务期满后,"三支一扶"人员可享受公务员定向招录、事业单位专项招聘、住院医师规范化培训等支持政策,符合条件人员可同等享受应届毕业生相关政策,以及考研初试加分政策。

在县乡基层事业单位公开招聘中拿出一定数量或比例的岗位对服务期满考核合格的人员进行专项招聘,并增加工作实绩在考察中的权重,聘用后可以不再约定试用期。积极拓宽基层留人、用人渠道,组织开展多种形式的专场招聘会活动,深化基层各类工作岗位,并将有创业意愿的纳入创业引领行动等项目,按规定落实扶持政策。符合条件人员可同等享受应届毕业生相关政策,以及考研初试加分政策。加强对服务期满人员的跟踪培养,建立联系服务机制,在职称评定、进修学习等方面给予优先。

4. 户档和组织关系转移

"三支一扶"人员的户口可根据本人意愿留在原籍或迁往基层服务单位所在地;人事档案原则上统一转至服务单位所在地的县级人社部门,由公共就业和人才服务机构提供免费管理服务;党团组织关系统一转至基层服务单位,在工作期间积极要求入党的,由乡镇一级党组织按规定程序办理。

5.2.2 "特岗教师"计划

2006 年,教育部、财政部等部门联合启动实施农村义务教育阶段学校教师特设岗位计划(简称"特岗计划"),公开招聘高校毕业生到"两基"(基本普及九年义务教育和基本扫除青壮年文盲)攻坚县农村义务教育阶段学校任教。

截至 2021 年,"特岗计划"共为中西部地区 22 个省份 1000 多个县的 3 万多所乡村学校和教学点补充 103 万名中小学教师。"特岗计划"积极配合国家促进大学生就业相关政策,引导和鼓励高校毕业生到基层建功立业,是高校毕业生就业的重要渠道。

特岗教师聘期 3 年。重点向"三区三州"、国家乡村振兴重点帮扶县、少数民族地区等地区倾斜;重点为乡村学校补充特岗教师,持续优化教师队伍结构,进一步加强思想政治、体音美、外语、信息技术等紧缺薄弱学科教师的补充。

1. 2022 年中央"特岗计划"

1) 实施范围

2022 年中央"特岗计划"实施范围为:原集中连片特殊困难地区、中西部国家扶贫开发工作重点县和省级扶贫开发工作重点县,西部地区原"两基"攻坚县(含新疆生产建设兵团的部分团场),纳入国家西部开发计划的部分中部省份的少数民族自治州以及西部地区一些有特殊困难的边境县,少数民族自治县和少数民族县。

2) 招聘数量

2022 年全国计划招聘特岗教师 67000 万名。

3) 招聘条件

符合招聘岗位要求,具有相应的教师资格证书,在 2021 年及 2022 年中小学教师资格考试中受新型冠状病毒感染疫情影响尚未取得教师资格证的考生参照《人力资源和社会保障部办公厅 教育部办公厅 关于做好 2022 年中小学幼儿园教师公开招聘工作的通知》有关要求执行。以普通高校本科及以上毕业生为主,鼓励本科师范专业毕业生应聘,适当招聘高等师范专科毕业生。年龄不超过 30 周岁。参加过"大学生志愿服务西部计划"、有从教经历的志愿者和参加过半年以上实习支教的师范院校毕业生同等条件下优先录取。

4) 报名方式

"特岗计划"由中央统筹,各省教育厅、教育考试院等网站会发布招聘公告,有些省市会单独开设特岗教师招聘专题,有些省市则将特岗教师并入本省中小学教师招聘中,不单独发布特岗教师招聘公告,只是设岗不同。报考人员应及时关注各省教育厅、教育考试院动态,以获取最新招聘信息。

5) 服务期间待遇

由中央财政对特岗教师给予工资性补助,各地确保特岗教师工资按时足额发放,按规定参加社会保险,享受五险一金待遇。聘任期间,特岗教师在职称评聘、评先评优、年度考核等方面享受与当地公办学校在编教师同等待遇。落实好周转宿舍等安排,帮助解决特岗教师工作生活中的实际困难。

6) 服务期满后政策

对于 3 年服务期满、考核合格且愿意留任的特岗教师可入编并落实工作岗位,连续计算工龄、教龄,不再实行试用期。对自愿留在本地学校的,各地负责落实工作岗位,将工资发放纳入当地财政统发范围,保证享受当地教师同等待遇。

特岗教师服务期满、考核合格的考生,3 年内参加全国硕士研究生招生考试的,初试总分加 10 分,同等条件下优先录取。

符合"农村学校教育硕士师资培养计划"(即"硕师计划")相应条件要求的特岗教师,可按规定推荐免试攻读教育硕士。特岗教师 3 年聘期视同"农村学校教育硕士师资培养计划"要求的 3 年基层教学实践。

2. 地方"特岗计划"举例(以《北京市乡村教师特岗计划(2021—2025 年)》为例)

2021 年,为了多种形式配备乡村教师,大力推进乡村教师队伍建设高质量发展,北京市教育委员会、北京市人力资源和社会保障局联合制定《北京市乡村教师特岗计划(2021—2025 年)》。

1）实施范围

门头沟区、房山区（含燕山）、通州区、顺义区、昌平区、大兴区、怀柔区、平谷区、密云区、延庆区乡村中小学校、幼儿园。

2）招聘范围

面向北京地区普通高等学校的本科及以上学历毕业生；京外省级师范类普通高等学校的本科学历师范专业毕业生；京外普通高等学校的硕士研究生及以上学历毕业生。

3）招聘数量

每年计划招聘 400 名左右。

4）招聘条件

招聘本着公开、平等、竞争、择优的原则，从实际出发，严把质量关。应聘人员须具备岗位所需的专业、技能和身体条件。

5）招聘重点

持续优化教师队伍结构，重点加强音乐、体育、美术、劳动教育、思想品德、生物、地理、历史等紧缺学科教师的补充；优先保障生态涵养区中小学校和幼儿园教师补充需求。

6）组织实施

公开招聘工作由北京市教委和北京市人力社保局共同组织实施，具体工作由区教委、区人力社保局负责。1～2 月，各区确定岗位需求；3～5 月，组织开展公开招聘工作；6～8 月，完成公开招聘工作，报市教委和市人力社保局备案。

7）相关要求

公开招聘的非北京生源毕业生引进工作列入专项计划，按照现行引进渠道办理；受聘毕业生的服务期限由相关区教委根据实际情况确定。

5.2.3　志愿服务西部计划

大学生志愿服务西部计划（简称"西部计划"）是由共青团中央、教育部、财政部、人力资源和社会保障部共同组织实施的一项重大人才工程。项目自 2003 年实施以来，已累计招募了 41 万余名高校毕业生和在读研究生在 2000 多个县（市、区、旗）基层服务，在全社会尤其是青年中唱响了"到西部去、到基层去、到祖国和人民最需要的地方去建功立业"的时代旋律。

2022 年，共青团中央等四部门联合印发《2022—2023 年度大学生志愿服务西部计划实施方案》，继续实施西部计划。

1. 招募对象

普通高等学校（教育部《全国普通高校名单》所列高校）应届毕业生或在读研究生。

2. 组织方式

按公开招募、自愿报名、组织选拔、集中派遣的方式进行招募选派。

3. 实施规模

2 万名西部计划全国项目志愿者（含已招募的第二十四届中国青年志愿者扶贫接力计划研究生支教团志愿者）到西部地区基层工作。

4. 服务内容和期限

西部计划的服务内容分为乡村教育、服务乡村建设、健康乡村、基层青年工作、乡村社会治理、服务新疆、服务西藏 7 个专项。志愿者服务期为 1 至 3 年,服务协议一年一签。

5. 报名时间和方式

时间:2022 年的报名时间为 4 月 18 日至 5 月 20 日。

方式:登录西部计划官网(http://xibu.youth.cn),在西部计划报名系统进行注册、填写报名表并选择 3 个意向服务省。下载打印报名表后,经所在院系团委审核盖章,交所在高校项目办(设在团委)审核备案。

6. 政策支持

服务 2 年以上且考核合格,服务期满后 3 年内报考硕士研究生的,初试总分加 10 分,同等条件下优先录取。

参加西部计划项目前无工作经历的志愿者,服务期满且考核合格后 2 年内(研究生支教团志愿者自研究生毕业时开始计算)在参加机关事业单位考录(招聘)、各类企业吸纳就业、自主创业、落户、升学等方面须同等享受应届高校毕业生的相关政策。

按规定符合相应条件的,可享受相应的学费补偿和助学贷款代偿政策。

服务期满考核合格的,依实际服务年限计算服务期及工龄(参加工作时间按其到基层报到之日起算),并在服务证书和服务鉴定表中体现。

服务期满 1 年且考核合格后,按规定参加职称评定。

出省服务的和在本省服务的志愿者享受同等优惠政策。

7. 资金保障

西部计划作为中央举办、地方受益的国家项目,所需经费由中央和地方财政共同承担。中央财政按照西部地区每人每年 3 万元(新疆南疆四地州、西藏自治区每人每年 4 万元)、中部地区每人每年 2.4 万元的标准给予补助。通过一般性转移支付体制结算方式拨付省级财政部门。地方各级财政要统筹中央财政补助资金和自身财力,按月足额发放志愿者工作生活补贴,承担志愿者社会保险单位缴纳部分(个人缴纳部分从志愿者工作生活补贴中代扣代缴),保障各级项目办开展志愿者招募、培训、宣传等工作。按照人力资源和社会保障部等单位《关于统筹实施引导高校毕业生到农村基层服务项目工作的通知》要求,各地可参照当地乡镇机关或事业单位从高校毕业生中新聘用工作人员试用期满后的工资收入水平,确定西部计划志愿者工作生活补贴标准,并为在艰苦边远地区服务的志愿者提供艰苦边远地区津贴。

加强统筹协调和督促检查,确保为每名西部计划志愿者(含研究生支教团志愿者)落实社会保险,考虑到西部计划志愿者地域跨度较大、影响安全因素较多等特点,各地要按照全国项目办有关要求,为每名西部计划志愿者(含研究生支教团志愿者)购买重大疾病、人身意外伤害等商业保险。鼓励有条件的地方为志愿者办理其他补充医疗保险。

县级项目办及基层服务单位为志愿者提供交通、住宿和伙食等方面的便利,提高保障水平。

8. 考核激励

各服务省项目办应认真做好西部计划志愿者年度考核工作。优秀等次志愿者数量原则上不超过当期在岗志愿者人数的 20%,由省级项目办统筹审定,全国项目办通报表扬。县级项目办应建立年度考核激励机制或积极推动将志愿者纳入所在服务单位的年度绩效考核对象,按考核结果等次给予志愿者相应激励。

西部计划项目每年会根据实际情况有所调整,对此项目感兴趣的毕业生可到大学生志愿服务西部计划网(http://xibu.youth.cn)查询,并到学校团委了解当年的有关情况。

5.2.4　大学生应征入伍

2009 年,国家出台了应届高校毕业生入伍预征政策,大规模征集普通高校应届毕业生入伍。2020 年,国务院、中央军委批准将义务兵征集由一年一次征兵一次退役,调整为一年两次征兵两次退役。

实行一年两次征兵两次退役后,征兵时间分为上半年和下半年两次,上半年征兵从 2 月中旬开始,3 月底结束,新兵批准入伍时间为 3 月 1 日;下半年征兵从 8 月中旬开始,9 月底结束,新兵批准入伍时间为 9 月 1 日。按照《中华人民共和国兵役法》规定,义务兵服现役的期限为 2 年,士兵退役时间对应其批准服现役时间。

征集时间调整改革后,征集新兵总量与往年相比保持稳定,征集的条件、标准、程序和相关政策不变,征集对象仍以大学生为重点。上半年征兵重点征集各级各类院校往届毕业生、高职高专毕业班学生和各类社会技能人才,下半年征兵重点征集各级各类院校应届毕业生、在校生和新生。

1. 应征入伍条件

应征入伍条件见表 5-1。

表 5-1　应征入伍条件

项目	男	女	备　注
年龄	● 高校在校生,年满 18 至 22 周岁; ● 普通全日制大专及以上文化程度的高校毕业生,年满 18 至 24 周岁; ● 研究生毕业生及在校生放宽至 26 周岁	● 普通高中应届毕业生、普通高等学校(含科研机构)全日制应届毕业生及在校生,年满 18 至 22 周岁(报名参加上半年女兵征集的应届毕业生可放宽至 23 周岁); ● 全日制研究生应届毕业生及在校生年龄放宽至 26 周岁	
身高	160 cm 以上,合格	158 cm 以上,合格	
体重	17.5≤BMI<30,且空腹血糖<7.0 mmol/L。其中,17.5≤男性身体条件兵BMI<27	17≤BMI<24,且空腹血糖<7.0 mmol/L	BMI≥28 时须加查血液糖化血红蛋白检查项目,糖化血红蛋白百分比<6.5% 为合格
视力	任何一只眼睛的裸眼视力低于 4.5,不合格。任何一只眼睛的裸眼视力低于 4.8,需进行矫正视力检查;任何一只眼睛矫正视力低于 4.8 或矫正度数超过 600 度,不合格。屈光不正,经准分子激光手术(不含有晶体眼人工晶体植入术等其他术式)后半年以上,无并发症,任何一只眼睛的裸眼视力达到 4.8,眼底检查正常,除部分条件兵外合格		

注:①以上条件如有调整,以"全国征兵网"(https://www.gfbzb.gov.cn)和当地兵役机关公布信息为准。具体身体条件要符合国防部征兵办公室颁布的《应征公民体格检查标准》和有关规定。②BMI=体重(千克)除以身高(米)的平方。

2. 应征报名时间

1) 2023 年上半年应征报名时间

男兵:2022 年 12 月 1 日至 2023 年 2 月 10 日 18 时;

女兵：2023年1月1日至2023年2月10日18时。

2）2023年下半年应征报名时间

男兵：2022年12月1日至2023年8月10日18时；

女兵：2023年7月1日至2023年8月10日18时。

注：具体以"全国征兵网"（https://www.gfbzb.gov.cn）公示为准。

3. 报名程序

1）男兵

当年12月31日前年满18周岁的男性公民，应当按照法律规定履行兵役登记义务。每年兵役登记时间为1月1日至6月30日。已经进行过兵役登记，有参军意向的可直接参加网上应征报名。

（1）网上登记：在报名结束前，有应征意向的男性大学生（含在校生、应届毕业生）可登录"全国征兵网"（https://www.gfbzb.gov.cn/）报名，填写个人基本信息，报名成功后，自行下载打印《大学生预征对象登记表》，符合国家学费资助条件的，同时还应下载打印《高校学生应征入伍学费补偿国家助学贷款代偿申请表》（以下分别简称《登记表》《申请表》），分别交所在高校征兵和学生资助管理部门进行审核。

（2）初审初检：大学生在毕业离校或放假前，根据学校通知，携带本人身份证（户口簿）、毕业证书（高校在校生持学生证），按规定时间到指定的地点参加学校所在地区级兵役机关组织的初审初检，被确定为预征对象的学生，领取兵役机关和学校有关部门审核盖章后的《登记表》《申请表》。

（3）体检政考：征兵开始后，应征地兵役机关会将具体上站体检时间、地点通知大学生本人，应征大学生可根据通知要求，携带本人身份证（户口簿）、毕业证书（高校在校生持学生证），以及审核盖章后的《登记表》《申请表》，直接参加应征地区征兵办公室组织的体检，由当地公安、教育等部门同步展开政治联考工作。

（4）走访调查：政治联考和体检初步合格者，将由区征兵办公室通知应征大学生所在乡（镇）街道）基层人武部，安排走访调查。

（5）集体定兵：区征兵办公室对体检政考双合格者进行全面衡量，确定预定批准对象，同等条件下，优先确定学历高的应届毕业生为预定新兵。

（6）张榜公示：预定新兵名单将在区、乡（镇、街道）张榜公示，接受群众监督，公示时间不少于5天。

（7）役前教育：根据国防部征兵办公室《关于组织开展预定新兵役前教育训练的通知》，对体检政考"双合格"应征青年进行役前教育，端正入伍动机、增强适应能力、提高军事素质，为顺利服役、适应新训、培养骨干素质等奠定坚实基础。

（8）批准入伍：体检、政考合格并经公示的，由区征兵办公室正式批准入伍，发放《入伍通知书》。应征大学生凭《入伍通知书》办理享受义务兵优待，等待起运交接。申请学费资助的，还要将加盖有高校所在地区征兵办公室公章的《申请表》原件和《入伍通知书》复印件，寄送至原就读高校学生资助管理部门。

2）女兵

（1）网上报名：符合当年征集基本条件的女大学生（含在校生、应届毕业生）在报名结束前，可登录"全国征兵网"（https://www.gfbzb.gov.cn/），填写报名信息。报名截止后，依据报名人员当年高考相对分数进行排序,择优选择初选预征对象并张榜公示。被确定为初选预征对象的女青年,系统初审后,登录"全国征兵网",下载打印《应征女青年网上报名审核表》。符合国家学费资助条件的,同时还应下载打印《高校学生应征入伍学费补偿国家助学贷款代偿申请表》(以下分别简称《审核表》《申请表》)并交学校学生资助管理部门审核。

(2) 初审初检:女青年持《审核表》、本人身份证(户口簿)、毕业证书(高校在校生持学生证)等相关证件,按兵役机关通知要求参加区级征兵办公室组织的初审初检,合格者确定为送检对象。体检考评征兵开始后,送检对象根据兵役机关通知,携带本人身份证(户口簿)、毕业证书(高校在校生持学生证)等相关证件,到指定的体检站参加体格检查和综合素质考评。

(3) 政治考核:体格检查和综合素质考评后,由区征兵办公室会同当地公安、教育等部门,对其进行政治考核,考核结果及时录入全国征兵网。

(4) 集体定兵:体检、政考合格的应征女大学生由市兵役机关、公安、教育、卫生及各区兵役机关负责同志,按照政策规定,组织集体定兵、择优定兵,确定预定新兵名单。

(5) 役前教育:根据国防部征兵办公室《关于组织开展预定新兵役前教育训练的通知》,对体检政考"双合格"应征青年进行役前教育,端正入伍动机、增强适应能力、提高军事素质,为顺利服役、适应新训、培养骨干素质等奠定坚实基础。

(6) 批准入伍:市征兵办公室将预定新兵名单下发至各区,由各区征兵办公室通知并公示,公示时间不少于 5 天。预定新兵经公示无异议的,由各区征兵办公室办理入伍手续;对举报和反映确有问题的,以及复审复查不合格的取消入伍资格。

4. 大学生征兵优待政策介绍(以 2022 年北京市为例)

为鼓励大学生应征入伍,在国家优惠政策的基础上,北京市出台了针对本市高校大学生的入伍优待政策,包括学历提升、就业保障、经济优待等。

1) 学历提升

(1) 复学政策:应征入伍服义务兵役前正在高校就读的学生(含高校新生)服役期间按国家有关规定保留学籍或入学资格,退役后 2 年内允许复学或入学。放宽退役大学生士兵复学转专业限制,大学生士兵退役复学,经学校同意并履行相关程序后,可转入本校其他专业学习。经学校批准转换专业的,原所修课程的成绩和学分根据专业情况予以认定。如原所学专业撤销的,由学校安排转入其他相关专业复学。如原学校专科(高职)停止招生的,由原学校按照专科教学计划采取灵活的学习方式(如个别辅导等)继续培养,确保在规定的修业年限内完成学业。如原就读学校撤销的,由北京市教委参照有关规定办理转入同等学力相关专业高校复学。入学前享受优秀学生奖学金的,复学后提高一个奖学金等级(不含一等奖学金)。

(2) 高职(专科)升学:高职(专科)在校生(含高校新生)入伍经历可作为毕业实习经历;具有高职(专科)学历的毕业生退役后免试入读成人本科。高职(专科)应届毕业生或在校生,从本市应征入伍,可免试升入同专业或相近专业本科学习。

(3) 研究生专项招生:设立"退役大学生士兵"专项硕士研究生招生计划,每年安排一定数量专项计划,专门面向退役大学生士兵招生,并将高校在校生服兵役情况纳入推免生遴选指标体系。

(4) 考试升学加分:高校应届毕业生应征入伍服义务兵役退役后、在校生(含高校新生)应征入伍服义务兵役退役完成本科学业后,3 年内参加全国研究生考试,初试总分加 10 分,同等条件下优先录取。在部队荣立二等功及以上的退役人员,符合研究生报名条件的可免试

(指初试)攻读硕士研究生。

2）就业保障

（1）就业服务：高校毕业生士兵退役后1年内，可视同当年的应届毕业生，凭用人单位录（聘）用手续，向原就读高校再次申请办理就业报到手续，户档随迁（直辖市按照有关规定执行）；退役高校毕业生士兵可参加户籍所在地省级毕业生就业指导机构、原毕业高校就业招聘会，享受就业信息、重点推荐、就业指导等就业服务。高级技工毕业生入伍前已与国有企业签订用工协议的高级技工学校、技师学院毕业生，企业应依法支持其履行兵役义务，义务兵服役期间用工协议存续，退役后可返回原用工单位工作或由原院校协调相近岗位就业。

（2）定向考录（聘）：全市每年拿出一定数量的公务员、事业单位、国有企业、非公经济组织岗位，定向考录招聘退役大学生士兵。考录数量总数不低于当年列入人员范围退役大学生士兵人数的50%（四类岗位数量分别不低于10%、15%、15%、10%），其中退役大学生士兵可视同为普通高等学校毕业生办理招录用手续。本科以上学历非京籍退役复学后完成学业的在校大学生或应届毕业生，被北京市用人单位接收的，可办理进京落户手续。

（3）安排工作：军士服役满12年的、服役期间平时荣获二等功以上奖励等情况，由安置地的县级以上地方人民政府安排工作。在校大学生服役期满退出现役时不愿复学而希望就业的，由入学前户口所在地的退役军人安置机构负责接收，并按照有关政策进行安置。

3）经济优待

义务兵服役期间，经济优待由家庭优待金、学费补偿代偿、自主就业经济补助、服役津贴和退役金4部分组成。其中，学费补偿代偿、服役津贴和退役金分别由国家、军队发放。家庭优待金、自主就业经济补助由各省（市）人民政府发放。

北京市家庭优待金和自助就业经济补助由各区人民政府发放，按照《北京市义务兵优待金发放管理办法》规定，家庭优待金发放标准为上年度本市城镇居民人均可以支配收入的60%，进一取整，最高不高于上年度本市城镇居民人均消费性支出。自主就业退役的义务兵一次性经济补助10万元，其中服役不满6个月的按6个月计算，超过6个月不满1年的按1年计算；自主就业退役军士、直招军士等补助标准，仍按照现行文件规定的比例和要求执行。

国家对应征入伍服义务兵役的高校学生，在入伍时对其在校期间缴纳的学费实行一次性补偿或获得的国家助学贷款实行代偿，退役后自愿复学或入学的实行学费减免。学费资助标准为本（专）科生每人每年最高不超过12000元，研究生每人每年不超过16000元。开展"你为祖国尽忠，我替军人尽孝"活动，为从北京市入伍义务兵的父母购买医疗补充保险（医保报销后，剩余款项赔付比例可达90%），并形成文件规定，长效常态落实，推动优待政策从经济驱动向提高军人军属荣誉感、社会地位转变。相关政策详情见本章附录《就业创业法规政策目录》。更多征兵政策可查阅全国征兵网(https://www.gfbzb.gov.cn/)、首都征兵网(http://www.bjzbb.com)。

5.2.5 国际组织实习项目

国际组织是具有国际行为特征的组织，是两个或两个以上国家（或其他国际法主体）为实现共同的政治经济目的，依据其缔结的条约或其他正式法律文件建立的有一定规章制度的常设性机构。

国际组织分为政府间国际组织和非政府间国际组织，也可分为区域性国际组织和全球性国际组织。政府间的国际组织有联合国、欧洲联盟、世界贸易组织等,非政府间的国际组织有国际奥委会、国际红十字会、国际足联等。

2017 年,教育部出台《关于促进普通高校毕业生到国际组织实习工作的通知》,并提出了四个方面的政策支持。

(1) 加大资助力度。国家留学基金委进一步拓展国际组织实习项目领域和范围,制定选派管理办法,将高校与有关国际组织开展合作进行选派的学生以及自行联系获得国际组织实习岗位的学生,纳入资助范畴,经评审后予以资助。

(2) 完善教学管理。高校在校生到国际组织实习,学校可为其保留学籍,最长至两年;学生实习期满后应向学校提出复学申请,学校经审查合格后同意复学,并可根据其实习经历和实习内容认定为公共必修课或实践实习课程的学分。

(3) 优化就业服务。到国际组织实习的毕业年度内高校毕业生,两年内落实就业单位的,可视为应届毕业生,根据相关规定,为其办理就业手续。超过两年的,学校将其在校生户口及档案迁回家庭所在地。

(4) 支持升学深造。高校在制定本校推免生遴选办法时,结合本校具体情况,将学生到国际组织实习情况纳入推免生遴选指标体系。根据《2022 年国家留学基金资助出国留学人员选派简章》,国家留学基金管理委员会 2022 年计划选派 550 人到国际组织实习、任职。

实习项目申报渠道:国际组织实习项目包括两个申报渠道,分别是单位或个人自行联系、国家留学基金委与有关国际组织合作项目。

实习项目重点资助对象:国家留学基金委国际组织实习项目重点资助到主要的政府间国际组织和具有重要影响力的非政府间国际组织。实习地点应为海外的国际组织总部、总部外机构办事处等。重点资助的国际组织名单可参考外交部、人力资源和社会保障部、教育部等官方网站。国外有关政府、社团、企业出资设立的基金会或非政府组织等暂不纳入资助范围。

实习期限:实习期限一般为 3~12 个月,具体以拟实习单位规定为准。实习结束前如获同一岗位延期,可向国家留学基金委申请延长资助期限一次,延期后总资助期限一般不超过 12 个月。

资助金额:国家留学基金资助一次往返国际旅费、资助期限内的奖学金和艰苦地区补贴。奖学金包括伙食费、住宿费、交通费、电话费、医疗保险费、交际费、一次性安置费、签证延长费、零用费等,资助期限为 3~12 个月。通过与有关国际组织合作渠道和自行申请渠道录取的国际组织实习人员资助标准统一确定为 1800 欧元/人・月、2400 美元/人・月或 2500 瑞士法郎/人・月。以国际组织实习人员目的国发放币种确定应享受的资助标准。如实习目的国发放币种为其他币种,按美元标准发放。赴艰苦地区的国际组织实习人员相应提供艰苦地区补贴,具体根据《国家公派留学人员艰苦地区补贴标准》执行。

申请人条件:具有中华人民共和国国籍,不具有国外永久居留权。身体健康,心理健康,诚实守信。申请时年龄满 18 周岁,不超过 32 周岁(特殊岗位要求除外)。拥护中国共产党的领导和中国特色社会主义制度,热爱祖国、品德良好、遵纪守法,具有服务国家、服务社会、服务人民的责任感和端正的世界观、人生观、价值观。具有强烈事业心、责任感、献身精神。国内、国外本科及以上在校生或学士及以上学位获得者(含在资助期内的国家公派出国留学人员、国内在职人员)。具有较强的综合素质、国际视野和多元文化意识,熟悉国际合作规范。能够适应国际工作环境,具备良好的人际沟通能力。具备熟练运用办公软件的能力。外语水平良好,精通英语或掌握国际组织使用的其他语言,达到相应国际组织的语言水平要求。

申请方式:通过单位或个人渠道联系国际组织派出的申请人可随时登录国家公派留学信息管理系统进行网上报名,按照单位或个人自行联系渠道应提交材料及说明在线提交申请材料,并同时向受理单位提交一套书面申请材料。通过国家留学基金委与有关国际组织合作项目派出的申请人按照国家留学基金委与有关国际组织合作项目应提交材料及说明在线提交申请材料,并同时向受理单位提交一套书面申请材料。

5.2.6　北京市"科研助理"岗位

科研助理是指从事各类科研项目辅助研究、实验(工程)设施运行维护和实验技术、科技成果转移转化、学术助理、财务助理以及博士后等工作的人员。

2022年6月29日,为深入贯彻习近平总书记关于高校毕业生就业工作的重要指示批示精神,落实党中央、国务院有关任务部署和国务院办公厅《关于进一步做好高校毕业生等青年就业创业工作的通知》(国办发〔2022〕13号)要求,科技部、教育部等七部门发布《关于做好科研助理岗位开发和落实工作的通知》(国科发区〔2022〕185号),要求部属高校、中央院所、中央企业等单位加大科研助理岗位开发力度,国家高新区和自创区主动作为开发科研助理岗位,各地方积极开发科研助理岗位,吸纳2022届高校毕业生就业。为贯彻落实此通知精神,北京市科学技术委员会、中关村科技园区管理委员会等六部门于2022年7月19日发布《关于开展2022年本市科研项目开发科研助理岗位吸纳高校毕业生就业有关工作的通知》。

1. 总体要求

1) 重大意义

科研助理岗位是科研队伍的重要组成部分,是完善科研治理体系、提升科技创新治理能力的重要抓手。鼓励各类创新主体开发科研助理岗位吸纳高校毕业生就业,既是促进就业的有力手段,也是深化科技管理改革、构建与科技计划相适应的专业化支撑队伍的重要举措,更是提升高校、科研院所、企业创新能力的有效途径,对推进科技创新支撑引领现代化经济体系建设和高质量发展具有重大意义。

2) 工作思路

以习近平新时代中国特色社会主义思想为指导,进一步提高政治站位,落实"三新一高"要求,切实增强"时时放心不下"的责任感使命感紧迫感,担当作为、攻坚克难,以钉钉子精神贯彻落实好党中央、国务院和市委、市政府关于"稳就业""保就业"的决策部署,统筹推进科技研发、高新技术企业成长、高新技术产业发展和科研助理岗位开发工作,尤其关注本市有劳动能力和就业意愿的最低生活保障及低收入家庭、零就业家庭、享受定期抚恤补助优抚对象家庭高校毕业生,以及残疾高校毕业生,发挥科技计划和创新基地平台依托单位的引领作用,广泛动员部署,充分挖掘岗位资源,做实做细服务,加大保障力度,大幅增加科研助理岗位数量。

2. 主要任务

各高校、院所、新型研发机构、高新技术企业、科技服务机构等单位依托国家、地方各级科技项目和创新基地平台,积极开发科研助理岗位,吸纳高校毕业生就业。

中关村各分园管委会主动作为,开发科研助理岗位。充分发挥国家高新区和自创区集聚带动就业效能,落实《科技部办公厅关于做好国家高新区、自创区稳增长稳市场主体保就业促创业和2022年高校毕业生等青年就业创业工作的通知》要求,积极动员区内的高新技术企业、科技型中小企业、科技企业孵化器等设立科研助理岗位,组织引导承担各级科技计划项目的单位合理开发科研助理岗位,鼓励企业等单位自行组织的项目设立科研助理岗位。科研助理岗位开发情况将作为中关村各分园考核的重要依据之一。

3. 保障措施

各高校、院所、新型研发机构、高新技术企业、科技服务机构等单位要以高度责任感积极主动开发科研助理岗位。各园区要结合实际,动员区内各类创新主体,落实好开发科研助理岗位相关工作。

发挥国家、市级科技计划项目和创新基地平台依托单位的引领作用。国家、市级科技计划项目包括国家重点研发计划、科技创新 2030——重大项目、国家和本市自然科学基金等。创新基地和平台包括国家实验室、国家和本市重点实验室、国家技术创新中心、国家工程技术研究中心、国家临床医学研究中心、国家科技资源共享服务平台、北京市工程技术研究中心、北京市技术创新中心、北京市工程实验室、大学科技园、科技企业孵化器,以及国家高新区、自创区、农高区等区域创新载体。上述项目和基地平台依托单位应强化主体责任,发挥示范带头作用,积极吸纳应届高校毕业生就业。鼓励区级科技计划项目和基地平台加大科研助理岗位开发力度。

加强科研助理岗位服务保障。设立科研助理岗位的单位,应根据国家有关规定签订服务协议,如签订服务协议不满 2 年,可根据个人意愿将其档案及户口暂存毕业院校或转回入学前户籍所在地保管,为科研助理办理社会保险及住房公积金等。对于北京地区高校毕业生担任科研助理,且未与科研项目单位建立正式劳动人事关系的(档案保存在毕业院校或户籍所在地人力资源公共服务机构),首次服务协议期满且考核合格,可参照应届毕业生身份参加本市企事业单位招聘。按照科研经费管理改革有关政策,科研项目完成任务目标并通过综合绩效评价后,结余资金留归项目承担单位使用,单位应将结余资金统筹安排用于科研活动直接支出,科研助理岗位经费可按规定从科研活动直接支出中列支。对于依托各级科技计划项目设立的科研助理岗位,科研项目经费中"劳务费"科目资金可按照有关规定用于科研助理的劳务性报酬和社会保险补助等支出。对于新立项项目,应结合科研助理的聘用情况认真测算经费需求,据实列支;在研项目如需调剂预算,可由项目承担单位按规定调剂。鼓励设立科研助理岗位的单位统筹相关经费渠道,配套专门资金为科研助理岗位提供长期稳定支持。

4. 工作程序

1)岗位开发

各单位积极研究设置科研助理岗位的相关标准,开发科研助理岗位。

2)人员选聘

按照公开、自愿、双向选择的原则,各单位自主提出选聘计划,自行组织招聘工作。

3)签订协议

确定人选后,各单位与毕业生签订服务协议。服务协议应明确双方权利、责任和义务。

4)数据报送

服务协议签订 1 个月内,各单位收集担任科研助理,且未与科研项目单位建立正式劳动人事关系(档案保存在毕业院校或户籍所在地人力资源公共服务机构)的北京地区高校毕业生信息,填写《2022 年科研项目招用高校毕业生担任科研助理信息备案表》,并报送主管单位。主管单位审核汇总各单位备案表,于年底前报市教委、市人力社保局备案。其中,北京地区高校及研究生培养单位以市教委为主管单位,本市卫生单位以市卫生健康委为主管单位,市属国有企业以市国资委为主管单位,其他单位以市科委、中关村管委会为主管单位。

5.2.7 大学毕业生自主创业

按照财政部税务总局、人力资源和社会保障部、国务院扶贫办《关于进一步支持和促进重点群体创业就业有关税收政策的通知》(财税〔2019〕22号)、财政部税务总局、人力资源和社会保障部、国家乡村振兴局《关于延长部分扶贫税收优惠政策执行期限的公告》(2021年第18号)、国务院办公厅《关于进一步做好高校毕业生等青年就业创业工作的通知》(国办发〔2022〕13号)等文件规定,高校毕业生自主创业优惠政策主要包括:税收优惠、创业担保贷款和贴息支持、免收有关行政事业性收费、享受培训补贴。

此外,创办小微企业税收优惠政策包括小微企业减免所得税政策、小规模纳税人免征增值税政策、增值税小规模纳税人减免资源税等"六税两费"政策。

北京市创业担保贷款政策包括借款人资格认定、免费担保条件、贷款担保额度、担保期限、贷款担保的申请、贷款审批、发放、贷款利率和贴息。

为全面贯彻落实国家和北京市关于激励和促进大学生创业的工作要求,切实对高校大学生创业给予支持,北京市教委从2014年开始启动北京地区高校大学生优秀创业团队评选工作,至今已连续开展8年,为树立大学生创业典型,营造良好的创新创业氛围,产生了积极的推动作用。

大学生就业创业是青年人快速成长成才的有效路径。在当前的就业形势下,大学生探索创业之路,也是一种积极发展和完善自我的新方式。虽然我国目前高校毕业生的创业比率相对较低,但当代青年是创业的生力军,国家的发展需要青年创业的支持,大学生创新创业符合国家社会的发展需要。作为当代大学生,在创新创业的过程中要不惧怕困难考验,不惧各种诱惑,诚信创业、合作创业,以积极的心态、坚持的毅力去开拓创新之路,去响应时代的呼唤和国家的号召,不负青春与使命。十四届全国人大第一次会议上李强总理谈到虽然现在创业的模式、形态发生了很大的变化,但是永远需要筚路蓝缕、披荆斩棘的创业精神,国家也将全面落实就业优先战略,进一步加大就业服务、技能培训等方面的政策支持度,多措并举稳定和扩大就业岗位,支持和规范发展新就业形态。2023年高校毕业生达1158万人,从发展看注入了更多的蓬勃的活力,国家将进一步拓宽就业渠道,帮助年轻人通过劳动和奋斗,更好地实现自己的人生价值。

【练习与实践】

立场分析探索

立场分析是一种对于影响人的思想、情感和行为因素的研究,接下来让我们一起填写表5-2,探索一下你的职业目标是否可行吧!

1. 写出你的职业目标

这个目标结合我们前边学习的内容,要尽可能地清楚、具体、可量化。例如"在几年之内成为一名小学语文教师"。

2. 请你写出支持和反对目标实现的各种因素

在这里支持指的是有促进帮助作用,反对则是阻碍的。因素包括内在因素也包括外在因素。积极因素"＋"如你的能力、技能、支持等。消极因素"—"如本身缺乏的、薄弱的或者有阻碍的等。

3. 写下措施可以提升积极因素而减少消极因素

写下可以增加积极因素和减少消极因素的措施。如果是可以采取的措施,要尽量地具体描述出来;如果你不能对其做出任何改变,请标记"不可能采取行动"。

4. 评估职业目标可能性

如果积极因素多于消极因素,或者你能采取办法改善消极因素,职业目标就是比较可行的! 这更需要你后续的脚踏实地去实践和履行。如果可行性比较低,你也可以列出后续计划,及时地调整调试再出发!

表 5-2　立场分析

我的职业目标:

支持的目标因素	反对的目标因素
1＋	1—
2＋	2—
3＋	3—
4＋	4—
5＋	5—
……	……
积极因素最大化行动	
1.	
2.	
3.	
4.	
……	
评估职业目标可行性和现实性程度	
1.	
2.	
3.	
4.	
……	

🎓【复习与思考】

(1) 如何认知就业形势,进行就业政策分析,把握自身的就业机会?

(2) 简述自己的就业去向是什么。

(3) 简述如何把握就业市场,助力求职成功。

第**6**章

求职择业指导

📌 【学习目标】

（1）学会收集和使用就业信息。

（2）撰写和准备求职就业材料。

（3）学习求职择业过程的心理调适。

（4）掌握面试和笔试技巧。

（5）认知就业协议和劳动合同的关系。

（6）了解就业程序，认知就业权益，学会自我保护。

6.1　就业信息的收集与应用

案例引导

当今社会信息化高速发展，在面对铺天盖地的各方面信息时，对信息的搜集并合理筛选应用就显得尤为重。就业信息是毕业生求职择业的基础和必备条件，毕业生只有及时掌握有效的就业信息，才能在就业求职过程中掌握主动权。因此，掌握就业信息搜集与应用的能力，学会通过多渠道搜集、筛选、整理就业信息是大学生成功就业的前提。

6.1.1　就业信息概述

就业信息作为信息的一种，内容十分广泛，它不仅具备信息的各种属性，还具有独特的典型特征，掌握就业信息的含义、内容及分类以及其特征是进行就业信息搜集和应用的前提。

1. 就业信息的含义

就业信息，广义而言包括目前就业政策、就业形势、就业流程、招考招聘等与就业相关的信息，涉及范围非常广泛。狭义而言则仅指用人单位的招聘信息，具体包括单位名称、性质、岗位特点与发展前景、招聘意向、招聘要求、岗位薪酬待遇以及招聘联系方式等。

2. 就业信息的内容及分类

就业信息的内容十分丰富，主要有以下几类。

1) 有关大学生就业的政策和法规

在政府宏观调控的角度下,任何组织和个人都必须服从政府依据法律法规对整个社会就业进行的统一管理,为了优化人才配置,政府不断完善高校毕业生的就业政策,根据不同地区的实际情况及时、有效地调整相关人才政策。作为大学生,及时了解相关政策、弄懂政策,并合理利用政策提供的黄金条件,充分掌握行情,结合自身实际主动出击。

相反,如果大学生在实际求职过程中不关心、不了解、不掌握相关政策法规,甚至出现抵触或相悖的情绪,那么个人就业会陷入被动状态。

大学生应当学习了解的政策法规可分类如下。

(1) 法律法规:包括《中华人民共和国劳动法》《中华人民共和国劳动合同法》《中华人民共和国就业促进法》《中华人民共和国社会保险法》《中华人民共和国妇女权益保障法》《劳动争议协调仲裁法》和《中华人民共和国残疾人保障法》等。

(2) 行政规章:包括《女职工劳动保护规定》《失业保险条例》《社会保险费征缴暂行条例》《劳动保障监察条例》《全国年节及纪念日放假办法》等。

(3) 行政部门法律性文档:包括《国务院关于建立城镇职工基本医疗保险制度的规定》《国务院关于完善企业职工基本养老保险制度的规定》《国务院关于职工探亲待遇的规定》等。

2) 现阶段就业形势信息

就业形势信息一般指应届毕业生就业的大背景,即包括国家政治经济和发展状况、就业人才市场的供求情况及行业发展情况等。

首先,大学生要充分了解国家社会与经济发展趋势,及时掌握行业调整和变化趋势。例如,对照每年发布的国家政府工作报告以及省、自治区、市(县)政府工作报告或行业形势分析报告等,结合自己目标行业总揽全局,分析发展前景与重点,更好地明确职业发展方向,要在国家经济社会发展的大背景下找到适合自己的位置。另外,大学生的就业观念和未来的职业观念受到国家经济政策调整的影响。例如,随着夕阳产业的落寞退出,我国开始鼓励新兴产业的发展,经济政策也逐渐在向朝阳行业倾斜,使得一些落后的夕阳产业从业人员大幅减少,生产效率大幅降低,最终达到产业优化升级的发展目标。

其次,在信息化高速发展的背景下,大学生可利用新媒体、网络新闻等充分了解当年毕业生的总量以及人才市场的供求关系,也可关注前些年相关行业的职位总量和供求格局,以推断毕业当年的人才竞争等相关情况。

最后,充分了解目标行业的龙头企业与标杆企业,它们往往代表着这个行业的发展现状和未来趋势,此外,大学毕业生也可以关注某行业中国有企业、外资企业与民营企业发展现状与发展趋势等。

3) 用人单位的需求信息

用人单位信息是指具有用人单位内部特点的信息,一般指用人单位发布的招聘信息等。获取用人单位需求信息并不意味着就能找到心仪的工作岗位,毕业生对信息进行系统的、有效的比对分类,可以避免在择业时带来很大的随意性和盲目性。一般来说,应该清楚地掌握用人单位的全称、单位性质、行业背景及目前状况、企业文化、发展前景、招聘岗位及要求、福利待遇、招聘时间和方式等。其中最重要的是企业文化、发展前景和招聘岗位及要求。

4) 就业流程信息

大学生求职择业一般要经历以下主要信息处理过程,需要作出自己的心理和认识准备,以便更好地行动。例如,就业心理准备、企业信息搜集、求职材料准备、笔试和面试流程、签订三方协议和劳动合同等。

(1)就业心理准备。部分学生对就业存在畏难和退缩的心理,大学的氛围为他们营造了舒适的环境,因此,他们也不愿走出舒适圈,害怕面对较大的就业竞争压力,以至于不愿意就业或者对就业产生畏惧心理。因此,在就业前每位大学生都要及时调整心态,通过发掘自我优势合理评估自身能力,培养自我认同感与就业认同感,建立强大的自信心,合理对照自身缺点并加以改正,做好走出校园,走向社会的准备。

(2)企业信息搜集。大学生可充分利用网络新媒体矩阵和社会、学校的就业信息发布平台以及目标行业的招聘信息等搜集所求行业的相关企业信息,寻找符合自身就业需求的企业目标。

(3)求职材料准备。在做好自身定位的基础上对搜集到的企业信息和职位信息进行分类分析,有针对性地进行简历准备,针对不同的招聘需求可设置不同的简历类型,并将自己的获奖证书、成绩单、职业技能证书等纸质材料准备到位。

(4)笔试和面试流程。面试几乎是每一个用人单位都要做的招聘考核流程,因此应聘前需要重点了解招聘单位的面试流程,比如具体几轮面试,是结构化面试还是无领导小组讨论等面试形式,还有掌握各种面试形式的技巧与方式等也至关重要。除了面试,许多招聘单位有对应聘人员的笔试要求,充分了解招聘单位对于笔试的要求,是线上考试还是线下答题,是以客观题为主还是以主观题为主,是职业技能还是行业形势等,都是大学生在笔试前要做好的准备。

5)反映需求人才个体特征的资料

不同的职业类型对人才的个体特征要求也不尽相同,职业类型可分为技能型职业、研究型职业、艺术型职业、企业管理型职业、事务型职业等。技能型职业的工作内容具有很强的操作性,从业者需要有很强的动手能力;研究型职业要求从业者必须具有一定的科研能力,在工作中善于思考且逻辑思维能力要足够强,能抓住事情的关键因素;艺术型职业的工作内容包括行为、声音、颜色的审美和直观感受,要求从业者具有一定的艺术天赋和"天马行空"的想象力;社会型职业常常与社会服务和公益服务有关,要求具有较强的奉献精神和志愿服务精神;企业管理型职业会使从业者处在一个充满竞争的环境中,还要必须熟知企业管理、金融服务等业务知识,要求具有较强的表达能力和管理能力;事务型职业主要以计划、规章制度为依据,讲究精准和讲求秩序,要求从业者踏实细心周到,具有较强的自控能力等。

3. 就业信息的特征

就业信息作为信息的一种,它不仅具备信息的各种属性,还具有时效性、共享性、两面性等典型特征。

(1)就业信息的时效性。就业信息的效用具有一定的期限,在大学生就业市场上,每年总会有几个月是用人单位就业信息发布相对集中的时期,毕业生在这段时间内找工作也是成功率最高、最有效的,一旦错过信息公布时间或企业招聘时间,将会错过机遇从而不能把握住先机。因此,毕业生在进行信息搜集整理时应重点关注信息的有效时间,主动出击,抓住机遇,抢占先机。

(2)就业信息的共享性。就业信息的共享性是指就业信息可以通过各种媒介和途径广泛传播,它到达每个接收者的时间和方式并不相同,但是所有的接收者都会共享共用这些信息,并产生竞争。随着毕业生的人数不断增多,某一就业信息被共享的次数就会越多,反应者就会越多,竞争就会越激烈。因此,在求职阶段大学生一方面要加强竞争意识,也要对搜集到的有用信息迅速做出反应,抢占先机;另一方面也要有分享精神,适时将自己掌握的就业信息与同学共享,共同分享求职经验,在就业的道路上结伴同行。

(3)就业信息的两面性。就业信息的两面性是指信息既有真假之别,又有积极与消极之分,在网络信息铺天盖地的同时,就业信息也存在着良莠不齐的现象,其中不乏欺诈信息和虚假信息等,这不仅会浪费大学毕业生的宝贵时间,甚至会被卷入刷单、电信诈骗等骗局,造成金钱上的损失。这就要求毕业生在搜集就业信息时要具有"慧眼识珠"的能力,善于辨别虚假的就业信息等。

【资料学习】

2022年3月底,北京某高校的毕业生小张还没有找到合适的就业单位,非常着急。他四处奔波,并利用网络新媒体积极搜索招聘信息。有一天,他在网上收集到这样一则信息:东部沿海某城市将在近日举办一场大型招聘会,参加企业达数百家,有著名的跨国公司、国内的一些高精尖技术公司等,欢迎全国各地大中专院校的优秀毕业生踊跃参加。小李看到这则消息十分高兴,连忙将这一消息告诉了其他尚未落实工作的同学,最后他们浩浩荡荡结伴前往了招聘会,他们满以为这么多知名企业参加,是个难得的好机会,在招聘会上一定能够顺利找到称心的工作,得偿所愿。谁知当他们兴致勃勃赶到招聘会现场后,先是购买了价格不菲的门票,满会场转了一圈后看到的一切令他们大失所望,现场根本就没有那些知名企业的踪迹,大多是一些不知名的小公司、小企业滥竽充数,甚至一些企业还趁机收取人才推荐中介费和报名费。小张一行连呼上当受骗,愤慨不已,但是也无可奈何。

小张结伴求职,花费了大量的时间和精力,前期精心准备了求职材料,甚至还模拟面试了可能面临的问题以及要注意的细节。但是没想到这次招聘会只是一场骗局,浪费了大量的金钱、时间和精力,这对于本来就存在就业焦虑的学生无疑是雪上加霜,而小张又觉得对不起同学,让他们也遭受了不必要的损失。

在此提醒大学毕业生,无正规的信息发布机构或发布渠道,或可靠主办单位的招聘信息要谨慎筛选,而对于那些精心"包装",大肆宣传的不易分辨的招聘信息切勿轻易相信。

4. 就业信息准备的重要性

在目前大学生就业"双向选择"以及"信息社会"的大背景下,大学毕业生的就业信息准备是否充分对其就业竞争力有着至关重要的影响。

(1)就业信息是大学毕业生通往意向就业岗位的"桥梁纽带"。大学生的自身综合素质固然重要,但是如果没有就业信息的准备,无法在信息上实现与用人单位之间的"双向交流",就容易出现难以达成求职意愿的情况,最后也只能是"英雄无用武之地"。尤其是在大学生毕业人数逐年上升以及社会面的就业求职者增加的情况下,大学生面临的就业竞争将会越来越激烈,那么就业信息的"桥梁纽带"作用就显得尤为重要,大学毕业生能否搭建和有效利用这一桥梁就成为大学生是否能顺利就业的关键因素。

(2)就业信息的准备有利于大学毕业生抓住"机会机遇"。在激烈的竞争环境中,假定求职者的职业能力相当,但是如果掌握的信息不对称,往往会将自身置于劣势地位。比如,在毕业生中经常会发现那些很优秀的同学找到的工作可能不如那些能力水平不如他的同学,我们往往也将此归结于"机会机遇",但是归根结底,是就业信息掌握不对称的问题。所以,在就业过程中进行必要的信息准备,就是在努力寻找机会和机遇,也将使自身在竞争中处于优势地位。

【资料学习】

住在同一间宿舍的两位同学,小王同学参加了研究生招生考试但是成绩不太理想,于是他迅速调整目标,根据家人和辅导员老师的建议转向求职,在此期间,他积极关注学校就业网站和微信公众号上的就业招聘信息,并有条理地整理出表格,对自己感兴趣的单位和职位做了重点标注,再结合自身条件做了分析后投递了简历,并积极通过电话等方式咨询结果。在经历几轮面试后成功进入一家实力雄厚的设计公司,工作一年后年薪就超过了18万元。

同宿舍的小刘天天对着电脑打游戏,到了毕业前还没正经地做过一次简历,看到同学们纷纷参加招聘会时,他才匆匆忙忙地抄了几份简历当成自己的去投,没有做过调查分析的他看到哪儿人多,哪个单位待遇好就去投哪家,但最终的结果是竹篮打水一场空,一次面试也没有通过。他哀叹道:"就业难没爹拼,不如王者去上分",又接着回去打游戏。辅导员推给他的就业信息和岗位他也不看,招聘会、宣讲会也不参加,一味地在虚拟的世界里找所谓的成就感和虚荣感,认为毕业后再找也来得及。结果在毕业后才勉强找到一个小公司落脚,待遇不高工作辛苦,还时常为生活发愁。

作为大学毕业生对待就业信息的态度就决定了就业的结果,积极主动的人永远会赢在起点。在这个资讯发达的时代,就业信息随处可见,只要你愿意积极主动地去寻找,去发现,那么在就业的这条道路上就赢了一半。

6.1.2 就业信息的搜集

收集获取就业信息是大学毕业生求职择业前的一项重要任务,一些高质量的就业信息往往存在于广泛的信息来源之中。所以,大学生必须具有筛选信息,从海量信息中获取高质量信息的能力,大学生掌握就业信息收集的基本原则和基本方法,充分利用各种渠道准确地收集相关择业信息是大学生做出择业决策的有效手段,也将为未来的择业进行必要的信息准备。

1. 就业信息收集的原则

通过各种渠道获取来的就业信息一般来说比较零散杂乱,大学毕业生首先必须根据一定原则对所获取的信息进行加工整理,去粗取精、去伪存真,通过层层筛选和过滤后的信息才能作为自己择业的重要依据。

(1) 真实可信性原则。这是搜集就业信息的前提原则,即要求搜集来的信息所反映的情况必须是真实存在、确实可信的。就业信息是否准确可靠,是影响大学毕业生在择业时做出决断的关键因素。大学毕业生应重点掌握用人单位的具体名称、性质、企业文化、招聘岗位以及联系人联系方式等真实、具体的信息,求职者可利用政府官方网站公布的企业信息或权威平台查询核对信息,确保所搜集的就业信息是真实可靠的。

(2) 针对时效性原则。在人才就业市场化背景下,不同地域、时间、行业间的就业信息互动频繁,各种就业信息在现实生活和虚拟网络的交界处激烈碰撞,信息的更新迭代迅速,把握就业信息的时效性成了非常重要的因素。当前就业竞争是非常激烈的,尽管一些招聘信息中显示的招聘时间长达两三个月,但往往对先看到招聘信息的学生来说是利好的,具有一定的优势。也就是说,看到就业信息的时间越晚,信息的价值就越小。所以,大学生应当不断更新自己的就业信息库,争取自己及时掌握更多的第一手信息。

(3)全面系统性原则。大学毕业生在求职过程中侧重点有所不同,部分同学是根据自己的专业特长收集龙头企业和发展前景好的企业信息,部分同学是根据自己的性格气质、兴趣爱好搜集相关企业信息,还有的同学则是"两条腿走路"为自己留有足够的后备信息,避免出现被动现象。那么,面对众多分散不集中的就业信息,首先,就需要大学毕业生充分利用各种就业信息收集的渠道、途径和方式,最大范围、最大程度地收集到相关就业信息,保证信息的全面性。进而有针对性地甄别和选择真实且有价值的就业信息,然后对这些就业信息进行系统分析、科学提炼,将这些收集来的就业信息划分类别,以保证信息的系统性,在此基础上就可以形成一个能够全面反映某一职业的信息库,为大学生求职奠定坚实牢固的基础。

(4)目的的计划性原则。"凡事预则立,不预则废",就业信息收集也是如此,收集信息要提前做好准备,制订准确详备的收集计划,比如大一时搜集与专业相关的职业发展信息,合理分析就业前景;大二结合自身兴趣搜集相关就业信息,为未来的就业多提供一条出路等,而后按照已制订收集计划,采用有效的方式及时收集和利用有价值的就业信息。

2. 就业信息收集的途径

对大学生来说,就业信息来源渠道比较丰富,收集信息的途径主要有以下几条。

1)通过学校就业主管部门获得信息

学校就业主管部门为高校毕业生和用人单位搭建一个沟通和共赢的平台。高校毕业生就业指导中心一方面是行政管理部门,对在校大学生进行就业指导和就业服务的工作,同时它与上级就业主管部门,各省、自治区、直辖市的就业机构进行广泛的沟通,及时了解就业政策和就业制度,及时地有针对性地整理好毕业生的信息资源向有关职能部门、地方主管部门和用人单位发布;另外,高校毕业生就业指导中心还通过与用人单位合作,了解用人单位需求信息,及时有效地组织毕业生应聘。

通过学校就业主管部门获得的信息有以下几个特点:①针对性强。一般用人单位是在掌握了该校的专业设置、生源情况、教学质量等信息后,才向学校发出需求信息的,而就业主管部门精准地掌握着这些信息,能够有针对性地向企业发出招聘邀请。②可靠性高。一般来校招聘的企业都是经过学校就业主管部门严格审核通过的,避免在学生就业过程中出现被骗或者受到虚假招聘等,能够切实保证招聘信息的可靠性。③成功率高。每年保持良好关系的企业会优先被学校邀请参加招聘会,学校发布用人单位的信息一般都会安排在毕业生大型招聘会以前,毕业生们只要把握住机会,认真准备定能抢占先机,早日与自己心仪的招聘单位签下就业合同。

2)通过各级政府毕业生招聘系统获得信息

主要包括教育部、国家大学生就业指导与服务中心、各省、自治区、直辖市教育厅(局)、社会劳动保障厅(局)等。它们制定和发布国家和各地区的就业政策和法规及吸纳毕业生的一些优惠政策和户口政策等,同时建立就业市场信息库。比如建立"中心—高校—用人单位"间的信息网络系统,形成中心与高校、用人单位信息共享,并为应届毕业生组织各种类型的双选会,推动毕业生求职择业。

3) 通过人才交流中心和人才市场获得信息

人才交流中心和人才市场的主要职责是为毕业生就业提供各种咨询和服务,为了做好毕业生就业工作,每年各地区都要举行规模大小不等的毕业生与用人单位的人才交流会、专场招聘会等。在人才市场上,应届毕业生将与众多求职者一起直接面对招聘单位,通过彼此的交流同台"对决",在这里能获得更为丰富和全面的信息,同时能极大地提高面试竞技能力,这也是最为直接的择业途径。在人才交流会和人才市场招聘会时切记注意自己的公众形象,礼貌、语言、仪表都在别人的注视之下,还要注意公共卫生和遵守公共秩序,一个小小的错误往往令你失去宝贵的机会。

求职的大学生在参加招聘会时处理就业信息要有"选""听""递""答""问""记"这六个过程。

(1)"选",即按照自己的求职意向锁定目标企业,并确定主次,大致规划出应聘顺序。

注意要点如下。

① 尽早进入会场,以便整体浏览招聘会上各公司招聘的职位。如果较晚进入会场,招聘会可能已是人山人海,一则无法多点时间去了解自己心仪的职位;二则在时间有限的情况下,由于人多拥挤,应聘排队时间较长,会减少面试的机会;三则是在企业展位前,浏览了好一阵子才上前去咨询岗位问题,这样很容易给人仓促而无求职准备的印象,或者转了几圈会场下来再回来,也会给人留下心态不稳,目标不明确的感觉。因此,尽早进入会场,是占据求职主动地位的重要策略之一。

② 选择目标企业时最好借助主办方提供的会刊等招聘会材料,并在材料上勾画出目标企业或将目标企业记录在手写本上。如果招聘会主办方在会前就公布了参会企业的信息,这项工作最好在参加招聘会之前完成。

(2)"听",即在目标企业的展位前,作为旁观者或排队等候人员听用人单位的介绍,听前来应聘者对用人单位的询问以及用人单位向应聘者提出的问题。

注意要点如下。

① 要表现得礼貌大方,不要焦急莽撞地往人群里扎。

② 在"听"的过程中,要尽可能记住相关重要信息,这些信息很有可能会在你的面试中运用到,进而能够转化成为你良好展现中的加分项。

(3)"递",即决定应聘某个岗位时,向应聘者递交自己的简历。

注意要点如下。

① 应双手递交自己的求职简历,以表示礼貌和诚意应聘这个岗位。

② 递交的简历一定是一份干净整洁的简历。卷成一团、有折痕、皱巴巴的简历会让招聘者觉得你不重视他们的公司。

③ 要在适当的时机,与用人单位的招聘人员面谈并投递个人简历。当展位前挤得水泄不通时,最好先等一等,无须担心理想的职位被捷足者先登,在招聘会里合适的人选一般是不分先后的,晚一会儿投简历并不会影响招聘结果。只要不因太迟而最终错过与用人单位交流的机会,等招聘展位前清静一些再上前应聘,与招聘人员交流的效果会更好。另外值得注意的是不要在招聘者比较忙的时候上前去打扰招聘人员,否则只会生生地撞上"枪口",给招聘人员留下不好的印象,影响自己的面试结果。

（4）"答"，即回答招聘人员的问题。应聘者在招聘会上与用人单位招聘人员的交流主要是在第一轮面试之中，第一轮面试表现的好坏直接影响到能否参加下一轮考评。

注意要点如下。

① 谈话要简明扼要。在招聘会上不可能谈得很细，主要表明你对该公司的兴趣和对所应聘岗位的胜任力，引起招聘人员的重视，给他留下一个良好的第一印象，以争取到再见面的机会。

② 即便面对的是非目标企业的招聘人员，与之交流时也要认真对待。招聘人员在相同或相近的行业中也会有流动性，他今天在这家企业，也许几天后就会成为你应聘其他企业时的面试官。

（5）"问"，即选择你感兴趣的用人单位，主动提问题。比如，咨询用人单位的用工形式、应聘岗位的人员结构、培训情况等。

注意要点如下。

① 用人单位在展位前已经明确展现出的信息不要再去询问。

② 不要主动询问关于薪水、福利等问题，用人单位决定录用你时自然会与你谈这类问题，即便他们不主动谈，等到那时再问也来得及。

（6）"记"，即及时记录在招聘会现场搜集来的求职信息，并将其中重要的信息加以标记，以便会后整理。

注意要点如下。

① 一定要记录自己投递求职简历的公司名称、应聘岗位、地址、联系方式、联系人以及怎么得到面试通知（时间、地点）等，以避免事后遗忘。

② 对未能有机会取得面谈机会的目标企业，最好记录下该公司招聘人员的邮箱或办公电话。会后可以写一封跟踪信或是在他们不太忙的时候打一个跟踪电话，继续保持联系。通过招聘会这个途径求职，除了要注意"选""听""递""答""问""记"这六个过程，大学生还要注意以下三点禁忌事项。

第一，切不可穿着太过随便，女生切勿浓妆艳抹。无论男女都要穿着打扮得端正整洁得体，正装是较稳妥的选择。

第二，切不可家长陪同。大学时期还不能独立参加招聘会的学生会很可能被招聘人员打上胸无主见的标签。

第三，切不可发广告式地投递简历。"非诚勿扰"也是招聘企业的心声，招聘会上用人单位的招聘人员除了面试还会悉心观察现场走动的求职者，对于将一摞简历依次发到各个展台前的求职者，很难赢得招聘人员的好感。因此，就业机会也并非一定会随简历投递量的增加而增加。

　　4）通过网络新媒体矩阵获得信息

在网络新媒体高度发展的今天，公众号、视频号、小程序、微博、网络招聘会等新媒体矩阵深受用人单位和高校毕业生的青睐，它们具有信息推广面广、信息发布及时、传播速度快等特点，如国家大学生就业服务平台、全国大学生实习服务平台等，它们将企业的招聘信息发布到平台上，例如招聘岗位、任职要求、薪资待遇、笔面试时间等。大学生也可以将自己的简历等具有竞争力的优势个人推介信息发布在网络上，向企业推销自己等，这些方式不仅为大学生提供了一定的单位用人信息，还针对毕业生开展诸如择业形势、择业政策、择业观念、择业谋略、择业技巧等方面的评析和指导,为毕业生提供就业信息与政策开辟了重要的渠道。

当然,如果是本地用人单位,最好能上门拜访,一方面了解自己应聘的可能性,另一方面了解公司的实力,对于外地用人单位,如果是知名企业,可以根据要求直接将自己的应聘材料寄过去;如果是不知名的企业,必须慎重,不能仅凭广告而轻信对方的承诺,以免上当。

随着网络的迅速发展,相关新媒体的竞争也越来越大,就业平台、就业信息鱼龙混杂,大学生应尽可能前往官网公众平台、视频号、小程序等新媒体平台收集就业信息,比如认证主体为教育部学生服务与素质发展中心的"国家大学生就业服务平台"、工作指导单位为共青团中央青年发展部的"全国大学生实习服务平台"等。

另外,通过互联网收集就业信息的应注意以下事项。

(1) 要有选择地进入适合自己情况的正规、权威的网站,切忌漫无边际地四处收集。许多毕业生事先不知道哪些求职网站比较权威,也不清楚自己到底要找什么样的工作,便漫无边际地在网上乱逛,四处收集就业信息。这样做不仅浪费了宝贵的求职时间,耗费了大量的精力,还极容易被一些颇具诱惑力的虚假信息所蒙骗。

(2) 不要把所有的希望都寄托在网络上。网络虽然能为毕业生提供大量的就业信息,但筛选和甄别信息需要耗费大量时间和精力。一些毕业生由于对网络过分崇拜和依赖,一头扎进网上信息的汪洋大海中,就不再考虑其他更为权威、有效、快速的信息渠道,大大降低了自己的求职效率。

(3) 不要重复应征一家公司的职位或同时应征一家公司的数个职位。用人单位往往会在多个网站发布相同的职位招聘信息或在同一网站发布数个职位的招聘信息。一些毕业生喜欢尽可能多地投递简历,殊不知让招聘者重复阅读相同的简历,实际上并无益处,反而会让招聘人员觉得浪费了自己的时间,并认为求职者自我定位不清。

(4) 进行网络在线申请(以下简称"网申")时,一定要及时保存相关信息。"网申"是指通过公司官方网站的招聘页面,或者第三方的招聘网站开设的专门的页面投递简历的求职方式。目前,许多知名企业的招聘要求求职者首先进行"网申",求职者在进行"网申"时,时常会由于网络不稳定、外界干扰等因素而被迫中断,因此一定要及时保存相关信息,以免因重复填写相同信息而浪费时间。求职者完成"网申"的信息后,也要注意保存信息,以便日后查阅。

(5) 一定要提防虚假信息。网上的信息鱼龙混杂,毕业生一定要谨慎辨别信息。一些人才招聘网站被不良之徒利用,打着招聘的旗号,其实另有所图,故意制造信息"陷阱",骗人骗财。

5) 通过社会关系网获得信息

大学毕业生通过四年的"人脉关系"积累,会形成自己的社会关系网络,包括朋友、师长、校友等,这些关系网络在大学生求职过程中往往会起到"助推剂"的作用。大学毕业生就业,不单单只靠个人综合素质,还要学会善用这些社会关系,拓宽信息收集的渠道,搭建起一个广泛有效的就业信息收集网络,当然,这种关系不能被扭曲地理解为"走后门""开小灶",要在公平竞争的前提下合理利用这些关系,这也从侧面反映了一个人人际关系和谐的能力。

一般可以为你提供信息的主要有以下几个渠道。

(1) 家长亲友。家长亲友提供的职业信息主要来源于其个人的社会关系,相对固定,也有相当大的局限性。一般不反映职业市场的实际供求状况,也往往不太适合那些专业比较特殊、学生本人就业个性比较强或具有某些竞争优势的毕业生,但是家长亲友是最了解求职者的群体,往往会结合学生本身给予最中肯的建议与帮助。

(2)学校的教师或导师。学校里有不少专业教师与校外的研究所、企业、公司合作开发科研项目,同学们也可以通过专业教师获得有关这些企业的用人信息,从而不断补充自己的信息库。教师、导师提供的职业信息往往专业针对性强,比较看重毕业生的学业成绩、在校表现及其资质、能力、特长。

(3)自己的校友。校友是不可忽视的重要信息途径。应尽可能多地认识一些自己的"学长""学姐",打听一下是否可以在他们单位为你探查获得就业岗位的可能性;或者问问他们是否愿意向你透露一些有关公司内部工作机会的情况,也许它并不意味着你肯定能找到一份工作,但至少能使你得到一些有关该企业的信息,从而对其有更深入的了解。

6)通过实习、社会实践过程获得信息

毕业实习是学生踏入社会的前奏曲,是参加工作的预演,所以每个人必须充分认识,这是一段非常难得也是十分有价值的经历。实习单位一般都是专业对口单位,通过实习,毕业生对单位的了解以及单位对毕业生的了解都会比其他信息来源更为有效,另外,在实习单位也可以查缺补漏弥补自己的劣势,如果最终没能留在实习单位,也能为自己找到其他合适的工作积累经验。

社会实践是大学生自我开发就业信息的重要途径,也是寻找就业机会的重要渠道。社会实践平台很多,如勤工俭学、高校社团、公益活动、校外社会活动、志愿服务等。通过参加社会实践,一方面可以积累较丰富的知识,提高自己各方面的能力,为就业做好知识、能力素质的储备;另一方面,自己的努力可以赢得所在实践单位的好感、信任,并且可以获得第一手单位就业信息和机会。因此,大学生在各种社会实践活动中要主动、努力地去了解社会,去感悟,学会总结,在努力培养自己的社会适应能力的同时,要做一个收集就业信息的有心人。

6.1.3　就业信息的应用

大学毕业生面对收集的大量就业信息,如果不能合理地进行分析优化和整理,那么收集到的信息就不会被合理地应用从而产生效力。事实上,就业信息的应用就是在就业信息鉴别核查和整理分析的基础上,将收集到的可用的就业信息付诸实施,并进行职业抉择和职业确立的过程。

1. 就业信息的鉴别核查

大学毕业生收集就业信息时,不能处于"走马观花"的状态,前面我们讲到,就业信息具有一些普遍性特征,则可根据这些特征来鉴别核查就业信息,以充分了解所拥有的就业信息是否真实有效等状况,为后续的整理分析以及应用做准备。

1)鉴别核查就业信息的可靠性

鉴别核查就业信息的可靠性可以从以下两个方面进行。

(1)毕业当年,国家及各地方部门会根据当前的经济社会发展形势、行业岗位需求情况制定就业政策和相关规定,它们是毕业生求职的前提和基础,所以,毕业生们必须深刻领会、仔细学习,为就业信息的可靠性提供依据。

(2)不管是从何种渠道收集到的就业信息,必须进行可靠性判断,一般来说,各级政府的人力资源和社会保障部门发布的招聘信息,用人单位正规官网上的招聘信息,地方就业指导部门和学校组织的招聘会上的招聘信息都是可靠性比较强的。但是,对于在网络新媒体上搜集的非官方平台发布的就业信息往往需要格外警惕,这就需要大学生通过用人单位官网或者相关信息平台查询企业相关信息,理性分析正面或负面信息,冷静对待。

2) 鉴别核查就业信息的有效性

就业信息的有效性包含了就业信息的时效和用人单位的具体情况。

(1) 根据招聘的有效时间和对岗位人数的需求状况进行鉴别。前面我们提到,对招聘的有效时间精准掌控有助于在就业中抢占先机,如果收集到的就业信息处在有效时间的末期可能就失去了其有效性,特别是对于需求量少且求职人数高的岗位,有可能就让竞争者捷足先登。

(2) 根据用人单位的具体情况进行鉴别。鉴别就业信息的有效性一般需要考察就业信息中以下几项要素。

① 用人单位的全称。用人单位的名称往往包含着所属的行业、业务范围、所在地区、所有制形式等,如北京外企人力资源服务有限公司。

② 用人单位性质。不同性质的用人单位对员工的要求往往不同,从而影响求职者对应聘单位的选择。例如国有制企业选人多考察求职者是否具有诚实守信、爱岗敬业、学业成绩优良、踏实服从等品质特征;党政机关及其直属机关、事业单位,更看重毕业生的学历、生源地、政治面貌、是否担任学生干部等外在因素;各种类型的企业则看重求职者专业知识及岗位胜任能力、实践经验、计算机或外语水平等内在因素。

③ 用人单位的主管部门或隶属关系。例如,对应聘的北京市属单位要搞清其上级主管部门(指人事管理权限)等。近年来,为了使企业制度更加合理化高效化,众多企业也进行了改革,比如国有企业整合、小型国有企业退出国有制改成股份制等,这些变化会导致企业的人事管理制度出现变化,进而造成工资待遇、医疗养老、公积金制度发生改变。

④ 用人单位的企业文化、发展前景、经营范围等,一个单位的企业文化代表着这个企业发展水平和未来前景,好的企业文化能使员工处在一个合理公平竞争的环境中,可以很大程度缓解工作中可能出现的心理压力;发展前景将会影响到就业人员未来的工作状况,通过对职业潜力的科学分析,毕业生可以了解未来的上升空间有多大,能否满足自身未来生活的刚需和职业生涯发展潜力,例如进入朝阳产业的发展前景就比夕阳产业的发展前景和发展空间好。

⑤ 招聘职位对求职者的要求。一般情况下,企业会在发布招聘信息时标明对求职者包括年龄、性别、学历、工作经验、知识能力、沟通交流、外语或计算机能力、运用相关软件能力的要求,还会包括投递简历的格式、文件名称、职业技能及专业竞赛相关证明等方面的特殊要求等。

⑥ 用人单位的联系方式,如招聘人员的手机号、微信、电子邮箱等。

总的来说,在初步对就业信息进行鉴别核查时,切忌从众行为和轻信行为,不能只关注此信息的浏览量和关注量,也不能盲目地认为亲友告知的信息一定是可靠的,网络上的信息一定是准确的,要运用客观全面的视角进行鉴别核查。

2. 就业信息的分析整理

1) 就业信息的分析

求职就业的过程往往也是在结合自身不断分析处理信息的过程,这里我们可以引入SWOT分析模型进行分析,将 SWOT 分析模型引申为个人自身优势(S)、个人自身劣势(W)、外部所提供的就业机会(O)以及就业过程中面临的外部威胁(T)。基于 SWOT 分析的矩阵分析结果示例见表 6-1。

表 6-1　基于 SWOT 分析的矩阵分析结果示例

因　　素	个人自身优势(S) 1. ××× 2. ×××	个人自身劣势(W) 1. ××× 2. ×××
外部所提供的就业机会(O) 1. ××× 2. ××× 3. ×××	SO:发挥优势,利用机会 1. ××× 2. ××× 3. ×××	WO:利用机会,克服劣势 1. ××× 2. ××× 3. ×××
就业过程中面临的外部威胁(T) 1. ××× 2. ××× 3. ×××	ST:利用优势,回避威胁 1. ××× 2. ××× 3. ×××	WT:减少劣势,回避威胁 1. ××× 2. ××× 3. ×××

表 6-1 中包含了八个方面的内容,大学毕业生深入挖掘自身在就业中的优势和劣势,务必密切结合自身的性格特点、专业优势、兴趣爱好以及在日常学习和工作中出现但尚未完善的缺点进行分析。然后,根据在就业信息收集过程中鉴别核查后的可靠有效的就业岗位,发现企业在招聘过程中提供的就业机会,合理预测在求职就业过程中可能面临的来自竞争者和企业带来的就业威胁,从而得到有针对性的解决措施。通过将各个因素进行矩阵排列组合,得出四种战略对策:①SO 战略,发挥优势,利用机会;②ST 战略,利用优势,回避威胁;③WO 战略,利用机会,克服劣势;④WT 战略,减少劣势,回避威胁。利用得出的战略对策分析出有利就业信息,重点整理研究,确保就业稳步推进。

下面,我们以一个实例讲解 SWOT 分析该如何使用。

(1)自身优势分析(S)。经过了四年的系统性学习,分析自身专业知识基础的扎实程度以及处理综合问题的能力。根据职业信息中对招聘人员的要求来对照自己目前的学业水平和能力,努力缩小与企业的差距,弥补自己在知识技能或者综合素质方面的欠缺,这样能更加顺应社会和企业的需求,也对自己今后的工作有非常大的帮助,比如企业招聘往往分为笔试和面试两个环节,笔试往往考察的是对知识的掌握情况,面试则用来考察综合素质与能力,经过对自身优势的有效分析可以在分析就业信息时更有针对性,更有助于把握就业的时机。

(2)自身劣势分析(W)。大学生往往在寻找自身缺点方面显得不贴切不深刻,这也就可能导致在分析整理就业信息时存在盲目的情况,对用人单位发布的岗位要求上不能找到适合自己的位置,以至于在后续的笔试面试环节不能有效回避,错失就业机会。

(3)外部所提供的就业机会(O)。外部可以指政府、企业提供的就业政策和就业优待,这些信息在就业前期起到非常关键的作用,精准分析相关政策法规,比如政府鼓励扶持小中型企业发展,提供更好的就业前景,企业对高精尖人才引进的福利待遇高低等,都为信息收集提供了更多选择性和对比性。

(4)就业过程中面临的外部威胁(T)。在充分分析内部因素后,在就业中可能面临的外部威胁也是我们在筛选和应用就业信息时应考虑的重要因素之一。比如在就业信息收集完毕之后,可对一类企业招聘的专业要求进行比对,分析哪一部分企业是必须要求专业对口,哪一部分企业的专业需求广泛或者不限,再或者竞争对手专业能力和数量的预估等。

某专业本科生利用 SWOT 分析进行的就业信息战略决策分析见表 6-2。

表 6-2　基于 SWOT 分析的矩阵分析结果实例

因　　　素	个人自身优势(S) 1. 职业能力等综合素质较高 2. 具有终身学习的观念和能力 3. 就业观念强	个人自身劣势(W) 1. 重视理论学习,轻于实践锻炼 2. 职业生涯规划水平不高,就业期望过高 3. 家庭传统就业观念的束缚
外部所提供的就业机会(O) 1. 国家高度重视高校毕业生就业 2. 各地人才引进政策支持 3. 企业提供的较好待遇的就业机会	SO:发挥优势,利用机会 1. 把握国家、地方的积极就业政策 2. 夯实专业能力,提高综合实践能力	WO:利用机会,克服劣势 1. 将理论应用于实践,积极参加企业组织的实践活动 2. 适当降低就业的高期望,提高职业规划水平,为未来做好谋划
就业过程中面临的外部威胁(T) 1. 用人单位更加重视专业对口 2. 社会面求职者增多导致竞争压力增大	ST:利用优势,回避威胁 1. 发挥自身优势,注重对口职业的归类整理 2. 准确把握时机,建立一手就业信息系统	WT:减少劣势,回避威胁 1. 正确自我定位,树立理性的就业观念 2. 学会调适心理状态,保持积极就业态度 3. 纠正传统观念,追寻自主就业

当然,就业信息的分析模式并不是唯一的,每个人可以根据自己对信息不同的分析能力来选择不同的分析模式,但是无论如何,在就业信息应用中对信息进行合理分析是非常必要的。

2)就业信息的整理

以北京某高校为例,全校学生的区域性和专业性的就业结构突出,大多数毕业生在就业时会选择返回原籍地区或者前往经济发达地区寻找工作,并且会积极寻找切合自身所学专业的相关企业就业,因此毕业生对信息进行区域性和专业性整理更加有现实意义。

(1)区域性整理。毕业生在进行就业信息整理时,可按照原籍地区、经济发达地区、发展中地区进行大范围式的划分,也可按照某地区行业的发展前景、人力资源结构等因素进行细致划分。但是要提醒毕业生避免在求职过程中只关注就业地区的是否发达,不顾及自身盲目就业影响未来发展等不健康的就业方式。

(2)专业性整理。依据用人单位需要的专业、学历层次、职业岗位、职责要求等进行分类整理,这样可以进一步了解专业的需求和未来发展趋势,也可以根据自身优劣势进一步比对岗位的职责要求,也能为未来的学习和能力提升起到促进作用。

3)就业信息应用时应把握的几个问题

在准确对就业信息进行鉴别核查和分析整理后,运用就业信息时还应该注意把握以下问题。

(1)灵活运用就业信息。一个人从事的职业并不是绝对的,比如,"专业对口或相近"往往是用人单位与求职者,尤其是应届毕业生双向选择的标准,这种标准的设定往往能使人充分发挥专业优势,利用学习到的系统性的知识进行专业事务的判断和处理,也能避免所学的专业知识和积累的资源造成浪费。但是这并不是就业的绝对选择,一些知名的企业家或者成功人士是"半路出家"从事某项职业,尤其是近些年短视频领域的迅速崛起,半路出道成为"网红"、创办公司、俱乐部的人比比皆是,这说明了学习的专业与个人的职业潜质并不是等价的。因此,用人单位或者企业虽然会对招聘的岗位提出很多要求,但是对于求职者来讲并非绝对,就业求职时可以尝试更多的选择。

(2)学会共享及时输出。信息进行分析整理以后,有些信息对于自己不一定有用,但是可能对身边的朋友同学十分有用,大学生在遇到这种情况时,千万不要"私藏"这些信息,迟迟不输出对他人的有效信息,这是对信息的一种极大浪费,也不是一种公平竞争的心理。其实,在你主动输出对他人的有利的就业信息时,别人会与你共享他收集到的信息,这样不仅帮助了他人,也帮助了自己,如果对方成功就业也会使自己少一个竞争对手,这样可以达到双赢的目的。

(3)准确把握迅速反馈就业信息。前面我们提到信息具有很强的时效性,在收集、分析、整理后,应尽早对自己心仪的企业或岗位做出决策,了解用人单位的招聘程序,并把自己的择业活动调整到与用人单位的招聘活动较为一致的步调,将极大地利于择业活动的有效进行,及时向用人单位反馈自己的就职意向以便更有利于抢占先机。

(4)避免急于求成,模棱两可。求职就业是一个极其细微细致的过程,大量的就业信息可能使自身深陷信息漩涡不能自拔,如果毕业生对自己的就业方向不明确,容易导致在面对眼花缭乱的信息时左右犹豫,迟迟拿不定主意。还有一些大学生由于缺乏经验或存有自卑心理,觉得自身的条件不如他人,在应用就业信息时不假思索匆忙决定,急于签署三方协议,最后找到的工作并不适合自己。

【练习与实践】

选择你感兴趣的 3 个工作,也可以选择 3 个和你专业相关的工作,当选择了具体的工作后,对每一个工作收集下列信息:

- 岗位名称;
- 教育程度要求;
- 岗位对求职者的个人要求;
- 企业文化与发展前景;
- 工作地点;
- 薪资待遇;
- 晋升机会;
- 今后发展。

在调查了所有与工作有关的细节后,判断你是否仍然对这个工作感兴趣? 这个工作与你期待的工作生活是否吻合? 最后结合 SWOT 分析法分析出应对的四大战略。

6.2 求职自荐材料准备

求职,是向对方单位推荐自我的过程,要实现合理的求职诉求,就必须做到"知彼知己",方能"百战不殆",所以在利用各种途径和方法来宣传自己、展示自己、推销自己,在让用人单位充分地认识自己、了解自己、选择自己的同时,还要做到了解单位,有针对性地开展自我推荐。可以说,能否成功地进行自我推荐很大程度上决定了能否获得进一步面试的机会。这个过程中,自荐材料是"敲门砖",不论是线下还是线上应聘,用人单位先行从提交的自荐材料中,初步筛选出需要面试的对象,所以虽然在择业竞争中,决定成败的因素非常多,但充分准备好自荐材料,却是迈向成功的第一步。

6.2.1 求职自荐材料概述

求职自荐材料是毕业生在求职中向招聘者所提交的各种书面材料的总称。

1. 求职自荐材料的概念

求职自荐材料是求职者按照用人单位所提出的,基于自身经历、成就、岗位预期等所编写的自我推荐材料。从招聘程序上来讲,一部分材料对于最终录用是不可或缺的。自荐材料的好坏能够直接影响就业的成功。

2. 自荐材料的编写原则

自荐材料是个人经历的"浓缩",一份好的自荐材料能够让招聘单位对应聘者产生直观的认识与了解,甚至留下非常深刻的印象,从而赢得参与第二道关卡面试的机会。所以对自荐材料进行准备时需要注意遵循以下几项原则。

(1) 真实全面性原则。真实是个人诚信的体现与反映。切勿为了赢得用人单位的好感或者急于突出自身优势而刻意隐瞒,甚至杜撰个人经历,否则,即使是能侥幸走到下一关,一旦被发现有一处作假,就会被认为是一个不诚实的人,从而被拒之门外。

求职自荐材料应当是应聘者对个人经历的总结,应当真实体现个人成长过程中的每个重要阶段的重点经历,所以在撰写内容的过程中,求职者应当对个人的过往经历进行梳理、总结与筛选。并且提前准备好相关材料的电子版、复印版、个人备份等,做到"有备无患",以便在用人单位需要时能够及时提交。

(2) 重点突出原则。求职材料主要以文字表述,所以在准备过程中需要注意体现重点,要让想了解自己的人能够迅速明确地看到基本情况。如果不能够把重点放在对个人的专长、能力、经验等描写上,用人单位往往由于不能及时找到重要信息,从而影响对简历的筛选。

(3) 针对性原则。在准备自荐材料的过程中,应当针对用人单位的招聘要求,有针对性地强调和体现个人对应招聘岗位的素质特性,使得用人单位相信你具备胜任该岗位的能力。如若求职材料仅仅只是在设计上实现了精巧与美观,但内容平淡,或者堆砌诸如学校简介、院系简介、人生格言等与所聘岗位无关甚至相反的内容,则容易导致在材料审核关卡就遭遇失败。

(4) 体现个性原则。用人单位提供的招聘岗位不尽相同,即使同类岗位对求职者要求也存在差异,所以求职者想要实现"一份简历走天下",几乎是不可能的,求职材料的准备应当基于招聘要求体现求职者的个性,如若每个人都使用模板而不对自己的信息进行筛选与整理,要从上千份简历中"脱颖而出"的概率就非常小了。

(5) 格式规范原则。自荐材料格式等方面的规范性能够体现大学毕业生做事的基本素质。虽然格式要求最为基础,但却最能够体现求职者对待细节的态度。在准备求职材料中切忌出现排版格式等不统一,纸张、版式、字体等不一致,文字使用不准确,语句有语病、不通顺,逻辑不清晰,分段不明晰,甚至有错别字等。

（6）美观性原则。自荐材料是为了"推销和介绍"自己，吸引用人单位对求职者的注意和兴趣，因此求职材料的设计就显得尤其重要了，当然设计的程度也与所应聘的岗位息息相关，若所聘岗位不需要体现设计能力，则自荐材料需要满足简洁与美观的基础条件；若所聘岗位与设计相关，则设计一份创意无限，新颖自然的自荐材料便是最好的体现。

3. 求职自荐材料主要内容

虽然自荐材料的类型繁多，要求也不尽相同，但毕业生求职材料主要内容应当涵盖：封面与标题、自荐信、个人简历、就业推荐表、在校学习成绩单、附件（含获奖证书、资格证等）。

1）封面与标题

自荐材料的封面应当包含：姓名、毕业学校、所学专业名称、研究方向、通信地址、联系电话、电子邮箱等联系方式。拟定的标题应当简洁，如"张三的求职材料"。

自荐材料如若形成一个整体，则需要对封面与标题开展单独排版与设计，实现美观、醒目和简洁的基本审美；其他情况下，封面所含内容不开展单独设计，体现在简历或其他求职材料中。

2）自荐信的准备

求职择业中，写求职自荐信是一种比较常用的方式。有针对性地向用人单位开展对自我的书面介绍，是争取与用人单位进行面谈的媒介之一。一封好的自荐信往往能够让求职者在用人单位开展材料筛选时脱颖而出。

那么从用人单位的角度出发，一封什么样的求职信才是求职单位审核人员愿意花时间看完，甚至留下深刻印象的呢？

6.2.2　自荐信的格式

自荐信的主要思路需要回答几个问题：你是谁？你怎么知道目标企业的？你要申请什么职位？你了解目标企业吗？你为什么适合这个职位？表明希望得到面试机会，注明你的联系方式。

自荐信的格式与一般书信大致相同，在结构上由标题、称呼、正文、结尾、落款和附件六部分组成。

1. 自荐信的内容

1）开头部分

开头应当注意对收信人的称呼，对于在招聘启事上明确联系人或者负责人的，可以以其职务、职称加上姓氏的方式开头等，如尊敬的人力资源部李部长等，对于无法明确招聘单位的负责人的情况，可以用尊敬的人事部主管等。为了充分表达对启信之人的尊敬，也需要加上问候语，如"您好"等。

在开头，切忌出现长篇套话或者是空话。例如，尊敬的人事部经理陈先生：首先感谢您在百忙之中审阅我的自荐信，同时非常荣幸能够接受您的挑选。在有限的篇幅内尽量开门见山，有重点和有针对性地为后文做铺垫。

2）正文部分

正文部分也是自荐信的核心内容，应包括：①个人的基本情况，如姓名、性别、年龄、政治面貌、就读学校和专业等，注意详略得当，使得用人单位能够对求职者的基本情况有一个大致的了解，对符合基本条件者提供下一步面试的机会。②信息来源及个人意愿，比如从何处获悉招聘信息、应聘该岗位的目的、希望加入该用人单位的原因、自己能为该用人单位做什么、希望在单位获得的职位等;③陈述个人相关经历,突出与岗位应聘相关的部分,体现个人经历与岗位的匹配性;④个人的成就及潜能。基于个人相关经历中的优势,总结个人所获得的成就,以此来体现你对应聘岗位的潜能,辅以自己所具备的相关技能、培训等,客观展示个人的优势所在,让用人单位切实感觉到你是胜任此项工作的最合适的人选。例如,向宣传和公关部门推荐自己时,介绍自己的文艺、绘画、摄影、书法和口才的特长,预示着自己可以承担相应的工作任务等。

3) 结尾部分

结尾部分需要表达个人希望获得机会的意愿和感谢,所以可以用"盼复""期盼贵公司回音"等诚恳的表达结尾,以此显示毕业生对应聘此岗位的重视和诚意,同时提醒招聘单位,不管结果如何,都应告知结果;也可以用"祝您身体健康""祝工作顺利""祝公司业务兴隆"等表达祝愿或敬意的方式结尾,以此来体现大学毕业生的良好素质。

4) 落款

落款是求职自荐信的最后部分,落款包括署名和日期两个部分,署名写在右下角,要写全名,字迹要清晰、工整,不要潦草,名字前可写上应聘者字样,日期写在名字下面(××××年××月××日)。

2. 英文求职信

全球一体化的脚步逐渐加快,使用英语实现国际交流已经成为常态化。参与跨国业务甚至是加入外资单位的人数也越来越多,如若涉及撰写英文求职信,则需要注意中文两者之间存在着的书写格式、表达习惯,甚至是文化背景方面的区别。其中,以下几点尤其需要注意。

(1) 英文求职信开头第一个词和专有名词的第一个字母要用大写,注意标点符号的使用。例如,开头写完收信人之后,需要使用逗号而不是冒号。

(2) 英文的搭配往往与中文的搭配并非完全对应,且涉及一词多义,所以使用时需要选择合适的词并且要准确运用,语体应当使用正规语体。

(3) 若使用电子版本撰写信函的主体部分,署名时应当亲自签名,以示郑重。

3. 自荐信的注意事项

(1) 有针对性地突出重点。单位不同,岗位不同,所提出的招聘要求自然不同,所以自荐信的内容要根据所申请岗位围绕不同的侧重点突出,要让用人单位感受到求职者与所聘岗位的适配度,从而增加成功的概率。

(2) 扬长避短,避免焦点分散。围绕个人的优势进行撰写,在专业知识、工作经验、特长、个性等方面挖掘自己的闪光点,在匹配所聘岗位的同时让用人单位直观了解求职者的能力、特长、优势之所在,感受到其潜力所在。

(3) 精益求精,避免长篇累牍。自荐信的合适篇幅保持在1000字左右为宜,过长的自荐信会在语言上失去力度,让用人单位失去读下去的兴趣,而自荐信如果太短,会容易让人感受不到撰写人的诚意。

(4) 独立成篇,形式多样。自荐信的重要性与简历一样,但从求职功能上来说,自荐信与其他求职材料应当相辅相成,但又彼此独立。所以切忌把自荐信写成简历的翻版,也不要写成套话与模板。

(5) 真实生动,不卑不亢。自荐信不能"无规矩",但也不能过于死板,语言选择和使用上应当尽量使用客观、准确、专业的词汇说明自己的长处,同时让用人单位感受到撰写人的真诚和专业。不使用过度花哨的语言来夸大事实本身,例如,避免使用"能够熟练使用计算机"这样过于宽泛的描述。

(6)注意开头,结尾称呼。在确保格式正确的基础上,希望得到面试机会应当在正文中得到体现,除了提及个人与应聘岗位的适配度之外,还应当体现自己了解招聘单位的情况,表明想要进一步了解并加入其中的诚恳意愿。

6.2.3 求职简历

求职简历是指应聘者向未来雇主表明自己拥有能够满足某个特定岗位的知识、技能、态度等方面要求的一份较正式的自我说明材料。

1. 求职简历的概念及作用

简历是毕业生向用人单位自我展示、自我推销的介质,同时更是向用人单位说明自己符合应聘工作要求,能够胜任工作岗位的有效形式。应聘者一般巧用事实与恰当的语体概括和描述个人经历、成就、能力、性格等,以达到推荐自己的目的。在第一步筛选简历的过程中,一般会淘汰50%以上的简历。而具体到用人单位阅读每份简历的时间,基本只有五秒,所以一份成功的简历,至少能够争取求职者更多的阅读停留时间,从而为求职者赢得面试机会。

2. 求职简历的类型

1)中、英文简历

按语言类别划分,求职简历可分为中、英文简历。二者在结构和表达上是基本相同的,但是英文简历不是对中文简历的简单照搬,两者在各方面都存在着差异。一是表达方式不同,英文简历应该符合英语阅读的习惯,而中文简历要符合中国人的阅读习惯。二是作用的不同,对于国有企业、事业单位、国内的公司等,在招聘方有明确的要求下,英文简历通常起到对中文简历的补充作用,用于辅助说明求职者的能力,尤其是英文能力,而对于外资企业或外国企业,英文简历是必备的选项,外企一般要看求职者的英文简历,不仅能看得出求职者的个人素质,还能看得出求职者的英语水平。三是侧重点不同,由于中英文之间的差异,中文简历多用无主语的动宾短语,而英文简历则多使用主动语态与关键词名词短语。

2)表格式与开放式简历

按文本格式划分,简历可分为表格式和开放式简历。表格式简历简单说来就是个人基本情况填入表格中,用表格展示信息的优点是清楚、简洁、有序,但要注意使用表格式制作简历不可完全照搬模板表格,或者下载一个固定表格,不做任何修改便填入个人信息。

开放式简历则是完全由个人所设计,所以在版式上更加灵活多变,其优点是可以摆脱固定模板的束缚,按照自己挑选的信息开展设计,但如果版式设计不够规整与精致,那么开放式简历便会成为减分项。

3)个性化简历

在求职过程中,特征鲜明、个性突出的人在竞争中容易令人印象深刻,简历也同样如此,一份设计精美,创意十足的简历在应聘特定岗位中往往可以赢得更多用人单位的青睐。

个性化的创新一般体现在以下两个方面。

(1)从招聘企业出发进行创新。以一位某医药公司求职者的简历为例,求职者把自己的简历当成该医药公司的新产品来制作,在简历的封面上充分展现了招聘官最希望看到的、最有感情共鸣的新产品,通过观看简历中对企业标识、企业名称、企业识别色等元素的重新组合设计,招聘单位加深了对撰写者对应聘企业的认同感、亲切感以及创新能力的认知。

（2）从应聘岗位出发进行创新。简历还可以从求职者所应聘的岗位进行创新,在专业领域内创新,在简历上体现出对符合该职位的能力、水平以及行业的认知以及计划,例如某位求职者应聘某房地产开发公司的文案策划一职,考虑到这个岗位要求应聘者要具备独特的思维,富有创意和激情,他把自己的求职简历做成了一份楼盘预售公告和一份楼书。对房地产开发这个行业而言,策划专员制作的楼书是房地产企业与客户沟通的重要工具,也是最能体现房地产企业专业能力与策划水平的关键,该求职者的别出心裁不仅体现了他匹配这个岗位的专业知识,还体现了自己的创造力和创造价值。

3. 求职简历的组成

简历按不同分类方法可以分成很多种,并没有固定的格式。但无论哪一种都应包括个人信息、求职意向、教育背景、实践经历、获奖情况、职业技能、其他信息等内容。

除了版本与设计,简历中最重要的便是语言,因为其体现着求职者的文字沟通能力。因此,求职者在制作个人简历时应注意下述几项。

1）个人信息

个人信息包括姓名、性别、出生年月、籍贯,政治面貌、毕业院校与专业、通信地址、联系电话,电子邮件,照片等,个人信息的写作应当体现出清晰直观、与人方便的原则,一般来说姓名、地址和联系方式(含联系电话与电子邮件)应写在最醒目的地方、联系方式最好使用"三四四"的分节标注,如 136-××××-××××,选择较为常见的邮件注册地址,防止邮件被判定为垃圾邮件。

简历的照片是人力资源主管们了解求职者的一个窗口,一般来说,专门拍摄一张不同尺寸的证件照,在找工作前也是必要准备的环节之一。简历照片的拍摄和制作应注意:整洁的发型、淡雅的背景、面带微笑,阳光自信,可以适当化淡妆展现自己的优点;近 6 个月开展拍摄,不要与现状有太大差距,切忌使用科技手段过度美化自我或者拍摄艺术照作为简历照片,最终造成与本人不符的情况;服装要正规、挺括,可以是职业装和工作服,切忌穿着太休闲的服装;最好是正面照和前侧面照,避免全侧面照、朦胧照等。总体上,简历照片要反映出毕业生朝气蓬勃的精神风貌。

2）求职意向

求职意向是指求职者想要应聘的职位,如"文秘""插画师""程序员""财务出纳"等,求职意向是整份简历的灵魂,应当简洁、明确,有针对性。一份简历最多可以两个求职意向,两者必须是同一方向,且关联较为紧密的岗位,如会计和出纳。切忌在一份简历中同时出现在学科差距上非常大且毫无联系的多个岗位,如软件工程师和法务助理。这种做法会让求职单位不确定求职者是否明确了个人意向和具有岗位要求的专业知识。如若求职者可多方向发展,具备多种潜在能力适应不同岗位,则可将岗位分门别类后,分别撰写针对不同求职岗位的简历。

3）教育背景

教育背景是简历中一项核心内容。教育背景应当包括学习的时间段、毕业学校,所属学院、专业(主修、辅修)、所获学历、学位、研究方向、课程成绩、实践活动等。

教育背景一般应当以获得(接受)高等教育的时间为起点,按照发生时间由近及远的顺序来排列。在课程选择上,如果应聘的职位与所学专业对口,那么应该突出自己的主修课程,如果所应聘岗位与所学专业无关,仅与个人所修双学位或者辅修相关,那么在课程选择上应当突出辅修专业与课程。

4) 实践经历

简历中的"实践经历"应当包括但不仅限于求职人实习经历、兼职经历、社会活动、校园活动、项目经验等。实践经历往往是招聘单位筛选简历时最重要的参考依据。实践经历主要内容包括实习公司的名称、部门名称、工作时间、工作地点、工作内容、具体做法、主要成就以及在工作中学到的技能和素质等。同样,实践经历的排列,也要从最近发生的事件开始写。

实践经历中与招聘岗位要求对应的事件要用 STAR 原则撰写,体现出求职者在实践经历中做事的思想、方法、职能和效果,反映出求职者具有的满足招聘岗位条件的认识、能力和经验水平。具体来讲,S (situation)写明问题状况、任务及其背景;T (task)描写完成任务过程;A (action)表示行动、手段和自己在其中的想法、功能;R(result)代表结果及自己的贡献,譬如在促销成功中自己完成的比例,可写简短故事,自己做了什么、学到了什么、提高了什么。描写过程辅以数据说明更加有效力。

对用人单位而言,招聘具有变通能力,可以适应并从事不同性质工作的大学生尤为重要,所以对仍在求学中,尚无社会经验的毕业生来说,勤工助学、生产实习经历,乃至实训实践教学活动在必要时也可以代替工作经历。

5) 获奖情况

该部分被用于列出求职者所获得的荣誉和奖励。除了具体描述清楚获奖事件外,撰写时可以用数字说明奖励的级别与获得奖项的难度,如 2022—2023 学年荣获某大学校级一等奖学金(获奖率为全校前 5%)。

6) 职业技能

职业技能也是求职简历的重要内容,虽然个人技能不一而足,但却是每个人先天具备与后天努力的综合结果,很大程度上将影响个人的长期发展。职业技能包括但不限于外语能力、计算机能力等。部分职业技能对于从事某项职业而言可谓是前提条件,如求职前未能获得相关资格证,则无法从事相关工作,如律师资格证、教师资格证、导游资格证等。

7) 其他信息

在个人简历中添加其他信息,如果选择恰当,表达充分,可以起到锦上添花的作用。

(1) 个人爱好。很多求职者不重视求职简历中个人爱好的撰写,认为该部分无足轻重,其实则不然,如若描述得当,可以通过个人爱好来体现个人所具备的与应聘岗位相对应的素质与能力,但要注意叙述个人爱好时应当避免使用宽泛的词语开展概括性的描述,如爱好音乐、喜欢读书等。可以根据个人应聘的岗位需求开展有针对性的叙述,如爱好演讲,所以具备一定的主持能力与沟通能力。

(2) 自我评价。关于自我评价部分,没有固定内容,在简历中也并非必要内容,撰写时需要注意几个原则。

第一,避免使用套话、空话等单纯满足排版要求。例如,罗列堆砌"诚实守信""勤勤恳恳""吃苦耐劳""乐观向上""勇于创新"以及"团结协作"等形容词。

第二,以事实为根据,避免使用缺乏事实和数字支持的说法。

第三,突出个性。自我评价放在简历的最下面,也是给招聘者留下深刻印象的最后一次机会,因此在确保不提及与求职岗位无关内容的基础上,加深对方印象。

第四,简洁明了,保持文体一致。切忌口语化,勿使用长篇大论。自我评价应当凝练前文未曾提及的优点和特质。

4. 制作简历常出现的问题

(1) 文不对岗、描述浮于表面。撰写求职简历内容时与岗位需求无关,且使用大量套话自夸,使得描述浮于表面。例如,"有很强的综合素质""有优异的组织策划能力""很强的学习能力""精通英语"等。在具体业务经验与成就撰写中,应当具体化、数字化、精确化,使用具体的数字与事实作为佐证,尽量避免使用主观评价的词汇。

(2) 无主干思路,经历重复。一份好的简历不等同于一项文学作品,并非需要华丽的辞藻,复杂的语法去装饰。主干明晰,重点突出、语言精简,论据充分的简历往往能够博得用人单位的青睐。相反,如若表达过于繁复,重复内容过多,则不利于面试官迅速地提取简历的核心内容。因此,尽量使用精准短小的短语结构,方便招聘者能够更迅速地浏览简历。

(3) 篇幅过长,能力展示不足。简历设计也要遵循与人方便的原则,篇幅不宜过长,非设计类的简历篇幅控制在一页之内比较适当。当然简历如果留白过多,并不利于个人择业。有的同学因为在校期间无工作经历,便觉得简历写简短没关系,这种想法大错特错,留白过多容易让招聘者产生"能力不足"或"敷衍了事"的印象。

所以对应当展示在简历上的信息,不仅需要挑选,也需要丰富,若在校期间参与的活动和实践经验均不足,则需要尽可能地找寻自己与求职岗位有相关的事项,经过精心构思后将其表达写在简历上,体现自己的优势与潜力。

(4) 版面有序排布,格式不当。简历的同一类信息的字号、字体、标点等要做到统一。简历如果想制作得美观简洁,表格、符号、文字要处于同一水平线上,且留有一定行距便于招聘者的阅读,简历四周应当留出一定空白,体现美观性。

5. 简历的投递

一份好的简历可以帮你获得第二轮面试的"入场券",但如果缺乏行之有效的投递方式,简历最终仍旧会面临石沉大海的境遇。

1) 简历投递的方式

(1) 招聘会投递。招聘会或双选会是毕业生求职的主要途径之一,在招聘会之前求职者应当提前了解参与的单位,选择适合自己的岗位,并根据不同类别的应聘岗位制作不同版本的简历,在参加招聘会时带上应聘不同类别岗位的简历,以备不时之需。

(2) 网络投递简历。网络投递简历时需要注意避免出现"三无"邮件:无标题、无正文、无附件。邮件主题的拟定,需要注意突出"求职",以免出现目的不明确被用人单位忽略的可能。所以,一个标准的邮件标题应该是:申请的岗位/职位＋姓名＋满足职位要求的最大优势。如果个人优势比较突出,则可以在邮件主题上增添内容,以此吸引用人单位注意,突出自己的应聘优势。例如应聘单位会计岗位要求招聘有过会计事务所实习经历,而求职者本人曾经在世界著名四大会计事务所实习过,那么在邮件主题就可以在基本信息后添加"具备普华永道会计师事务所 1 年实习经历"。

对于用人单位而言,网络审阅简历有风险,因为网络病毒多是以附件的形式传播。所以求职者在使用个人邮箱开展网络投递简历时,应当在把简历作为附件的形式发送的同时,再以正文的形式发送自己的简历,利于用人单位直接阅览。

导致网络投递成功率低下的原因有很多,求职者没有领会用人单位的具体要求这个原因占据榜首,大部分求职者将注意力放在做出一份简历来"广撒网"。但要增加人与单位的匹配率,不仅需要求职数量作为基础,也要有质量作为保障,邮件发送要有的放矢,通过查询该单位的官网,了解更多相关信息,以便更有针对性地进行投递。

(3)邮寄简历。邮寄简历是诸多投递方式中历史最悠久的一种,即使在互联网高度发展的今天,一些用人单位(如事业单位、学校、机关等)仍旧采用邮寄简历的形式开展招聘。通过邮递,求职者能够尽可能地多递交材料,且材料之间相辅相成,能够更加全面地体现求职者的能力。

求职者在邮寄简历时,需要注意以下几个问题:①确保简历的干净整洁,不要折叠,给招聘人员留下稳重、专业、职业的形象;②信封的字迹要工整,信封上注明应聘的岗位;③按照职位通知的要求将所需要的材料按照适当的顺序放进信封,以份为单位标注名称,避免遗漏。

(4)在线填写简历。考虑到安全,很多企业、事业单位、招聘代理机构等单位在招聘时要求在线填写简历模板。这样填写的缺点是无法在版式上出现创新,只能依靠个人文字撰写水平以及填写内容本身取胜。

投递简历的一般顺序是:了解招聘单位情况→仔细了解应聘岗位对求职者的知识和技能要求→根据招聘要求打开填写链接→参照自己经历挑选合适内容→开展编写→检查修正→提交。

(5)上门投递简历。上门投递简历是所有投递方式中成功率最高的一种,大部分招聘单位不会明令禁止上门投递的方式,且禁止的单位多数出于担心应聘者打扰了本单位的正常工作,所以上门投递简历时要注意按照招聘单位接待来访者程序接洽,如果不能直接得到招聘单位人事部门的接待,也可以拜托招聘单位前台转交自荐材料给人力资源部门。但要注意相关材料应当全部放入一个文件袋中,明确注明"姓名+申请××公司××岗位/职位,烦请代为转交人力资源部,十分感谢!"之类的话,明确材料应当转交的最终目的地。

2)简历投递后的记录和联系

简历投递后需要进行记录,及时跟进投递情况,以此增加获得面试的机会。

(1)投递简历要记录用人单位。求职是一个长期的过程,鲜少有人能够一次成功。大部分毕业生在求职时会通过多种途径投出很多份简历,如若投出后不进行及时记录,也不对所投出的简历分类,很可能在收到面试通知时发生混乱,从而影响自己做好面试准备。

(2)及时调整求职期望,更新简历。简历制作并非一蹴而就,当然也不应该长期停滞,对于大部分同学来说,求职仅仅只是一个持续半年到一年的过程,在找到工作后简历就已经不再需要。但随着求职经验的丰富和求职岗位的调整,及时对简历的内容开展推敲,补充和完善进展,及时调整简历形式,做到有备无患是非常必要的。

(3)投递简历后的联系。投递简历后,要保持电话的畅通,及时关注邮箱中邮件的收发情况,防止邮件投递不成功或是邮件回复被视作垃圾邮件。投递简历一周后,用人单位如未通过有效渠道进行反馈,求职者可以通过所留的联系方式咨询,确保招聘单位的人力资源部门人员在繁忙之余收到并且阅读了简历,这样的提醒要注意做到"得体",措辞一定要有礼貌,避免使用质问的语气。

【资料学习】

简历样例见表6-3。

表6-3　简历样例

姓名	张某某	性别	女	民族	汉族	一寸照片
身高	167cm	体重	58kg	政治面貌	中共预备党员	
出生年月	2001.1	籍贯	北京	毕业时间	2023.6	
学历	本科	学制	四年	专业	金融学	
联系地址	北京市朝阳区××××××					
联系电话	×××-××××-××××		邮箱	×××@××××.com		
求职意向	商业理财经理助理					
教育背景	**2019.9—2023.6　××××××大学管理学院　金融学专业** 核心课程:金融学(92)、金融市场学(91)、微观经济学(90)、宏观经济学(89)、经济法(90)、商业银行学(91)、证券投资学(88)等 GPA:3.8/5.0　专业排名:11/70					
实践经历	**2020.7—2020.8　浙商银行客户经理实习生** 　　参与中小企业业务知识培训,通过沟通传达与跟进协调协助客户经理处理业务,熟悉企业及个人贷款流程。实习期间完成客户分析报告约20份,处理续货20份,能较好地将客户需求与银行推广产品匹配,分析到位,抓住主要问题协助经理较好地解决基本的业务问题及特殊情况,提升了相关业务能力的实际应用水平。 **2021.7—2021.8　北京爱思益答询有限责任公司市场部实习生** 　　体验新兴创业公司工作强度与工作氛围,参与市场拓展目标的设立与策划等任务和工作,参与举办线上××××××讲座约60场,线下讲座20余场,独立撰写项目文案,编辑微信公众平台图文20余篇,文案获得的较高的浏览量和点赞人数以及实习期间的市场拓展绩效获得部门表彰					
校园活动	**2021.6—2022.3　×××大学管理学院　阳光就业社团主席** 　　负责社团组织建设,社团机构的管理,协调各部门工作,所在社团被评为校级优秀社团。 　　组织策划社团的成立大会、竞选会、团队培训、招新等实践活动10余次,活动参与人数总计达500余人。 　　成功举行院级第一届、第二届模拟面试大赛、简历大赛等,每场平均参赛及观摩人数200余人					
奖励情况	××××××大学一等奖学金2次(奖励全校3%的优秀学生)。 北京市优秀毕业生(奖励全校5%的优秀学生)。 2021年度全校英语竞赛个人二等奖					
爱好特长	书法:北京书法家协会会员、2022中国书法年展入展					
技能证书	英语技能:大学英语四/六级(CET-4/6),良好的听说读写能力,快速浏览英语专业文件及书籍。 计算机技能:全国计算机等级考试三级,熟练掌握World、Excel、PowerPoint等办公软件					

6.2.4　网络求职材料

随着互联网的发展,网络求职已经成为应聘方式中最为常见的一种。

1. 网络求职概述

1) 网络求职的概念

网络求职是指求职者通过网站或者网络平台获取相关招聘信息,在足不出户的情况下通过网络完成简历投递、与招聘单位进行前期沟通,甚至通过视频接受并完成面试的整个过程。

2) 网络求职的优点

(1) 信息量大,途径较为固定。网络求职的优点在于可以突破地理限制,随时查阅全国各地不同类别的招聘信息,这无疑为求职者增添了很多机会。一些大型招聘网站对词条进行了归类,所以在输入关键词后,可以查询上万条相关结果,这对于及时关注招聘网站的求职者来说可谓是福音,因招聘网站提供了随时掌握最新的一手信息渠道,从而有利于把握求职先机。

(2) 筛选成本小,针对性强。对于专门用于招聘的网站而言,面向求职者开放查询、筛选工具不仅增加自己的客户,提升网站使用率,还能够嵌入类似智能查询、工作相关度匹配度等满足求职者个性化需求的模块与功能,使得求职者能够快速准确地搜寻符合自己要求的招聘信息,节约筛选的时间与精力。信息智能化为求职者带来的便利与便捷是传统线下招聘模式所无法比拟的。

(3) 节约求职成本,公平公正公开。就大部分徘徊在职场门口的求职者而言,在求职过程中花费在打印简历、复印证件证书、包装自己、前往求职地点涉及的交通、食宿等费用无疑是笔"巨款",而网络求职则在最大程度上不仅帮助大学生求职者节约了求职成本,还免去了他们的奔波之苦。

网络求职平台的发展畅通了求职者获取信息的渠道,也促进了公平交流与竞争的可能性,这样的发展利于优秀人才的选拔。部分用人单位为了确保公平公正,将招聘的规则、要求、实施方案、招聘进度、最终结果等通过网络及时向公众公示,为所有求职者提供一个公开、透明的环境,增强求职者对用人单位的认同度。

3) 网络求职存在的不足

科技飞速发展能够为人们带来便利,但同时也会带来一些弊端。

(1) 信息保密性不强。当下网站的设计,对于求职者基本属于公开状态,尤其对于固定简历模板,要求求职者在申请的同时进行填写。所以求职者的个人信息对发布公司而言,是完全可查的。虽然随着法律的逐渐完善,对个人信息的保护会逐渐加强,但不可否认的是,个人信息泄露已经给求职者的日常生活带来了影响。

(2) 信息可信度差。由于互联网对信息发布的审核程序都十分简单,加上发布信息几乎不需要成本,所以求职者在对待招聘网站上发布的招聘信息时,需谨慎对待。

(3) 缺少互动,信息反馈少。正因为缺乏与用人单位面对面开展沟通,求职者在网络链接中提交简历后往往陷入长时间的被动等待状态,无法确认自己的简历是否被招聘人员查看过,之后便处于杳无音信的状态,即使得到了相关反馈信息,其周期也基本在 10 天左右,而参加线下招聘往往会因为集中招聘、集中处理,且收发简历均为纸质版,所以基本一周左右可以得到反馈。

(4) 竞争更加激烈。正因为网络收发信息不受地域的限制,所以一个职位在发布招聘信息后,通过网络形式接收到的简历要远多于线下招聘会。对用人单位来说,意味一个岗位可以有更多更好的选择,但对求职者而言,则意味着要面对更为激烈的竞争。

2. 网络求职材料准备技巧

相比于线下求职材料准备,网络求职材料的准备要注意以下几点。

(1)匹配个人条件与岗位需求。在详细了解用人单位的需求后,根据个人的专业、特长、学历、优势等,有针对性地向用人单位求职。例如,一些工作岗位是针对有过岗位经验的社会人士开放,不接收应届毕业生应聘,这种情况下,乱投简历等于白投。

(2)求职的自荐材料内容应突出重点。网络求职材料应当做到重点突出,内容明晰,特别是自己的专业、特长、社会实践经历、是否曾经从事过相关领域的工作等。要注意内容撰写如果过于平铺直叙,往往导致直接被淘汰。

(3)多渠道找寻应聘信息。对用人单位而言,线上线下同时发布信息,才是求取人才的双重保险,所以对求职者而言,求职网站、用人单位网站、学校网站、微信公众号等,均可作为获取应聘信息的渠道,在就业季做好线上与线下应聘的双重准备才有可能最大限度地保障自己获得成功。

(4)做足充分的准备。参加网上在线招聘前,应当对企业各方面信息进行搜集和整理,以备参加招聘单位在线面试时出现尴尬的局面,同时做好客观条件的保障工作,例如提前调试,确保网络通畅。网上招聘给每个求职者的时间是均等且有限的,所以对用人单位而言,用关键问题测试求职者的素质与能力是面试中最重要的环节。对此,求职者还应当对岗位招聘要求专业知识、面试技巧等进行准备,并在面试前将个人状态调整至最佳。

(5)及时关注信息反馈。招聘会结束后,如久未收到任何联系与反馈,可以通过电子邮件或电话主动询问情况,向用人单位表示自己求职的诚意,同时也获取招聘是否已经结束的信息,做到心中有数。

(6)注意信息的安全性,预防网络求职陷阱。在制作简历时,我们需要做到个人信息详尽,如手机号码与电子邮件等。但个人信息不等于个人私密信息,对于求职期间涉及个人私密信息的内容,如非必要,尽可能不填,如身份证号码、家庭详细住址、家庭固定电话等。

此外,任何招聘单位以任何名义向求职者收取抵押金、风险金、报名费、置装费、培训费等都属于非法行为,一旦求职者遭遇网络求职诈骗,应当做好个人保护。

6.2.5 附件材料

附件材料一般是为证实自荐人各方面情况而收集的原始资料,在自荐信和简历中,个人的经历只能以文字信息显现,且受到篇幅和字数限制的影响,无法将个人能力全部描述清楚。为辅助证明个人的能力,其他附件材料包括但不仅限于四、六级英语等级水平证书、计算机水平等级证书或能反映外语和计算机水平的译文、译著、程序设计,以及艺术设计作品等;大学期间被评为优秀团员、优秀团干部、优秀学生、优秀学生干部的证书,以及社会实践活动积极分子、积极参加文体活动所获得的奖励或证书;获得的发明专利证书或正在申请的专利材料,在报纸杂志上发表的文章、论文,出版的专著或读物,有一定价值的调查报告,以及参与并完成教师科研工作的证明材料等。如果是通过老师等介绍去往的某个单位,最好带上一封推荐信。

从功能上来说,附件材料是对自荐人自荐内容最有效的说明。如若没有附件的佐证,自荐内容即使撰写得再好,也无法取信于用人单位。重要证件的电子版本和复印件可用于初步提交,如若用人单位明确需要查验,再带上原始附件以便查证。

附件要选择什么内容,以什么样的方式组合,均可以根据材料的多少、用人单位的相关要求,或按时间的先后、材料不同的性质等各种因素的需要而定。一般情况下,大多数附件材料的顺序按照重要的附件材料排在前面,次要的随其后的方式进行组合。在附件材料较多时,可以拟一个附件目录,编好页码,以便审阅人明晰所提交材料的种类与顺序。

1. 就业推荐表

《毕业生就业推荐表》是各高校向用人单位明确应届毕业生身份、推荐毕业生的书面材料,表中所填内容反映了学生个人信息、学习成绩、奖惩情况、社会实践经历等方面的情况,它是用人单位选择人才的重要依据,见表 6-4。

表 6-4　毕业生就业推荐表

（此表仅限非定向毕业生使用）　No. 3245196

个人信息	姓　名		性　别		民　族		近期 1 寸免冠照片
	政治面貌		出生日期		健康状况		
	毕业学校		院　系		专　业		
	学　号		学　历		学　制		
	生源地区	/省（自治区、直辖市）　/市（地区）/县（区）			毕业时间	年　月	
	通信地址				邮政编码		
	联系电话	固定电话:　　手机:			电子邮箱		
	奖惩情况						

社会实践	_____

特长及能力	1. 主修外语语种及水平:_____　2. 计算机水平:_____ 3. 特长:_____　4. 在校期间担任职务:_____

学校推荐意见	毕业生培养方式		就业范围	
	院（系、所）意见 （公章） 年　月　日		学校毕业生就业部门意见 **以上表格内容填写情况属实,特此说明。** （公章） 年　月　日	

学校就业部门名称		联系人		联系电话		传真	

备注	1. 持此推荐表的毕业生应为国家统一招生录取的普通高等教育毕业生。 2. 此表每名毕业生一份,经培养单位校级就业主管部门盖章（红章）有效（复印无效）。 3. 请用人单位于____月____日前将回执返回学校（培养单位）。 4. 其他____。 　　　　　　　　　　　　　　　　北京市教育委员会印刷

用 人 单 位 回 执 No.3245196

_____大学(学院)：

经研究，我单位拟统一接收你校_____(专业)毕业生_____(学号：_____)，请凭此回执换发就业协议书，并于_____年_____月_____日之前与我单位签订协议书。

_____年_____月_____日(用人单位人事部门公章)

单位名称			所有制性质		上级主管部门	
单位地址		邮编	联系人		电话	

使用毕业生推荐表时注意以下事项。

（1）此表每名毕业生只有一份。学校审核盖章后，由毕业生本人妥善保管。在毕业生与用人单位未确定要签约时，毕业生可向其提供复印件。待双方决定签约后，再向其提供原件。

（2）若毕业生与用人单位达成签约意向，此表下方的《用人单位回执》经用人单位签章后，毕业生凭此回执可到学院领取三方协议。

2. 在校学习成绩单

在校学习成绩表是大学生在校期间的全部课程考核情况的汇总，一般情况下以表格形式按学期排列。在校学习成绩单应当由学校教务教学部门统一提供，加盖学校教务部门公章。如若用人单位对所提供成绩单有具体要求，求职者可根据用人单位的需要或求职的职位对某些相关课程的要求，提供有效的成绩单。

毕业生如有攻读双学位、辅修第二专业的学习成绩证书，也可提供给用人单位，用以彰显个人优势。

【练习与实践】

选择题

（1）自荐材料是个人经历的"浓缩"，一份好的自荐材料能够让招聘单位对应聘者产生直观的认识与了解，以下不属于自荐材料编写原则的是（   ）。

A. 真实全面性原则　　B. 重点突出原则　　C. 针对性原则　　　　D. 普遍性原则

（2）虽然自荐材料的类型繁多，要求也不尽相同，但毕业生求职材料的主要内容应当涵盖下述（   ）等内容。

A. 毕业论文　　　　　B. 个人简历　　　　C. 在校学习成绩单　D. 获奖证书

（3）自荐信的格式与（   ）大致相同，在结构上由标题、称呼、正文、结尾、落款和附件六部分组成。

A. 一般书信　　　　　B. 便函　　　　　　C. 短信　　　　　　　D. 电子邮件

（4）以下不应当被包括在自荐信正文部分的内容是（   ）。

A. 个人的基本情况　　　　　　　　　　B. 陈述个人相关经历

C. 教师对自己的评语　　　　　　　　　D. 个人的成就及潜能

（5）以下不是英文求职信需要注意的是（   ）。

A. 开头第一个词和专有名词的第一个字母要用大写

B. 开头写完收信人之后，需要使用逗号而不是冒号

C. 使用时需要选择合适的词并且要准确运用,语体应当使用正规语体

D. 必须使用电子邮件的方式发送英文求职信

（6）以下属于个性化简历创新的方式为（　　　）。

A. 从招聘企业出发进行创新　　　　B. 从薪资预期出发进行创新

C. 从个人经历出发进行创新　　　　D. 从获奖证明出发进行创新

（7）提供或拍摄简历照片应当（　　　）。

A. 化浓妆　　　　　　　　　　　　B. 穿职业装

C. 使用一年前拍摄的照片　　　　　D. 使用艺术照

（8）不属于撰写简历的自我评价部分需要注意的事项是（　　　）。

A. 避免使用套话、空话

B. 以事实为根据,避免使用缺乏事实和数字支持的说法

C. 突出个性

D. 篇幅应该尽可能长

（9）以下不属于网络求职的优点的是（　　　）。

A. 信息量大,途径较为固定　　　　B. 筛选成本小,针对性强

C. 节约求职成本,公平公正公开　　D. 可以随时撤回申请

（10）以下不应当包含在求职材料附件里面的是（　　　）。

A. 四、六级英语等级水平证书　　　B. 教师资格证

C. 个人获得的发明专利　　　　　　D. 课程测验

参考答案

6.3　求职心理调适

案例引导

大学生求职择业是人生重大转折,职业选择过程是一个艰难甚至痛苦的过程。求职择业这一应激事件会引起相应的应激反应,导致部分毕业生心理功能失调,出现自卑、焦虑恐惧、退缩等不良心理反应,本节将重点介绍良好心理素质与求职择业的关系、大学生就业过程中的心理现象以及如何应对求职择业压力。

6.3.1　心理素质与求职

择业是大学生人生道路上的一次重大选择,也是一次对心理素质的考验,这时许多同学都会遇到复杂的矛盾和深深的困惑。了解心理素质的有关知识,有助于培养自己良好的求职择业心态,在激烈的就业竞争中做到沉着冷静、应对自如,也可为今后的职业发展做一番准备。

1. 什么是心理素质

心理素质是一个人成功的基础,更是一个人富有一生的心理资本。心理素质,对于一个人终身成就和幸福水平的重要性,远远超过了知识和文化素质。

1）心理素质的概念

所谓心理素质,简单地说,就是在先天与后天共同作用下形成的人的心理倾向和心理发展水平。从个体的角度来说,影响我们择业的因素,除了诸如家庭背景、毕业院校及所学专业等客观条件外,决定我们就业选择行为的就是心理素质了。心理素质在短期内也是难以改变

的,我们所能做的就是对自己现在所具备的心理素质进行合理地评估后,结合现实的就业情况,找到最适合自己的职业。

2) 心理素质与心理健康

心理素质与心理健康关系密切,但不等同。心理素质是指个体心理结构及其机能特点的总和,包括心理过程、个性心理和心理倾向及其特征,是内在的。心理健康则是一种持续的、积极的心理状态,是外显的。

2. 大学生应具备的心理素质

美国心理学家马斯洛(Abraham H. Maslow)认为良好的心理素质表现在以下几个方面:

具有充分的适应力;能充分地了解自己,并对自己的能力做出适度的评价;生活的目标切合实际;不脱离现实环境;能保持人格的完整与和谐;善于从经验中学习;能保持良好的人际关系;能适度地发泄情绪和控制情绪;在不违背集体利益的前提下,能有限度地发挥个性;在不违背社会规范的前提下,能恰当地满足个人的基本需求。

心理素质的标准是一种理想尺度,它一方面为我们提供了衡量心理素质发展水平的标准;另一方面也为我们指出了提高心理素质的努力方向。大学生的心理正处在从不成熟走向成熟,但是尚未完全成熟的时期。大学生的心理素质有其独特性,一般来说,包括如下几个方面。

(1) 智力正常。智力是我们学习、生活与工作的基本心理条件,也是适应周围环境变化所必需的心理保证,因此,衡量我们的智力是否正常,关键在于其是否正常地、充分地发挥了自我效能,即有强烈的求知欲,乐于学习,能够积极参与学习活动。

(2) 情绪健康。情绪健康的标志是情绪稳定和心情愉快。包括的内容有:愉快情绪多于负性情绪、乐观开朗富有朝气,对生活充满希望、情绪较稳定,善于控制与调节自己的情绪,既能克制又能合理宣泄自己的情绪。

(3) 意志健全。意志健全具体指在各种活动中都有自觉的目的性,能适时地做出决定并运用切实有准备的方式解决所遇到的问题,在困难和挫折面前,能采取合理的反应方式,能在行动中控制情绪和言而有信,而不是行动盲目、畏惧困难、顽固执拗。

(4) 人格完整。人格完整具体指有健全统一的人格,个人的所想、所说、所做都是协调一致的。具有正确的自我意识,以积极进取的人生观作为人格的核心,并以此为中心把自己的需要、目标和行动统一起来。

(5) 自我评价正确。自我评价正确是指我们能恰如其分地认识自己,摆正自己的位置,既不以自己在某些方面高于别人而自傲,也不以某些方面低于别人而自卑;面对挫折与困境,能够自我悦纳,喜欢自己,接受自己;自尊、自强、自制、自爱,正视现实,积极进取。

(6) 人际关系和谐。人际关系和谐表现为乐于与人交往,既有广泛而深厚的人际关系,又有知心朋友;在交往中保持独立而完整的人格,有自知之明,不卑不亢;能客观评价别人和自己,善取人之长补己之短,宽以待人、乐于助人,积极的交往态度多于消极态度,交往动机端正。

(7) 社会适应良好。社会适应良好是指我们能正确认识客观现实环境,以有效的办法应对环境中的各种困难,不退缩;又要根据环境的特点和自我意识的情况努力进行协调,或改变环境适应个体需要,或改造自我适应环境。

(8) 心理行为符合年龄特征。处于青年期的大学生是处于特定年龄阶段的特殊群体,应具有与年龄和角色相适应的心理行为特征。

3. 心理素质与求职

良好的心理素质是良好择业心态的前提条件,是正确择业和顺利就业的基本保障。因而大学生在择业中要调整心态,做好充分的心理准备,树立良好就业意识,促进就业顺利。良好择业心态的具体表现特征有:客观评价自己、科学分析环境条件,选择一个同自己所具备的实力相当或接近的择业目标。

下面就让我们一起来具体分析心理素质的不同方面与职业选择之间的关系。

1) 性格与职业选择

性格是个人对现实的稳定态度以及与之相适应的、习惯化的行为方式中表现出来的个性心理特征。个性的差异主要表现在性格上,由于每个人的性格不同,对社会职业的态度不同,选择职业的喜好倾向也不同。

心理学中,有关性格的分类方法众多,其中九型人格理论[①]按照人们的核心价值观和注意力焦点的不同,将人分为九种类型:完美型(完美主义者)、助人型(给予者)、成就型(实干者)、自我型(悲情浪漫者)、理智型(观察者)、疑惑型(怀疑论者)、活跃型(享乐主义者)、领袖型(保护者)、和平型(调停者)。

(1) 完美型:其性格特点是公平正直,讲究原则,做事严谨认真,有条有理,井然有序,不易妥协,黑白分明,对自己和别人要求均高,追求完美,代表人物如包拯,他们信仰"我正故我在"的真理,其一生仿佛是一部充满伦理道德的教育片。

(2) 助人型:富有爱心和同情心,善解人意,渴望与别人建立良好关系,以人为本。他们信仰"我爱故我在"的真理,其一生仿佛是一部感人至深的公益爱心片。

(3) 成就型:其性格特点是好胜心强,喜欢被人认同,追求个人成就,渴望比他人更成功,喜欢成为别人关注的焦点,希望被人尊重、肯定和羡慕,以成就衡量自己价值的高低,积极进取,目标感很强,是天生的工作狂。他们信仰"我牛故我在"的真理,其一生仿佛一部鼓舞人心的成功励志片。

(4) 自我型:其性格特点是情绪化,害怕被他人拒绝,渴望别人能够了解自身内心感受,有时会觉得他人不懂自己,我行我素。他们信仰"我真故我在"的真理,其一生仿佛是一部唯美浪漫的爱情片。

(5) 理智型:其性格特点是喜欢思考分析,求知欲强,但不善表达内心感受,给人"不懂人情世故"的印象。他们信仰"我知故我在"的真理,其一生仿佛是一部神秘深邃的科普探索片。

(6) 疑惑型:其性格特点是做事小心谨慎,不轻易相信别人,多疑虑,小心谨慎,为人忠诚,但却太多疑虑,总觉得世界充满危机,内心深处常有担心、焦虑,会因为过于考虑安全方面而延迟采取行动,他们相信"我安故我在"的真理,其一生仿佛是一部跌宕起伏的悬疑片。

(7) 活跃型:其性格特点是喜欢不断探索新奇有趣的事物,能够一心多用,同时做好几件事,勇于尝试新鲜刺激,富冒险精神,乐天知命,精力充沛,擅长逃避不快乐的事情,追求自由自在、率性而为的生活。他们信仰"我爽故我在"的真理,其一生仿佛是一部五彩斑斓的喜剧片。

(8) 领袖型:其性格特点是刚强自信,有正义感,勇于承担,喜欢带领并保护身边的人,但

[①]　裴宇晶,邹家峰. 为自己的性格找份工作:九型人格与职业生涯规划[M].北京:民主与建设出版社,2017.

是有时别人会觉得这种人过于"霸道"而与其保持距离。他们信仰"我强故我在"的真理,其人生仿佛是一部气势恢宏的战争片。

(9)和平型:其性格特点是宁愿息事宁人,怕纷争,祈求和谐相处,适应力强,是个温和的和平使者,做事慢条斯理,待人处世很圆滑,懂得逃避压力,避免冲突,不轻易批评,善于调解人际关系,容易接受不同的事物。他们信仰"我宁故我在"的真理,其一生仿佛是自然生态的纪录片。

2)气质与职业选择

与性格紧密联系的就是气质。气质是指人们心理活动的速度、强度、稳定性和灵活性等方面的心理特征,它更多地受先天遗传因素的影响。正所谓"江山易改,本性难移",指的就是气质的相对稳定性。心理学上一种对气质划分的方法,将气质分为四种类型,即多血质、胆汁质、抑郁质和黏液质。

(1)多血质。多血质的人,俗称活泼型,这类人的情绪色彩鲜明,反应速度和灵活性强,容易适应新环境,具有较大的可塑性和外倾性,但注意力不稳定,兴趣容易转移。比之四季,则如活泼的春天;其典型代表人物如《红楼梦》中的王熙凤、《西游记》中的猪八戒、《鹿鼎记》中的韦小宝。多血质的同学适合选择如政府、企业事业管理、外事工作、律师、新闻工作者之类的工作;但不适合从事细致单调、环境过于安静的工作。

(2)胆汁质。胆汁质的人,俗称不可抑制型,这类人精力旺盛、反应敏捷、乐观大方,但性急、暴躁而缺少耐性,热情忽高忽低。比之四季,则如热烈的夏天;其典型代表人物如《红楼梦》中的史湘云、《三国》中的张飞、《西游记》中的孙悟空等。胆汁质的同学适合选择导游、推销员、节目主持人、演讲者等要求反应速度快、处事果断的工作;但不适合机械性或稳定性太强的工作,因为他们有点"猴子屁股坐不住"的缺点。

(3)抑郁质。抑郁质的人,也可称为抑制型,这类人反应速度缓慢,情感体验深、多愁善感,适应环境能力差,容易疲劳,严重内倾;但感情细腻,做事谨慎细心、认真,观察力敏锐,善于察觉别人不易察觉的细小事物。比之四季,则如压抑的秋天,典型代表人物有《红楼梦》中的林黛玉、《西游记》中的唐三藏、《三国》中的司马懿。这类同学适合当化验员、保管员、校对、排版,也适合做机要工作、研究工作、医务工作和艺术创造工作。在政府、企业事业中,可以担任部分主管以及按常规做出决断的领导人或机要秘书等。

(4)黏液质。黏液质的人,俗称安静型,这类人感受性低而耐受性高,安静稳重、情绪稳定、反应速度慢,也不容易转换,兴趣专注、善于忍耐,属于内倾型。他们具有自制、守纪、安静的品质,但对周围的事物情感淡漠。如比之四季,则为安静的冬天,典型代表人物有《红楼梦》中的薛宝钗、《西游记》中的沙僧、《三国》中的诸葛亮。这类同学适合从事有条不紊、按部就班、平静且耐受性高的工作,诸如医生、审判员、出纳员、话务员、播音员、会计员等职业;但不适合从事富于变化和激烈的工作。

气质虽然分为四种,生活中既有单一气质类型的人,也有人是两种或好几种气质的混合,只是在这几种气质中,更倾向于其中的一种类型。而且气质本身无好坏、善恶之分,任何一种气质都有其积极的一面,也有消极的一面;气质并不决定一个人的社会价值和成就的大小。在选择职业时,同学们要考虑自己的气质特点,做到扬长避短。

3)兴趣与职业选择

兴趣以需要为基础。需要有精神需要和物质需要,兴趣主要是基于精神需要。人们若对某件事物或某项活动感到自己需要,他就会热心于接触、观察这件事物,积极从事这项活动,并注意探索其奥妙。

兴趣又与认识和情感相联系。若对某件事物或某项活动没有认识,也就不会对它有情感,因而不会对它有兴趣。反之,认识越深刻,情感越炽烈,兴趣也就会越浓厚。

美国著名华人学者丁肇中教授就曾经深有感触地说:"任何科学研究,最重要的是要看对自己所从事的工作有没有兴趣,换句话说,也就是有没有事业心,这不能有任何强迫"。

4)能力与职业选择

能力是指直接影响人们活动效率,使活动任务得以顺利完成的个性心理特征。能力可分为一般能力和特殊能力。一般能力指在不同种类的活动中表现出来的共同能力,适用于广泛的工作范围,是有效地掌握知识和顺利地完成活动所不可缺少的心理条件。特殊能力指在某些特殊领域的活动中所表现出来的能力,如节奏感、色彩鉴别力、空间比例关系感知、数字敏感性等就属于特殊能力。

"寸有所长,尺有所短"。每个人都有自己所擅长的和不擅长的方面。同学们找工作,都想找到"得心应手"的,其中"应手"就是指我们擅长的,这样会减少我们工作时的压力,并使我们的优势能力得到进一步的训练与发展,而这也符合适应这个时代的"长板效应"原理。

5)价值观与职业选择

价值观就是我们在生活和工作中所看重的原则、标准或品质,它带给我们目的感,就像星星一样,指引人们到生命空间的某些地方。价值观对我们的择业起着决定方向的作用,且其作用往往超过了兴趣和性格的作用。价值观在职业上的体现就是职业价值观。很少有工作能完全满足我们所有重要的价值观。

6)适应性与职业选择

适应职业仅仅是一个良好的开端。大学生的人生抱负,是在岗位上做出成就和贡献。适应力将对职业成就的取得起着重要作用。

7)自我认知与职业选择

求职择业、步入职场是大学生完成学业后,走向社会、服务社会的重要历程,而求职择业中的首要问题便是确定择业目标。自我认知对确定择业目标起着重要的作用。

实际上,自我认知包括对自身性格、气质、兴趣、能力、价值观等各方面的认识。自我认知能力既是心理素质的组成部分,又是认识心理素质其他方面的前提条件。

综上,良好的心理素质对就业目标的实现起着促进和保障作用,可使求职者充分发挥自己的聪明才智,挖掘自己的潜力,综合自己的优势,运用良好的求职择业心理,利用最佳求职策略,扬长避短,不懈努力,从而找到最能施展才华、最能获得用武之地、实现人生抱负的舞台,实现就业目标。

6.3.2 大学生求职择业中的心理现象

经过四年的大学生活,临近毕业季时,除了少数同学继续学习深造外,大多数同学不得不面对的一个问题就是求职择业。求职择业意味着我们将要告别十几年的学校生活,步入一种全新的生活方式。当今社会上的职业种类和择业方式纷繁复杂,这虽然增加了大家自由选择的空间,同时也增添了我们选择的困难。

1. 压力与焦虑

今年10月底,企业管理专业的小谢参加了一个专场招聘会,发现用人单位对本科生的兴趣好像都不大。原来以为自己成绩不错,但几次面试,初试的时候就被涮了下来。现在晚上躺在床上常焦急得睡不着觉。

其实小谢完全没有必要那么焦急。虽然说就业形势不容乐观,但本科生最终要找份工作还是不成问题的,目前整个年度毕业生招聘供需见面会才刚刚开始,而许多用人单位还在做明年的招聘计划,许多机会还会有。另外,本科生虽然在学历上比不上硕士生和博士生,但也有其自身的优点,例如可塑性更高、可挖掘的潜能更多等。

当前激烈的就业竞争环境使得大学生在求职择业时产生了较大的心理压力,在面对巨大的就业压力和焦虑时,同学们的各种心态误区和观念误区也纷纷暴露,而这些心态误区和观念误区又是大家产生压力和焦虑的重要原因。

2. 心态误区

某高校中文系的小吴说:"我原来就知道努力读书,考试考个高分,现在好像忽然就要毕业了,我们中文系是万金油专业,好像去哪个单位都可以,但自己真不知道该干什么!"

其实像小吴这样对前途茫然不知所措的毕业生不在少数。毕业生首先要了解自己,认真地发掘一下自己的真正兴趣和特长,结合大学期间所学,清楚自己最希望从事哪些工作,然后在求职时才会更有目的性,而不至于像无头苍蝇一样乱跑乱撞。

有许多同学在毕业、择业时,对自己的职业目标、需要、价值观以及自身特点等没有明确的认识;在就业时不能正视自己的能力、素质和择业的客观环境,不能对自己有一个客观、清醒、全面的评价。

(1)从众。从众是指在求职中不考虑自己的兴趣、专业等特点,盲目听从或跟随别人的意见以及盲目寻求热门职业的现象。持有这种心理的毕业生往往脱离自己的实际状况,跟在别人的后面走,如在就业市场中哪个摊位前人多他们就往哪里去,毫无主见。

(2)依赖。依赖是指在择业中不愿承担责任,缺乏独立意识,没有个人独立的决策能力,没有进取精神,不主动参与就业市场的竞争,不敢向用人单位展示和推销自我,依靠自身的努力去赢得竞争,赢得用人单位的青睐,而是依赖老师、学校送工作上门,幻想着"车到山前必有路"。个人独立决策能力不强和缺乏进取精神是造成择业依赖心理的主要原因。这种缺乏独立意识和能力的毕业生只会被用人单位抛弃。

(3)自卑。自卑的大学生不敢正视现实,对自己的长处估计不够,怀疑自己的能力,不善于发现适合自己的职业岗位,在对自己的抱怨、贬低中失去了求职的勇气,错失很多的就业机会。同时,大学生太在意自卑感的存在就会更加受伤。越来越沮丧消沉,沉浸在自己的世界中永远无法进步,进而限制能力的提高和经验的积累。长时间沉浸在自卑中会对大学生造成非常大的伤害。

(4)保守。保守是指缺乏竞争意识,不能积极主动地迎接挑战。自主择业给大学生提供了就业的自由及通过竞争获得理想职业的机会。结果是有压力没勇气,不能真正向用人单位展现自己的竞争实力,错过机会,在竞争中陷入了不战自败的境地。

3. 观念误区

对大学生而言,应该尽快社会实践,早实践早获就业经验,哪怕是与专业无关的工作,至少积累了社会经验。先实践再调整心态、先实践再继续充电,工作经验是比几张证书更好的筹码。

现实中,一些大学生的想法蕴含着某些就业观念误区。

(1) 作茧自缚——过分强调专业对口。在求职时,只要是与自己专业关系不密切的职业就不考虑,这样做只能是人为地增加了自己的就业难度。目前我国高等教育的人才培养与经济发展的客观现实不匹配、专业设置与市场需求不匹配的问题是客观存在的。

(2) 一蹴而就——期望一步到位。很多大学生希望一次就能选定理想的职业。当前"大学生就业难"的现状,与许多大学生在找工作时想"毕其功于一役"的心理预期有很大的关系。

(3) 好高骛远——不愿从基层做起。某些大学毕业生走出校门时往往踌躇满志、心比天高,认为参加工作就是要干一番大事业,而不愿脚踏实地地从日常平凡工作做起。

(4) 实用主义——只顾眼前利益,忽视职业发展。在择业标准中只有工作条件、收入等眼前实在利益,而对自我的职业兴趣、能力、职业的发展前景等因素不作考虑,因此极易选择并不适合自己的职业。

(5) 理想主义——高期望值。大多数毕业生对求职的期望过高,不过多数人能通过在就业市场的体验,客观地认识和接受当前的就业现状并调整自己的择业标准。但仍有部分大学生固执己见,偏执地坚持自己原来的择业标准,甚至宁愿不就业也不改变。

6.3.3　调整心态　积极应对

大学生求职就业的过程是大学生重新认识自我、认识社会,并主动调整自我、适应社会的过程,是自我成长过程中的重要人生经历。

1. 调整认知与正视现实

1) 职业自我

"没有最好的职业,只有最合适的职业",一个自己不喜欢或者不擅长的岗位,不管它在别人眼里有多美好,终归会成为自己职业发展的阻力。不能正确认识和接受职业自我,造成了大学生诸多的心理困扰。

机会总是留给有准备的人。机遇对求职者来讲也非常重要,了解并接纳自我以后,还要学会抓住属于自己的机遇,这样才能保证以后的求职顺利。首先,多收集有关的职业信息,然后根据既定的择业标准进行选择。需要注意的是机遇并不是对任何人都适用的。记住,只有合适自己的才是最好的。最后,机遇是有时效性的,在发现就业机会时要主动出击,闯一闯、试一试。

2) 职业价值观

提起就业,大家首先想到的是满足生存需要。但是对于现代社会的人来说,职业对个体的意义已远不是如此简单,职业可以满足人们从低层次到高层次的多方面需要,如交往、挑战、权力、成就、创造、归属、责任等。

在进行职业选择时,不仅要考虑工作的经济收入、工作条件、地点等因素,更要考虑职业对自我一生发展的影响与作用,要在考察社会需要的基础上,树立职业发展、发挥才能、事业有成的择业观念。对于那些虽然现在工作条件不理想,但发展空间大,能让自己充分发挥作用的单位要优先考虑;对于那些现在经济发展水平不太高,但发展潜力大,创业机会多的工作地点也要重视。

3) 期望值

调查发现,过高的期望月薪常常与高的就业压力相伴而行。因此,适当地降低期望值(包括月薪、环境等)也是有效缓解就业压力的措施之一。当然,掌握一个合适的度也很重要,过低的期望也意味着不自信,这样反而会增加求职者的就业压力。

有研究报告称,就业市场上的用人单位找不到人、大量的毕业生无处可去的"错位"现象普遍存在,这与大学生的就业期望普遍较高不无关系。许多大学生不愿意去一些经济落后的地区工作,可是随着城镇化的快速推进,县级市以及乡镇等地方将成为新一轮经济发展的热点,也将给大学生们提供更多的发展机会,国家也有许多相关政策上的支持。

2. 调节情绪 坦然面对

面对就业市场的激烈竞争,大学生在求职过程中总会体验到挫折、焦虑、紧张、担心、委屈,甚至恐惧等负面情绪。

在求职中遇到挫折时,要用冷静和坦然的态度待之,客观地分析自己失败的原因,进行正确的归因。首先,在就业市场化、需求形势不佳、就业竞争激烈的条件下,出现求职失败是在所难免的,不能期望自己每次求职都能成功。要对可能出现的求职挫折有充分的心理准备。同时,应把就业看作一个很好的认识社会、认识职业生活、适应社会的机会,应通过求职活动来发展自己,促进自我成熟,因此"不以成败论英雄"。其次,自己求职失败并不一定就是因为自己的能力不行。出现求职失败有许多原因,可能是因为你选择求职单位的方向不对,也可能是因为你的价值观与单位的企业文化不符合,还有可能是其他一些偶然因素。

3. 有效行动 保持希望

就业市场化、自主择业给大学生带来了机遇与实惠,但许多大学生对"市场"残酷的一面认识不足,对就业市场的客观实际了解不够。经过对就业市场、就业形势的客观了解与深刻体验后,我们必须明白现实情况就是如此,无论是抱怨还是气愤都没有用,这种就业情况不可能是一时半会儿就能改变的。

1) 梳理支持系统

所谓支持系统,简单来说,就是我们所能利用的各种社会资源所构成的网络系统。我们在择业时,一项重要的工作就是积极梳理自己的社会支持系统,联结各种资源,妥善地加以利用,从而更有效地应对择业过程中可能出现的困境。

2) 保持希望

希望是个体对于一件事的渴求与坚持,并且设法去达到目标的行动过程。希望不是停留于我们脑海的念想,它还包括实际的行为。研究希望的专家斯奈德教授认为,真正有价值的希望应该包含目标、动力思维(agency thought)和路径思维(pathway thought)三种成分。

目标是我们想要达到的地方,它为我们指明方向。动力思维是我们追求目标的勇气和困境中坚持的力量,而方法思维则帮助我们思考,怎么样才能到达这个目标,以及预想计划失败时,采取何种替代方法。如果说"想去大海的那边看看"是希望。那么"彼岸"就是我们的目标;我们需要从"此岸"到达"彼岸"的路线图,并且需要一条船,也就是实现目标的路径和方法;最终我们还需要自己不断地摇橹划船,这就是实现目标的动力。

![练习与实践图标]【练习与实践】

气质类型的测量与评价

1. 测试题

认真阅读下列测试题,对每一题认为非常符合自己情况的,在后面括号里填上"＋2",比较符合的填"＋1",不能确定的填"0",比较不符合的填"－1",完全不符合的填"－2"。

(1) 做事力求稳妥不做无把握事。　　　　　　　　　　　　　　　　　　（　　）

(2) 遇到可气的事就怒不可遏,想把心里话说出来才痛快。　　　　　（　　）

(3) 宁肯一个人干事,也不愿多人在一起。　　　　　　　　　　　　　（　　）

(4) 到一个新环境很快就能适应。　　　　　　　　　　　　　　　　　（　　）

(5) 厌恶那些强烈的刺激,如尖叫、噪声、危险的镜头等。　　　　　　（　　）

(6) 和人争吵时,总是先发制人,喜欢挑衅。　　　　　　　　　　　　（　　）

(7) 喜欢安静的环境。　　　　　　　　　　　　　　　　　　　　　　（　　）

(8) 善于和人交往。　　　　　　　　　　　　　　　　　　　　　　　（　　）

(9) 羡慕那种能克制自己感情的人。　　　　　　　　　　　　　　　　（　　）

(10) 生活有规律,很少违反作息制度。　　　　　　　　　　　　　　　（　　）

(11) 在多数情况下情绪是乐观的。　　　　　　　　　　　　　　　　　（　　）

(12) 碰到陌生人觉得很拘束。　　　　　　　　　　　　　　　　　　　（　　）

(13) 遇到令人气愤的事,能很好地自我克制。　　　　　　　　　　　　（　　）

(14) 做事总是有旺盛的精力。　　　　　　　　　　　　　　　　　　　（　　）

(15) 遇到问题常常举棋不定,优柔寡断。　　　　　　　　　　　　　　（　　）

(16) 在人群中从不觉得过分拘束。　　　　　　　　　　　　　　　　　（　　）

(17) 情绪高昂时,觉得干什么都有趣;情绪低落时,又觉得什么都没意思。（　　）

(18) 当注意力集中于一件事时,别的事很难使我分心。　　　　　　　（　　）

(19) 理解问题总比别人快。　　　　　　　　　　　　　　　　　　　　（　　）

(20) 碰到危险的情境,常有一种极度恐怖感。　　　　　　　　　　　　（　　）

(21) 对学习、工作、事业怀有很高的热情。　　　　　　　　　　　　　（　　）

(22) 能够长时间的做枯燥、单调的工作。　　　　　　　　　　　　　　（　　）

(23) 符合兴趣的事情,干起来劲头十足,否则就不想干。　　　　　　　（　　）

(24) 一点小事就能引起情绪波动。　　　　　　　　　　　　　　　　　（　　）

(25) 讨厌做那些需要耐心、细致的工作。　　　　　　　　　　　　　　（　　）

(26) 与人交往不卑不亢。　　　　　　　　　　　　　　　　　　　　　（　　）

(27) 喜欢参加热烈的活动。　　　　　　　　　　　　　　　　　　　　（　　）

(28) 爱看感情细腻、描写人物内心活动的文学作品。　　　　　　　　　（　　）

(29) 工作时间长了,常感到厌倦。　　　　　　　　　　　　　　　　　（　　）

(30) 不喜欢长时间谈论一个问题,愿意实际动手做。　　　　　　　　　（　　）

(31) 宁愿侃侃而谈,不愿窃窃私语。　　　　　　　　　　　　　　　　（　　）

(32) 别人说我总是闷闷不乐。　　　　　　　　　　　　　　　　　　　（　　）

(33) 理解问题常比别人慢些。　　　　　　　　　　　　　　　　　　　（　　）

（34）疲倦时只要短暂的休息就能精神抖擞，重新投入工作。　　　　　　（　　　）

（35）心里有话宁愿自己想，不愿说出来。　　　　　　　　　　　　　　（　　　）

（36）认准一个目标就希望尽快实现，不达到目的，誓不罢休。　　　　　（　　　）

（37）学习、工作一段时间后，常比别人更疲劳。　　　　　　　　　　　（　　　）

（38）做事有些鲁莽，常常不考虑后果。　　　　　　　　　　　　　　　（　　　）

（39）老师或师傅传授新知识、技术时，总希望他讲慢些，多重复几遍。　（　　　）

（40）能够很快地忘记那些不愉快的事情。　　　　　　　　　　　　　　（　　　）

（41）做作业或完成一件工作总比别人花的时间长。　　　　　　　　　　（　　　）

（42）喜欢运动量大的剧烈体育活动或参加各种文娱活动。　　　　　　　（　　　）

（43）不能很快地把注意力从一件事转移到另一件事上。　　　　　　　　（　　　）

（44）接受一个任务后，总是希望把它迅速完成。　　　　　　　　　　　（　　　）

（45）认为墨守成规比冒风险强些。　　　　　　　　　　　　　　　　　（　　　）

（46）能同时注意几件事物。　　　　　　　　　　　　　　　　　　　　（　　　）

（47）当我烦闷的时候，别人很难使我高兴起来。　　　　　　　　　　　（　　　）

（48）爱看情节起伏跌宕、激动人心的小说。　　　　　　　　　　　　　（　　　）

（49）对工作抱认真严谨、始终一贯的态度。　　　　　　　　　　　　　（　　　）

（50）和周围人们的关系总是相处不好。　　　　　　　　　　　　　　　（　　　）

（51）喜欢复习学过的知识，重复做已经掌握的工作。　　　　　　　　　（　　　）

（52）希望做变化大、花样多的工作。　　　　　　　　　　　　　　　　（　　　）

（53）小时候会背的诗歌，我似乎比别人记得清楚。　　　　　　　　　　（　　　）

（54）别人说我"出语伤人"，我并不觉得是这样。　　　　　　　　　　（　　　）

（55）在体育活动中，常因反应慢而落后。　　　　　　　　　　　　　　（　　　）

（56）反应敏捷，头脑机智。　　　　　　　　　　　　　　　　　　　　（　　　）

（57）喜欢有条理而不甚麻烦的工作。　　　　　　　　　　　　　　　　（　　　）

（58）遇到兴奋的事常使我失眠。　　　　　　　　　　　　　　　　　　（　　　）

（59）老师讲的新概念，我常常听不懂，但弄懂以后就很难忘记。　　　　（　　　）

（60）假如工作枯燥无味，马上就会情绪低落。　　　　　　　　　　　　（　　　）

2. 气质类型记分评定

各种气质所属的各题题号如下。

胆汁质：2,6,9,14,17,21,27,31,36,38,42,48,50,54,58。

多血质：4,8,11,16,19,23,25,29,34,40,44,46,52,56,60。

黏液质：1,7,10,13,18,22,26,30,33,39,43,45,49,55,57。

抑郁质：3,5,12,15,20,24,28,32,35,37,41,47,51,53,59。

3. 计分标准

（1）如果某一项或两项的得分超过20分，则为典型的该气质。例如，胆汁质超过20分，则为典型胆汁质；黏液质和抑郁质得分都超过20分，则为典型黏液-抑郁混合型。

（2）如果某一项或两项以上得分都在20分以下10分以上，其他各项得分较低，则为一般该气质。例如，一般多血质、一般胆汁-多血混合型。

（3）若各项得分都在10分以下，但某项或几项得分较其余项高（相差5分以上），则略倾向于该气质(或几项的混合)。例如,略偏黏液质型、略偏胆汁-多血混合型;其余类推。一般来说,正分值越高,表明该气质特征越明显;反之,分值越低越负,表明越不具有该气质特征。

(4) 多数人的气质是一般型气质或两种气质的混合型,典型气质和三种气质混合型的人较少。

资料来源:张拓基,陈会昌,关于编制气质测验量表及其初步试用的报告[J].山西大学学报(哲学社会科学版),1985(4):73-77.

6.4　面试与笔试

面试和笔试都是用人单位挑选应聘报考者的重要形式,作为毕业生需要认知和了解　案例引导
面试与笔试,为之做好充分的准备。

6.4.1　面试

绝大多数毕业生求职都要经过面试环节,用人单位通过面试来"挖掘"求职者和"招聘岗位有关"的信息,并根据这些信息"预测"求职者在目标岗位上的未来表现。

1. 面试概述

面试是指用人单位根据岗位需求,经过事先的精心设计,在特定的场景下,面试官与求职者通过面对面的交谈及观察,对求职者的专业知识、工作经验、工作能力、性格特点等内容进行科学测试,以判断与用人单位的适配度,是人员聘用时常用的一种重要的考核方式。

2. 面试设计

为了选聘到满足岗位需要的人才,用人单位会精心准备面试环节。

(1) 事先设计。绝大部分面试题目都会提前准备,而非临时提出。目的是围绕人才选用,进行科学的人力资源测评。

(2) 匹配程度。一般以考察求职者是否能达到人岗匹配作为面试内容和形式设计的考量出发点。所有的面试题目只围绕两个问题:"你是一个什么样的人""你与岗位是否匹配"。

(3) 由表及里。面试官通过求职者对面试题目的回答,分析求职者的逻辑思维、语言组织、沟通交流等能力,以及求职者的思想道德品质、道德修养、团队协作等基本素养。同时通过求职者的言行判断其价值观和应变能力,分析求职者的专业水平、工作风格和创造力等。

(4) 人才测评。通过科学的方法对求职者进行人才测评。

3. 面试本质

面试的本质是"依岗选人"。从宏观层面上看,面试选择的是德才兼备的人。从具体层面上看,面试选择的是思想端正、扎实学识、专业精湛、素质过硬、协同合作等有能力的人才。用人单位选人的根本原则是看面试时求职者对面试官提出的问题是否具有相应的分析解决问题的能力。面试官在交流中通过求职者的回答来判断测查求职者的各项能力和素质。求职者在交流中要做到语言流畅、自然真诚、大方得体。

4. 面试测评的内容

毕业生在面试时,对面试的认识程度不够,缺乏面试经验和技巧,可能会造成面试的失败,从而错失一次就业机会。因此,毕业生要充分认识到面试的重要性,了解面试的具体内容

和最新趋势,学习并掌握面试技巧,做好充分的准备,才能在面试中脱颖而出。

一般情况下,面试官主要考察求职者的专业水平、职业能力、个人能力、仪表风度和其他方面等。

1) 职业能力方面

用人单位通过面试寻找与其招聘岗位相匹配的人才,因此应聘者的求职动机、专业知识、工作经验、工作态度、进取心等方面是用人单位考察的重点。

(1) 求职动机。了解求职者的求职意图,感兴趣的工作类型,与招聘岗位的匹适度,个人职业规划等,用人单位以此来判断求职者对应聘单位和岗位的意愿情况,以及用人单位提出的工作要求、条件等是否满足求职者的期望。

(2) 专业知识。了解求职者对专业知识的掌握程度是否符合用人单位招聘的岗位要求,也可以作为对笔试部分专业内容的补充考察。面试对专业知识的考察更具有灵活性和综合性,所提的问题也更贴近招聘岗位的用人需求,更具有针对性。

(3) 工作经验。通过查阅求职者的个人简历或个人基本信息,对其提出相关的问题,查询、确认求职者的工作背景和具体的工作经验。通过对求职者工作经历或实践经历的了解,还可以考察求职者对工作的责任感、主动性、创新性、口语表达能力、逻辑思维能力、应急处理能力、抗压能力等。

(4) 工作态度。用人单位一方面可以了解求职者过去对学习和工作的态度,另一方面还可以了解求职者对当前求职岗位的态度。在过去学习或工作中的态度,也可以侧面反映出求职者在新的工作岗位的工作态度。

(5) 上进心。上进心是指不满足于现状,坚持不懈地向新的目标追求的蓬勃向上的心理状态。具有进取心的求职者,不但会做好自己的本职工作,还会对工作有不断的思考和创新,争取更大更好的发展,会为自己设定较高的工作目标,勇于迎接挑战,对自己的工作表现有一定的标准和要求,也能在一定程度上促进用人单位的发展。上进心不足的求职者面对工作存在态度不认真,缺少责任心,工作质量、效率不高,工作不扎实,缺乏主动性、团结协作精神,容易导致工作出现差错。

2) 个人能力方面

在面试时,求职者的个人能力也是用人单位考察的内容之一。求职者可以在面试的过程中展示出自己的个人能力。一般用人单位需要求职者具备表达能力、应变能力、自控能力、分析能力、人际交往能力等。

(1) 表达能力。对表达能力的考察是看在面试时,求职者是否能够将自己的观点、想法、意见或建议通过语言流畅且符合逻辑地表达出来。一般考察求职者的语言组织能力、逻辑思维能力、语言感染力、表达准确度、求职者的音质、音色、音量、音调等。

(2) 应变能力。在面试时,面对用人单位突然提出的问题或者考察,求职者对问题的理解是否到位,回答是否迅速、准确,对于突发问题的反应是否敏捷、回答得当,对于意外事情的处理是否妥善合适,如何快速反应并处理等,都是对求职者综合能力的考验。在工作当中不免遇到一些危急时刻,作为求职者要能快速反应,积极处理问题,帮助用人单位度过危机。

(3) 自控能力。自控能力指求职者遇到突发事件、感情问题、金钱权利,或对待自身的冲动、需求、欲望等诱惑,可以进行自我控制。一方面,在遇到上级批评指责、工作压力、个人利益受到冲击时,能够忍耐、克制、理智地对待,不因个人情绪波动影响工作进度;另一方面,在工作中受到困难和挫折时,能保持乐观积极的态度,有坚韧不拔的决心、毅力和谦卑的态度。自控能力对于国家公职人员和企业管理人员等相关人员尤为重要。

(4) 分析能力。在面试时,考察求职者能否分析出用人单位要考察的本质内容,并且可以准确回答、条理清楚、表达简明。

(5) 人际交往能力。在面试时,用人单位通过了解求职者过去的学生干部经历、社团活动经历和志愿服务经历等,以及交往人员的类型、在各种社交场合扮演的角色等,考察求职者的人际交往倾向和与人相处的状态。

(6) 兴趣爱好。在面试时,了解求职者在休闲时的兴趣爱好,考察求职者的生活态度和性格取向,从而判断求职者与应聘岗位的心理契合度,也对录用后的工作安排有一定的帮助。

3) 仪容仪表方面

仪容仪表是指求职者的外貌体型、衣着举止、精神状态等,是用人单位在面试时考察的一项重要内容。尤其是公职人员、教师、律师、公关人员、企业经理人以及特殊职位等,对仪容仪表的要求较高。研究表明,仪容仪表端庄、衣着干净整洁、谈吐举止大方的求职者,一般做事有极强的责任心强、自我约束力和自律性。

4) 其他方面

在面试时,用人单位还会向求职者介绍本单位及拟聘职位的情况与要求,讨论有关工薪、福利等求职者关心的问题,以及回答求职者可能问到的其他问题等。

5. 面试的基本形式

根据面试的不同分类方式,面试有多种不同的形式,具体有以下几种。

1) 结构化面试、半结构化面试和非结构化面试

(1) 结构化面试,又称"标准化面试",是指在特定场所,面试官从专门的题库中选出面试题目按照规定的面试程序,与求职者进行面对面的交谈,面试官根据评价标准和方法对求职者的回答和行为表现等进行评定,是有统一明确规范的面试。

(2) 半结构化面试,只对面试的部分因素进行统一的要求,如统一的面试程序和评价标准等,但面试题目也会根据面试对象而调整变化。

(3) 非结构化面试,又称"随机面试",与面试有关的任何因素都不做限定,面试官提问不需要遵循事先规定好的内容和标准,面试官与求职者可以任意地讨论各种话题,或者根据求职者的情况提出不同的问题。

2) 单独面试和集体面试

(1) 单独面试,是面试官与求职者进行单独面谈,优点是能给面试官与求职者提供一个面对面沟通交流的机会,让彼此都有较为深入的了解。

(2) 集体面试,又叫小组面试,是指多位求职者同时面对面试官的情况。在集体面试中,通常要求几位求职者组成一个小组,通过情景模拟,相互合作来解决具体问题,或者让求职者轮流担任领导者组织活动、发表讲话等。

3) 压力面试和非压力面试

(1) 压力面试。有意制造紧张的气氛,从而帮助面试官了解求职者如何面对工作上的压力。面试官对求职者提出生硬、不礼貌的问题,故意使求职者感到不舒服。根据某一内容或问题面试官对求职者做持续性的提问,直到求职者无法回答。目的是确定求职者面对压力时

的心理承受能力、随机应变能力、人际协调能力和情绪调节等。

（2）非压力面试。在没有人为制造压力的情境下,面试官考察求职者各方面的能力和素质。

4）一次性面试、依序面试和逐步面试

（1）一次性面试。用人单位对求职者的面试集中于一次进行,求职者能否通过面试乃至被最终录取,都取决于这一次面试的表现。

（2）依序面试。一般分为初试、复试和综合评定三步,求职者初试合格后进入复试,复试合格后再由人事部门会同用人部门综合评定每位求职者的成绩,确定最终的合格人选。

（3）逐步面试。由面试小组成员的层次,由低到高,依次对求职者进行面试。面试的内容在不同层次各有侧重,底层一般以考察专业及业务知识为主,中层以考察能力为主,高层则实施全面考察与最终把关,实行逐层淘汰筛选,越来越严格。

5）常规面试、情景面试和综合性面试

（1）常规面试。面试官和求职者面对面的以问答形式为主的面试。在这种面试条件下,面试官处于积极主动的位置,求职者一般是被动应答的姿态。面试官提出问题,求职者根据面试官的提问做出回答,展示自己的知识、能力和经验。

（2）情景面试。由面试官事先设定一个情景,提出一个问题或一项计划,引入无领导小组讨论、角色扮演、公文处理、案例分析等情景,请求职者进入角色模拟完成。其目的在于考察求职者的分析和解决问题的能力。

（3）综合性面试。面试官通过多种方式,考察求职者的综合素质及能力。如用外语与求职者交流,要求求职者现场操作计算机、即兴演讲或写作等,以考察其外语水平、计算机应用水平、口头及文字表达能力等。

6）电话面试和网络面试

受疫情影响,为了能够全面了解求职者的综合情况,产生更多的电话面试和网络面试的新形式。

（1）电话面试。通过电话来了解求职者的大体情况,一般会在电话联系中进行,对求职者的个人基本情况、工作经历等状况进行基本了解。

（2）网络面试。通过网络视频的形式与求职者进行交流,以此解决地域、距离、疫情等无法进行线下面试的一种新兴面试方式。

6. 面试的准备工作

面试前,求职者还需要进行大量的准备工作,既要了解用人单位的信息,也要调整好自己的状态,知己知彼百战百胜。

1）深入了解用人单位的情况

通过查询用人单位的官方网站、新闻报道等宣传信息,深入了解用人单位基本情况,包括用人单位的性质、发展历史、文化传统、产品业绩、未来发展方向等详细情况。另外,还要尽量了解用人单位的用人标准、岗位要求、员工发展等情况。避免让面试官产生求职者应聘随意,不了解单位的印象。

（1）问清面试情况。

① 求职者接到面试通知电话时,问清楚公司名称职位、面试地点、时间等基本信息。

② 了解公司的网址、通知人的姓名和面试官的职位等信息。

③ 最后别忘了道谢。

④ 复试则密切关注相关通知,按照要求尽早配合。

(2) 查找公开信息。上网查一下招聘单位背景、应聘职位等相关情况。

(3) 深入了解情况。在亲友和人脉圈当中搜索一下有没有熟悉、了解这家招聘单位的人,以便提前做准备。

2) 做好个人准备

(1) 简历准备。具体注意以下三点。

① 控制简历篇幅,尽量精简压缩至 1 页,尽量不使用网上千篇一律的模板。

② 根据招聘岗位设计简历,经历内容并非越多越好,侧重突出匹配岗位需求的经历。

③ 应用 STAR 法则撰写简历,并用数字说话,可结合时间、做法、成绩等描述实习经历、工作业绩,越具体越好。

(2) 证书材料准备,即自己获得的证书,可以证明你曾经取得的资质。

(3) 技能准备。有很多工作需要实际操作考核,事先复习相关专业知识,并整理好实习证明等材料。

(4) 场景预演。

① 模拟练习:假想面试的场景气氛,想好每一步可能发生的情景,最好能做个模拟面试演练,自我查找问题。

② 积极暗示:正向积极的心理暗示,进行自我鼓励、加油。

③ 问题准备:准备常见问题的回答思路;对于自己的履历烂熟于心;对于一些常规性问题做好充分准备。

6.4.2　面试礼仪和技巧

求职者参加面试时的打扮举止能从侧面反映出一个人的文化修养。同时,掌握一定的面试技巧,也会助力面试过程更顺利。

1. 面试基本礼仪

毕业生参加面试时的服饰打扮、举止言谈、气质风度、文明礼貌,无一不在影响着自己的形象,甚至决定着面试的成败。

1) 面试仪表

仪表指的是个人的外表,包括容貌、发型、服饰等。毕业生在求职时,用人单位对求职者的第一印象有时会影响面试的全过程。在面试前,得体适宜的仪容仪表是十分必要的。表 6-5 给不同人士的面试服饰提供参考。

表 6-5　不同人士的面试服饰建议

服　饰	男　士	女　士
西装/套装	颜色应以主流颜色为主,如灰色或深蓝色	准备一至两套较正规的套服,以备去不同单位面试之需。素色稳重的套装会使人显得大方干练
衬衫	以白色或浅色为主,面试前应熨烫平整	
领带	准备好与西装颜色相衬的领带,色彩以和谐为美,不要追求标新立异,以免弄巧成拙。领结要打得端正,不要松松散散	

续表

服　饰	男　　士	女　　士
皮鞋	皮鞋以黑色为宜,黑色鞋好配服装。且面试前一天要擦亮	鞋跟不宜过高,过于前卫,夏日最好不穿漏出脚趾的凉鞋
袜子	颜色必须是深灰色、蓝色、黑色等深色,这样在任何场合都不失礼	
须发/妆容	面试前要洗干净头发,但尽量避免在面试前一天理发,以免看上去不够自然。男生要将胡须剃干净	女生可适当化淡妆,包括口红,但不能浓妆艳抹,过于妖娆,不符合大学生的形象与身份。不管长发还是短发,洗得干净、梳得整齐
饰物		佩戴饰物应注意和服装整体的搭配,最好以简单朴素为主,不要配搭过于醒目、夸张的饰品

2) 面试举止

在整个面试过程中,求职者应保持举止文雅大方,谈吐谦虚谨慎,态度积极热情。

(1) 保持目光接触。面试时求职者应与面试官有目光接触,以示对面试官的尊重。例如,求职者在与面试官有目光接触时,可以看向面试官的鼻梁处,每次 15 秒左右,然后自然转向其他地方,如望向面试官的手,办公桌等其他地方。然后隔 30 秒左右,再望向面试官的鼻梁处。切忌目光游移,躲避闪烁。

(2) 注意身体姿势。求职者在进出面试办公室时,要注意仪态。行走时要挺胸抬头,落座时腰部挺直,始终保持着良好的精神状态。配合语言表达可适度增加手势动作,切忌耸肩抖腿、坐姿歪斜、左顾右盼等不良的身体姿势或行为。

(3) 控制说话嗓音。求职者在发言时要适当控制说话的语速,保持音调平静,音量适中,回答简练,不带“嗯”“啊”等口头语。

(4) 学会倾听。求职者在倾听他人发言时,身体可以微微倾向说话者,眼神注视说话者,保持微笑,适当地做出一些反应,如点头、会意微笑、提出问题等,以示对说话者的重视。

3) 面试语言

语言是一个人内在想法的外在表现,面试时注意使用礼貌用语,多用敬语和尊称。

(1) 称呼。称呼,是指人们在交流中所使用的命名方式。我们最普遍使用的称呼是“同志”和“先生”。在工作场合,可以直接称其职称并在职称前冠以姓氏,例如“张经理”“刘主任”“李处长”。对于陌生人,尤其是年长自己的,不知道如何称呼时,可以称为“老师”。也要注意“您”和“你”的使用,做到谈吐优雅、尊重对方。

(2) 礼貌用语。礼貌用语包含问候、感谢、道歉、咨询、慰问等,要特别注意“请”字的运用,如“请指教”和“请帮忙”等。

(3) 其他注意问题。在讲话时不要有太多的手势语言和口语,让人感觉不专业或者不舒服。在讲话时说普通话,不使用方言,说话语速平稳,可以清晰、准确地表达自己的观点。如果面试外企或者对语言有要求的用人单位,可以准备好外语面试。

2. 面试的技巧

掌握和运用好面试技巧,有助于从容应对面试。

1）电话面试

（1）发挥声音魅力：吐字清晰、匀速表达、控制音量。

（2）做好充分准备：了解应聘岗位情况，梳理自身应聘诉求，准备面试回答问题。

（3）注重电话礼仪：开口说您好，结束谈话等对方先挂电话；正确称呼对方，专心听完问题再回答。

2）网络面试

（1）个人形象及仪态：妆容干净整洁，服装大方得体；上半身不随意晃动；视频中保持眼神交流；不中途离开座位；开始时礼貌打招呼，结束时表示感谢。

（2）面试环境：最好安排在书房或者书桌前，确保面试期间不会有其他干扰到面试的背景声音；视频背景整洁、干净、整齐；灯光或日光提前调试，光线适宜。

（3）把握面试状态：准备好公司相关的信息；做好硬件设备的调试；准备笔和本子，随时记录问题和答题思路。

3）集体面试

（1）事前准备：用人单位进行集体面试的题目一般与所属行业相关，求职者可以提前了解用人单位所在行业的相关话题。

（2）模拟面试：在正式面试前，搜集本行业内的历年面试题目进行模拟演练，从而减轻实际面试的紧张感和陌生感。

（3）照顾发言少的同学：在集体讨论的过程中，照顾发言较少的同学，不仅是展示团队意识的表现，这也是面试官看重的一点。

（4）善于倾听：在他人发言时，快速列出发言大纲，整理好发言思路，同时也要注意倾听他人的发言内容。

（5）发言有逻辑：发言时要有逻辑思维能力，在讨论时如果观点与他人相同，可以说出自己的理由或对前面的讨论进行总结。

4）面试的注意事项

（1）小动作过多：有些求职者因为一些不良习惯，如玩弄手指、摆弄衣角等动作，破坏了自己在面试官面前的形象，影响自己的面试结果。

（2）眼神游离：求职者在面对面试官时目光飘忽不定，不敢与面试官对视，容易给面试官造成一种不自信的形象；反之，如果眼神紧盯着面试官，又会给人一种压迫感。

（3）仪态不端：求职者坐在椅子上时，切记含胸驼背、跷二郎腿、腿和脚不自觉地抖动，容易给面试官造成一种态度不端正的形象。

（4）急问待遇：求职者可以和用人单位谈论薪资待遇，但是要看准时机，一般是在求职者和用人单位已达成初步意向后，用人单位会主动提及，到时求职者可以再与用人单位做进一步沟通。

（5）不当反问：面试官在问及薪水问题时，如"关于薪资，你希望是多少？"求职者反问"你打算给多少？"这样反问很不礼貌，容易引起面试官的不快。

（6）本末倒置：参加面试时要摆正自己的位置，不和面试官提问范围外的问题，如"请问你们在单位担任什么职务？你们会是我上司吗？"等，会使面试官产生反感。

5）常见面试问题准备和问答

建议求职者在面试前准备好一些常见问题的回答策略，见表6-6。

表 6-6 结构化面试常见问题及回答

问　题	考　察　要　点	回　答　建　议
1. 请做一下自我介绍	几乎是面试的必考题,在介绍的时候内容需要与个人简历保持一致,表述方法应口语化,条理清晰,层次分明,最好事先以文字形式做准备并且多练习	你是谁,应聘什么职位,你的教育背景,你的实习或工作经历,为什么应聘该职位等
2. 作为应届毕业生,缺乏工作经验,如何能胜任这项工作?	不要回避,回答中应表现出诚恳、机智、果敢及敬业	例如,作为应届毕业生,我在工作经验方面的确有所欠缺,因此在读书期间我一直利用各种机会进行社会兼职。我也发现,实际工作远比书本知识丰富、复杂,但我有责任心,适应能力及学习能力强,而且比较勤奋,所以在兼职和职业培训当中能圆满完成各项工作,从中获取的经验也令我受益匪浅,请贵公司放心,学校所学和兼职的工作经验使我一定能胜任这个职位
3. 你有什么缺点吗?	这是个棘手问题,考查应聘者在困境中的反应。回答这样的问题应诚实,用简洁正面的介绍抵消反面的问题。不要自作聪明,把优点进行缺点化回答。可以说出一些对于所应聘工作无关紧要的缺点,还可以说一些表面上看是缺点,从工作角度来看却是优点的缺点	例如,我需要学会更耐心一点,我的性子比较急,总赶着第一时间做完事情
4. 你有什么特长或是业余爱好吗?	此问题能在一定程度上反映应聘者的性格、观点和心态。不要说没有爱好或庸俗的爱好。也不要说自己的爱好仅限于读书、听音乐、上网,这样会令招聘者怀疑性格孤僻	尽量说一些能够体现团队精神的爱好,如户外的业余爱好,踢足球、打篮球等。注意回答必须跟简历内容保持一致
5. 你为什么选择我们公司?	面试官试图从中了解你求职的动机、愿望以及对此项工作的态度。建议从行业、企业和岗位这三个角度来回答	例如,我十分看好贵公司所在的行业,我认为贵公司十分重视人才,而且这项工作很适合我,我相信自己一定能做好
6. 你能给我一个录用你的理由吗?/我们为什么要录用你?	一定要站在招聘单位的角度来回答,一般而言,招聘单位一般会录用这样的应聘者:基本符合条件、对应聘的工作感兴趣、有足够的信心等	例如,我认为我符合贵公司的招聘条件,我所掌握的工作技能、高度的责任感和良好的适应能力、学习能力,都使我能完全胜任这份工作。我十分希望能为贵公司服务,如果贵公司给我这个机会,我一定能为贵公司创造价值
7. 如果我录用你,你将怎样开展工作?	要点:面试官试图从中了解你对应聘的职位的了解和今后的工作计划。如果应聘者对于应聘的职位缺乏足够的了解,最好不要直接说出自己开展工作的具体办法,可以采用迂回战术	例如,我会首先听取领导的指示和要求,然后就有关情况进行了解和熟悉,接下来制订一份近期的工作计划并报领导批准,最后根据计划开展工作

问　　题	考 察 要 点	回 答 建 议
8. 对这项工作,你有哪些可预见的困难?	不宜直接说出具体的困难,否则可能令对方怀疑应聘者能力不够。可以采用迂回战术,说出应聘者对困难所持有的态度	例如,工作中出现一些困难是正常的,也是难免的,但是只要有坚忍不拔的毅力、良好的合作精神以及事前周密而充分的准备,任何困难都是可以克服的
9. 你希望与什么样的上级共事?	通过应聘者对上级的"希望"可以判断出应聘者对自我要求的意识,这既是陷阱也是机会。因此最好回避对上级具体的希望,多谈对自己的要求	例如,作为刚步入社会的新人,我应该多要求自己尽快熟悉环境、适应环境,而不应该对环境提出什么要求,只要能发挥我的专长就可以了
10. 你还有什么问题吗?	要点:意味着面试即将结束。应该表露你对这份工作的兴趣。问与面试结果有关的问题。一般不主动问薪水及待遇。不要问招聘启事上面已有的信息	例如,入职后公司会提供什么样的培训、这个职位最大的挑战是什么、您认为这个职位上供职的人应有什么素质等都是不错的问题

资料来源:匡校震,王效斌. 北京地区高校毕业生就业实用手册(2022)[M].北京:中国青年出版社.2023.

6.4.3　常见的面试形式

面试的类型分类很多,其中公务员面试和外语面试是比较常见的两种面试形式,要重点了解一下这两种常见的面试形式。

1. 公务员面试

受到疫情的影响,公务员考试成为越来越多高校毕业生的选择,且报考人数逐年增加,用人单位对求职者提出了更高的要求。目前,国家公务员面试主要采用结构化面试、无领导小组讨论面试和结构化小组面试等三种形式。

1) 结构化面试

结构化面试的综合性比较强,需要求职者拥有较强的专业知识、理论素养、和清晰的答题逻辑,求职者在备考中不仅要全面掌握各类题型的命题特点和考查方式,还要加强各种能力的训练,才能在众多的求职者中脱颖而出。例如,审题训练,以便在审题时能够快速找到问题的关键点;思维的发散性训练,以便在回答问题时可以根据面试官提出的不同问题做出针对性和个性化的回答等。

2) 无领导小组讨论面试

无领导小组讨论面试也是集体面试,面试官给一组求职者提供一个话题,让众多求职者在规定的时间内就给出的话题进行讨论,借此观察测评求职者的基本能力和基本素养。无领导小组讨论面试一般包括提纲准备、个人陈述、自由讨论、总结陈词四个环节。

(1) 提纲准备环节。要求求职者对需要作答的问题提前进行思考和准备,准备时间一般为 5 至 10 分钟。在求职者准备期间一般会提供题本、草稿纸、签字笔等,求职者可对问题进行思考和准备。

(2) 个人陈述环节。要求每一名求职者对作答的问题发表自己的个人观点。发言顺序根据考试要求分为依次作答和无序作答两种,每一名求职者的发言时间一般为 3 至 5 分钟。

（3）自由讨论环节。要求所有求职者对作答的问题进行集体讨论。在集体讨论时,面试官不参与其中,由求职者们自由发言,最终整组求职者达成一致意见。集体讨论时间一般以6人、30分钟为基准,每增加1人参与讨论,时间增加5分钟。

（4）总结陈词环节。要求所有求职者推选一名代表向面试官总结陈述集体讨论的结果,代表发言时间一般为5分钟。一般情况下,总结陈词环节结束后,无领导小组讨论面试的全部环节基本结束。

面试官通过这四个环节的内容,综合观察求职者的专业知识、理论素养、思维逻辑、随机应变、语言表达、组织协调、团队合作等能力,以此判断求职者是否符合招聘岗位的要求。无领导小组讨论面试的环节多样、考查灵活、备考难度较大,对于性格内向或不善言辞的求职者,在自由讨论的环节很可能没有机会表达自己的观点,从而错失向面试官展示自己的机会。因此,在面试前需要勤加练习,克服害羞情绪,进而掌握更多的面试技巧。

3) 结构化小组面试

结构化小组面试是一种新兴的面试形式,结合了结构化面试和无领导小组讨论面试的特点,对求职者来讲,面试难度增大。

结构化小组面试一般要求3至5名求职者一组,在规定的时间内求职者依次作答结构化面试的题目(3至5道),并进行互相点评回应的一种面试测评方法,从而考察测评求职者的基本能力和基本素质。也就是说,求职者除了要回答规定的题目外,还需要按照一定的顺序对除自己以外的其他求职者的发言进行点评,其他求职者则需要按顺序进行回应。点评和回应的环节考察求职者的智商情商、逻辑思维能力,此环节不是简单粗暴的"互怼",更要把握好"尺度"。

结构化小组面试不仅考察求职者的专业知识和理论素养,也考察求职者倾听、点评、回应的能力,考察更为全面和灵活,备考难度大,需要求职者在掌握结构化题型的基础上,加强点评和回应技巧的联系,做到真正发现问题、回应问题。

【资料学习】

公务员面试技巧

在通过公务员笔试考试,收到面试通知后,就要开始备战面试。对于面试公告中简短的面试描述,不少考生还有些不知所措。面对激烈的公务员面试竞争,尤其是面对面的挑选,要想在面试中脱颖而出,不仅需要了解面试内容,掌握答题技巧,还要勤加练习,适当调整心态。

1) 面试练习

（1）了解岗位考情。不同部门、岗位的面试形式、题量、答题时间都有所不同,要充分了解公务员面试的相关情况,做到知己知彼,百战不殆。

（2）训练表达能力。

① 个人练习。在安静的环境下,以面试考场的流程要求自己,正襟危坐,计时答题,通过电子设备对面试的全过程进行录音、录像。答题完毕后进行回看,找出问题或不足并有针对性地加以改正。

② 多人模拟。考场的巨大压力会影响求职者的心态,多人练习可以帮助求职者更快地适应面试时的氛围。可以找三五个考友,进行模拟答题练习,互相指正,共同提高。

（3）学习面试理论。充分了解不同面试题目类型的基本方法和答题技巧,面试过程中注意事项等。

（4）重视历年真题。研究理念面试真题,学习真题的答题角度、答题内容既是备考的捷径,也是模拟训练的重要途径。考过的真题未必会再出现,但考察的思路会不断重演。

2）答题技巧

（1）善于倾听。注意倾听其他求职者的发言,一方面可以结合自己的思考推陈出新,另一方面也可以通过总结让自己的发言更加全面。在其他求职者发言时注意不要插话、抢话、与其他求职者进行争辩等。

（2）逻辑清晰。求职者在发言时要做到逻辑清晰、观点明确、清楚易懂,也可以通过列框架帮助求职者回答问题。一般情况下,求职者在回答问题时先说结论,后说论述,先将中心意思表达清晰,然后再做叙述和论证,切忌长篇大论,缺少重点。

（3）声音洪亮。求职者在回答问题时要口齿清晰、音量适中,能让面试官和其他求职者清楚听到你的发言,同时也要控制语速,尽量避免口头禅,影响语言的流畅性。

（4）个人特色。有时面试官对相同的问题会向不同的求职者进行提问,求职者在回答问题时具有自己独到的个人见解或个人特色的回答,会引起面试官的兴趣和注意。

3）仪态礼仪

（1）肢体语言。在进出面试场所时,注意进退礼仪,始终保持饱满的精神状态,面试官示意之后再落座,坐姿端正,切忌频繁地出现不当的小动作。

（2）表情管理。在面试过程中,求职者要保持面部放松,自然微笑,适当与面试官进行眼神交流,目光真诚亲切。

（3）注重礼仪。进入面试场所时,如房门处于关闭状态,应先敲门,得到允许后方才进入。开关门时动作轻柔。开始时要主动打招呼,结束时应表示感谢。

4）心态调整

（1）积极的自我暗示。积极的自我暗示会使求职者充满自信,同时也要客观地看待自己,对自己有合理的期待和评估。

（2）进行"脱敏"训练。

从能引起求职者本人最轻度焦虑的情境开始想象,一有焦虑状态出现,暗示自己"沉着冷静",同时慢慢深呼吸,缓解紧张情绪,直至情绪稳定。随后继续想象第二个情境,依次不断训练,达到"脱敏"效果。

参考文献:武汉广播电视台.2023 国考面试攻略,凡考必用!.光明网.2023-03-16.https://m.gmw.cn/2023-03/16/content_1303310178.htm.

2. 外语面试

外语作为一门语言工具,已经成为每一位毕业生的必备技能,在进行面试时,有部分用人单位会根据企业性质或者求职者的应聘岗位,设置外语面试环节或者在普通的面试中加入外语面试。

1）面试前准备

（1）了解用人单位基本情况。设置外语面试的用人单位一般多为外企、跨国企业或者在工作中需要用外语交流的企业,在了解用人单位的基本情况时,要了解其设置海外公司或海外项目的时间、规模、项目内容、业务领域等。

(2) 了解岗位要求。提前了解应聘的岗位要求,在外语面试中进行自我介绍时,可以重点介绍自己与应聘岗位相关的工作能力、工作经验和求职动机等。

(3) 准备外语面试资料。在面试前准备好应聘岗位所需的外语专业能力证书、语言证书和培训证明等,体现自己的专业和能力优势。

2) 外语面试技巧

求职者在自我介绍时可以遵循"3P 原则",即自信(positive),个性(personal),中肯(pertinent)。谈吐自信,积极地进行自我肯定,向面试官展示你的优点和潜力。突出个性,展示自己与众不同的特点,强调自己的专业能力。语气中肯,陈述自己的工作或实习经历时实事求是,不过度夸大。

外语面试在表达时也强调逻辑清晰,重点突出,简洁明了,也可以在面试前反复练习几遍,再去面试。

6.4.4　笔试

笔试是招聘的一个重要环节,作为一种与面试对应的招聘考试,用以考核应聘者特定的知识、专业技术水平和文字运用能力的一种书面考试形式。这种方法可以有效地考查应聘人员在专业知识、管理知识、综合分析能力和文字表达能力等素质和能力的差异,进而做出人员选择。

笔试主要适用于人数较多、需要考核的知识面广或需要重点考核书面能力的情况。规模大的用人单位和单位大批量用人,国家机关遴选公务员,都会有笔试的环节。大学生都寒窗苦读十年以上,对笔试并不陌生,但应注意求职择业过程中的笔试与在校期间课程考试的不同。

1. 笔试的种类

用人单位招聘过程中的笔试环节主要分为以下几类。

(1) 专业考试。这种考试主要是检验应聘者担任某一职务时是否能达到所要求的专业知识水平和实际工作能力。一般情况下,用人单位通过应聘者提供的成绩单已大致了解专业知识水平,但有一些专业性要求较高的用人单位,需要通过专业考试的笔试方式对求职者的专业水平进行进一步的考核。如外资单位要考察英语水平,金融行业单位要考察金融专业知识,公检法机关要考察法律常识等。

(2) 心理测试。心理测试采用事先编制好的标准化问卷进行测试,根据测试者完成的数量和质量来判定其心理水平或个性差异。用人单位往往以此来测试应试者的态度、兴趣、动机、智力、个性等心理素质。有些单位还会在心理测试中添加智商测试的内容,以考察应聘者的分析能力,思维能力等。需要注意的是,目前很多单位的心理测试,是直接给应聘者发送网址,应聘者随时可以完成的,因此,无论采用何种形式,心理测试必须要重视。

(3) 技能测验。技能主要包含应聘者熟练操作使用计算机、英语读写和会话能力,以及在财务、法律、驾驶等方面的能力。考察应聘者的动手和实践能力。

(4) 命题写作。用人单位通过论文或公文写作的形式,考察应试者分析问题能力、逻辑思维能力和文字表达能力。比如限时写出一份会议通知、请示报告或某项工作总结;也可能给应试者一些材料,让应试者迅速写出一篇简报或新闻稿。

2. 笔试的准备

古语说:"知己知彼,百战不殆。"毕业生在笔试前,应该做好以下准备。

(1) 平时认真学习,扩大知识面。笔试虽然可以采取临阵磨枪的方式,但是良好的笔试成绩,是与平日的学习积累、扎实的专业能力分不开的。大学生在校期间,要努力学习相关专业基础知识,除此之外,更要广泛阅读书籍,多方面了解社会信息。在求职笔试时,笔试题目更注重考查学生运用所学专业知识解决实际问题的能力。因此,大学生在校期间,除了学好基本的专业知识外,要注意培养自己运用所学知识分析、解决实际问题的能力和实践操作能力。通过知识的积累、实践的锻炼以及广泛的信息了解,在面对用人单位各种形式的笔试时,应试者都能够信心十足,灵活应对。除此之外,大学期间,应该根据自身的职业生涯规划,多学习一些专业技能,例如英语技能、计算机、金融财会等。

(2) 笔试前进行针对性的复习。笔试前,应聘者应该根据自己所应聘的职位和单位行业,结合对用人单位的咨询或网络查询,确定笔试的大致范围,然后进行有针对性的专业知识复习。在进行专业知识复习时,不能只靠死记硬背,要注意将所学知识与实际应用挂钩,提前预测应聘职位与专业知识的关系,理论联系实际,学以致用。

(3) 保持良好的身心状态。求职笔试虽然不同于上学期间的各种考试,但却是用人单位挑选员工的重要参考,因此,求职者务必重视笔试,调整好身心状态。笔试前,首先正确评价自己,树立自信心,调整好心理状态;其次要劳逸结合,保持良好的睡眠和合理饮食,以充沛的精力去参加笔试;同时,可在笔试前参加一些文体活动,对于笔试紧张的缓解也有帮助,但应注意适度。

(4) 熟悉考试环境,做到有备无患。提前熟悉去往考场的路线和时间,以及考场环境,有利于消除应试者的紧张心理。另外,要提前阅读好笔试的要求和注意事项,按照规定,提前准备好笔试所需要的证件和考试必备文具,做到有备无患,以免因小失大。

3. 笔试的方法和技巧

笔试的主要内容是基础知识和专业知识,除此以外,还有与专业知识有关的或与招聘单位有关的某些知识和技能。参加笔试时主要应注意以下几点。

1) 保持良好的考试心理状态

要保持适当紧张、相信自己的考试心理。缺乏紧张,更容易使一个人心态上懒散,过度紧张,又容易出错。因此,要保持适度的紧张,这样才能保持情绪稳定。要时刻相信自己的实力,只要做了充分准备,就相信自己一定会有好成绩。而且,求职考试会有很多机会,没必要抱着非去不可的心态。

2) 掌握科学的答题方法

如果想顺利通过笔试,科学的答题方法是必不可少的。

(1) 通览全卷,做到心中有数。上文已经讲过,笔试有很多种类,题型多,内容多,而且有时间限制,因此必须做到心中有数,合理安排答题时间。有很多同学,拿到试卷后,名字都来不及写就开始答题,是不可取的。拿到试卷后,先要仔细阅读注意事项和答题要求,然后从头到尾翻一下试卷,确定题目的类型、数量、分值比重等基本情况。要根据先易后难、先简后繁的原则进行答题。

(2) 先易后难,先简后繁。按照先易后难的原则进行答题,这样不会因为难题占用大部分时间,最终没有时间去做简单题目。遇到一些比较烦琐的题型,比如论述题,注意先列好提纲,再逐条填充,切勿即兴作答,发现问题后随意勾画,影响卷面。

（3）认真审题,精心作答。具体答题时,要认真审题,按照题目的要求,逐字逐句地分析题意,进行精心作答。

（4）交卷前复查,防止遗漏。在答完试卷后,要及时复查,查看是否填写了个人基本信息、是否有漏答的题目、是否有错别字等低级错误的情况。

3）具体的解题思路和答题方法

（1）选择题的答题技巧。选择题的答题主要有以下几种方法:逐项排除法:通过依次比较选项与题干,查看每一个选项是否符合要求,依次阅读排除,通过排除认定最终选项;第一印象法:当快速读完题干和所有选项之后,若某些选择在头脑中先形成了正确选项的印象,便可选择此项;选项比较法:通过将所有选项进行比较,选择最符合题意要求的选项。

（2）填空题的答题技巧。填空题考查的内容往往是易混、易忘、易错的重点内容,一般答案是唯一的,答题时看清题目要求,是填一个数字、词语还是句子。而且,尽量不要超出答题的区域,以免影响阅卷。

（3）判断题的答题技巧。判断题是对所给命题做出明确的是或非的回答。一般判断题只有一个误点,最多两个,要求考生做出正误判断的内容常常是易混淆、易误解的概念、事实、原理、结论等,解题时注意力应集中在这些方面。比较常见的有逻辑错、隶属错、事实错、前提错以及概念使用、词语表达方面的错误,判断时务必全面地、细致地考察题目陈述内容的含义,以免被试题中的个别内容所误导。

（4）简答题的答题技巧。简答题着重考查考生对基本概念、基本原理的掌握程度,以及运用掌握的理论知识分析判断实际问题的能力,同时也检测对一些重大事件、重大原则等内容的记忆、理解和辨别的能力。要求考生用适当的字词、短语或句子对此作简要的回答。另外,要注意分辨好是简答题还是简述题。简答题的要注意观点鲜明、内容完整、知识点全面、针对性强、文字简明;简述题除了回答内容要点以外,要阐述一些与此相关的内容和材料,同时加入自己的理解和观点,即要在回答是什么的基础上,重点回答为什么和怎么样的问题。

6.4.5 常见的笔试类型

笔试的类型很多,随着就业形势的逐年严峻,很大比例的大学生选择了考公务员和考研。因此,国家公务员录用考试和研究生入学考试是与大学生联系比较紧密的两种笔试类型,下面详细介绍这两种笔试类型。

1. 国家公务员录用考试

国家公务员录用考试包括笔试和面试两部分。其中,国家公务员考试笔试的内容是"行政职业能力测验"和"申论"两科,主要测查从事公务员工作应当具备的基本能力和基本素质,全部采用闭卷考试的方式。"行测"为客观性试题,考试时限 120 分钟,满分 100 分;"申论"为主观性试题,考试时限 180 分钟,满分 100 分。

1）行政职业能力测验

行政职业能力测验主要测查与公务员职业密切相关的、适合通过客观化纸笔测验方式进行考查的基本素质和能力要素,主要包括言语理解与表达、数量关系、判断推理、资料分析和常识判断等内容。

言语理解与表达主要测查报考者运用语言文字进行交流和思考、迅速而又准确地理解文字材料内涵的能力。它包括根据材料查找主要信息及重要细节；正确理解阅读材料中指定词语、语句的准确含义；概括归纳阅读材料的中心、主旨；判断新组成的语句与阅读材料原意是否一致；根据上下文合理推断阅读材料中的隐含信息；判断作者的态度、意图、倾向、目的；准确、得体地遣词用字等。

数量关系主要测查报考者理解、把握事物间量化关系和解决数量关系问题的技能，主要涉及数字和数据关系的分析、推理、判断、运算等。

判断推理主要测查报考者对各种事物关系的分析推理能力，涉及对图形、语词概念、事物关系和文字材料的理解、比较、组合、演绎和归纳等。

资料分析主要测查报考者对各种形式的文字、图形、表格等资料的综合理解与分析加工的能力，这部分内容通常由数据性、统计性的图表数字及文字材料构成。

常识判断主要测查报考者对法律、政治、经济、管理、历史、自然、科技等方面知识的运用能力。

2）申论

公务员考试中，申论考试是必考科目之一。申论考试中，以给定的资料为载体，测查考生是否具备从事机关工作的基本能力。

根据大纲要求，申论考试主要考察以下几个方面的能力。

（1）阅读理解能力。要求全面把握给定资料的内容，准确理解给定资料的含义，把握资料各部分之间的内在关系，准确提炼资料中事实所包含的观点，充分理解之后做出恰当的解释，揭示资料所反映的本质问题。

（2）综合分析能力。要求对给定资料的内容、观点和问题进行分析和归纳，多角度地思考资料内容，根据资料内容做出合理的推断和评价。

（3）贯彻执行能力。要求能够准确理解工作目标和组织意图，遵循依法行政的原则，根据客观实际情况，及时有效的完成任务。

（4）提出和解决问题的能力。要求借助自身的实践经验或生活体验，在对给定资料理解分析的基础上，发现和界定问题，做出评估或权衡，对具体问题做出正确的分析判断，提出解决问题的方案或措施。

（5）文字表达能力。要求熟练使用指定的语种，运用说明、陈述、议论等方式，准确规范、简明扼要地表述思想观点。

2. 研究生考试

研究生考试，是指研究生招生考试，俗称"考研"。

1）研究生考试简介

研究生入学考试是指教育主管部门和招生机构为选拔研究生而组织的相关考试的总称，由国家考试主管部门组织的统一考试和招生单位组织的面试组成。全国招收攻读全日制硕士学位研究生简章规定报考硕士研究生，一律采取网上报名，每年具体报名时间可访问中国研究生招生信息网查看。

2）相关规定

（1）硕士研究生招生应坚持按需招生、全面衡量、择优录取和宁缺毋滥的原则。

（2）招生学科（类别）、专业（领域）必须经国务院学位委员会或其授权单位批准。

（3）招生对象主要为国家承认学历的应届本科毕业、本科毕业以及具有与本科毕业同等学力的中国公民。

（4）全国硕士研究生招生考试分初试和复试两个阶段进行。初试和复试都是硕士研究生招生考试的重要组成部分。初试由国家统一组织,复试由招生单位自行组织。

初试方式分为全国统一考试(含联合考试)、单独考试以及推荐免试。

全国统一考试的部分或全部考试科目由教育部教育考试院(教育部原考试中心)负责统一命题,其他考试科目由招生单位自行命题。

单独考试由具有单独考试资格的招生单位进行,考生须符合特定报名条件,考试科目由招生单位单独命题、委托其他招生单位命题或选用全国统一命制试题。

推荐免试是指依据国家有关政策,对部分高等学校按规定推荐的本校优秀应届本科毕业生,及其他符合相关规定的考生,经确认其免初试资格,由招生单位直接进行复试考核的选拔方式。

（5）全国统一命题科目及招生单位自命题科目试题(包括备用题)、参考答案、评分参考(指南)等应当按照教育工作国家秘密范围的有关规定严格管理。

（6）硕士研究生学习方式分为全日制和非全日制两种。全日制和非全日制研究生考试招生依据国家统一要求,执行相同的政策和标准。

（7）硕士研究生就业方式分为定向就业和非定向就业两种类型。定向就业的硕士研究生按定向合同就业;非定向就业的硕士研究生按本人与用人单位双向选择的办法就业。

3）考研学校选择

确定报考专业,选择报考院校,是考研过程中十分重要的环节。对考研同学来说,优先确定专业比选定院校更为重要,因为首先这将决定了复习规划和进度,其次,这决定了你将来的就业或学术范围。

（1）专业选择。首先,主要是根据自己的所学专业来进行规划;其次,根据自己的兴趣和志向做好自我定位,自我评估,作好长远持续发展准备;最后,规划的时候要具体到点,譬如你以后择业的行业、单位性质、角色等。如果是跨专业考研,则更需慎重决定,早作准备。跨专业考生需要有更多的时间和精力进行专业课复习,提早做好准备。

（2）院校选择。一是个人发展,包含城市和行业的考虑,打算将来在哪里就业,在哪个行业发展,就选择哪个城市哪个行业的高校,这样既熟悉当地环境,又有人脉、校友资源;二是个人的理想与抱负,考研不容易,读研的机会成本很高,一定要选一个能够实现个人抱负的大学,这样备考也有动力,读研也有激情;三是个人的能力水平,考研目标院校的选择一定要量力而行,要确保有机会考上,理想的目标院校应该是个人能力与个人抱负的交叉点上。

6.4.6　校园宣讲、招聘双选活动及技巧

小王同学在大学学的是英语专业,在参加校园招聘会时看中了一家国内著名的信息科技公司提供的岗位——视频文案策划,但岗位要求应聘者须是网络与新媒体专业的毕业生。小王同学还是决定试一试,就在招聘会场投递了自己的简历,并主动与用人单位沟通,她询问公司的招聘负责人为何只招聘网络与新媒体专业的毕业生。招聘人员告诉小王,公司要扩展业务范围,满足更多人群的观看需求,需要能独立完成视频创意文案写作能力的学生。小王同学随即表示自己具备相关的能力,并列举了自己曾在学校记者站和视频号上策划的一系列活动,在某短视频平台实习时,参与撰写宣传片文案、广告脚本和短视频策划方案并取得不俗成

绩的经历。小王同学的自我介绍和专业水准使现场的招聘人员对她很满意。最后她顺利通过了面试,应聘上这个理想的岗位。

在参加招聘会的现场应聘过程中,很多毕业生一看到用人单位张贴出来的招聘岗位要求与自己的情况不匹配,就打消了投递简历的想法。其实,在招聘会场能够和用人单位当面洽谈,面对心仪的工作,完全可以主动积极与用人单位沟通交流,为自己争取机会。

1. 校园宣讲会

每到毕业季,各用人单位纷纷走进校园,通过举办校园宣讲会等形式,宣传企业、招募毕业生。

1）校园宣讲会概念

校园宣讲会是高校为毕业生组织的一种常见的供需见面的招聘宣讲活动。校园宣讲会是各用人单位到多所大学组织开展企业宣传、岗位招聘、实习介绍等内容的主题讲座。用人单位一般会在每年的 9～10 月和次年的 3～4 月到校进行宣讲,这段时间也是校园宣讲会的高峰期。校园宣讲会主要向毕业生介绍企业情况、企业文化、岗位介绍、招聘流程、薪资待遇、发展前景等信息。

2）校园宣讲会形式

校园宣讲会的形式多种多样,在内容上一般会先由用人单位介绍本用人单位的基本情况、企业文化、招聘岗位、薪资待遇、晋升通道等,再对毕业生提出的问题或是疑问进行解答。后疫情时代,部分用人单位为了降低成本,也会有采用视频播放和非互动式宣讲等方式,通过网络形式对毕业生进行直播宣讲,从而加深毕业生对用人单位的了解,增加用人单位的知名度和影响力。网络宣讲不受时间和空间的限制,不仅图文并茂,还具有易保存、可反复观看、易转播等特点,也受到用人单位的青睐。

毕业生参加校园宣讲会,可以与用人单位进行"零距离"地交流,深入了解用人单位所处行业的就业前景和用人单位情况,了解用人单位的招聘需求,获得经验分享,明确就业选择。毕业生通过现场投递简历,还可以加深用人单位对毕业生的印象,提高简历初筛的概率。

2. 校园招聘会

每到毕业季,毕业生们都会准备好自己四年累计下来的"沉甸甸"简历参加各类校园招聘会,将自己四年的所学所得展示给用人单位,争取每一个就业机会。

1）校园招聘会概念

校园招聘会一般由政府的人力资源机构或者高校就业中心举办,通常分为现场招聘会和网络招聘会。现场招聘会可以依据参会单位行业不同、毕业生类型不同、综合或专场等不同进行划分。

2）参加校园招聘会的优点

（1）在校园招聘会场递交简历的同时可以与用人单位进行初步的沟通了解,加强对彼此之间的相互了解。

（2）招聘会上与用人单位的现场沟通也助力毕业生网申的通过概率。在招聘会现场,若有招聘单位询问你的网申序列,极大可能表明你受到了招聘单位的注意,网申将会顺利通过。

（3）毕业生可以借助招聘会场与用人单位现场沟通的机会表达对用人单位的重视程度。

3）校园招聘会举办时间

用人单位举办校园招聘会主要分为春招和秋招两批次,这两批校园招聘会在很多内容上大相径庭。一般是招聘时间,招聘的企业类型和招聘的目的不同,具体见表 6-7。

表 6-7　秋季校园招聘会与春季校园招聘会对比

区　别	秋　招	春　招
时间不同	一般是 9～12 月	一般是 3～6 月 黄金时期是 3～4 月
数量不同	高校宣讲会和招聘会的高峰期	相对秋招来说较少
岗位不同	企业招聘的主要时间,各行业招聘岗位较多	对部分公司来说主要肩负补录任务。在此期间,公务员省考核、各地市考、事业编考试等也是重要的求职机会

4) 参加校园招聘会的技巧

毕业生在参加校园招聘会时要做好准备工作,知己知彼,认真对待。

(1) 事先充分了解招聘单位。求职者最好事先了解参加此次招聘会的招聘单位性质、所在行业、行业发展情况、企业规模、产品、应届毕业生接收指标等,重点研究此次招聘会的招聘职位,根据自身条件选择合适的应聘职位,对号入座,不要到现场"抓瞎",盲目投送简历。

(2) 做好个人材料准备。提前准备好个人资料,如个人简历、推荐信、毕业生推荐表、获奖证书等。根据招聘单位对招聘职位的要求,修改简历内容。将简历中表达的自身能力、专业知识、擅长领域等信息,根据职位要求加以修改和突出。

(3) 提前到达会场。招聘会求职学生较多,很多招聘会供需比例大大失衡,一些企业透露,现场录取率仅 10% 左右,竞争非常激烈。有时企业会贴出"某某职位已满"的告示。学生可提前到场熟悉,了解招聘岗位,在有限时间内将简历呈递。

(4) 仔细倾听招聘会。求职者进入现场,最好能先仔细观看企业的宣传介绍和文化介绍,对企业的用人特点和招聘要求有个把握。同时,有些企业喜欢有创新力的人才,有些则青睐忠诚的员工,有些强调团队精神,有些看重稳定安分,只有事先了解企业偏好,才能在面试时有的放矢。

(5) 着装要正式。出现在招聘单位面前要着装得体,谈吐恰当,参加招聘会之前可以看些如何面试方面的指导材料。

(6) 现场签约要慎重。应在知晓招聘单位的全面情况后考虑签约,尤其涉及违约金的就业协议更要慎重。

【练习与实践】

你需要和小张共同完成一项工作,但是由于小张负责的数据统计部分有一个地方存在问题,导致单位工作的重大损失,领导在工作总结会议上狠狠地批评了你,请问你怎么办?

【解读】

很多考生一拿到题就想,这领导真"变态",明明不是我的错,为什么要批评我,心里就特别的委屈和愤愤不平。其实,这个时候如果我们仔细看题就会发现,题目中你是和小张共同完成这项工作的,你们两个就负有对对方的工作监督把关审核的责任,保证工作能够高效高质地完成。小张数据统计出了问题,那么你作为他的搭档,是负有不可推卸的责任的,所以领导批评你是理所应当,因为这件事情确实是因为你没有做好最后的把关。想到这里,其实这道题目就迎刃而解了,我们按照如何面对领导的批评,分别从心态上、行动上去展开答题就可以了。

作答公务员面试人际关系题如何树立正确心态

1. 健康心态

人际交往的本质,用一个字来概括,就是"心"。有什么样的世界观,就有什么样的方法论;有什么样的心态,就有什么样的待人接物方式。作答人际关系题时要达到的目的是实现人际关系的和谐,而要想实现人际关系的和谐则要具备健康的心态,即健康的阳光心态。现在很多人都认为自己"心理健康",但实际上,若想达到这一个标准,也没有那么简单。且不说别的,仅仅在生活中,你处事乐观、极少抱怨吗?遇到缺陷和挫折,能迎难而上、积极面对吗?处理人际关系时,能既认清自己,又包容别人吗?所以,只有具备了化解外界刺激的良好心态,才是真正的"健康"。健康的阳光心态是一种积极、宽容、感恩、乐观和自信的心智模式。也就是说与他人交往时要有一颗友善之心,友善是待人接物豁达善良的心态,是处理人际关系的基本准则,也是连通人与人之间的心桥。友善待人,和睦相处,会使我们形成一个良好和谐的氛围。

2. 正确归因

职场上的人际关系十分微妙复杂,稍有不慎,就会陷于被动,可以说每个在职场上摸爬滚打过的人都会对此深有感触。而及时检讨,反省自己的行为,进行积极有效的心理调整,让自己适应多变的人际关系,不失为一个增强生存能力的好办法。俗话说"静坐常思己过错,闲谈莫论人是非",出现人际矛盾冲突的时候,可以先问问自己:我的问题出在哪?

资料来源:赵京龙. 公务员面试人际关系题如何树立正确心态[J]. 人力资源开发. 202109.

6.5 就业协议与劳动合同的关系

案例引导

现实中,因毕业生和用人单位将就业协议与劳动合同混淆而致使双方不签订劳动合同的现象时常出现,这会造成毕业生在劳动关系存续期间维权缺乏依据,或用人单位被劳动者讨要不签订劳动合同的二倍工资的法律风险。所以,建议用人单位和毕业生在实际履职之后尽快签订劳动合同,从而使双方权利义务更加明晰,避免因未签订劳动合同而产生争议。

6.5.1 就业协议

就业协议书是高校毕业生与用人单位订立的确立劳动关系的协议,实质上是劳动合同的一种特殊表现形式。

1. 就业协议的概述

1)就业协议的含义及性质

就业协议,全称是《全国普通高等学校毕业生就业协议书》,简称为三方协议。它是明确学校、用人单位和毕业生三方在毕业生就业工作中权利和义务的书面表现形式,是办理户口迁移、档案转寄、各类保险和住房公积金的重要依据。在毕业生与用人单位正式签署劳动合同、确认劳动关系前,学校、用人单位和毕业生共同签署就业协议后生效。

根据教育部教学〔1997〕6号文件,《普通高等学校毕业生就业工作暂行规定》第三章第十四条规定:用人单位一般应每年11月至次年5月与毕业生签订录用协议。《全国普通高等学校毕业生就业协议书》由教育部高校学生司制定,各省、自治区、直辖市就业主管部门印制,学校统一发放。每位毕业生只能领取一套《全国普通高等学校毕业生就业协议书》,每套一式三份,且有唯一的就业协议编号。任何用人单位或者个人不得复印、复制、翻印《全国普通高等学校毕业生就业协议书》,也不得转借、挪用、涂改《全国普通高等学校毕业生就业协议书》,否则视为无效。就业协议在毕业生意见、用人单位意见、培养单位意见部分签字或盖章后正式生效。毕业生到用人单位报到、用人单位正式接收后,就业协议自行终止,用人单位会与毕业生签订正式的劳动合同,约定了劳动者在用人单位的试用期限、工作期限、薪资待遇等内容,劳动合同签订之后,双方就确立了正式的劳动关系。

《全国普通高等学校毕业生就业协议书》是毕业生和用人单位在正式确定劳动关系前,经过毕业生和用人单位的双向选择后,在规定的期限内确定双方的就业关系、明确双方的权利和义务而达成的书面协议,是民事协议的一种。根据《中华人民共和国民法典》(以下简称《民法典》)第四百九十条规定:当事人采用合同书形式订立合同的,自当事人均签名、盖章或者按指印时合同成立。《民法典》第一百一十九条规定,依法成立的合同,对当事人具有法律约束力。因此,就业协议的签订对学校、用人单位和毕业生均有法律效力,受到法律的约束和保护,不得擅自变更或解除。

2) 就业协议的内容

《全国普通高等学校毕业生就业协议书》分为六个部分:①毕业生基本情况,包括毕业生基本信息、学历信息、家庭信息等,由毕业生本人填写;②用人单位基本情况,包括单位基本信息、档案转寄、户口迁移信息等,由用人单位填写;③培养单位基本情况,包括学校基本信息,由学校就业部门填写;④毕业生意见,包括毕业生应聘意见,由毕业生填写;⑤用人单位意见,包括用人单位人事部门意见和用人单位上级主管部门意见等,由用人单位填写、盖章;⑥学校意见,包括毕业生所在院(系)意见、学校毕业生就业主管部门意见等,由学校就业部门填写、盖章。

2. 就业协议的意义和作用

在表6-8中列出了就业协议的意义和作用。

表 6-8　就业协议的意义和作用

对　象	意义和作用
毕业生	就业协议具有法律效力,毕业生与用人单位签署就业协议则表明用人单位会接收该毕业生,是对毕业生就业的一种保障,受到法律的保护
用人单位	具有人事权的用人单位,与毕业生签署就业协议后可以接收毕业生的户口和档案,安排毕业生到本单位工作
培养单位(学校)	根据就业协议上的信息,审核并建立就业档案,上报国家教育主管部门备案,为毕业生办理就业手续、户口迁移、档案转寄等手续

注意:① 签订就业协议前,要核实毕业生和用人单位的基本信息、户档迁移、转寄等信息,以免影响户口迁移证的签发和档案转寄等手续。

② 国办发〔2022〕13号规定,自2023年起不再发放《全国普通高等学校本专科毕业生就业报到证》和《全国毕业研究生就业报到证》(以下统称"就业报到证"),取消就业报到证补办、改派手续,不再将就业报到证作为办理高校毕业生招聘录用、落户、档案接收转递等手续的必需材料。

3. 签订就业协议的注意事项

就业协议的签订,表明毕业生在大学毕业后的第一份工作基本确定。在签订就业协议前要慎重考虑,既不能犹豫不决,也不能盲目冲动。毕业生在充分了解就业政策的前提下,经过深思熟虑后再与用人单位签订就业协议。毕业生要了解、注意就业协议的各项内容。

(1) 详细了解用人单位的状况及主体资格。

在签订就业协议前,毕业生要了解用人单位的情况。例如用人单位所在行业的发展趋势、自身的发展前景、应聘的岗位性质、企业的培训制度、岗位的薪资待遇等,不仅要了解情况,更需要实地考察。

在签订就业协议前,毕业生要了解用人单位的隶属和用人方式。例如用人单位的隶属分为单位隶属、所有制隶属和单位性质等。①单位隶属:了解用人单位的上级单位、用人单位的隶属部门,如省属、市属、部委直属或其他总公司;②所有制隶属:了解用人单位属于国有企业、集体企业、有限责任公司、股份有限公司、私营企业、中外合资企业、外商投资企业等;③单位性质:了解用人单位属于股份有限公司、有限责任公司、合伙企业、独资企业、中外合资、中外合作、个体工商户等。

对于用人单位的人事管理权,国家机关、事业单位、国有企业一般都具有人事权,可由用人单位直接办理毕业生的户档关系、社会保险等手续。民营企业、外资企业等没有人事权的单位,需要签署上级主管部门人事公章或人事代理机构的意见或公章方能有效,一般通过人力资源和社会保障局代理办理。对于不同地方人事主管部门是否有特殊的要求,毕业生还要进一步了解。

毕业生要了解用人单位的用人方式,例如正式编制录用、劳动合同聘用、劳务派遣、临时聘用等,方便毕业生后续与用人单位签订劳动合同。

(2) 按规定的程序签订就业协议。

毕业生在签订就业协议时,要严格按照规定的步骤进行。等用人单位填写完用人单位信息、签署意见并盖章后再到学校就业部门签字、盖章,完成就业协议的签订流程。毕业生切忌本人填写完个人信息后,直接到学校签字、盖章,避免用人单位在填写就业协议时,出现与用人单位对毕业生之前承诺的内容大相径庭的情况发生。根据就业协议程序签订就业协议,最后由学校审核、把关,最大程度保证毕业生的合法权益。

(3) 充分利用就业协议约定栏,明确条款内容。

现行的就业协议倾向于“格式化合同”,但甲乙双方“约定”部分允许用人单位和毕业生另行约定各自的权利义务。毕业生可以将前期用人单位承诺的其他约定补充在“约定栏”的部分,如果未来出现纠纷,可以通过上述补充约定维护自己的合法权利。

(4) 每位毕业生只能与一家用人单位签订就业协议。

每位毕业生对于自己要与用人单位签订的就业协议要保证真实,每位毕业生有且只有一份就业协议,并且只能与一家用人单位签订就业协议。毕业生在与用人单位签订就业协议后,应当履行相应的义务。如果遇到特殊情况,需要变更就业协议时,需要提前和用人单位进行沟通,在征得用人单位的同意后,出具用人单位同意变更的意见书。

(5) 就业协议违约及处理办法。

为了维护毕业生的合法权益,学校、用人单位、毕业生三方签订就业协议后,应该按照就业协议的内容履行自己的义务,任何一方不得随意解除就业协议。如果有任意一方提出解约,应该征得其他两方的同意后,可以解除就业协议,并由提出解约的违约方向其他两方承担相应的责任。为了维护不同当事人的合法协议,可以遵循以下程序处理违约情况:①签订就业协议时,毕业生应该在与用人单位充分协商以后,在就业协议上双方约定栏部分补充违约双方应承担的责任和补偿办法;②毕业生单方面提出解除就业协议的,要提前和用人单位沟通,在征得用人单位的同意后,由用人单位出具解约证明,并根据就业协议上约定的违约内容进行相应的补偿;③用人单位单方面提出解除就业协议的,应提前与毕业生积极沟通,并根据就业协议上约定的违约内容对毕业生进行相应的补偿。

(6) 与用人单位签订就业协议后还要签署劳动合同。

就业协议是毕业生、学校和用人单位三方之间签订的就业意向,属于民事协议,毕业生与用人单位之间并未形成劳动关系的法律文件,对劳动关系没有约束力。当毕业生到用人单位报到,并与用人单位签订了劳动合同后,毕业生与用人单位之间形成了正式的劳动关系。有些用人单位在与毕业生签订就业协议后,要求毕业生先到用人单位进行实习,实习期满或考核合格后,再与毕业生签订劳动合同,也可能出现不与毕业生签订劳动合同的情况。因此,与用人单位签订了就业协议后并不意味着完全获得了求职岗位的工作,还要接受用人单位的进一步考察。

毕业生到用人单位报到、用人单位正式接收后,就业协议自行终止,用人单位会与毕业生签订正式的劳动合同,约定了劳动者在用人单位的试用期限、工作期限、薪资待遇等内容,劳动合同签订之后,双方就确立了正式的劳动关系。

4. 就业协议签署流程

毕业生签署三方协议需按流程要求进行。

(1) 领取三方协议。由学校统一发放或毕业生凭单位接收函领取。

(2) 个人填写。毕业生填写三方协议上的个人信息。

(3) 用人单位填写、盖章。用人单位名称一定不能写错。一般是盖单位人力资源部门或人事主管部门的章。

(4) 校方填写。学校填写盖章后三方协议书生效。个人、学校、用人单位各自留一份存档。协议复印无效。

6.5.2 劳动合同

毕业生与用人单位签订就业协议后,并未完成就业流程。为了更好地保障自己的合法权益,毕业生在到用人单位报到时,还要与用人单位签订劳动合同。

1. 劳动合同概念

劳动合同是劳动者与用人单位确立劳动关系、明确双方权利和义务的书面协议。《中华人民共和国劳动法》第三章劳动合同和集体合同中,第十六条规定"劳动合同是劳动者与用人单位确立劳动关系、明确双方权利和义务的协议。建立劳动关系应当订立劳动合同。"

2. 劳动合同内容

劳动合同的内容指的是劳动合同中双方共同达成的规定双方当事人权利和义务的有关条款。根据《中华人民共和国劳动合同法》第十七条规定,劳动合同应当具备以下条款:①用人单位的名称、住所和法定代表人或者主要负责人;②劳动者的姓名、住址和居民身份证或者其他有效身份证件号码;③劳动合同期限;④工作内容和工作地点;⑤工作时间和休息休假;⑥劳动报酬;⑦社会保险;⑧劳动保护、劳动条件和职业危害防护;⑨法律、法规规定应当纳入劳动合同的其他事项。劳动合同除前款规定的必备条款外,用人单位与劳动者可以约定试用期、培训、保守秘密、补充保险和福利待遇等其他事项。

根据《中华人民共和国劳动法》第十九条规定,劳动合同应当以书面形式订立,并具备以下条款:①劳动合同期限;②工作内容;③劳动保护和劳动条件;④劳动报酬;⑤劳动纪律;⑥劳动合同终止的条件;⑦违反劳动合同的责任。劳动合同除前款规定的必备条款外,当事人可以协商约定其他内容。

3. 签订劳动合同时的注意事项

由于毕业生刚步入职场,对于劳动者相关的法律知识和社会经验了解掌握得并不全面,当毕业生在与用人单位签订劳动合同时容易忽略很多劳动合同中应该体现的内容,在与用人单位签订劳动合同时应认真阅读合同条款,仔细谨慎。在签订劳动合同时要注意以下几点。

1) 劳动合同期限和试用期的关系

根据《中华人民共和国劳动合同法》第十九条规定:同一用人单位与同一劳动者只能约定一次试用期。劳动合同期限三个月以上不满一年的,试用期不得超过一个月;劳动合同期限一年以上不满三年的,试用期不得超过两个月;三年以上固定期限和无固定期限的劳动合同,试用期不得超过六个月。以完成一定工作任务为期限的劳动合同或者劳动合同期限不满三个月的,不得约定试用期。试用期包含在劳动合同期限内。劳动合同仅约定试用期的,试用期不成立,该期限为劳动合同期限。劳动合同期限和试用期的关系见表6-9。

表 6-9　劳动合同期限和试用期的关系

期限类别	劳动合同期限	试 用 期
时间	3 个月≤劳动合同期限<1 年	试用期≤1 个月
	1 年≤劳动合同期限<3 年	试用期≤2 个月
	3 年≤劳动合同期限和无固定期限的劳动合同	试用期≤6 个月
	劳动合同期限≤3 个月	不约定试用期
	劳动合同期限仅约定试用期	不成立

注:违反法律规定的试用期约定无效,如劳动者已实际履行的,超出部分无效,用人单位不仅要补足试用期与正式期间待遇差距,还应以劳动者试用期满工资为标准,按已经履行的超过法定期限试用期的期间向劳动者支付赔偿金。

2) 社会保险费

根据《社会保险费征缴暂行条例》(国令第 710 号)第四条规定:缴费单位、缴费个人应当按时足额缴纳社会保险费(基本养老保险费、基本医疗保险费、失业保险费)。征缴的社会保险费纳入社会保险基金,专款专用,任何单位和个人不得挪用。

在劳动合同中约定不缴纳社会保险的,属于无效条款。用人单位与劳动者约定不缴纳社会保险费,属无效约定。用人单位不仅要承担补缴的责任。而且一旦发生工伤,本应由社保基金支付的款项也将由用人单位承担。向劳动者支付社会保险补贴的约定,也属无效。如劳动者已实际领取该款项,应退还用人单位后,双方再按各自缴费比例共同补缴社会保险。

3) 约定末位淘汰制

绩效考核中排名末位的劳动者并非一定是不胜任工作的。即使是不胜任工作,根据法律规定也应当是为其提供培训或者调整工作岗位。如果仍不胜任工作,用人单位才可单方解除劳动合同,且须支付经济补偿。

4) 定额约定加班工资

用人单位对加班工资进行定额约定,是对法律规定的加班工资核算方式的违背。符合法律规定的加班工资计算公式为:月加班工资计算基数÷21.75 天÷8 小时×加班小时数

根据《中华人民共和国劳动法》第四十四条和《工资支付暂行规定》第十三条规定:有下列情形之一的,用人单位应当按照下列标准支付高于劳动者正常工作时间工资的工资报酬。

(1) 安排劳动者延长工作时间的,支付不低于工资的百分之一百五十的工资报酬(工作日加班费=月工资基数÷全年月平均计薪日×150%×加班天数)。

(2) 休息日安排劳动者工作又不能安排补休的,支付不低于工资的百分之二百的工资报酬(休息日加班费=月工资基数÷全年月平均计薪日×200%×加班天数)。

(3) 法定休假日安排劳动者工作的,支付不低于工资的百分之三百的工资报酬(法定节假日加班费=月工资基数÷全年月平均计薪日×300%×加班天数)。

5) 损失赔偿责任

(1) 劳动合同中约定劳动者承担产品瑕疵赔偿责任的,属无效约定。

(2) 如果劳动者是在单位的指导管理下提供正常劳动,无违反劳动纪律或工作规则的行为,即使在"履行职务"过程中给用人单位造成经济损失的,不应承担赔偿责任。

6) 损失赔偿数额过高

根据《工资支付暂行规定》(中华人民共和国人力资源和社会保障部发〔1994〕489 号)第十六条规定:因劳动者本人原因给用人单位造成经济损失的,用人单位可按照劳动合同的约定要求其赔偿经济损失。经济损失的赔偿,可从劳动者本人的工资中扣除。但每月扣除的部分不得超过劳动者当月工资的 20%。若扣除后的剩余工资部分低于当地月最低工资标准,则按最低工资标准支付。

7) 需要谨慎对待的劳动合同类型

(1) 只有口头"合同",没有签署书面合同文件。

(2) 霸王合同,合同只从单位角度出发,求职者处于被动地位。

(3) 抵押合同,要求求职者缴纳证件或财物。

(4) 双面合同,一份是合法的"假"合同,一份是不合法的"真"合同。

(5) "暗"合同,不向求职者讲明合同内容。

(6) "卖身"合同,要求几年内求职者不可跳槽至同行业公司工作。

(7) 合同过于简单,基本要素残缺,缺少必要的细节约束。

(8) "生死"合同,含有"工伤概不负责"等字眼,多数是单位事先根据自身利益拟定。

6.5.3　就业协议与劳动合同的关系

就业协议是毕业生就业的具体表现,劳动合同是劳动者与用人单位之间确立的劳动关系。就业协议书与劳动合同并不相同。

首先,就业协议书是中华人民共和国教育部统一印制的,主要是明确毕业生、学校、用人单位三方的基本情况及意见。就业协议制定的依据是国家关于高校毕业生就业的法规和规定,有效期为自毕业生与用人单位签约就业协议日时起至毕业生到用人单位报到时止。劳动合同受到《中华人民共和国劳动法》《中华人民共和国劳动合同法》《工资支付暂行规定》和《社会保险费征缴暂行条例》等法律条例的限制和要求,部分用人单位在毕业生到用人单位报到

前决定录用毕业生时,会与毕业生签订劳动合同,也有部分用人单位会与毕业生先签订就业协议,毕业生报到后再签订劳动合同。

其次,就业协议涉及学校、用人单位、学生三方,三方相互关联但彼此独立;劳动合同涉及劳动者和用人单位双方,确立双方的劳动关系,以及双方的权利和义务。

最后,毕业生签订就业协议时身份是学生,签订劳动合同时身份多为劳动者。毕业生与用人单位签署劳动合同时,就业协议的法律效力会同时消失。若劳动合同与就业协议约定的内容有出入,以劳动合同为准。二者对比见表 6-10。

表 6-10　就业协议与劳动合同对比

区　别	就　业　协　议	劳　动　合　同
签订时间	未毕业的在校生	大部分是已毕业的劳动者
主体	毕业生、学校、用人单位	毕业生、用人单位
内容	毕业生和用人单位确定劳动关系之前,明确毕业生、用人单位和学校三方在毕业生就业工作中的权利和义务的书面协议,不包含毕业生到用人单位后的权利和义务	明确毕业生和用人单位之间的权利和义务,内容涉及劳动报酬、劳动义务、工作内容、劳动纪律等,更为具体翔实
目的	毕业生与用人单位确定初步的就业意向	毕业生与用人单位明确双方的劳动关系
签订身份	学生	劳动者
有效期	签约日至毕业生到用人单位报到、正式接收后终止	由毕业生和用人单位自行协商,在用人单位正式接收后生效
法律依据	《普通高等学校毕业生就业工作暂行规定》	《中华人民共和国劳动法》《中华人民共和国劳动合同法》
法律适用	《中华人民共和国民法典》	《中华人民共和国劳动合同法》

资料来源:匡校震,王效斌.北京地区高校毕业生就业实用手册(2022)[M].北京:中国青年出版社.2023.

【练习与实践】

遭企业"画饼"实习无法转正

在秋招、春招中,并非所有企业都会与毕业生签订三方协议。部分企业会先将准毕业生作为实习生招入,并承诺其实习结束后开放转正岗位。然而,有些企业未能兑现承诺。来自北京的大四学生小吴同学在秋招中,和一家娱乐公司签订了实习协议。当时小吴同学处在大四上学期,不能签劳动合同,而这家艺人经纪公司称自己没有三方协议,让她签实习协议,承诺实习期结束后立即转正。

当时该公司领导和她所在团队的组长都特别热情,说公司发展快,特别缺人,按时转正绝对没有问题。她所在团队主要负责培养推广一个新人唱跳团体,刚开始工作非常忙碌,经常加班加点,可随着选秀节目进入下行期,公司决定调整业务架构以及控制成本,从今年 3 月开始,她的忙碌状态戛然而止。随后被用人单位告知不用再去上班了。

当时她还想再争取一下,但因为北京疫情,学校延迟开学,公司便以不能及时来线下实习加上业务调整,跟她解约了。由于签的是实习协议,小吴同学连违约金都没有拿到。

【解析】

应届生的签约主要分为两种:就业意向书和三方协议。一些企业要求先签订就业意向书,正式毕业后再签订劳动合同。而就业意向书对毕业生及企业的法律约束效力,远不及三方协议。而实习协议是指在校学生通过参加实习单位的实际工作开展实践学习,实习期间明确双方权利义务的协议。如果该岗位支持实习转正,需要在学生拿到毕业证之后重新签劳动合同。高校毕业生要最大限度保障自己的权益,应当坚持签三方协议,而不是这些保障效力低的就业协议。

资料来源:赵丽,谭兰惠. 警惕任意"搭车毁约"行为[N].法治日报,2022-06-18(004).

6.6 就业程序和求职就业基本权益

案例引导

6.6.1 毕业生的就业程序

毕业生在就业时会面对多种的就业选择,不同的就业形式其办理的就业程序也不相同。

1. 毕业去向流程

毕业生去向流程如图 6-1 所示。

毕业生在就业前应当明确自己的就业方向,通过多种渠道了解就业途径和招聘信息,掌握应聘的方法与技巧,学习就业相关的法律法规,为顺利就业打下坚实的基础。

2. 明确职业规划

1)进行自我分析

毕业生自我分析和定位一定要学会量体裁衣,将"个人情况"和"个人特点"等因素综合考虑,评估自己掌握的专业知识和技能,了解自己的个性特征,找到自己适合的方向。

2)确定职业发展方向

盲目追求高薪职业不仅会错失就业机会,还会对自身的职业发展造成不利的影响。职业发展方向需要结合个人特长、兴趣爱好、行业发展前景、岗位要求等因素来确定。在求职时切忌制定自己无法达到的、过于理想化的职业目标。

3)制定规划,避免盲目就业

在求职前要对自己进行充分的了解和认识,在此基础上设定适合自己的职业目标,根据自身发展的不同阶段,制定适合自己的短、中、长期的职业规划,避免盲目就业,走好职业生涯的第一步。

4)调整心态,积极面对

(1)正确审视自己。对自己的能力有正确的认识,不妄自尊大,也不妄自菲薄。

(2)适当化解焦虑。在求职期间,面对焦虑等不良情绪,可以多和家人、朋友、同学等积极地沟通交流,也可以多和相关领域的前辈请教。

(3)保持敏锐度。密切关注目标企业的就业招聘动向。

(4)拥有强大内心。在求职过程中遭遇困难时,也能经常鼓励、安抚自己,增加自信心。

(5)合理规划时间。不因为求职影响到毕业,也不能错过找工作的时机,平衡好毕业和就业。

3. 职业规划的方法

在确定职业规划的目标后,还应掌握职业规划的基本方法。

- 毕业去向流程
  - 升学
    - 出国、出境
      - 申请成功 — 继续深造 — 户档回生源地
      - 申请失败
        - 继续申请 — 户档回生源地
        - 就业
          - 放弃申请，积极就业 — 户档转至就业单位或生源地
          - 未就业 — 户档回生源地
    - 研究生
      - 考研成功 — 户档转至录取院校
      - 考研失利
        - 继续考研 — 户档回生源地
        - 就业
          - 放弃考研，积极就业 — 户档转至就业单位或生源地
          - 未就业 — 户档回生源地
    - 专科升普通本科
      - 升学成功 — 户档转至录取院校
      - 升学失败
        - 就业 — 户档转至就业单位或生源地
        - 未就业 — 户档回生源地
    - 第二学士学位
      - 申请成功 — 户档转至录取院校
      - 申请失败
        - 就业 — 户档转至就业单位或生源地
        - 未就业 — 户档回生源地
  - 就业
    - 就业协议 — 户档转至就业单位或生源地
    - 劳动合同 — 户档回生源地
    - 自由职业 — 户档回生源地
    - 西部计划 — 户档暂存学校
    - 三支一扶 — 户档回生源地
    - 科研、管理助理 — 户档回生源地
    - 其他录用形式就业 — 户档回生源地
    - 未就业 — 户档回生源地
  - 创业 — 户档回生源地
  - 应征义务兵 — 户档暂存学校

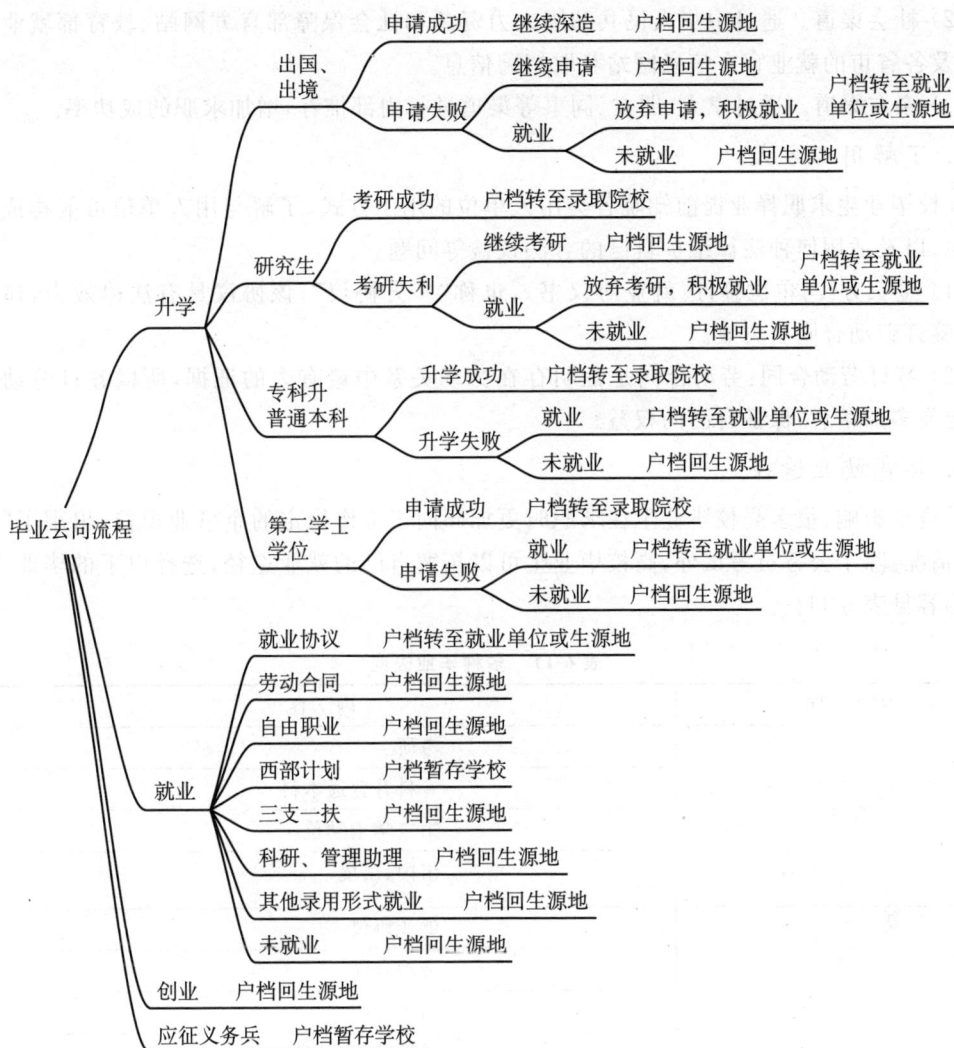

图 6-1　毕业生去向流程

（1）确定职业目标意向。通过已有学习成果、实践经验和就业形势分析，通过职业倾向、能力倾向和职业价值观等自我认知和岗位要求匹配，确定职业目标意向。

（2）提升综合能力。综合能力是就业竞争力的重要条件，包括知识、经验和技能。高校毕业生不仅要具备专业知识，更要有实践经验和专业技能。通过不断丰富专业知识和技能，不断提升自身的价值，提高自己的职业竞争力。

（3）了解就业市场。对就业市场的招聘岗位进行分析，找到个人岗位匹配的匹配点，也叫职位切入点。高校毕业生要了解当前就业市场情况、行业前景、岗位要求等，根据自身实际情况，找到可以发挥自己优势的岗位，增加就业机会。

4．了解就业途径

高校毕业生利用就业平台可以获取更多的就业途径。

（1）校园渠道。通过校院官方就业网站和微信公众号、校园招聘会、宣讲会等，获取就业

信息。

（2）社会渠道。通过中华人民共和国人力资源和社会保障部官方网站、教育部就业信息网，以及各省市的就业官方信息网站获取招聘信息。

（3）亲友渠道。通过家人、朋友、同事等渠道进行内部推荐，增加求职的成功率。

5.了解用工方式。

高校毕业生求职择业提前知晓各类用人单位的用工方式，了解与用人单位可能构成的用工关系，以及适用何种法律维护自己的合法权益等问题。

（1）签三方：与单位签订《就业协议书》，也称"三方协议"，该协议具有法律效力，违约要赔偿，签订劳动合同后失效。

（2）签订劳动合同：劳动合同是证明存在劳动关系中最有力的证据，所以签订劳动合同时一定要多加留意，保证自己的权益。

6.拓宽就业途径

受疫情影响，很多高校毕业生在求职时更加倾向于工作稳定的企事业单位，出现了"考公热"的情况，除了公务员考试外，高校毕业生可以拓宽自己的就业途径，选择以下的毕业去向。具体内容见表6-11。

表6-11　多种毕业去向

毕业去向	内　　容
升学	考研
	专科升普通本科
	第二学士学位
	出国、出境
就业	就业协议
	劳动合同
	用工证明
	科研助理、管理助理
	三支一扶
	西部计划
	国家、地方特岗教师
	选调生
	乡村医生、乡村教师
	自主创业
	自由职业
参军	应征入伍兵

6.6.2　毕业生的就业权益

权益通常是指公民受法律保护的权利和利益。权利是法律赋予权利主体作为或不作为的许可、认定及保障。权利是实现权益的法律手段。毕业生的就业权利是毕业生就业权益的内核,在毕业生求职的过程中,缺乏社会经验,法律维权意识淡薄,就业权益容易受到侵害。只有在毕业生就业权利得到法律充分保障的情况下,才能切实保护好毕业生的就业权益。

1. 大学生就业的基本权利

大学生作为一个特殊群体,在就业过程中除享有普通劳动者所享有的劳动报酬权、休息休假权、劳动保护权等一般权利外,还享有许多其他的权利。

(1)就业信息知情权。毕业生在求职过程中获取就业信息的权利。在获取就业信息时,毕业生有权利充分了解当前的就业市场,国家政策,法律规定,用人单位等信息,并根据真实的就业信息做出理性的判断和选择。用人单位不得通过隐瞒、误导、虚构、欺骗等形式对毕业生提供虚假的就业信息,侵害毕业生的权利,影响毕业生对职业的选择。

(2)就业选择权。毕业生享有自主选择职业的权利。毕业生可以自由地选择就业地域、行业、岗位、时间、用人单位等内容,按照双向选择、自主择业的方式,任何用人单位和个人都不能干涉或者强迫毕业生的选择。用人单位可以和毕业生协商处理工作内容等事项,学校或者个人可以为毕业生提供就业意向咨询和建议,推荐和引导毕业生选择适合自己的岗位,但不能对毕业生的选择进行强制要求。

(3)就业知情权。毕业生获得用人单位就业信息的权利。在与用人单位签订就业协议或者劳动合同前,毕业生有权全面了解用人单位的行业信息、岗位信息、薪资福利、发展前景等。用人单位不得隐瞒或夸大自己的就业信息。

(4)就业平等权。毕业生在就业时享有平等的资格和权利。用人单位在录用毕业生的过程中,应保证公平、公正,不能用任何方法、手段剥夺毕业生就业的合法权利,不因性别、民族、年龄、外貌、地域、宗教信仰、文化水平和经济条件等差异而区别对待,让毕业生获得平等的竞争机会和公正的待遇等。

(5)就业隐私权。就业信息属于个人的私有信息,用人单位在获取毕业生的基本信息后,有义务对毕业生的个人信息进行保密,不得随意将毕业生的个人信息泄露、传播、遗失或是买卖,否则将承担相应的法律责任。

(6)违约求偿权。用人单位单方面违反就业协议,毕业生可向用人单位提出赔偿的权利。毕业生、用人单位、学校三方在签订协议后,任何一方不得随意毁约。如用人单位无故解约,毕业生有权要求用人单位按照协议要求对其进行相应赔偿。

2. 就业的相关法律、法规

毕业生要熟悉和掌握国家有关的法律、法规,强化自己的维权意识。一旦在求职应聘、签订就业协议和劳动合同的过程中发现有权益受到侵害的现象时,能够积极运用法律武器,争取和维护自己的合法权益。主要的法律、法规有《劳动法》《劳动合同法》《就业促进法》《劳动争议调解仲裁法》《普通高等学校毕业生就业工作暂行规定》等。

(1)《劳动法》。《劳动法》是根据宪法而制定颁布的法律,是国家为了保护劳动者的合法权益,调整劳动关系,建立和维护适应社会主义市场经济的劳动制度,促进经济发展和社会进步。从狭义上讲,我国《劳动法》是指《中华人民共和国劳动法》;从广义上讲,《劳动法》是调整劳动关系的法律法规,以及调整与劳动关系密切相连的其他社会关系的法律规范的总称。

其内容主要包括:劳动者的主要权利和义务;劳动就业方针政策及录用职工的规定;劳动合同的订立、变更与解除程序的规定;集体合同的签订与执行办法;工作时间与休息时间制度;劳动报酬制度;劳动卫生和安全技术规程等。

（2）《劳动合同法》。《劳动合同法》是关于劳动合同的法律。从狭义上讲，我国《劳动合同法》是指《中华人民共和国劳动合同法》；从广义上讲，《劳动合同法》是指所有关于劳动合同法律规范的总称。

其内容主要包括：一是立法宗旨非常明确，就是为了保护劳动者的合法权益，强化劳动关系，构建和发展和谐稳定的劳动关系；二是解决目前比较突出的用人单位与劳动者不订立劳动合同的问题；三是解决合同短期化问题。

3. 毕业生在就业过程中应履行的义务

毕业生在享有法律、法规和有关政策规定的权利的同时，也应当履行自己的义务，这些义务主要包括以下几点。

（1）认真学习、正确理解并执行国家就业方针、政策，根据需要为国家服务。

（2）接受学校毕业教育和就业指导。

（3）服从院、系就业工作的安排和管理，完成院、系布置的与就业工作有关的任务或事项。

（4）如实向用人单位反映情况。

（5）遵守择业道德和学校就业工作纪律。

（6）履行就业协议。

（7）及时如实向学院通报就业工作落实情况。

（8）按时办理离校手续，文明离校。

6.6.3　就业侵权行为及其防范

大学生在求职就业的过程中常常遭遇到各种侵犯自身权益的违法行为。大学生加强就业权益保护，将有助于高校毕业生提高对就业法律风险的防范能力，提升自身就业竞争力。

1. 就业侵权现象

（1）就业歧视。就业歧视是毕业生在求职过程中，用人单位设立的障碍。常见的就业歧视包括性别、年龄、地域等。随着就业市场的变化，就业歧视的现象也不断增多，例如院校、外貌、经验等。就业歧视侵犯了毕业生的就业平等权，阻碍了人才的正常流动。因此，要进一步规范用人单位的招聘条件。

（2）虚假招聘信息。用人单位为了吸引优秀人才，会向毕业生隐瞒自身的实际情况，或者是发布虚假信息。例如，用人单位在招聘过程中没有向毕业生准确表明薪资待遇，或者用人单位实际提供的岗位、待遇等与招聘时的表述严重不符等。这不仅侵犯了毕业生的就业知情权，还容易与用人单位产生劳动纠纷。

（3）制定不合理的协议（附加条款）。毕业生在与用人单位签订就业协议前，首先要了解签订就业协议的流程。同时还需要了解家人的支持情况、工作内容、薪资待遇、地域城市等。在签署就业协议前，要核实就业协议上的内容与附加条款的内容是否保持一致。也有个别用人单位在与毕业生签订就业协议或者劳动合同中存在霸王条款或者不合理的内容都侵犯了毕业生的就业平等权。

（4）非法窃取个人信息。毕业生在求职过程中，个人的信息遭到泄露，在一定程度上损害了毕业生的就业隐私权。例如，有些用人单位利用求职者的个人身份信息进行借贷，甚至出售毕业生的个人信息。随着网申的普及性,越来越多的毕业生通过网络渠道投递简历,用人单位如未妥善保管好毕业生的个人信息,甚至出现个人信息的外泄,毕业生有可能会接收到骚扰电话、短信,甚至盗用毕业生的个人信息伪造信息,参与违法活动,不仅会给毕业生造成很大的困扰,还有可能造成人身和财产损失。

(5) 以试用期为名招而不聘。部分单位想要节约用人成本,在工作量繁重的阶段以实习试用期为名招聘大量毕业生,获取廉价劳动力,后以用人单位没有进人指标、无法解决编制、户口等为理由,劝退毕业生。还有一些用人单位将本单位的设计项目或者研发产品以考试题目或者考核形式让参加求职的毕业生进行策划或者提供解决方案。用人单位在获得毕业生的作品或者成果后进行整合或汲取毕业生的观点或创意以完成自己的工作任务。由于其本身并没有招聘需求,在获取成果后通过各种理由拒绝招录毕业生,造成毕业生精力浪费和劳动成果损失,甚至形成对毕业生的知识产权侵犯。

(6) 肆意约定违约金。用人单位担心人才流失或者增加招聘成本,会在三方协议或者附加条款上规定几千到上万元不等的违约金,毕业生在与用人单位签约前要注意违约金的数额范围,在与用人单位签订就业协议时尽可能与用人单位协商出最低的违约金金额。如果有违约金请写明具体数额,而不是"根据具体情况计算"等模糊字句,在不设置违约金的情况下,请填写"无",切勿留空。避免毕业生在解除就业协议时只能以缴纳高额违约金为代价换取一纸解约书。另外,就业协议中涉及钱财的内容要多加留意,部分用人单位为避免毕业生随意毁约或拒不支付违约金,会向毕业生收取一定金额的保证金,并限定退还保证金的要求和条件。

2. 常见就业求职陷阱及防范提示

1) 黑中介陷阱

非法中介机构利用大学生求职心切等弱点以各种理由变相向毕业生收取各种费用,如报名费、面试费、中介费等。有的中介在收取费用后一直没有给毕业生介绍工作岗位,或者介绍的工作岗位与其承诺的内容严重不符,或者提供虚假的就业岗位,或者中介在收到费用后联系不上。非法中介不仅没有人力资源服务许可等相关资质,还冒充或伪造相关资质骗取求职毕业生信息。

防范提示:毕业生在求职时,建议优先选择公共就业人才服务机构和正规的市场中介机构,对市场中介机构要了解其是否具有相关的经营资质,经营范围是否包含职业介绍业务,是否具备《人力资源服务许可证》等。与市场中介机构签订协议时,要审查合约内容,不轻信多方口头承诺,不盲目签字。

2) 兼职陷阱

一些犯罪分子打着轻松兼职、薪酬丰厚、刷单返现等幌子对毕业生实施诈骗。此类陷阱门槛较低,以"低风险、高回报"为诱饵,以"人拉人、层层返利"发展下线,非法吸收公众资金。

防范提示:毕业生不要轻信既轻松又赚钱的好工作,应当充分了解所处行业的薪资水平,同时毕业生也要注意自己的信息安全,不要轻易向陌生人提供自己的个人身份信息,银行卡、网银等密码信息,不要随意点开陌生的网址链接。

3) 收费陷阱

用人单位或者中介机构以招聘为名,收取毕业生报名费、体检费、培训费、押金等费用。有些中介机构与不法用人单位合作,先是中介机构以推荐工作为由向毕业生收取费用,毕业生到用人单位入职时,用人单位以各种理由拒绝招录毕业生。还有些机构向毕业生承诺提供高薪岗位,以此要求毕业生缴纳更多的费用。

防范提示:毕业生在求职过程中,如果遇到用人单位以各种理由向毕业生收取各种费用,都需要谨慎对待,核实收费要求是否有法律依据。一般情况下,应聘工作本身并不会收取任何费用。如果需要收费,毕业生可以要求用人单位出具正规的发票并加盖用人单位公章,避免毕业生的权益在受到损害时,可以作为维权的依据。

4) 借贷陷阱

个别中介机构或用人单位以高薪就业作为诱饵,向高校毕业生承诺培训后包就业,但须向指定借贷机构贷款支付培训费用。培训结束后,培训机构往往难以兑现承诺,或推荐的工作与原先承诺相差甚远,毕业生可能会面临身负高额借贷又没有实现就业的不利局面。

防范提示:高校毕业生要增强辨别意识,看机构或企业经营范围是否包含培训内容,看承诺薪资是否与社会同等岗位大体一致,慎重签署贷款协议或含有贷款内容的培训协议,注意保留相关材料。一旦发现被骗,立即向有关部门报案。确有需求参加职业培训的,请到当地人力资源和社会保障部门官方网站查询正规培训机构。

5) 传销陷阱

有些不法分子瞄准大学生涉世未深、急于求职的心理,以高薪招聘、提供免费的就业创业培训等名义,诱骗毕业生参与传销等非法活动,甚至禁锢其人身自由。随着新一代信息技术的蓬勃发展,传销活动也呈现出一种新的时代特征。

防范提示:毕业生要清楚认识到传销属于违法行为,在求职过程中要了解传销的特点,对发展下线的招聘宣传,要时刻保持警惕,防止陷入传销组织。如果不慎进入传销组织,在确保自身安全的前提下,第一时间脱身报警。

6) 合同陷阱

在签订劳动合同时,某些用人单位为降低用人成本仅和毕业生签订就业协议书,或者以口头形式约定工作内容,没有签订正式的书面劳动合同。有的劳动合同缺少岗位要求、薪资待遇、合同期限等具体内容。有的劳动合同为了逃税或者少缴税款,准备两份不同薪资的"阴阳合同"。有的劳动合同包含"霸王条款",对员工的婚育、试用期、加班时长、薪资等提出不合理的要求,要求员工无条件服从。

防范提示:法律规定,建立劳动关系的双方应当订立书面劳动合同。毕业生在签订劳动合同前,应与用人单位认真协商,签订劳动合同时应仔细阅读每一条内容,切不可随意签订。要注意劳动合同是否具备《劳动合同法》规定的必备条款,特别要高度警惕劳动合同中没有法律依据的,不合理的条款,防止掉入劳动合同陷阱,难以维权。

7) 试用期陷阱

用人单位利用毕业生刚进入职场没有经验,又对相关法律不太了解,在与毕业生签订劳动合同时只签订试用期,或者超过法定上限的试用期,或者重复约定试用期。有的用人单位以试用期为由,发放低于试用期薪资的费用,不为其缴纳社会保险等。还有部分用人单位为了降低用工成本,招聘大量毕业生,为其发放试用期工资,在试用期结束后,用人单位以各种理由劝退毕业生。

防范提示:任何违反法律规定的试用期约定无效。根据劳动合同期限的不同,试用期有不同的时限限制,最长不超过6个月,同一用人单位与同一劳动者只能约定一次试用期;以完成一定工作任务为期限的劳动合同或者劳动合同期限不满 3 个月的,不得约定试用期;劳动合同仅约定试用期的,试用期不成立,该期限为劳动合同期限。试用期期间,应正常缴纳社保,工资水平不低于单位相同岗位最低档工资或者不低于劳动合同约定工资的 80%,并不低于当地最低工资标准。

8) 信息陷阱

有的用人单位为了吸引更多的毕业生,有时会故意夸大单位的行业规模、工作业绩、发展前景、薪资待遇等。有的用人单位玩弄文字游戏,对招聘岗位的描述不清楚,工作内容进行模糊化处理,将销售员、业务员等职位美化成"市场部经理""事业部总监"等有吸引力的岗位名称。

防范提示:高校毕业生可以通过企业官网、工商登记注册信息、企业信息查询软件等查询用人单位的基本信息,仔细甄别各种招聘信息。在与用人单位沟通时,要详细了解用人单位招聘的岗位名称、岗位要求、薪资待遇等,避免在签订协议或者劳动合同后发现实际的工作内容与应聘的岗位介绍不同。也可以通过学校、师生、亲友等途径了解用人单位的背景,核实用人单位信息。

3. 大学生如何有效加强就业权益的自我保护

毕业生在求职时,要谨防误入就业陷阱。通过合法、正规的渠道获取就业信息,要到学校、政府主管部门组织的正规的人才市场、公共招聘网站、官方微信公众号、经过认证的招聘软件上找工作,不要轻信他人对优厚待遇的许诺。

(1) 合理定位完善自我认知。毕业生要正确认识自己,对自己的专业水平、工作能力、兴趣爱好、职业规划等有清楚的了解,作出全方位的评估,掌握所在行业的运行态势和发展方向,在求职的过程中不因盲目听取他人介绍,高薪招聘等虚假介绍或口头承诺而迷失自我。

(2) 加强法律意识和维权意识。《中华人民共和国劳动法》对劳动合同、工作时间、休息休假、薪资待遇、职业培训、社会保险和福利等内容有明确的规定。《中华人民共和国劳动合同法》对劳动合同订立的内容、履行和变更、解除和终止、违约责任等进行了规定。毕业生在求职过程中,可以通过网络、书籍等多种渠道主动学习"劳动法"和"劳动合同法"等相关法律法规及相关政策,提高自己的法律意识,能利用法律武器维护自身的权利,保障自己的合法权益。

(3) 加强自我保护意识。毕业生要提高自我防护意识,自觉防止个人信息的泄露。在准备自己的个人简历时,尽可能不填写自己的家庭住址,身份证号码等敏感信息。在用人单位核实个人信息后,要带走身份证、毕业证、获奖证书等原件,留存给用人单位的复印件上也要清楚注明相关证件的用途。在与用人单位签订就业协议或劳动合同时要仔细核对前期与用人单位协商的内容,了解违约金的数目和其他附加条款,确实保障好自身的权益。

(4) 拒交各种名义的费用。用人单位在招聘时,以任何名义要求毕业生缴纳押金、报名费、培训费、服装费、风险金等收费行为,都属于违法行为。

(5) 不要将重要证件作抵押。有的用人单位以办理手续,保证毕业生的工作时间等理由,扣押毕业生的身份证,学生证,毕业证等重要证件作为担保。根据《中华人民共和国劳动合同法》第九条规定:用人单位招用劳动者,不得扣押劳动者的居民身份证和其他证件,不得要求劳动者提供担保或者以其他名义向劳动者收取财物。

【练习与实践】

小王是一名大三学生,暑假到一家外卖店打工,与店主口头约定每天工作4小时,每小时计酬15元,每半月发放一次工钱,工作至暑期结束。小王工作半个月后认为该店劳动强度大,自己承受不了,遂辞职。小王向店主讨要工钱,店主以小王提前辞职违反约定为由扣发一半工钱,并称其与小王约定每小时按10元计算工钱。小王不服,向当地劳动保障监察机构投诉,监察机构出面协调,店主仍拒绝支付,小王又向当地劳动人事争议仲裁机构申请仲裁,仲裁委不予受理。小王依法该如何维权?

【解析】

不少大学生都有勤工俭学的经历,为毕业后的就业提供了宝贵经验。此类纠纷比较常见,处理起来有一定难度。

首先,各类用人单位的用工形式多种多样,其中劳动关系用工是主要形式。劳动关系用工受劳动法调整,劳动者认为其劳动保障权益受到侵害,可以依法向当地劳动保障监察机构投诉举报,也可向当地劳动人事争议仲裁机构申请仲裁。非劳动关系用工是指劳务关系用工等不受劳动法调整,产生纠纷按纠纷性质可以由其他法律调整。

其次,目前我国劳动保障政策法规规定,在校学生利用业余时间勤工助学,不视为就业,与用人单位不构成劳动关系。一般认为,此类学生与用人单位构成雇主和雇员之间的雇佣关系。

再次,劳动保障监察机构可以对劳动力市场进行清理整顿,依法查处违法用工等问题,对本案小王与外卖店之间的纠纷也可以进行调解处理。

最后,本案双方基于雇佣关系产生纠纷可以通过协商处理,不愿协商或者协商不成,小王也可向基层人民调解组织申请调解,不愿调解或者调解不成,小王可以向法院提起诉讼。

【启示】

一是劳动者就业方式比较灵活,用人单位选择何种形式用工也有自主权,因此高校毕业生在求职前必须清醒地认识到即将与用人单位形成的是劳动关系还是非劳动关系,只有劳动关系状态下自身的权益才受劳动法的保护;二是无论与用人单位形成何种用工关系,为有效维护自身合法权益,在提供劳动前最好签订相关协议或合同,明确提供劳动的时间、报酬标准及违约责任等,在提供劳动过程中也要注重相关证据的收集与保存,为今后争议处理提供必要的条件,这样才能有效维护自身合法权益。

【学习延伸】

按照我国劳动保障政策法规的规定,用人单位在招聘时可以设置不同的条件,高校毕业生在就业前应当了解以下就业限制。

(1) 我国劳动法对劳动者就业有年龄限制,即劳动者年满16周岁且具有劳动能力;在校生利用业余时间勤工俭学不视为就业,与用人单位不构成劳动关系;外国人需要经人力资源和社会保障部门许可后方可在内地就业等。

(2) 特种作业人员需要按国家有关规定经过专门的安全作业培训,取得特种作业资格证书,方可上岗。高校毕业生到用人单位从事特殊作业的可以自行参加培训,也可以入职后由用人单位组织参加培训,取得特种作业资格证书。

(3) 有些用人单位确属生产经营或管理需要,在不存在就业歧视的情况下,可以对求职者年龄、性别、学历、专业技术等级等方面设定条件,甚至对高校毕业生毕业年限作出限制等。

(4)高校毕业生就业与用人单位招聘是双向选择的过程,以国有企业为代表,不少用人单位都通过笔试、面试、体检、资格审查等环节招聘员工。因此,高校毕业生在求职前应当做好相关知识和技能的储备,为顺利入职创造必要的条件。

资料来源:临泉县人力资源和社会保障局. 高校毕业生就业权益维护指引. 临泉县人民政府网. 2022-06-29. https://www.linquan.gov.cn/jcsd/detail/content/62bba5338866885c3a8b4568.html.

【复习与思考】

(1)如何高效鉴别、收集和筛选就业信息?

(2)准备好简历等求职自荐材料的要点是什么?

(3)如何做好求职择业过程中的心理调试?

(4)面试和笔试有哪些要求和技巧?

(5)签订就业协议和劳动合同要注意哪些?

(6)常见的就业陷阱是什么?在求职择业过程中大学生如何运用法律手段维护自己的合法权益?

第7章

大学生创业

【学习目标】

(1) 了解何为创新,何为创业。

(2) 认知大学生创业。

(3) 了解创业的关键要素。

(4) 熟悉创业的商业模式。

(5) 掌握商业计划书的编写要求与规范。

7.1 创新与创业

案例引导

在科技飞速发展的今天,各行各业都面临挑战和被挑战,任何新发明、新创造、新想法,都有可能带来相关产业的颠覆与变革。大学生肩负着建设未来的重任,是实现大众创业万众创新的生力军。所以在大学生中唱响创新创业这个时代主旋律,是推动社会发展的内驱力。

习近平总书记在党的二十大报告中做了关于促进我国创新创业和经济发展的重要论述,提到"坚持科技是第一生产力、人才是第一资源、创新是第一动力,深入实施科教兴国战略、人才强国战略、创新驱动发展战略,开辟发展新领域新赛道,不断塑造发展新动能新优势""加快实施创新驱动发展战略,加快实现高水平科技自立自强,以国家战略需求为导向,集聚力量进行原创性引领性科技攻关,坚决打赢关键核心技术攻坚战,加快实施一批具有战略性全局性前瞻性的国家重大科技项目,增强自主创新能力""强化企业科技创新主体地位,发挥科技型骨干企业引领支撑作用,营造有利于科技型中小微企业成长的良好环境"等。

7.1.1 创新创业的关系

创新与创业教育都是顺应时代要求而产生的,在宏观价值追求上具有一致性,在内容与最终目标上具有相似或相同性,在人才培养上具备互补性。如果说创新是起因,那么创业则是结果;如果创业是梦想,那么创新则是梦想的起点。所以在大学开展创新与创业教育,从来都不能分割而谈,反之,应当有机实现两者的统一。同时,考虑到国家近年来对人才培养的要求,创新教育应当侧重于对学生潜能的挖掘和培养,使学生具备对业务或者渠道开展拓展的能力;创业教育应当侧重于对个人价值的培养,旨在通过对创新精神和能力进行培养学生的价值取向。创业作为就业渠道的拓展,是创新能力的实践,所以在指向性上更加精确,内容上更加丰富与具体。

创业与创新有着密切的联系。创业开创的是一种实业,创新则是指创造一种新的理念或新的技术。创业最好的实现形式是引用创新的成果,而创新又最好融合到创业的实践中,这样才能有利于发展。可以说,创新是创业的手段,创业者只有通过创新,才能使所创的企业生存、发展并保持持久的生命力。而创新则是创业实现的核心,创业者通过创新不仅实现创业,也落实了创业精神。大学毕业生创业,应当注重锻炼创新意识、创新思维、创新技能及创新品质。

1. 创新是创业的基础

创新和创业是密不可分的实践活动。可以说,没有创新,创业就无从谈起,创新也并非凭空出现,任何事物的创新,都要基于对事物客观规律的准确把握。新产品的开发、新材料的采用、新市场的开拓,甚至是新管理模式的推行等,都必须有创新的思维作先导,所以创新是创业的基础。

2. 创新的价值在于创业

创新本身是不带有价值的,但其潜在的知识、技术和商机如若能够转化为产品与服务,则能够创造财富。反之,如若没有创业作为实践,新想法、新点子便无法转化为产品进入市场,创新也就没有了意义。人们生产生活方式的变革通过科技和思想观念的创新而不断发展,不断推动社会产生新的消费需求,促进创业的产生。

3. 创业蕴含着价值创新

创业和创新虽然是两个概念,但两者在本质上是一致的。任何一个获得市场青睐的企业都能够创造价值。而创业者之所以进行创业,就是把创新的产品或让用户满意的服务以买卖的形式推向市场,从而使其增值。因此,创新的本质是敢于突破旧的思维和常规,创业的本质是创新,创业的过程就是不断创新的过程。

4. 创业能深化创新

创业就是让新发明、新创造不断涌现,营造出旺盛、紧俏的市场需求,使得创新的经济价值、社会价值等得以实现,在科技层面实现科技的进步,从社会层面推动经济转型与发展,从国家层面提升国家的综合国力。

具备创新精神仅仅只是为创业提供了可能性和必要的准备,如果脱离了创业实践,创新精神也就成了无源之水、无本之木。创新精神所具有的意义,只有作用于创业实践活动才有可能最终催化创业的成功。

因此,创新与创业要有机融入,相辅相成。在当今经济全球化、信息网络化、竞争国际化的新形势下,自主创新是创业企业立足于市场的根本保证,是推动创业企业发展的无形力量。

7.1.2　创新

如若回顾人类发展的历史,不难发现每一次重要发现都与创新息息相关,不论是思维创新,或是方法创新,甚至是工具创新,都基于人类对现有世界的不断探索与追寻。可以说,在现代科学史上,许多重大科学发现本身就是科学思维、科学方法或科学工具的创新。

科学技术发展到一定程度,就会形成新的方法,新的方法又推动了新一轮的科技进步,这是一个相辅相成、螺旋式推进的过程。科学研究没有一成不变的模式,它需要新的方法和新的思维。创新思维是可以通过研究、学习、归纳、训练而得到激发和提升的。而创新方法如同打开创新之门的钥匙,涉及的逻辑、技巧、手段本身就是集中了经验之后总结出的规律,是智慧的结晶。

创新即创造新的事物,与旧相对。该词源自西方拉丁语,原词具备三层含义:①对原有的东西进行替换;②创造出原来没有的东西;③对原有的东西进行发展和改造。随着创新的发展,现如今的"创新"一词已经被赋予了新的含义,其适用范围也被扩展到了社会各个领域,因此衍生出了很多新名词,如理论创新、制度创新、文化创新、经营创新、科技创新、教育创新等。

所以对于创新的理解,不应该局限在将其理解为"创造出新东西",其含义有广义和狭义之分。从广义上说,创新是指对社会和个人的创新产物的统称。狭义上说,创新是指以现有的思维模式提出有别于常规或常人思路的见解为导向,利用现有的知识和物质,在特定的环境中,本着理想化需要或为满足社会需求而改进或创造新的事物、方法、元素、路径、环境,并能获得一定有益效果的行为。

所以现有教育体系中对于创新能力的训练,实际上是一种思维模式的锻炼,使得机械性地按照过去的经验或规范准则思考问题成为过去,能够对问题抱有求证的态度,能够随时根据新情况与新问题,寻找与众不同的、富有新意的解决办法,勇于突破常规思维的局限。

当下的社会发展已经进入了一个极速时代,以科学知识体系为主的社会进步在各个领域发生着变革,改变着人们的生活。创新能力已经成为衡量一个国家和地区综合实力的重要指标。建设创新型国家和创新型省份的核心任务就是要增强自主创新能力。"自主创新,方法先行",创新方法是提升自主创新能力,实现科技跨越式发展的关键。

7.1.3　创新的分类

创新的最终导向是产生成果,所以近年来国内外学者基于成果内容本身,对创新进行了不同分类。

1. 根据创新成果是否具有原创性分类

根据原创性,创新成果可以分为原始创新和改进创新。前者是指重大科学发现、技术发明、原理性主导技术等原始性的创新活动。后者是对原有的科学技术进行更新与完善。例如,飞机的诞生是个原创性的发明,但飞机在飞行距离,承载量以及飞机功能上的不断改进与创新,均为改进创新。针对改进创新,可以进一步分为材质的改进、原理结构的改进和生产技术的改进等。

2. 根据创新成果是否具有首创性分类

根据创新成果是否具备首创性,可以将其分为绝对创新和相对创新。前者是指在世界范围内的首次实现,例如奠定了经典物理学基础的万有引力定律。相对创新则是指不考虑外界环境,实现在原始成果基础上新的突破,例如对物理学理论的实践应用。

3. 根据创新成果是否具有独创性分类

基于创新成果是否具有独创性,创新可分为自主创新和模仿创新。

自主创新是指以自主知识产权的独特的核心技术为基础,实现新产品价值的。模仿创新则是通过引入技术、开展模仿等方式开展创新活动,一般包括完全模仿和模仿后再创新两种模式。模仿创新随着知识产权保护意识的不断增强,专利申请和保护制度的不断完善,未来再想实现快速的进步也将受限于核心技术不再随意共享。

4. 根据创新成果的内容不同开展分类

创新在当下社会各个领域开展,所以根据成果内容本身,创新可分为科技创新、制度创新、观念创新、文化创新、教育创新、理论创新、营销创新等。

7.1.4　创新思维

人工智能的发展使得部分人力为主的工作得以被替代,刷脸、指纹验证、自动送餐机等已经进入到人们的生活中,高科技已然随处可见,所以重视创新方法的研究和推广在这样的时代背景下就显得尤为重要,尤其对于大学生而言,掌握创新方法并不断应用,在学习知识的同时不断创新,有助于增强整个社会的自主创新能力,强化国家国际竞争力,最终实现跨越式发展。

实现创新并非难事,掌握创新思维也并非难事,日新月异的创新源自人们的创新思维。创新思维是创造者利用已掌握的知识和经验,从某些事物中寻找新关系、新答案,创造新成果的高级的、复杂的、综合的思维活动。每个人都具有创新思维,但并非每个人都能够使用它,创新思维是孕育创新的基础。

1. 发散思维

发散思维也叫扩散思维,即从原始待解决问题出发,朝四面八方延展思维,充分发挥思考力,直到在某个方向上最终找出解决方法。对此,方法数量越多越好,且衡量标准有三个:流畅度、变通度和独特度。让我们从如下案例来理解衡量标准。

例如,从"一个盆有什么用?"出发思考该问题,你能回答什么?

假设就上述盆的用法能够回答五个答案:和面、洗菜、洗手、盛水、装菜。这样的答案便可以判定为具备了流畅度,但却缺乏变通与独特,因为盆的作用均局限在其作为容器的一种方式中。

假设回答增加了烧水、煮饭这两个作用,那么答案就具备了变通性,因为增加了其作为烹饪的用途。

假设还能回答出制作面点的作用,就实现了独特性,即使答案仍旧属于模具,但其回答跳出了既定答案范围外。

数量并不能成为找寻问题解决方案的目标,但如果能在流畅度、变通度和独特度三个维度上做到突破,那么离创新也就仅剩一步之遥。

2. 收敛思维

收敛思维也称集中思维,是以某个思考对象为中心,从不同的方向和不同的角度收敛思维,寻找通向中心问题的解决方案。

收敛思维与发散思维是从思维方向上来说是正好相反的,发散思维是由核心一点指向四面八方寻找解决方案,收敛思维则是由四面八方指向核心的一点找寻思路。

实践应用中,往往是先发散思维,越充分越好,在发散思维的基础上,再收敛思维,从多个方案中选出一个最佳方案,同时,再把其他方案中的优点补充进来,让选出的方案更加完善。这就是人们常说的"从量求质"的一个策略。

举个实际发明的例子,如果围绕"洗"这个关键问题陈列不同种类的洗涤方法,如用洗衣板搓洗、用刷子刷洗、用棒槌敲打、在河中漂洗、用流水冲洗、用脚踩洗等,并对上述各种方法开展分析和综合。例如敲打、搓洗等,均借助的是外力与衣服之间产生力的碰撞,冲洗利用的则是水的流动。

上述过程便是洗衣机的诞生过程,在综合分析洗衣服的各种方法基础上,结合物理学的离心力基本概念,由此应运而生。而上述对"洗"的各种方法综合归纳的过程,便是收敛思维的最好体现。

3. 变通思维

"随机应变""举一反三""穷则变,变则通"一些耳熟能详的说法均体现着变通思维,变通思维本身就是从新视角或者新思维出发,从而实现在思考路径或解决方案上的突破,中国历史中有很多变通思维的结晶,如成语"左右逢源",原始意义用来表达到处都能遇到充足的水源,后在演化过程中用来比喻做事得心应手,非常顺利。又如成语"随机应变",指若遭遇意外的情况,则能够灵活机动地应对。成语"随波逐流"原意用来形容波浪起伏,跟着流水飘荡的状态,后被用来批判没有坚定立场,缺乏判断是非能力,只能随着别人走的人。诸如此类的成语还有很多,均是历史上成功使用过变通思维的证据。

4. 类比思维

类比思维包括两方面的含义:(1)联想,由新信息引起的对已有知识的回忆与发展;(2)类比,在新、旧信息间找相似和相异的地方,类比相关信息,是个兼具模仿与创新的过程,可以实现思维的升华。

很多来自人类对大自然探索和模仿的结果最终都成就了改变人类历史的发明。例如,人类基于对鸟的观察,分析鸟飞行的奥秘,并因此而制成了飞机,蜻蜓羽翅的减振结构也给人类带来了灵感,解决了飞机高速飞行下,机翼强烈振动给乘客带来的困扰。

5. 跳跃联想

跳跃联想是大脑突破惯性思维的束缚,跳出常识与常规层面发现解决方法,是人们认知中的"灵感"。试通过下列游戏分析跳跃联想。

游戏规则:在纸上快速写出由一个词所联想到的其他词汇,如"大海—鱼—渔船—天空……"尽可能多地开展联想。

游戏要求:试从"电"这个词开始快速展开联想,在三分钟联想到的词汇越多越佳。

回答①:电—电话—电视—电线—电灯—电冰箱—食品—鸡蛋……

回答②:电—风筝—节日—情人—红豆—袁隆平—荣誉—军人……

显然,第一个回答中词与词之间的联想难度小,外人很容易理解;第二个回答的思维跳跃度大,词与词之间的联想难度比较大,所以对于理解两个词之间的关联,是需要思考一下的。比如电与风筝这两个词之间的联想就并非通过一般途径可以想到,实际上,完整思维过程应当是:电—富兰克林—实验—风筝。只是回答者在表述的时候,思维快速跳跃省去了其中的两步,直接由电联想到了风筝。这种大跨度跳跃式的思维方式容易激发大脑中的灵感。富兰克林因为闪念的灵感,大胆预测实验室的雷电与天空中的雷电本质均是"电",并以此原理发明了避雷针。

创新思维还有很多种类型,如逆向思维、形象思维、多维思维、变异思维、超前思维和综合思维等,在此就不一一赘述了。

虽然具备创新思维是实现创新的基础,但要注意的是具备创新思维不能完全解决问题,很多时候还需要选择正确的方法,实现正确的应用,所以接下来将会介绍一些专业的思维工具。学习和掌握这些专业工具来辅助思考,发挥其作为撑杆的作用,帮助使用者达到凭本能无法企及的高度。

7.1.5　创新方法

"发明问题解决理论"(theory of the solution of inventive problems,TRIZ)是根里奇•阿奇舒勒(GS. A1 tshuller)与学者们一道,用了将近 50 年时间对世界上 250 多万件专利文献加以搜索、研究、整理、归纳、提炼后,所建立的一整套系统化、实用性地解决发明问题的理论、方法和体系。

经过分析,在所有 250 万份中,仅仅只有 4 万份是发明专利,剩余的均是某种程度的改进与完善。因此,不难看出,创新所寻求的科学原理和法则是客观存在的,技术的发展并非随机,而是遵循一些进化规律。在后来的一次次发明创新中得到反复应用与实践,只是被使用的技术领域不同而已。人类根据规律可预测技术系统未来的发展方向。

1. 九屏幕法

练习多屏幕思维方式可以锻炼人们的创造力和在系统水平上解决任何问题的能力。九屏幕法可以帮助重新定义任务或矛盾,从而找出解决问题的新途径。

对某个庞大的技术系统而言,工作流程、能量流动等往往盘根错节,借用九屏幕法,通过多层次、多方位等一切与当前问题所在系统相关的系统去分析,从而找到解决方案。

该方法分为纵轴和横轴,纵轴为空间,考察当前系统、其子系统和超系统,横轴为时间,考察三个系统状态的过去、现在和未来,了解技术或者工艺前一项和后一项状态是什么。

所谓系统指的是事物本身的构成,超系统可以理解为高层次系统,是系统的"上级单位",不仅需要系统作为组成部分,也要求系统实现与其他部分的相互作用。子系统可以说是系统的"下级单位",是构成系统的基础层级,系统本身便是由若干个相互作用的子系统所构建而成。

系统以当下为中心,过去指的是发生在当前问题之前的系统,需要考虑的是如何利用过去的事情来防止问题的发生,以及如何改变过去的状况来防止问题发生或减少当前问题的有害作用。未来则是指发生当前问题之后的系统,需要考虑的是如何利用以后的事情,以及如何改变以后的状况来防止问题发生或减少当前问题的有害作用,如图 7-1 所示。

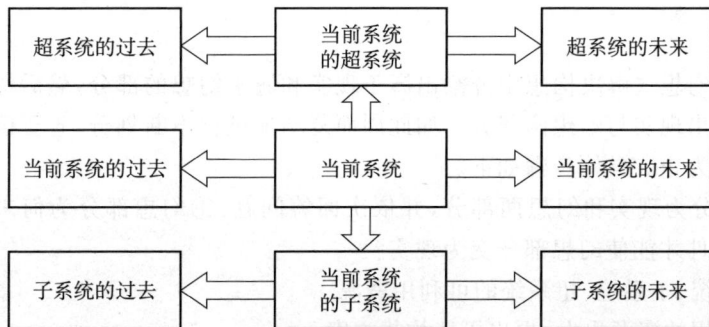

图 7-1　九屏幕法示意图

资料来源:赵新军,孔祥伟. Triz 创新方法及应用案例分析[M].北京:化学工业出版社,2020:22-23.

要应用九屏幕法,首先要绘制简图如图 7-2 所示。

	过去	现在	未来
超系统		3	
系统	4	1	5
子系统		2	

图 7-2　九屏幕法简图表

资料来源:赵新军,孔祥伟.Triz 创新方法及应用案例分析[M].北京:化学工业出版社,2020.

绘制简图后,按照表 7-1 的九屏幕步骤表逐项填写。

表 7-1　九屏幕步骤表

步骤	内　　容
第一步	画出九屏幕法简图,将要研究的技术系统填入格 1
第二步	考虑技术系统的子系统和超系统,分别填入格 2 和格 3
第三步	考虑技术系统的过去和将来,分别填入格 4 和格 5
第四步	考虑超系统和子系统的过去和将来,填入剩下的格中
第五步	针对每个格子,考虑可以用的各种类型的资源
第六步	利用资源规律,选择解决技术问题

下面以解析汽车为例,分析以下技术系统,试理解九屏幕法的应用,如图 7-3 所示。

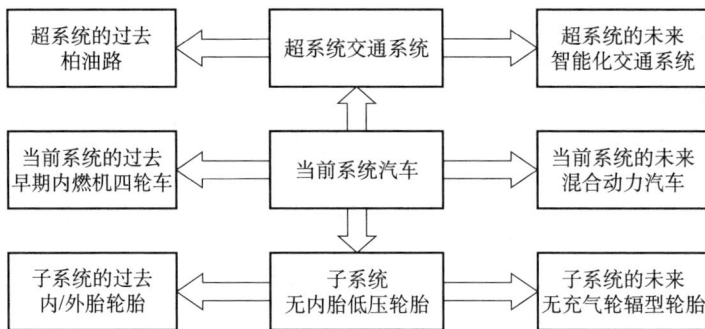

图 7-3　九屏幕法解析汽车技术系统

资料来源:赵新军,孔祥伟.Triz 创新方法及应用案例分析[M].北京:化学工业出版社,2020.

2. 金鱼法

金鱼法是从幻想式解决构想中分割出属于现实和属于幻想的部分,然后继续从解决构想和幻想部分分割出现实与幻想两部分。如此周而复始地进行不断划分,直至确定问题的解决构想能够被实现为止。具体步骤如下。

(1) 将问题分为现实和幻想两部分,并依次回答问题:①幻想部分为何未实现?②需要具备什么样的条件才能使幻想部分变为现实?

(2) 列出系统、子系统、超系统的可利用资源。

(3) 从可使用的资源出发,提出可能构想方案。

(4) 剥离出构想中不现实的点,再次回到第一步,重复(1)到(4)的步骤。

不断划分出剥离幻想的部分,缩小需要解决的问题核心,最终集中精力解决这个部分的问题,就能实现全部问题的解决。

下面通过解析能够漂浮的地毯,试理解金鱼法的简单应用。

(1) 将如何实现能够漂浮的地毯作为主题。分割为现实和幻想两部分。

现实部分:地毯的密度远远大于空气,简单来说,比空气要重;幻想部分:地毯能够飘浮在空中。

回答问题①:幻想部分为何未实现?

回答:地毯质量大于空气,加上地球引力的作用,所以地毯飞不起来。

回答问题②:需要具备什么样的条件才能使幻想部分变为现实?

a. 有来自外界施加的额外的力的作用;

b. 如果地毯的重量能够等于甚至小于空气的重量;

c. 不受地球引力控制的环境。

(2) 列出系统、子系统、超系统的可利用资源。

超系统:地球磁场、重力场等。

系统:地毯的质量等。

子系统:构成地毯的材质与材料。

(3) 从可使用的资源出发,提出可能构想方案。

① 为地毯提供鼓风机自下向上吹动。

② 将地毯送入宇宙空间。

③ 充气的地毯,充入氢气。

④ 利用磁悬浮原理,给地毯安装磁轨道

(4) 剥离出构想中不现实的点,再次回到第一步,重复(1)到(4)的步骤。

① 地毯的质量一般比较大,所以一般鼓风机无法吹得动地毯本身,且如果受力不均,地毯可能会向各种方向倾斜,以至于最终失去平衡。

② 地毯材质一般偏软,所以如果使用磁悬浮技术保证其按照既定轨道运行可能有难度。

……

例子进行到这里不难看出,能够飘浮于空中的地毯正在逐渐现实化,在解析过程中也诞生了很多有趣甚至是可以落地的创意。上述简单的应用展示了金鱼法的本质,从幻想式构想中分离出现实部分与不现实的部分,对于后者,通过引入其他资源,将不现实想法变为现实,并继续对不现实部分进行分离,直到最终所有分析全部变得可实现。

【练习与实践】

1. 创新能力测试

下面是 20 个问题,要求按照个人实际情况回答。如符合情况,则在括号内画"√";如不符合,则在括号内画"×"。

(1) 听别人说话时,你总能专心倾听。　　　　　　　　　　　　　　(　　)

(2) 完成了上级布置的某项工作,你总有一种兴奋感。　　　　　　(　　)

(3) 你观察事物向来很细致。　　　　　　　　　　　　　　　　　(　　)

(4) 你在说话以及写文章时经常采用类比的方法。　　　　　　　　(　　)

(5) 你总能全神贯注地读书、书写或者绘画。　　　　　　　　　　(　　)

(6) 你从来不迷信权威。　　　　　　　　　　　　　　　　　　　　（　　）

(7) 你对事物的各种原因喜欢寻根问底。　　　　　　　　　　　　　（　　）

(8) 你平时喜欢学习,钻研问题。　　　　　　　　　　　　　　　　（　　）

(9) 你经常思考事物的新答案和新结果。　　　　　　　　　　　　　（　　）

(10) 你能够经常从别人的谈话中发现问题。　　　　　　　　　　　（　　）

(11) 当你从事带有创造性的工作时,经常忘记时间的推移。　　　　（　　）

(12) 你能够主动发现问题,以及和问题有关的各种联系。　　　　　（　　）

(13) 你总是对周围的事物保持好奇心。　　　　　　　　　　　　　（　　）

(14) 你能够经常性地预测事情的结果,且预测结果准确。　　　　　（　　）

(15) 你总是有新设想从脑子里涌现。　　　　　　　　　　　　　　（　　）

(16) 你的观察力,找出问题和提出问题的能力都很强。　　　　　　（　　）

(17) 你遇到困难和挫折时,从不气馁。　　　　　　　　　　　　　（　　）

(18) 你在工作遇到困难时,常能采用自己独特的方法去解决。　　　（　　）

(19) 在问题解决过程中找到新发现时,你总会感到十分兴奋。　　　（　　）

(20) 你遇到问题时,总能从多方面、多途径探索解决它的可能性。　（　　）

评价:请计算上述画√题目的数量,如果有18～20道题画√,则证明创造力很强;如果有14～17道题画√,则证明创造力良好;如果有10～13道题画√,则证明创造力一般;如果低于10道题画√,则证明创造力较差。

资料来源:张琪.互联网＋创新创业项目运作[M].大连:东北财经大学出版社,2021:10-11.

2. 实际问题解决

试使用"发明问题解决理论"(TRIZ)解决下述问题:现需要给运动员打造一个大型的游泳池来练习长距离游泳,如若单纯扩大游泳池的占地面积,造价会相应增加。如若要使用小型游泳池且保持成本低廉,怎样才能满足运动员需要练习长距离游泳的需求?

参考答案如下。

(1) 将问题分为现实和幻想两部分。

现实部分:小型、造价低廉的游泳池待改造,以满足长距离游泳。

幻想部分:小型游泳池不改造就实现单方向、长距离游泳训练。

回答问题①:幻想部分为何未实现? 因为小型泳池内大小有限,运动员很快能游完某个固定长度,如要实现长距离游泳,需要改变游泳方向。

回答问题②:需要具备什么样的条件才能使幻想部分变为现实?

① 运动员体型极小;

② 运动员游速非常慢;

③ 运动员游动时能够停留在同一位置,速度很快,但距离为0。

(2) 列出系统、子系统、超系统的可利用资源。

超系统:天花板、墙壁、空气、游泳池供水系统、游泳池排水系统。

系统:泳池的面积、泳池的体积、泳池的形状。

子系统:泳池底、泳池壁、水。

(3) 从可使用的资源出发,提出可能构想方案。

① 将运动员固定在泳池的某个地方,可以实现游泳有速度,但无距离。

② 水的摩擦阻力极大(如在泳池内灌注黏性液体)。

③ 运动员逆流游动(如借助供水系统的水泵,泳池内形成反方向流动水流)。

④ 泳池为闭路式(即环形泳道)。

资料来源:冯研,贾鸿莉,曹雯雯.创新方法学[M].北京:科学出版社,2016:5-33.

7.2　认识大学生创业

当下这个时代为大学生创业提供了最好的机遇,而深刻了解机遇本身,对于大学生践行使命担当,实现个人理想,是必要且重要的。

7.2.1　创业的基本概念

创业是一种精神、一种理念、也是一种行为和活动。

1. 创业的含义

从词义上看,创业,通常被人们看作是开创事业的举动。从该字的结构上去看,由"仓"和偏旁部首立刀旁组成,该字取了"仓"之声,取"立刀"之意,即用刀在没有裂口的地方砍出伤口即为创。据此,不难理解"创"所组成的词组,如创造、首创、开始、开拓、创新等,均有着从无到有的意义。

在中国历史文化中,"仓"一般是囤积粮食的地方,那么如果再加上一个"立刀(刂)",可以理解为出于储存的目的,用刀将成熟的庄稼割下。所以,"创"又有收获、积累、储藏的含义。

"业"一般指事业、家业、职业、基业等。

所以,"创业"一词也可以看作是"创"和"业"的意思组合,理解为开创事业或积累财富的过程,创业的精神实质就是开拓创新。

创业从范围上来说,有广义和狭义之分。广义上的创业泛指人的一切具有开拓意义的社会变革行为,如人们创造出新的事业等。狭义的创业是指个人或团队整合一切外界的资源和力量,寻求机会创立实业或企业,谋求发展、创造价值的一种经济活动。

2. 创业的类型

创业的分类可谓是多种多样,但大学生的创业类型较为集中,常见的可以粗略分为以下几个类别。

(1) 基于创业动机的不同,可分为机会型创业与生存型创业。机会型创业是指感知到商业机会的人实现自愿开发,这类创业或带有明显的个人偏好或是创业者因目标明确而做出的选择,所以创业者往往为了追求更高的理想或是更多利益而开创企业;与之相对的是生存型创业,指创业者由于没有其他就业选择或是因为对现状不满意而从事的创业活动,如一些失业者的创业选择。

(2) 基于创业项目的不同,创业可以大致分为传统技能型、高新技术型和知识服务型。传统技能型如若加入独特的技艺或配方,会使该项目在商场上独具优势,较之其他两项能够具有更为长久的生命力。高新技术型创业往往在科技领域实现前沿性、研究性的开发,是集知识和技术为一体的创新型活动,技术型企业的收入来源有一半以上来自于技术性收入与高科技产品的产值。知识服务型创业是指为人们提供知识与信息服务的创业,具备投资少、见效快的特点。

（3）根据初始创业人员构成，创业还可以分为独立型创业与合伙型创业。独立型创业中，创业者为自身的活动负完全的责任，在企业决策中具有话语权，获得的利益也是最大的，即权、责、利高度统一，如个体工商户。合伙型创业是指由两个以上的创业者通过订立合伙协议，共同出资、合伙经营、共享收益、共担风险，对合伙企业的债务承担无限连带责任的创业模式。

7.2.2　大学生创业时代

大学生是最具创新、创业潜力的群体之一，是大众创业、万众创新的生力军。为具备创业潜力的大学生群体开放创业渠道与资源、营造出一个适合创业的大环境是必要且重要的。

当今世界已经进入到了创业型经济时代，技术与人才成为了唱响时代旋律的主流，社会大环境下，法律法规正在逐渐得到规范，社会环境逐渐得到优化，创业扶持政策相继出台，大学生可以说是获得了难得的历史机遇。

1. 法律法规正在逐渐得到规范

我国宪法明确规定："国家保护个体经济、私营经济等非公有制经济的合法的权利和利益。"国家通过逐渐取消私营企业的市场准入条件，在各类各级法律中制定条款，保障企业的利益。多年来，私营经济已经成为我国的主要经济线之一。

从政策上我国也为初创企业的壮大与发展保驾护航，例如简化公司注册登记手续，明确公司可以以一人有限责任公司的形式建立，下调注册资本的最低限额，且出资形式既可以是货币，也可以是实物、知识产权、土地使用权等非货币财产，规定公司的注册资本可以在两年内分期缴足等。

2. 社会环境逐渐得到优化

针对大学生创业过程中可能遇到的融资问题，推出如银行贷款、融资担保、风险投资，产权交易等多项举措。部分政策还专门针对大学生创业提供优惠，例如各类企业孵化器、高新园区、企业服务中心、创业指导机构等不断建立实体，不断完善服务，帮助初创企业度过因地点和经营而产生的不稳定期，保障企业能够顺利启航。

"返乡创业"的倡导已成为了主流，传统观点"创业是不务正业"遭到了挑战与打破，社会已经形成了鼓励大学生创业的社会舆论和文化环境。

3. 创业扶持政策不断完善

国家对大学生创业的政策支持，探索期是1999—2002年，基本和创业教育的启蒙期有重叠之处。在这一时期政府政策大多属于原则性规定，对创业主要是精神鼓励和支持。2003—2007年，随着大学扩招之后的毕业生逐步走向就业市场，待就业人数剧增，就业形势开始严峻，一般行业的创业得到政府的关注和重视，提供了许多实质性优惠政策。2008年至今，多部门参与到全面改进创业环境的政策制定和执行当中，多层次多角度保障创业工作的顺利开展，创业重心逐渐转向高科技领域。

4. 创业教育获得蓬勃发展

2015年5月，国务院办公厅下发的《关于深化高等学校创新创业教育改革的实施意见》，进一步将创新创业教育提升至国家发展的战略高度，明确了人才培养质量标准、培养机制、课程体系、教学方法和考核方式等改革重点方向朝着多元化、个性化、特色化方向发展。随后，国务院出台《关于大力推进大众创业万众创新若干政策措施的意见》《关于加快构建大众创业万众创新支撑平台的指导意见》，指出要健全创业人才培养与流动机制、加强创新创业知识普及教育、完善创业课程设置和导师队伍建设、建立创新创业绩效评价机制，加快发展"互联网＋"创新创业，构建以创新创业链为基础的资金链、产业链、就业链和平台空间相联动的普惠性、立体化、全方位的政策体系。2018 年，国务院下发《关于推动创新创业高质量发展打造"双创"升级版的意见》，明确要求高校推广创业导师制，将创新创业教育纳入必修课体系，深化产教融合和实习实训。

7.2.3　大学生创业具有重要意义

从大学生自身来说，创业不仅仅对大学生自身有着重要意义，例如个人能力得到提升、个人目标得到明确、个人能力得到锻炼等，同时也对社会与国家的进步带来重要意义。

1. 创业对大学生自身的意义

创业在大学生个人层面体现的，主要是自我完善与自我发展成就的实现。当代大学生创业者推崇活跃的创新思想，更容易走到潮流与科技前沿，接受新鲜事物，有着对未来发展的乐观主义，也有着对解决社会问题的使命感，这些是当代大学生的特质，也是他们创业的动力源泉。相比于其他历史时期，当代大学生群体具备更加强烈的精神动机来开展创新创业活动，为自己带来个人事业的发展与个人财富的增长。

2. 创业对社会的意义

大学生积极开展创业活动，是新时期新一代青年的责任与担当。从社会发展层面出发，可以看到创业价值与维持社会稳定、减少社会分配不公之间不可分割的联系。试想一名大学生创业者依靠自身专业技术，投身于科技型小微创业，制定符合企业发展方向和规律的战略，并因此提供了大量就业岗位，解决在分配差距方面的问题，为消除低收入和绝对贫困做出了贡献。

大学生创业对就业的影响可谓不言而喻。疫情使得全球经济市场都需要时间来恢复，就业市场供求出现较大差异，且市场结构的调整与更新日新月异，依靠传统农业和城镇工业释放就业压力的空间已然不多。所以如果能够通过大学生创业带动就业，促成社会分配、社会秩序和社会结构加速变化，促进新型社会价值观重构，那么为整个中国社会发展所做出的贡献将无可估量。

【练习与实践】

创业能力及个性测试

要求依据个人实际情况，按照"4：非常符合；3：一般符合；2：不符合；1：完全不符合"的标准在下列 15 道题目后的括号内填写对应的数字。

(1) 在急需做出决策的时候，你总是在想：再让我考虑考虑。　　　　　　　　（　　）

(2) 你总是为自己的优柔寡断找借口，例如："这么重要必须要慎重考虑，怎么能轻易下结论呢？"　　　　　　　　（　　）

(3) 你经常为避免冒犯某个或某几个有相当实力的客户而有意回避一些关键性的问题。
　　　　　　　　（　　）

（4）你在已经有了很多写报告用的参考资料的情况下,仍然寻求同事的帮助,为你提供信息。　　　　　　　　　　　　　　　　　　　　　　　　　　　　　　（　　）

（5）处理往来函件或文件时,你读完就扔进文件框,不会分门别类放置在特定地点。　　　　　　　　　　　　　　　　　　　　　　　　　　　　　　（　　）

（6）无论遇到什么紧急任务,你都先处理琐碎的日常事务。　　　　　（　　）

（7）必须在巨大的压力下你才肯承担重任。　　　　　　　　　　　　（　　）

（8）如有事件妨碍你完成重要任务时,你无法轻易屏蔽干扰?　　　　（　　）

（9）你在决定重要的行动计划时常忽视其后果。　　　　　　　　　　（　　）

（10）当你需要做出可能引起争议的决策时,会找借口逃避不去面对。　（　　）

（11）你总是在快下班时才发现有要紧事没办,只好晚上回家加班做。　（　　）

（12）你会因不愿意承担艰苦的任务而寻找各种借口。　　　　　　　（　　）

（13）你经常会遇到一些让你为难或是难以解决的困境,但却从来没有预感过其发生。　　　　　　　　　　　　　　　　　　　　　　　　　　　　（　　）

（14）你总是拐弯抹角地宣布可能得罪他人的决定。　　　　　　　　（　　）

（15）你总是喜欢让别人替你做自己不愿做的事。　　　　　　　　　（　　）

请计算写入括号内的总数,匹配下列评分区间查看诊断结果。

50~60 分:你的个人素质与创业者相差甚远。

40~49 分:你不算勤勉,应彻底改变拖沓、效率低的缺点,否则创业只是一句空话。

30~39 分:你大多数情况下充满自信,但有时犹豫不决,不过没关系,这有时候是成熟、稳重和深思熟虑的表现。

15~29 分:你是一个高效率的决策者和管理者,更有可能是一个成功的创业者,具有良好的心理素质和坚忍不拔的毅力。

资料来源:张琪. 互联网+创新创业项目运作[M].大连:东北财经大学出版社,2021:20-21.

7.3　创业的关键要素

案例引导　随着社会的发展与进步,创业实践活动的种类和意义日益丰富,创业被赋予了新的内容。创业是一种能力,需要创业者预见并发现市场机会,为企业带来利润。这个过程体现了创业者的首创精神、想象力、灵活性、创造性和乐于理性思考的特征;创业是一个过程,应当在不拘泥于当前资源条件的限制下对机会追寻,实现将不同的资源组合以便利用和开发机会并创造价值;创业是一种行为,一种发起、维持和发展以利润为导向的企业的有目的的行为;创业是企业管理的一种手段和指导思想。这种思想强调通过创新、变化、把握机会和承担风险来创造价值,是一种新创企业和现有企业都可以采用的管理思想;创业是一种思考、推理和行动的方法,它强调机会,并要求创业者有完整、缜密的实施方法和讲求高度平衡技巧的领导艺术。

7.3.1　创业者与创业团队

创业者是创业过程中最根本、最重要的因素。而团队,是创业者的创业基石。对于任何一个企业的成功,人才都是必要因素。只有一个团队实现了多人多能,人员各尽其职,团队层面达成了互补,才可以将团队的整体力量全部发挥出来。

第 7 章　大学生创业

1. 什么是创业者

创业者在创业过程中起着关键的推动和领导作用,包括识别商业机会、创建企业组织、融资、开发新产品、获取和有效配置资源、开拓新市场等。

1)创业者的定义

创业者是创业活动的推动者,或者是活跃在企业创立和新创企业成长阶段的企业经营者。

创业者是在创业过程中处于核心地位的个人或团队,是创业的主体要素,是创业意识的发起者、创业目标的制定者、创业过程的组织者,也是创业结果的承担者。

随着社会的发展和进步,团队创业也成为一种重要的创业形式和发展趋势。团队创业的好处显而易见,团队中的成员对于能力与风险均是共同承担的,所以创业者的道德品质、心理素养、知识结构能力水平以及精力和时间,都成为创业是否成功的决定因素。

一次成功创业所需要的,不仅仅有技术,还有创业者的素质和能力,这是奠定创业成功的基础。

2)创业者的分类

创业者根据不同的分类条件可以将创业者分为不同的类型。广义上来说,创业者是指参与创业活动的全部人员;狭义上来说,创业者是指参与创业活动的核心人员。在创业的过程中,狭义创业者比广义创业者要承担更多的风险,但同时也会得到更大的收益。

2. 创业者(团队)的核心品质

在诸多创业者所具备的创业素质中,创新工场董事长兼首席执行官李开复曾分享过他认为最为重要的 10 项能力:强烈的欲望、超乎想象的忍耐力、开阔的眼界、善于把握趋势又通人情事理、敏锐的商业嗅觉、人脉拓展、谋略、胆量、与他人分享的愿望、自我反省的能力。

但如果按照这些条件去比对,绝大部分创业者都不完美,甚至一些成功的创业者也不完全具备全部的素质。如果横向比较活跃在不同领域的成功创业者,会发现他们在能力与个性上差别都很大,但受到大部分人认可的是以下几条。

(1)能发现潜在商机。创业者之所以能够成功,其核心在于市场前景模糊不清时就提前看清楚市场,对市场的把控具备一定前瞻性,能够做到提前谋划,发掘市场痛点。创业者本身应同时具备一定的观察力,能够敏锐地发现市场出现的变动与变化,在创业过程中做出相应的政策调整,以便在机遇来临时实践想法,以求获得成功。

(2)能团结志同道合的人。好的创业者需要具备责任感,能够主动承担经营成败的责任,精力充沛、身心健康、情绪稳定,在智力、情商等方面具备一定的人格魅力,能够吸引优秀的人才加盟到创业团队中,使事业做大。创业的道路不会一帆风顺,这个过程往往是风险与机遇并存,如果创业者不能招聘到且留住人才,确保有志之士一同努力和发展,企业往往无法实现更好的发展。

(3)能在风险压力下坚持到底。创业过程中充满各种不确定性,也就是风险。但好的创业者总是能够通过快速学习,及时调整自身,化解出现的问题,使企业平安度过并发展壮大。

正因为每天都要在风险、压力下面对各种不确定因素的挑战,创业者应当具备自信。可以说,创业者的成就与其控制力和影响力有关,能够更好应对不确定压力的创业者更容易成功。

3. 创业团队构成

创业团队是为进行创业而形成的集体。它使各成员(包括创业搭档团队成员)联合起来,在行为上形成彼此影响的交互作用、在心理上意识到其他成员的存在及彼此相互归属的感受和工作精神。

1)团队构成

这种集体不同于一般意义上的社会团体,它存在于企业之中,因创业的关系而联接起来却又超乎个人、领导和组织之外。一个优秀的创业团队应该包含五个最基本的要素。

(1)目标。每一个创业团队都应该有一个共同的既定目标。设定了共同目标,团队成员才有努力的方向。目标在初创企业中常常体现为企业的远景和战略。企业如无目标,便失去了未来发展的可能性。

(2)人。人是创业团队核心的要素。一个创业团队需要不同的人承担不同的角色,共同完成创业的目标,所以在人员选择上,需要综合考虑人员各方面的因素,例如其能力、技能等是否能够独当一面或配合团队其他人发展,是否具备相关经验等。

(3)定位。定位包括创业团队的整体定位和成员的各自定位。创业整体定位应当确保合理,例如团队在企业发展中负责什么,处于什么位置;团队成员的定位是指团队成员明确各自的角色,每个人负责哪些相关事务。只有上述两点都定位明确,整个团队才能井然有序地发展。

(4)权限。创业团队的主导人物权限的大小与团队的发展阶段和企业所处行业有很大关联。一般情况下,在创业初期,领导权相对集中,随着创业团队走向成熟,其主导人物的权限逐渐变小,权限也会由集中变得比较分散。

(5)计划。为保证创业团队顺利成长与发展,团队需要制订大体的发展计划,并据此开展创业活动,逐渐贴近创业目标。

2)团队分类与特点及搭建原则

(1)团队分类与特点。星状创业团队的形成是以一个人物为核心形成,围绕其想法组建团队、发展团队、制定团队统一思想,所以团队的组建成员也由他来选择,可以说他扮演着支持全部成员的角色。

星状创业团队的特点:①组织结构紧密,向心力强,组织者影响力大;②决策迅速,程序简单;③权力相对集中,决策失误风险大;④组织者拥有绝对权威,当其与团队成员产生冲突时,成员往往会选择脱离团队。

网状创业团队一般在创业之前就有一定程度的紧密联系,例如在同学、亲友、同事、朋友中达成一致后共同创业。所以这种类型的团队没有权威的存在,成员根据自己的特点各自定位。

网状创业团队的特点:①团队结构较为松散,无权威存在;②决策耗费时间较长,需要通过反复沟通,一致意见的达成效率较低;③团队成员地位平等,一般容易形成多头领导;④团队成员的冲突解决一般通过协商,若未能及时解决,则容易导致冲突升级团队涣散。

(2)团队的搭建有以下三个原则。

① 共同奋斗的目标。团队成员需要一个共同点才会产生前进的动力,只有团队目标明确,成员认可团队的未来发展目标,认可个人利益的落实,团队成员才会产生激情并为之奋斗,团队才会产生强大的凝聚力,成员之间才会互相鼓励,在一致的步调中迈向共同的目标。

②团队要有能够胜任的带头人。团队带头人对一个团队的创业成功可谓是至关重要，所以需要具备领导力、协调力、创造力、凝聚其他成员的向心力等，在困难时能够带领团队走出困境并持续创造经济效益。

③团队成员互补。团队中成员应当各有所长、知彼知己、相得益彰，能够做到分工明确，优势互补，相辅相成。据此，团队配备至少应当包括 3 类人员：负责团队工作安排与应急事务处理的管理人员；负责商业计划书起草与市场调研推广的营销人员；负责创业项目研发、提供技术支持与服务的技术人员。以上三类人员对于任何类别的企业本身，都是不可或缺的。

3）团队管理

创业团队管理贯穿于全创业周期，高质量、高效率的管理往往会让一个企业发展顺利。如果公司成长过于缓慢，但创始人能够及时做出战略调整，那么企业仍旧可能发展成一家大公司。

作为管理者而言，首先需要创建属于自己的企业文化，为企业提供必要的企业组织结构和管理机制。此外，还需要鼓励革新和大胆尝试，赢得团队成员的信任，肯定团队成员的努力目标和方向，同时还要创建高度一致的行动纲领和行为准则。

创业初期，创业者往往承担着管理者的角色，所以还应当掌握一些关键性的管理技能，如跨领域职能和关键职能。跨领域职能是指行政管理和法律税收等通用类管理；关键职能包括市场营销、财务、生产运营等特定管理。

7.3.2　商业机会

商业机会是指企业在某种特定的经营环境条件下，通过一定的商业活动发现、分析、选择、利用资源，为企业创造利润和价值的市场需求。从经济意义上讲，商机无论大小，均是能产生利润的机会。没有商机，就不会有"交易"活动。商机表现在产生需求与满足方式在时间、地点、成本、数量、对象层面上的不平衡。当旧商机消失后，新商机又会出现。

【资料学习】

五笔字型与王码公司创业

有五千年中华文明的汉字，在计算机时代遇到了历史性的挑战。如果汉字无法进入 26 个键位的现代电子计算机，就难以适应信息时代，那么汉字将存在被淘汰的危险。20 世纪 70 年代初，名不见经传的青年王永民决心在茫茫的汉字汪洋中奋勇开拓。

1983 年，五笔字型终于突破了汉字计算机化的瓶颈，在国内引起了轰动，被新华社评价为不亚于活字印刷术的伟大发明。1998 年，王永民推出了 98 版五笔字型输入法，提出了世界上第一个汉字键盘输入的全面解决方案，获得了中、美、英三国专利，王永民被誉为"把中国带入信息时代的人"。1998 年，王永民创办了王码公司，经营五笔字型汉卡。五笔字型汉卡给王永民创造了可观的经济效益。在那个年代，王码公司每年的纯利润就已达上千万元。

资料来源：顾颖，莉芳. 创新创业新思维与新实践[M]. 西安:西北大学出版社,2020.

从上面例子不难看出，新发明、新革新等往往为创业提供了机遇，如果能够抓住商业机遇开展合适的实践，那么就能为创业赢得先机。

1. 商业机遇的来源

商机可以来自以下几个方面。

(1) 问题:创业的根本目的是满足顾客需求,所以如若顾客需求仍未得到满足,那么商业机遇就仍待发掘。因此,寻找创业机遇的一个重要途径就是善于去发掘需求没有得到满足或者问题有待解决的点。

(2) 变化:创业机会是实时变化的,影响因素不只有市场环境,还有市场需求和市场结构等。如果能够及时察觉变化,甚至可以预测市场走向,就能够及时识别商业机遇并充分利用起来。

(3) 创新:人类社会的发展史严格来说都是由重大发明创造所推动的,产业结构因此产生了变革,创造出新的就业岗位与就业机会。所以如果能够跟上时代变革的步伐,洞察商机,就有可能成为销售和推广新创造发明的人。

(4) 竞争:在竞争对手没有好产品或者好服务的情况下,如果能够弥补竞争对手的缺陷,甚至在竞争对手的基础上做更大提升,就能够成为创业的潜在机遇。

(5) 新兴事物的产生:细数历年来出现的新生事物,互联网、网购、电商、智能手机、移动互联网、社交软件、自媒体、短视频、直播带货等,每一次的出现都带动一波创业的风潮。虽然他们的诞生会带来商机,但其更新迭代的速度也导致新兴事物成为试错成本最高的创业机会。

2. 识别创业机会与商机的能力

近些年来,研究者都在研究一个问题,创业者的原动力究竟是什么? 早期的创业活动研究者指出创业是一个发现机会的活动,创业者往往对机会保有高度的警觉性,在不同的信息中做出甄别与判断。

商业机会的挖掘存在风险与不确定性,因为市场参与者往往是基于信念、偏好、直觉开展其准确或不准确的决策与判断。这样就导致一些资源被错误地分配到不同的市场,从而产生了一系列的创业机会。有的学者指出,创业机会是通过创造性地把资源结合起来,满足市场需求,创造价值的一种可能性。由于技术、政治、社会以及其他因素的各种变化,市场时刻处在不稳定、不平衡的状态,为人们发现新的盈利机会提供了可能。以互联网为例,最初只是为了沟通的方便,现在已经变为新产品不断产生的平台,它提供了分销渠道,产生了新的资源供给,同时使新的组织形式(虚拟组织)有了诞生的可能性。

3. 创业机会的识别

创业者在利用甚至选择某个创业机会之前应当对其开展科学的分析与评价,杰弗里·蒂蒙斯(Jeffry A. Timmons)总结了一个创业机会评价框架,详细列出了一系列评估规则和指标,参见表7-2。

表7-2 蒂蒙斯创业机会评价指标体系表

一级指标	二级指标
行业和市场	市场、顾客、用户利益、增值、产品生命、市场结构、市场规模、成长率、市场容量、可达的市场份额、成本结构
经济因素	达到盈亏平衡点所需要的时间、实现盈亏平衡/正现金流的时间、投资回报率、资本要求、内部回报率、自由现金流量、销售增长、毛利、资产强度、运营资本、研发资本开支、税后利润
收获条件	附加值、多重评估和比较评估、退出机制和战略、资本市场内容

续表

一 级 指 标	二 级 指 标
竞争优势	固定和可变成本、对成本价格和分销的控制力、进入障碍、产权保护、反应/领导时间、法律契约优势、契约和网络、关键人物
管理团队	创业团队、产业和技术经验、整合、理性诚实、致命缺陷的问题
企业家个人标准理想	目标和适配性、机会成本、上升/下降趋势的问题、愿望、风险/回报容忍度、压力承受力
战略要素	适配程度、团队、服务管理、时机、技术、灵活性、机会导向、定价、分销渠道、容错空间

研究者认为，在创业的所有要素中，商业机会是关键。创业者不仅要发现机会，还要认知机会，产生意愿，据此采取行动，将创业转化为价值。

改变虽然会带来一定的风险，但同时也会带来更多的挑战。创业者应将改变看作一种机会而加以利用。

创业机会的有效识别依赖于两个方面：客观上良好的评价系统和评价指标，主观上创业者能够正确获取信息感知机会的能力。众多学者在研究中提到了一些创业者与机会识别相关的特性，包括创业洞察力、已获得的知识体系、社会关系网络、个人特质、创业机会的评估等。

(1) 创业洞察力。创业者往往是技术核心的发起人。要成为一个成功的创业者，就需要对变化着的环境或市场相关动向保持警觉，针对现存条件下未被开发的机会保持敏感，对具备商业潜力的商机保持兴趣，对政策制定与更新保持跟进。

(2) 已有的知识。如若创业机会涉及创业者的知识体系，则容易被创业者"筛选"出来，或是创业者出于兴趣，花费时间和精力来学习相关知识，提升能力，从而获得该领域内的积累；或是创业者因长期从事某个行业，在较长时间内有了很大程度的知识积累，从而精深掌握某类知识。这类知识一般与个人兴趣无关。

(3) 社会关系网络。创业者所处的社会关系网络对感知机会非常重要，可以说，网络是企业发展重要的隐形资源，对于企业生存和发展至关重要。个人社会关系网络的深度和广度左右着商业机会的识别，通常情况下，拥有大量与社会及行业专家联系网络的人，会比联系网络较少的人更容易获得机会。

(4) 个人特质。创业本身意味着创造力，也意味着创业者本身应当具备一定程度的自信，有了自信，才能打破陈规，推陈出新，在许多产品、服务和业务的形成过程中，甚至在许多有趣的商业传奇故事中，我们都能看到创造力在企业创建与发展中施加的影响。

(5) 创业机会的评估。对创业机会进行评估具有现实的参考意义和指导意义。评估体系包括其可行与不可行、好与不好，评估结果直接决定了创业团队后续能否获得财力或物力的支持，进入下一阶段的发展。全方位评估创业机会能够提高初创企业的存活率。

(6) 组织。组织是协调创业活动的系统，是整合资源的平台，是创业实践的载体。创业者在创业过程中，要努力构建创业型组织，形成以创业者为核心的社会关系网络，协调与发展内部关系，如顾客、供应商、经销商、投资者、合作伙伴等；也需要维系和拓展外部关系，如政府官员、社区工作人员等。

(7) 资源。资源是创业过程中的各种投入总和，具体可包括人、财、物、技术和信息等，不仅包括有形资产,如厂房、机器设备,也包括无形资产,如技术、专利等;不仅包括个人资源,如个人技能、经营才能,也包括社会资源,如信息传递、权力影响、情感支持。在所有的资源要素中,技术、人力和资金是最为关键的三个方面。

技术资源是生产产品或提供服务的重要基础,是创业实践中的手段、途径、工具或方法;产品与服务中的技术含量及其所占比例,是创业的重要资源投入。成功创业的关键在于创业者的成员的挑选以及对个人能力的塑造,均是创业活动中不可缺少的关键因素。

7.3.3 创业资源

除了及时识别并抓住商业机会外,企业的成功也与资源的开拓与利用挂钩。创业资源是新创企业在创办和运行过程中不可或缺的资源,企业在初创期遇到的最大障碍往往是来自资源。

1. 创业资源的分类

(1) 创业资源可以被划分为显性资源和隐形资源。前者多指看得见摸得着的资源,如人力、技术、资金、场地等。隐形资源则是由社会中人与人之间的关系所创造价值的资源,即社会资源。

(2) 根据资源要素对企业战略规划的参与度,创业资源可以被分为间接和直接资源。直接资源包括财务资源、管理资源、市场资源、人才资源等直接参与企业战略规划的资源。间接资源指虽未直接参与创业战略的制定或执行,但为企业创业成长提供了便利和支持的资源,如政策资源、信息资源和科技资源等。

(3) 创业资源分为核心资源和非核心资源,前者是新创企业区别于其他企业的关键,涉及技术资源、管理资源和人力资源等,后者主要涉及包括奖金、场地和资源环境。

(4) 根据创业资源的来源,资源可以分为自有资源和外部资源。自有资源是指创业者自身所拥有的资源,如自筹的创业资金、自有的核心技术、自己收集的信息和自建的营销网络等;外部资源是指来源于外部关系的支持,如其他投资者的资金、借到的人力、设备、空间或其他原材料等。

2. 创业资源的使用原则

使用创业资源,最重要的是控制,而不是拥有。创业者要学会合理分配和使用资源,实现资本的阶段性投入,同时学会灵活使用创业资源,针对创业不同阶段的特点开展合理配置,达到以最少的资源投入获得尽可能多的利益。

3. 创业资源的开发

创业资源影响着新创企业的生存和成长,创业者对创业资源的开发贯穿在整个创业过程中。

(1) 政策资源的开发。对创业者来说,了解并掌握政策是有效预测市场走向的一个重要方法,及时跟踪政策的变化不仅能够有效预防企业未来走偏,还能够及时获取政策的支持。了解政策的主要途径有:与政府部门保持沟通交流,通过相关部门的官方网站了解信息;咨询提供政策服务的部门或单位等。

(2) 信息资源的开发。信息,在当下这个社会,是非常重要的资讯,所以具备更新传播速度快,信息获取渠道繁杂的特点,要从政府机构、专业信息机构、新闻媒体、研究机构、各类会议和互联网等众多繁杂的渠道中抽取出全面、真实、有效的信息,且做到及时更新。

（3）资金来源的开发。资金来源是初创企业延续性的基本保障,也是创业者最为关注的问题,通常情况下,来源可以有以下三个途径:一是向身边的亲友筹集资金,二是通过银行贷款,三是进行所有权出资,如寻找拥有资金的创业者同盟,吸引现有企业以股东身份投资,吸引企业孵化器进行股权资金投入等。

（4）人才资源的开发。人才对于企业可以说非常重要,高素质人才的获取和开发关系到初创企业的成功和发展。而人才的获取渠道有以下两条:一是通过常规的招聘,如聘请董事、律师,会计和其他创业顾问;二是通过建立起一定的培训机制,实现对现有人员的训练和培养,最大限度地挖掘现有人才的潜能。

（5）技术资源的开发。市场竞争日趋激烈,企业只有把握住先进的技术资源,才能在市场上占据主动地位。因此,创业者应当不断研发和提升技术,吸引高端技术人才的加入,占据市场的优势地位,提高自身竞争力。

（6）管理资源的开发。企业创立之初,要建立起合理的制度规章体系,并在日后的管理过程中逐渐完善。对于人才的选拔与提升,要充分吸收和借鉴优秀企业的管理经验和方法,培养领导力和管理才能,为人才未来的晋升奠定基础。

【练习与实践】

1. 以下不是创新工场董事长兼首席执行官李开复提及的创业者(团队)的核心品质是(　　)。

　　A. 超强的决策力　　　B. 敏锐的商业嗅觉　　　C. 人脉拓展　　　D. 自我反省的能力

2. 一个优秀的创业团队应该包含五个最基本的要素,以下不是基本要素的是(　　)。

　　A. 目标　　　　　　　B. 权限　　　　　　　C. 资源　　　　　D. 计划

3. 以下不是星状创业团队特点的是(　　)。

　　A. 组织结构紧密,向心力强,组织者影响力大

　　B. 决策迅速,程序简单

　　C. 权力相对集中,决策失误风险大

　　D. 团队成员的冲突解决一般通过协商,若未能及时解决,则容易导致冲突升级团队涣散

4. 以下不是团队搭建原则的是(　　)。

　　A. 共同奋斗的目标　　　　　　　　　　　B. 可以达成资源分配的一致性

　　C. 团队要有能够胜任的带头人　　　　　　D. 团队成员互补

5. 以下不属于商业机遇的来源的是(　　)。

　　A. 目标　　　　　　　B. 变化　　　　　　　C. 竞争　　　　　D. 新兴事物的出现

6. 以下不是创业资源分类的是(　　)。

　　A. 显性资源和隐形资源　　　　　　　　　B. 资助资源和非资助资源

　　C. 核心资源和非核心资源　　　　　　　　D. 自有资源和外部资源

7. 为了有效预测市场走向,以下不是快速且准确了解并掌握政策的途径是(　　)。

　　A. 与政府部门保持沟通交流

　　B. 通过相关部门的官方网站了解信息

　　C. 咨询提供政策服务的部门或单位

　　D. 从亲戚朋友处传递的消息

参考答案

7.4 创业的商业模式

彼得·德鲁克(Peter Drucker)曾经说道:当今企业之间的竞争,不是产品之间的竞争,而是商业模式之间的竞争。

7.4.1 商业模式的内涵和本质

哈佛大学商学院将商业模式定义为:企业赢利所需采用的核心业务决策与平衡。也有学者认为商业模式是:利益相关者的交易结构。从实际发展来说,商业模式是结合了企业"关键资源能力"和"盈利控制能力",为客户创造价值的盈利模式。通俗地讲,商业模式就是创业者"做生意""做买卖"的模式。

1. 商业模式的内涵

商业模式,简单来说就是通过什么方式来实现盈利,是逻辑化的商业机会,如电商平台模式、O2O模式等。如果从管理学角度分析什么是商业模式,是企业和个人在生产和经营的过程中(提供产品和服务过程中),如何组织生产要素与市场中其他的各个经济体之间的交易关系和连接关系。衡量标准往往涉及物流量、资金流、信息流等;如果从经济学角度解析商业模式,是一项能够满足消费者某种需求的综合体系。通过组织各项资源,形成消费者愿意为之付费的产品和服务。

要领略商业模式的内涵和实质,就要回答如下问题。

(1) 谁是我的客户,他最大的需求是什么? 要对客户和需求进行定位,即要明确企业在赚谁的钱。

(2) 企业应当为客户提供什么产品或服务,即企业靠什么赚钱。

(3) 企业如何有效、持续地提供产品或服务,即企业如何能够持续赚钱。

2. 商业模式的本质

商业模式的构成,一般要考虑七个要素,分别是"客户价值最大化""整合""高效率""持续盈利""实现创新""融资有效性""风险控制",这七个关键词缺一不可。其中,"整合""高效率""实现创新"是基础或先决条件,"融资有效性"和"风险控制"是手段,"客户价值最大化"是主观追求目标,"持续盈利"是客观结果。

(1) 客户价值最大化。一个商业模式能否持续盈利,取决于该模式能否实现客户的价值最大化。如若能使客户价值最大化,即使暂时不盈利,最终也会迎来成功。所以,一个成功的企业,应当不断追求实现顾客价值的"实现再实现""满足再满足"。

(2) 整合。所谓整合就是要有进有退、有取有舍,在资源配置方面实现优化,从而获得整体的最优解。资源整合是一种战略思维,是通过组织与协调,把企业内部彼此相关但却彼此分离的职能有效拼接在一起,把企业外部既参与共同的使命又拥有独立经济利益的合作伙伴整合成一个为客户服务的中心,以实现"$1+1>2$"的效果。

(3) 高效率。一个企业要想高效率地运行,首先要解决的是企业的愿景、使命和核心价值观,这是企业生存、成长的动力,也是员工愿意奋斗的理由。其次应当设立一套科学的、实用的运营和管理系统,以此来解决系统的协同、计划、组织和约束问题。最后应当出台科学的奖励方案,提供让员工分享企业的成长果实的路径,凝聚团队向心力。

(4) 持续盈利。持续盈利是判断企业商业模式是否成功的唯一的外在标准。在设计商业模式时,盈利和如何盈利就成为必须要妥善设计的环节。同时,盈利不等同于赚钱,企业是否具备持续发展的后劲也是盈利的考察点。企业的盈利应当具备可持续性,而并非带有一定偶然性。

(5) 实现创新。成功的商业模式不一定是在技术上的突破,而是对某一个环节的改造,或是对原有模式的重组、创新,甚至是对整个游戏规则的颠覆。

(6) 融资有效性。从一些已成功的企业来看,及时融资对于一个企业的持续发展甚至是成功,可谓是意义重大,许多企业失败的原因就是因为融资模式出了问题。例如,曾经与国美不相上下的国通电器,曾经创造过 30 多亿元销售额的辉煌,但却因为几百万元的资金缺口而销声匿迹。

(7) 风险控制。风险控制如同一个大厦的地基一样,即使商业模式设计得再好,如果其抵御风险的能力很差,就如同建立在了沙丘上,随时有可能倒塌。对于企业而言,风险分为系统外的,如政策、法律和行业风险,也涉及系统内的,如产品的变化、人员的变更、资金的不接续等。

上述商业模式的要素是组成一个可持续发展企业的必要元素,这些元素的内在联系使它们在一个良性的循环中互相支持,共同作用。

3. 常见的创业模式

常见的创业模式主要有项目小组、创业孵化器、风险投资和天使投资四种。

1) 成立项目小组

传统方式中,大部分创业公司会将新业务按职能专长进行分解。例如,将一个新项目的技术工作交给研发部门,将营销工作交给市场部门。这种方式虽然能够积攒足够的人力资源参与项目,但却容易造成新业务的整体性较差,最终在成功率上大打折扣,与好的创业机会擦肩而过。

项目小组采用项目的方式,以任务为导向,按照公司战略规划和部署,从技术和理念等方面对公司现有业务进行创新和改进。这种方式一般具有以下特点:①项目本身服务于公司的整体战略构想,与业务具备紧密的相关性;②项目本身有界定明确的目标,具备一个较为成熟的产品与服务;③项目资金的投入全部由公司承担,项目执行过程中需要公司各部门的协作,合理分配和利用公司资源;④预期完成的时间计划与成本预算。与传统方式相比较,项目小组的形式更加有利于调集管理资源,协调各部门的力量用于集中开发新业务。

2) 进入创业孵化器

创业孵化器是通过提供一系列初创企业发展所需的资源,帮助和促进其成长的创业运作形式。孵化器提供给创业者的,是场地、设施、培训、咨询、融资、市场推广等方面的支持,以此来降低新创企业的创业风险和创业成本,提高成功率。

进入孵化器的新业务都是以独立实体的形式出现的,公司除了提供有偿的硬件和软件支持外,不会过多参与新创实体的经营管理。

得以进驻孵化基地的公司往往也是符合孵化器战略发展的企业或团队,具备作为业务整合对象的潜力,所以提供孵化器就是有效利用自身丰富的管理经验和市场运作经验为新创事业提供支持,同时也用战略的眼光审视被孵企业。

在孵化器中运作被孵企业时应该以自身核心为挑选原则,聚集某一个或者某几个相关的业务,高效利用有限的时间、精力和资金等资源,积累起在某一领域的核心优势。只有这样,公司才会实现迅速成长。

3)吸引风险投资

风险投资是指由职业金融家将风险资本投向新兴的、迅速成长的、有巨大竞争潜力的未上市公司(以高科技公司为主),在承担很大风险的基础上为融资人提供长期股权资本和增值服务,助力企业实现快速成长,其投资回报将在数年后通过上市、并购或其他股权转让等方式得到高额回报。

4)吸引天使投资

天使投资往往在资助初创企业,甚至在企业股权融资上扮演"伯乐"的角色,投资人往往自身也曾经是创业者,甚至是某一行业的专家,所追求的除了赚钱,还有个人兴趣、爱好和个人价值的实现。一般来讲,融资时间最短只需要三个星期,最长则需要九个月,私人投资进展快、效率高的特点也使得办理程序并不烦琐。

7.4.2　商业模式创新

商业模式创新是未来的必然趋势,也是传承发展的必然结果,以传统的商务模式为例,其盈利是依靠加工、倒卖得到价格实现盈利。但随着市场的竞争加剧,出现信息透明与利润变少等问题。若不及时调整企业的组织结构,改变经营模式,企业未来很难长期生存下去。长此以往,传统的商业模式势必将会遭到淘汰。

1. 价值活动

价值链理论是商业模式创新研究中非常重要的一个理论,是哈佛大学商学院教授迈克尔·波特(Michael E. Porter)于 1985 年提出的,波特认为:"每一个企业都是在设计、生产、销售、发送和辅助其产品的过程中进行种种活动的集合体。所有这些活动可以用一个价值链来表明。"

要理解价值链,首先要将活动分为基本活动和辅助活动两类。前者包括内部后勤、生产作业、外部后勤、市场和销售、服务等,而辅助活动则包括采购、技术开发、人力资源管理和企业基础设施等。这些互不相同但又相互关联的生产经营活动,构成了一个价值创造的动态过程,即价值链。

(1)价值链上的新定位。通过专注于价值链上的某些活动(通常是高利润的活动),将其余活动外包出去,从而实现商业模式的创新。一般认为,将非核心环节的业务或职能外包给其他企业,有利于降低经营的不确定性风险和生产成本,提高质量,加速技术和产品创新,突出价值模块的核心优势,在合理的利益共享机制下实现协同。

(2)重组价值链。价值链重组,是指企业通过对产业价值链进行创造性的重新排列组合,实现商业模式的创新,关键思想就是以顾客需求为中心,组合调整次要部分来适应。也就是说,强化企业价值链条上关键环节的主导作用和非关键环节的辅助配合作用,据此来重新组合调整价值链条上资源的配置。

(3)构造独特的价值活动体系。价值活动体系是对价值链的另一种表述方式,它能够把企业所从事的主要价值活动以一种互相关联的形式表达出来,直观地理解不同活动的主次及关联。企业通过构建和整合多个价值优势,形成独有的价值体系,从而实现商业模式创新。

2. 价值曲线

这种模式创新策略关键在于对顾客价值的深刻理解和洞察,聚焦于企业所提供的顾客价值。对提供服务而非实体产品的企业来说,此策略尤为重要。通过创造独特的价值曲线实现服务创新,在为顾客提供非凡的价值感受的同时获得自身的成功。

3. 价值网络

企业价值网络是指企业为了创造资源、扩展与交付货物而建立的合伙人和联盟合作系统。价值网络创新的实质是以顾客价值为中心,优化配置企业内外部的资源,形成整个产业链协同创新,保障企业在激变的市场环境中动态发展。这种创新的重点在于打造独特的价值网络,设计各种交易机制将企业自身与价值创造伙伴有机联系起来,形成价值创造的合力。具体来说,采取这种商业模式创新的企业可以通过以下两条途径来实现。

(1)重构供应链结构。关键思想是对供应链资源的优化,加强协作关系,提高供应链应对市场变化的灵活性。这种创新方式能围绕顾客需求,简化供应链环节,改善企业与供应链上各成员之间的关系,建立关键环节的联盟合作关系,提高其他环节的灵活应变性,在保障供应链稳定性的同时,又具有较强的柔性,能快速依据市场变化进行调整。

(2)形成以顾客价值为中心的价值网络。这个价值网络以顾客价值为中心,企业依据利润产生的环节和自身的实力,选择合适的合作伙伴、供应商、分销商,并建立伙伴关系和隔绝机制,优化配置企业内外各种资源要素,充分发挥协同效应,树立难以超越的竞争优势,为顾客提供更多的价值。

4. 资源能力

资源是企业的专用性资产,包括专利、商标、品牌、声誉、顾客基础以及企业员工等。基于资源能力的商业模式创新重在对新资源的发掘和利用,或是充分挖掘现有资源的潜在价值,从而建立起竞争优势。成功的商业模式创新活动是以准确把握市场机会,用创新的方式整合资源并快速响应市场为基础的。所以这种商业模式创新的着眼点在竞争对手忽视或难以模仿的资源或能力上,而不是对外部环境的分析和行业的选择上。

(1)围绕新资源。新资源为公司创造新的顾客价值提供了潜力,商业模式的意义正是在于将新资源的潜力释放出来。例如,Skype 软件引进 P2P 技术,实现支持视频聊天、多人语音会议、多人聊天、传送文件、文字聊天、呼叫转移、短信发送等功能。由于新技术实现了更多功能,公司获得快速发展,Skype 成为全球最流行的通信软件之一,拥有超过 6.63 亿的注册用户,同时在线超过 3000 万。

(2)利用现有资源。围绕自身独特的技能、优势,挖掘现有的潜能,建立新的商业模式,以实现利润增长。以创新的方式整合资源能实现更低的成本或更好的差异化,而且资源的新组合需要组织内部知识的大量积累,这些知识往往都具有公司专属的特征(如隐性知识)。麦当劳开发的麦乐送业务就是这方面的典型案例,2007 年,麦当劳中国率先在中国推出外送服务,至今已累计送出超过 6.8 亿份美食,外送员总人数超过 130000 人,配送里程总和达7.7 亿公里,相当于往返地球与月球 1051 次。这种委托专业的外送公司提供服务的模式整合了消费者的外卖需求,并将单店外卖业务整合为集中式外卖,在满足顾客需求的同时,麦当劳也实现了资源价值的最大化和营业收入的增加,为公司的扩大和发展获得优势。

5. 收入模式

收入模式也就是指企业获得盈利的模式,要实现企业的营收,可以从产品、服务,到分成、买断、股权投资等任一环节切入进行实现,例如可以通过直接出售产品盈利,也可以通过出售服务盈利,还可以通过资本市场盈利等。但要实现盈利创新,可以从收入的介质、交易方式和计费方法三个方面来考虑,通过改变这三个要素,来刺激目标顾客的消费欲望,从而提高企业的收入。

(1)收入的介质。所谓介质,指的是通过哪种产品或服务获得收入。"互补"便是一项比较有效的策略,具体又可以分成"产品＋产品"的互补、"产品＋服务"的互补和"间接的互补品"三种方式。第一种产品互补最为著名的案例就是吉列"刀架＋刀片"配合售卖,所以该互补模式又被称作"剃刀－刀片"模式,宜家的"灯架＋灯泡"也属于此类模式。第二种为产品提供后续的保障性服务,如通用电气的飞机发动机售卖,其主要利润来源于维修服务本身,而非飞机发动机本身的销售。第三种方式是创造"间接的互补品"。例如,苹果所创造在售卖 iPhone、Mac、iPad 等的同时,还创造了 Apple Store 提供系统更新和配套服务。

(2)交易方式。即企业用何种方法和渠道取得收入,交易方式通常有批发和零售交易之分,如果企业从多种渠道获得收入,企业盈利模式则一般多与价值网络的构建相关,企业也可因此而拓展各种可能的收益来源。

(3)计费方法。即企业如何对收入介质进行定价。改变计费方法可以选择不同的计费单位,例如是否分期付款、给予折扣、捆绑定价等,互联网免费策略和第三方付费均属于这一类。但因为互联网的快速发展,消费者对于产品的预期均是"免费获取",所以大部分成功创新的公司采用的基本均是"免费－付费"的模式。也有企业通过利益相关的第三方成功获得盈利,例如谷歌(Google)的收费对象是被链接网页的公司,而非消费者本身。

7.4.3 商业模式的设计

近年来,商业模式设计成了商业界关注的新焦点。商业模式设计过程包括价值定位、价值创造和价值实现,具体的设计思路如下。

1. 商业模式设计的思路

商业模式设计的思路是基于企业战略而产生,从内外部环境、市场、资源、产品(服务)、价值主张等开始构建,是基于企业的产品或者服务能力、价值网络关系、价值要素等的一种资源整合和价值匹配,是企业从价值发现到价值实现的过程。

企业创立之初多数不会考虑设计一款符合自己企业发展的商业模式,往往在接触市场之后才会发现商业模式的设计对于成功盈利可谓至关重要。大部分企业的商业模式并非一蹴而就的,往往需要企业在真正开展市场运行的过程中不断试错和修正。所以一款"好"的商业模式的标准,往往是需要创业者结合多方面因素考虑,分析内外部环境和条件而做出的设计。

(1)价值定位。一个企业要想在市场中赢得胜利,必须明确自身的定位,即企业应该做什么。只有明确了企业的价值定位,才能明确提供什么特征的产品和服务来满足客户的需求。对于企业而言,明确定位也有助于企业家梳理企业的现状和未来发展路径,包括提供什么样的产品和服务、进入什么样的市场、深入行业价值链的哪些环节、选择哪些经营活动、与哪些合作伙伴建立合作关系、怎样分配利益等。

(2)价值创造。企业接下来要考虑的是价值是如何被创造出来的,即价值的源泉是什么。一个商业模式的价值创造往往出自其便捷性、成本下降、新颖性、用户黏性等方面的创新。

（3）价值实现。价值实现是指企业创造的价值被市场认可并接受,完成从要素投入到要素产出的转化。价值实现的体现标准即企业的盈利状态。

（4）客观环境。创业者要分析企业所处的产业环境。所处的发展阶段不同,企业行为、产业结构和市场绩效也不同。对企业而言,除了考虑自身发展情况外,也需要关注政策、法律、法规等的动态,客观因素往往会左右企业的发展。

（5）明确设计方向。虽然商业模式的设计种类繁多,但具体合适的模式要视企业本身而定,基本有如下几种。

① 以客户为中心的商业模式。该模式设计的出发点是强调以客户为中心,将企业经营战略定位的重心从产品向客户转移,最大限度地满足客户的需求,为客户提供优质的服务;

② 以上下游资源为核心的商业模式,也称跨越式商业模式,围绕上下游资源整合的创新,实现效率提高和成本降低。

③ 平台型商业模式,在此模式中,处于中心的平台起到了中介的作用,联接不同的但又相互依赖的参与群体。

2. 商业模式设计的流程

商业模式的设计流程可以分为以下几个步骤。

1）确定业务范围并寻求产品在市场中的最佳定位

首先界定自己的业务是什么,了解客户、竞争者和合作伙伴这些利益相关者及应该拥有的资源和能力等。企业可以通过以下几种途径来界定自己的业务范围。

（1）按照企业所销售的产品或服务来定义自己的业务。

（2）针对某类客户群的某些或所有需求定义企业的业务。

（3）依据企业所处的行业价值链环节确定其业务,如品牌制造商、供应商、零售商等。

（4）按照企业的关键资源能力及其组合来定义其业务,如麦当劳做特许经营,国美、苏宁做连锁经营等。

2）稳定客户群体

任何企业赖以生存的都是来自客户的需求,顾客是企业产品和服务发展的终端,同时,顾客的需求也是企业利润的源泉。所以对企业而言,稳定自身的顾客群体,深入了解客户群的需求和偏好非常重要。"好"的顾客群一定是具备一定的规模、在界定上比较清晰的群体,如果顾客群体无法界定,或者规模太小,则容易导致无法满足客户的需要,进而限制未来企业的发展。

3）构建打造企业独特的业务系统,提高对手模仿的难度

业务系统反映的是企业与其内外部各种利益相关者之间的交易关系,因此业务系统的构建首先需要确定的就是企业与其利益相关者各自应该从事价值网中的哪些业务活动。

首先需要确定的是企业与不同利益相关者之间的关系。这些关系基于市场关系与所有权关系构成,覆盖简单的市场关系,一定时间和约束下的契约关系(如租赁、特许、参股、控股、合资和全资拥有等)。

然后根据不同的利益相关者,确定关系的种类以及相应的交易内容和方法。再之后则根据企业的资源能力分配利益相关者的角色,确定与企业相关的价值链活动的关系和结构。

围绕企业定位所建立起来价值网络同时也是一个兼顾内外部各方相互合作的业务系统。整个价值网络明确客户、供货商和其他合作伙伴在影响企业通过商业模式而获得价值的角

色。业务系统是商业模式的核心元素。商业模式的差异往往通过业务系统之间的差异体现出来。因此，打造独特的业务系统非常关键。对此，可通过打造强有力的利润杠杆和构筑商业模式内部运作价值链来实现。

4）发掘企业的关键资源能力以形成核心竞争优势

支撑业务系统所要完成的活动，企业需要掌握和使用一整套复杂的有形和无形资产、技术和能力。关键资源能力，即让商业模式运转所需要的相对重要的资源和能力，包括金融资源、实物资源、人力资源、信息、无形资源、客户关系和公司网络。换言之，关键资源能力是企业商业模式运行背后的逻辑，是其运营能力有别于竞争对手并得以持续发展的背后支撑力量，有助于形成和打造企业的核心竞争力。

任何一种商业模式构建的重点工作之一就是了解企业所需要的重要的资源能力有哪些，它们如何分布以及如何才能获取和建立这些资源和能力。不是所有的资源和能力都是同等珍贵，也不是每一种资源和能力都是企业所需要的，只有和企业定位、业务系统、盈利模式相契合，能互相强化的资源能力才是企业真正需要的。

5）构建独特的盈利模式

盈利模式指企业利润来源及方式，这一点在前文有过介绍。对企业而言，构建盈利模式并非难事，难的是构建符合企业自身的盈利模式。

6）提高企业价值（即投资价值）以获得资本市场的号召力

企业价值是商业模式的落脚点，评判商业模式优劣的最终标准就是企业价值的高低，对于上市公司而言就是直接表现为股票价值。

企业的投资价值由其成长空间、成长能力、成长效率和成长速度决定。好的商业模式可以做到事半功倍，即投资少、运营成本低，但产出效率高、效果好，收入的持续成长能力强。例如，住房中介服务、餐馆、经济型酒店等连锁渠道，均为高企业价值的代表。"如家"更是如此，在运营中提升效率，完善管理体制，去掉非必要设施，减少投资，赢得资本投资。

3. 商业模式的检验与评价

1）商业模式的检验

为了减少因商业模式不合适而带来的损失，在真正推行商业模式之前，可以通过几种方式开展检验，以此来确认这个初创企业是否能够成功。

（1）逻辑检验。从直觉的角度思考商业模式的逻辑性，以此来判断隐含的条件是否符合实际。例如，将企业的产品或服务置入一个具体的应用场景中去思考其可行性、顾客需求的契合度、顾客价值需求的符合度，从而提升客户花钱购买该产品或服务的意愿。

（2）经济检验。该检验方式需要对企业产品（服务）的成本，所能带来的收入和利润进行量化处理，进而评估其经济效益。在实际生活中，令人惊艳的技术往往不等同于客户的需求或者市场的痛点，因此商业模式的经济检验应该建立在客户的真正需求之上。

2）商业模式的评价

评价一个商业模式的成功与否可以从以下几点出发进行考虑。

（1）适用性。适用性是商业模式最重要的前提条件。一个企业的商业模式如同这个企业所穿的鞋一样，只有合脚才能走得长远。

（2）有效性。评价一个商业模式好坏的根本标准在于它的有效性。一个有效的商业模式是可以为企业带来持续和丰厚的利润。

（3）前瞻性。企业的目标是营利，一个好的商业模式不仅能够展现企业的独特性，也能够吸引稳定的客户和投资者，赚取一定的利润。

但商业模式不能够一成不变，在市场变化甚至是企业本身战略决策出现错误前，企业需要保持动态调整状态，及时修正错误，适应新环境。因此，具备前瞻性是商业模式的灵魂所在。

【练习与实践】

请判断关于商业模式的陈述是否正确，并在相应括号中画√或画×。

（1）商业模式在创业之初一经定下就不能轻易调整和改变。　　　　　　（　　）

（2）初创企业可以先不考虑企业定位，先做自己想做的产品或者服务。（　　）

（3）风险控制对于任何一家企业来说都必须认真对待。　　　　　　　　（　　）

（4）创业者要分析企业所处的产业环境，政策、法律、法规等的动态往往会影响初创企业的走势。　　　　　　　　　　　　　　　　　　　　　　　　　　　（　　）

参考答案

（5）了解企业所需要的重要的资源能力是构建商业模式的重点之一。　（　　）

7.5　商业计划书

案例引导

商业计划书就是陌生旅游地的地图。写好商业计划书将为成功创业奠定基础，为未来成功穿越现代商界丛林提供引领。

7.5.1　商业计划书的含义与用途

商业计划是创业者叩响投资者大门的"敲门砖"，是创业团队或者企业为实现自身发展目标而制订的计划，它主要包括企业的经营理念、市场定位、经营模式、产品策略、营销策略、财务预算、运营管理等内容，以及企业未来发展的目标和措施。一份优秀的商业计划书往往会使创业者在获得合作方面达到事半功倍的效果。

1. 商业计划书的含义

商业计划书是详述筹建企业的书面文件，是对与创业项目有关的所有事项进行总体安排的文件。通过对企业重要内容的撰写，梳理企业本身核心是什么，企业的发展方向是什么，企业家如何才能实现最终的目标。

在某些专业领域，商业计划书指的是一种企业计划、一个贷款计划或是一个投资计划书。它的存在是投融资双方达成协商的基础，使融资谈判更加顺利，虽然在企业初建时它仅仅只是一份工作性文件，但却能够将计划的发展战略压缩为一个综合资料，供外来投资者阅读与理解。

对投资者而言，通过阅读商业计划书，能够直接了解到企业的目标、竞争者、如何营销企业产品或服务、预期的风险及成功的途径，从而决定是否对其开展投资。

2. 商业计划书的用途

商业计划书帮助创业者或企业家勾画事业蓝图，安排公司运作，进行招商或融资。具体有以下用途。

(1) 检验创业构思是否可行。著名的风险投资家尤金·克莱纳(Eugene Kleiner)说:"如果你想踏踏实实地做一份工作,那就据此写一份创业计划,迫使开展系统的思考,虽然有些创意可能听起来很棒,但当所有细节和数据都被写下来时,会发现这个创意是不具备实践性的。"例如,通过撰写商业计划书,创业者不得不缜密思考商业逻辑,比较自身的资源优势,设想可能会遇到的困难与解决方案,设定企业产品或服务要面向的对象,考虑在创业过程中可能遇到的竞争对手、企业未来可能产生的成本以及是否会盈利等,并以此分析产品(服务)的可行性。

(2) 全面规划发展路径,吸引资本。一份可行的商业计划书应当包括创业过程中必须完成的任务、必须采取的行动和预期的效果,有了这份详细的指引,融资人将明晰创业构想,明白为什么需要大笔资金,了解这笔资金如何分配使用,如何带来收益等,从而说服他人投资、入股,甚至获得创业基金。

(3) 整合资源,凝聚团队。制订商业计划书将有助于梳理和整合创业过程中所需的人员和手中现有的分散资源,使得各类资源、信息有效衔接组合起来,并最大化地发挥作用。

7.5.2　商业计划书的内容

根据所面对的不同受众或读者,商业计划书可以大致分为吸引风险投资商的商业计划、吸引合伙人的商业计划、获取政府或公共部门支持的商业计划三类。类别不同,侧重点则不同,但商业计划书基本结构包括封面和目录、摘要、企业介绍、产品或服务介绍、市场分析、管理团队、营销策略、生产计划、财务规划、风险管理、退出机制、附件等部分。

1. 封面和目录

封面是商业计划书的"脸面",往往一份有着合理排版和新颖设计的商业计划书封面会让人印象深刻。封面的内容一般应当包括公司名称、地址、联系电话、电子邮件、传真等必要信息,还应该有创业者本人或主创人员的姓名和职务。如果企业有自己的官方宣传路径,如公司网站和 Logo 等,也应予以体现。

2. 摘要

摘要是计划书的精华和核心所在,是对商业计划书内容的简要概括,能够反映商业计划书的整体面貌。对投资者而言,如果在浏览摘要后,未发现该企业的闪光点,那么剩余部分则基本不会再看,所以该部分应当做到内容凝练、语言简洁,能够迅速吸引投资者的注意力。

要想写好摘要,应该遵循以下几项原则:第一,创业理念正确,所提供的产品、技术或服务等方面具有独特性;第二,经营计划具有一定科学根据,准备充分;第三,创业者管理能力突出,企业拥有强有力的领导班子和执行队伍;第四,创业者要清楚地知道进入市场的最佳时机,也要知道退出市场的合适时机;第五,企业的财务分析是有根据的计算结果,并非杜撰也并非夸张;第六,摘要应该在计划书的最后阶段完成,这样撰写者在完成全文后,将会对整个商业计划书有更清晰、准确的理解和把握,从而能够更好地提取商业计划书的精华。

3. 企业介绍

这部分内容一般应当包括企业情况概述、业务介绍、发展与经营状况、组织结构、未来发展方向等,目的是让投资者对所创建的企业有个初步的了解。如果已经成立企业,这一部分应当使用简明扼要的语言,挑选合适内容全面展现企业的发展经营情况,提供给投资者尽可能多的企业信息和所在行业的大体背景;如果企业尚未建立,这部分应当侧重展示对创业未来的设想和发展规划。

4. 产品或服务介绍

企业的产品、技术或服务过硬与否,能在多大程度上满足客户需求等均影响着投资者的投资决策。所以该部分就内容而言,应当包括以下几点:第一,产品或服务的一般性描述,如产品或服务的名称、特征、功能和价格,以及可以与之竞争的产品或服务等;第二,突出介绍产品或服务的独特性和创新性,让投资者对企业充满信心;第三,介绍产品或服务所面向的客户,在细分顾客群体的基础上解析顾客需求。

5. 市场分析

市场分析是商业计划书的重要组成部分,企业发展计划和营销等均需以此为基础,所以一般应当包括如下内容:第一,整个市场的大小和市场走势,这点可以通过定性分析与定量分析相结合的方式,描述所选市场现状和未来发展趋势来实现;第二,目标客户群,企业必须实现精准定位,估算出市场规模;第三,解析企业面临的竞争态势,包括竞争者的竞争优势和劣势等,突出企业自身的创新点和目标市场。

6. 管理团队

毫无疑问,创业企业市场、产品和技术是投资者投资的决策基础,团队的组成往往也是投资者"下注"的考察点。

风险投资界流传着这样一句话:"宁可投资二流项目的一流团队,也绝不投资一流项目的二流团队。"可以说,高素质的管理团队和良好的组织结构是管理好公司的重要前提。一个高效运作团队不仅能够保障企业有能力开展日常运作,还能赢得投资人的青睐。

所以在介绍企业管理方面,应当包括:企业的组织结构关系、组织领导者、组织的管理制度、组织文化等。在介绍团队成员时,可从教育背景、专业技术、能力结构、性格等方面作对比介绍,展现成员能力的互补。

7. 营销策略

营销策略的成败直接决定企业的生死。所以在这部分中,应当从以下几个方面着重介绍企业如何销售产品以及企业如何实现设定的市场目标。

(1) 产品策略。企业创立初时提供的产品或者服务可能还存在一定缺陷,但产品(服务)未来几年的发展应该有了较为详细的规划,这样的规划应当结合政策变动、技术革新、竞争因素等对现有自身产品的冲击开展分析,覆盖未来产品的研发和品牌的发展,保证企业的可持续发展。

(2) 价格策略。产品的销售,经济效益都会随着价格的变化而上下浮动,所以在确定企业的产品价格和价格调整方法前,要充分考虑企业成本,供求关系和竞争者的价格等因素的影响,以此确保企业的利润。

(3) 渠道策略。渠道是产品或服务从企业转移到客户手中所经过的途径或通道。合理设定销售渠道的长度和宽度往往至关重要。销售渠道的长度是指在企业和顾客之间要经过多少中间环节;销售渠道的宽度则是指在每个中间环节要设置多少个点。企业需要通过考虑自身的资源、承受力、产品的销售对象等来设置销售渠道,保证资金不会出现短缺。

(4) 促销策略。从本质上来说,促销是企业通过一定的方式将产品信息传递给顾客,加强顾客购买欲望的行为。这个过程中,创业者需要考虑多方面因素,例如促销的对象是消费者还是中间商;促销的方式是人员推销、广告推广还是人员+广告的组合。合理且有效的促销方式,往往是基于产品本身,市场、促销成本等因素来设计的。

8. 生产计划

生产计划的作用在于向投资者展示产品的生产管理过程。所以应当包括以下几项:第一,企业生产资源需求,如生产所需的厂房、土地、设备、技术等;第二,生产活动过程,如产品生产工艺流程、生产周期等;第三,生产目标控制和改进能力,如产量目标、质量目标、成本控制目标等。

9. 财务规划

创业者需要预测并且展示能够体现企业经济能力的主要财务指标和投资回报,向投资者展现企业未来经营的财务状况。对投资者而言,这部分内容对于判断投资是否能够得到理想的回报而言可谓是不可或缺。

财务规划主要包括以下两个方面。第一,投资计划,即企业预计的投资数额、企业的资本结构、获取风险投资的条件、企业投资收益、资金的安全与监督管理等;第二,财务报表,即对创业初期5年之内的财务分析与预测,包括现金流量表、资产负债表、损益表等。

10. 风险管理

企业经营不可避免地会遇到许多风险,创业者需要在商业计划书中尽可能详细地分析企业可能会面临的风险、风险程度的大小以及创业者将采取哪种措施来规避或降低风险。

在风险解析中,一般而言会涉及以下几项:第一,市场风险,市场的不确定性是投资者关注的一个要点,如政策变动、市场需求、同类产品(服务)竞争等;第二,技术风险,如技术研发不到位、缺乏经验、研发资金不足等;第三,资金风险,如可能出现资金断流或资金流转不畅等;第四,其他风险,如经营中的突发状况等其他风险。

创业者应当对创业过程中可能面临的风险认真分析,对每一种风险都提出相应的应对措施,切忌为了赢得投资而对风险视而不见或者避重就轻,这样只会失去投资者的信任。

11. 退出机制

创业投资的退出是指风险投资人最终以现金的方式收回其对企业的投资。确保退出机制也是把投资人的投资风险降到最低。常见的资金退出方式有公开上市、兼并收购、偿付协议三种。公开上市是指上市后公众会购买公司股份,风险投资家所持有的部分或全部股份卖出;兼并收购是指把企业卖给一家大公司,一般这种情况需要在计划中提到几家对本企业感兴趣并有可能采取收购行动的大公司;偿付协议是指可以给投资人提供偿付安排,在偿付安排中,风险投资人会要求本企业按照预先商定好的条件回购其手中的权益。

12. 附件

附件中可以放置一些不宜置入正文但又十分关键的材料,如专利技术、市场调查报告、政府相关政策文件等,可以放置在附件中起到辅助说明的作用。

7.5.3 编写商业计划书的要点

据统计,每100份商业计划书中,平均只有5份被潜在的投资者读过;在1000份商业计划书中,平均只有 6 份能够获得投资者的投资。那么如何使自己的商业计划书在众多计划书中脱颖而出,赢得投资者的青睐呢?

1. 编写商业计划书的基本要求

首先我们需要了解商业计划书写作的基本要求,以此为基础研究商业计划的撰写内容。

(1)简洁明了。商业计划书应该开门见山,简洁明了,避免过多提及与主题无关的内容,帮助投资者在有限时间中很快抓住表达的内容核心。一份好的商业计划书一般以 30~50 页最佳,内容如果太短则很难将商业计划完整地表达清楚,但如果篇幅太长,则容易写成企业大全,内容过于详细容易造成重点不突出,从而降低投资者想要读下去的兴趣。

(2)结构完整,条理清晰。商业计划书是一种很正规的文件,在结构和内容上要力求完整和清晰。在结构上,创业计划的各个部分都应该展示,尤其是将投资者真正关心的问题解释清楚,如企业所提供的产品或服务是什么,如何盈利,利润是多少等,并且要在计划书中条理清晰地指出商业机会、所需要的资源,把握这一机会的进程、风险与预期目标。

(3)力求准确,体现真实性。商业计划书的内容一定要体现真实,实事求是,切忌夸大其词。比起使用复杂、华丽的辞藻,投资者更愿意看到的是对事实开展客观,理性的分析和论证。创业者要向投资者全面展示与企业相关的信息,正确分析优势与劣势,体现寻求投资与合作的诚意。如若隐瞒实情、夸大其词或过于乐观则往往会导致失败。所以撰写商业计划书之前,要进行充分的市场调研,分析客户群体、竞争对手、市场前景等,并据此开展合理的说明,增加说服力。

(4)注意语言。商业计划书旨在梳理思路,赢得投资,所以应该使用通俗易懂的语言,言简意赅地表达自己的观点,避免过多使用专业用语造成投资人的理解障碍。

2. 编写商业计划书易犯错误

撰写商业计划书时应当避免一些误区。

(1)缺乏客观分析。很多创业者在撰写商业计划书时往往是从自身的角度出发,谈自己要做什么、谈自己的产品或服务,但是缺乏对产品或服务所处的市场环境的分析,缺乏对行业发展前景的分析。过多的主观描述往往代表分析视角的单一化,很难赢得投资人的信任。

(2)过度包装。有的创业者在撰写商业计划书时,随便找一个模板,然后按照既定模块,生搬硬套地往里添加内容。这种做法流于形式,很难给投资者留下深刻印象。关于商业计划书的内容,有的创业者会将自己的创业团队描述得无人能敌,强调成员的顶级文凭或在曾经受雇大公司的工作经历。事实上,这并非投资者的关注所在,创业者需要展示的是团队的向心力和凝聚力,成员的专业能力和经验,成员之间是否可以达成优势互补等。

(3)过于乐观。创业的冲动和热情往往会使创业者只看到项目好的一面,对创业未来充满美好的期待,而忽视了项目潜在的风险。有的创业者为了吸引投资甚至故意只展示好的一面。然而,没有任何风险的创业项目是不存在的。过于乐观的描述只会让投资人觉得创业者避重就轻,故意隐瞒风险,对待项目本身既不成熟也不理智。

(4)不分析竞争对手的情况。现代市场经营中,竞争是普遍存在的。但是许多商业计划书忽视了这一点,长篇大论地讨论自己企业的优势,谈到竞争对手时却只是轻描淡写、一笔带过。这样往往会忽视来自竞争对手的威胁,在企业决策上出现问题。

(5)缺乏可行的盈利模式。投资者最关心的问题就是企业的盈利。成功的盈利模式会为创业企业赢得长期稳定的利润。盈利模式是指企业获取现金流的方式和获取其他经济利益手段的混合,其核心是获得现金流入的组合途径。很多创业计划对企业未来盈利的方式描述得含糊其词,企图蒙混过关,但这样往往只会使投资者认为创业者无法承担有潜力的项目。

【练习与实践】

请根据题干要求选择正确的一项。

(1) 以下不是商业计划书的用途的是(　　)。

　　A. 检验创业构思是否可行　　　　　　　B. 全面规划发展路径,吸引资本

　　C. 整合资源,凝聚团队　　　　　　　　D. 告知民众企业性质

(2) 以下不属于商业计划书分类的是(　　)。

　　A. 面对公众宣传产品与服务的计划

　　B. 吸引风险投资商的商业计划

　　C. 吸引合伙人的商业计划

　　D. 获取政府或公共部门支持的商业计划

(3) 以下可以不包含在商业计划书封面的内容是(　　)。

　　A. 公司名称　　　　B. 公司地址　　　　C. 联系电话　　　　D. 公司性质

(4) 市场分析是商业计划书的重要组成部分,以下不属于市场分析内容的是(　　)。

　　A. 整个市场的大小和市场走势　　　　　B. 企业的容量大小

　　C. 确定目标客户群　　　　　　　　　　D. 解析企业面临的竞争态势

(5) 以下不是常见的资金退出方式的是(　　)。

　　A. 公开上市

　　B. 兼并收购

　　C. 偿付协议

　　D. 现金支取

参考答案

【复习与思考】

(1) 如何提升自己的创业思维?

(2) 大学生创业的意义是什么?

(3) 如何做好创业资源的开发?

(4) 如何创新商业模式?

(5) 撰写商业计划书应当注意什么?

第8章
职业适应与发展

📌 【学习目标】

(1) 学会从学生到职业人的角色转变。

(2) 了解初入职场面临的问题及其解决策略，走好步入职场第一步。

(3) 认知职业道德、职业意识和职业心态等职业化要求，提升自己的职业素养。

(4) 学习根据个人的兴趣、特长、价值观等取向确定自己的职业发展方向。

(5) 学会设定和管理个人的职业发展目标。

8.1　从学生到职业人

案例引导

　　走上工作岗位的大学毕业生是否认识到，走出校园、走向社会的第一步标志着自己的人生发展进入了新阶段，其间的适应与发展对自身未来的职业生涯发展将起到奠基的作用。从校园到职场，外在环境发生了重大变化，这一切要求大学毕业生担负起一个全新的社会角色，承担起相应的社会责任。

8.1.1　变化与适应

　　这个世界唯一不变的就是"变化"了，面对从学生到职业人的重大转变，作为职场主体的大学毕业生需要主动适应。

　　鱼鳃的结构及其呼吸功能适合鱼在水中生存，蜂巢、蚁群的结构适合整个群体的取食、繁育、防卫等功能。在生物学中，当环境改变时，机体的细胞、组织或器官通过自身的代谢、功能和结构的相应改变，以避免环境的改变所引起的损伤，这个过程称为适应。"适应"这一概念最初是在生态学中应用，后来被引入社会学的领域，其更广泛的用法存在于形容人类的社会行为，释义为符合客观条件或需要。步入职场的大学生都要进行职场适应。

　　1. 初入职场认知

　　大学毕业生告别五彩斑斓的大学校园，走向平凡的工作岗位时，需要认识到自己的生活、工作、学习等各方面发生了很大变化，往往正是这些变化和差别带来的不适应使得学生难以进入职业人状态。

1)学校与职场的差别

对比校园生活的悠闲安逸,职场节奏紧、任务重,这些会给职场新人们带来相当大的压力。学校和职场存在很大差别。

(1)存在基础不同。相对于同学、师生间的无利益冲突和互助互利,职场中人以利益往来和利益交换为存在基础,共同实现组织目标。

(2)核心目标不同。相对于大学教育和培养人才的目标,企业等组织以开展商业等经济活动,创造经济价值或实现组织绩效为主要目标。

(3)发展要求不同。大学要求个体以学习为主,期望学生提升能力,成长,成才,企业等组织则以团队协作为主,要求个体贡献和获得组织业绩增长。

(4)学习过程不同。大学时期的学习抽象性、理论性强,是正规化、个人化、结构性和象征性的学习,学习中要解决的问题常有标准式答案。职场中的学习是具体问题的解决、决策和设计,以工作中发生的特定事件和真实生动的生活为基础,并具有分享性和社会性。要解决的问题很少有标准答案。

(5)人际环境不同。校园是"熟人型"环境,同学、师生之间相互较了解,人际关系简单、平等、自由,教师、同学就像是一个和谐的大家庭。而职场,宛如战场,是"陌生型"社会,除同事、上司,还有客户和其他相关社会人员,相对复杂,明确等级关系,需服从管理。

(6)生活环境不同。校园里大学生是宿舍—教室—图书馆(或体育馆)—食堂四点一线的简单的生活方式,接受相对单纯的校园文化熏陶。步入职场后,生活节奏加快、工作氛围紧张、自由支配时间减少,还要适应不同的环境和组织文化。

2)老师与上级领导的差别

校园中老师以教书育人、授业解惑为出发点对待学生,上司则以完成任务、获得绩效的利益导向要求员工;大学老师一般鼓励学生讨论,欢迎同学发表不同看法,上司通常对讨论不感兴趣,更关心执行效果;大学老师规定学生完成任务的交付时间,而且通常宽容对待延迟交付者,而上司有可能分派紧急的工作,交付周期很短,并对不能按期完成者常伴有不满批评或制度处罚;大学老师通常尽量公平地对待所有学生,而上司有可能独断专行、并不公平。

3)学生与职业人的差异

校园人思考问题的角度和方法、承担责任、探讨问题的途径均不同于职业人。表 8-1 描述了学生与职业人的角色差别。

表 8-1 学生与职业人的对比

项 目	学 生	职 业 人
思维角度	一般只关注是什么	主要关注做什么
思维方法	他人提出问题,被动思考和回答	自己发现,主动思考问题
解决问题	强调独立思考并解决问题	团队沟通,协作解决问题
地位立场	主体地位,学校为学生服务,学生是获取主体;依赖家长和学校	客观地位,为职场和团队服务,是奉献主体;工作生活独立,参与竞争,独立承担责任
行事规则	处世交往和待人接物比较简单直接,不牵涉过多的利益纠纷	高效做事,以结果为导向,绩效为主

续表

项　目	学　　　生	职　业　人
合作习惯	松散,情感导向	义务性、利益导向
承担责任	以学习、探索为主要任务;校园内接受校纪校规约束	必须服从领导和管理,适应职场;犯错误要承担相应的成本、风险和责任
社会权利	享有接受教育权	依法行使职权,开展工作,获得报酬
社会规范	学生规范,学校规章制度	职业规范,不同职业有不同的行为规范
活动方式	学习知识和培养能力、接受给予	运用自己的知识和能力,提供智力、体力劳动

2. 进行角色转换

认识到校园和职场、学生与职业人的差别,为明确职业岗位对自己的要求奠定了基础,适应环境变化、满足岗位要求,顺利实现从学生到职业人的角色转换是成功开启人生职业生涯发展的关键一步。

1) 问题

现实生活中,新入职的大学毕业生在角色转换过程中容易出现一些问题。

(1) 依恋和畏惧并存。经过十多年的读书生涯,对学生角色的体验非常深刻,在学习、生活和思维方式上都养成一种相对固定的习惯。因此在职业生涯初始,许多人常自觉或者不自觉地置身于原有的学生角色,以旧有的习惯方式待人接物、分析解决问题。而面对新环境,不知工作该从何入手,如何应对,因此工作中缩手缩脚、怕担责任、怕出事故、怕闹笑话,缺乏年轻人的朝气和锐气。

(2) 自傲与浮躁同在。有些毕业生认为自己寒窗十几载,已经学到不少知识技能,自己是高层次人才,看不起基层工作和基层工作人员,认为做一些琐碎工作是大材小用,有失身份,表现为做事不踏实、浮躁,一会儿想干这,一会儿又想干那。在这种心理下,很多大学生在现实中表现为眼高手低,大事做不了,小事不屑做。

(3) 孤独与苦闷常袭。初入职场的大学毕业生们面对接踵而至的新任务、新要求、新面孔应接不暇,工作中等级分明的上下级、不熟悉的同事等人际关系也增加着职场新人们的心理压力。在这样的时期,大多数毕业生走出校门,背井离乡,学生时代的老师、同学不能经常见面交流,而新的朋友圈尚未建立,遇到困难和问题难以找到倾诉对象、无以排解,孤独与苦闷也便常常来袭。

2) 对策

角色转换的根本变化是权利和义务的变化。大学毕业生完成学业,步入职场,由原来的学生角色转变为职业人士的社会角色。顺利实现角色转换可以采取以下对策。

(1) 调整职业心态,打好角色转换的心理基础。心理准备不足就会产生过激情绪,导致心态失衡、难以适应。当职场新人的理想和现实之间存在巨大反差时,请认清复杂都是由简单而来,高层都是从基层做起的。初入职场的大学毕业生要有面对现实的心理准备。职业发展与人生成长的轨迹其实一样:低起高谋,分步前进,厚积方可薄发。到基层工作不是一件丢人的事,而是一个广泛学习、为以后的坚实迈步积累的机会。职场也如"战场",不会一帆风顺,踌躇满怀的职场新人们要树立竞争观念、协作观念,明确自己的职业发展目标,从基础工作和基层做起,不受外界影响,顺利时不沾沾自喜,失意时不自暴自弃,这才是事业成功者的必备素质。

（2）安心本职工作，把培养职业兴趣作为角色转换的前提。顺利实现角色转换，职场新人应该切记的是，职业理想不等于过于职业理想化。工作本身就是辛苦的，尽管有幸你的工作是兴趣所在，但也一定背负着某些烦恼和艰辛。更多的工作是在我们全身心地为之付出后才产生了对它的兴趣和喜爱。刚步入工作岗位的大学生，应尽快从相对悠闲的学习生活模式中脱离出来，全身心地投入工作岗位，沉下心来把该做的工作做好。当理想不等于现实时，不要抱怨和放弃，需要的是职业热忱。

（3）勤于观察思考，善于发现问题是角色转换的有力保障。蓄势待发的职场新人们，更多的知识和能力需要用心在工作实践中获得。只有善于观察问题，才能发现问题；只有运用掌握的知识努力解决问题，才能掌握第一手资料；只有分析研究职业对象的内部规律，才能培养独立见解，逐步具备独立工作能力。

（4）积极主动、乐于奉献，是尽快实现角色转换的助推器。回忆起刚入职时的工作情景，现已成为分公司经理的李先生说道："之所以能在公司快速成长，秘密就在于'每天多干一点'。"新入职的大学毕业生们也许认为，只要能坚守工作岗位，把领导安排的事情处理完成，就能成为工作中的成功者。但是甘于平庸、被动听令的心态是职场新人最大的敌人。身为职场新人要自发自觉地做事，勇敢地迎接挑战，不计得失回报，会赢得良好的声誉和更多的信任，增加他人对自己的需要，勇于承担更大责任，拉开自己精彩的职业生涯序幕。

8.1.2　蘑菇定律

"蘑菇定律"又称"萌发定律"，是许多组织对待初出茅庐者的一种管理方法：是指初入职场者常常会被置于阴暗的角落、不受重视的岗位或打杂跑腿的工作，无端地受到批评、指责、代人受过，任其自生自灭得不到必要的指导和提携。

"蘑菇期"的经历对职场新人来说是成长必经的一步，对日后积累工作经验和人生阅历大有裨益。想要走出职场蘑菇期，就必须学会一些必备的方法。下面是走出职场蘑菇期的几种方法。

1. 当"蘑菇"没啥大不了

从很大意义上来讲，埋头磨炼自己是每个人在职场工作中最宝贵也是最有价值的财富，我们都应该珍惜并乐于这样做，以至于能在未来更好地开拓自己的市场，提升自己的个人价值。

【资料学习】

能耐，就是能够忍耐

韦文军的传奇般的发家史被同行炒得沸沸扬扬，版本众多，自己也毫不避讳："其实我是刷马桶出身。"

第一天应聘时，韦文军忐忑不安地走进总经理办公室："你好，我叫韦文军，今年刚毕业……"话还没说完，老板头都没抬一下："出去！出去！我们不要刚毕业的！"韦文军当时感觉喉咙好像被石块堵住了一样，但他仍小心翼翼地说："虽然我刚毕业，但是我挺有天分的……"罗老板粗暴地打断了他，高声地说："出去！出去！我们员工个个都有天分！出去……"

韦文军马上拿出作品放到桌面上，罗老板扫了两眼，感觉还有点意思，耐着性子对韦文军说:"我们这里是无纸化办公,要求熟练操作计算机。"韦文军连说:"我会,我会计算机!"软磨硬泡之下,罗老板答应试用他几天。没过几天,罗老板又走过来请韦文军走人,原来罗老板看出他只是会点皮毛。

如此三番五次地"摧残",换了别人早就打退堂鼓了,偏偏韦文军是个天性倔强的孩子,他决心"赖"在这家公司不走了。

有人曾对他说过:"在深圳自尊心最不值钱。一个人只有战胜自己的恐惧跟小小的面子,才能在这块土地上立足。"

韦文军表示,他只想学计算机,不要公司任何报酬,只要管他吃住就可以了,并且每天为公司打扫卫生。罗老板最后开了个苛刻的条件,必须负责每天打扫公司的卫生间,包括刷马桶。

这家装修公司从此多了一个忙碌的身影。韦文军每天要把近 700 平方米的办公场所里里外外打扫干净。等全面清洁工作做完后,大半天时间也就过去了。余下的时间韦文军便坐在别人的计算机前,看着别人操作。等大部分人下班后,韦文军再收拾一遍众人留下来的垃圾,匆匆吃过晚饭,趁着夜深人静看各种专业书籍,并且上机练习操作。

后来,韦文军觉着自己太缺乏建筑常识,想到总工程师那里去"偷艺"。他瞄准空子给"总工"端上一杯热茶,总工头都没抬一下说:"你刷完马桶洗手没有啊?"韦文军并没有轻易退却,他发现,这位总工每晚动笔之前必喝一口白酒,于是韦文军用自己不多的积蓄买来各式名酒,还捎上一些下酒小菜,总工的脸上终于露出一丝难得的笑容,此后韦文军坐在他的身边被默许了。

有天夜里,罗老板主动来找他谈话,老板推心置腹地说起他自己。原来,他自己是哲学硕士出身,初到深圳的第一份工作竟然也是疏通下水管道,跟马桶结下了不解之缘。因为他当时看准了深圳这座移民城市装修市场的空白,于是放下书生架子做起疏通马桶的工作,并由此攒下了创业的"第一桶金"。他还说:"我对你的无情实际是一种有情,希望你能在苦难中得到成长和收益!"最后还谈起了"马太效应":强者越强,弱者越弱。大丈夫立世,不应怨天尤人,人最大的敌人是自己啊!

从那以后,公司任命韦文军正式上岗做设计师。罗老板发现韦文军的 3D 装修效果图画得好,中标率非常之高,经过反复研究,他发现韦文军色彩感觉特别好,马上提拔韦文军做设计总管,并放手分给韦文军一些大项目做。这期间韦文军跟客户面对面接触的机会日益增多,增进交流的同时,工作局面日益复杂起来。有些客户企图收买韦文军,通过金钱贿赂拿走公司的光盘与图纸,以躲避支付大宗的尾款。韦文军从不为所动,婉言谢绝。

1999 年 7 月,公司接到了一个大单,设计费为 200 万元,全部由韦文军一个人来完成。这时的韦文军已经很老到了,上学时他的风景水粉画功底此时此刻大大地派上了用场。短短两个月内光 3D 效果图就画了 37 张。客户看了韦文军的图纸后赞不绝口,痛痛快快地将尾款全部划到公司账上。

此后韦文军又被提升为艺术总监。两年之后,韦文军带着积攒的 50 万元开了一家属于自己的装饰公司。与以往"惯例"不同的是,打工仔同昔日的老板成了铁哥们儿,韦文军与罗老板成了感情深厚的朋友。重提过去那段往事,韦文军称刷马桶的经历实属"负面的恩典",他会抱着感恩的心去看待这段故事。他告诉我们一个成功的"秘密"——所谓能耐,就是能够忍耐!

资料来源:李才. 能耐,就是能够忍耐. 南国都市报数字报,2013-07-10. http://ngdsb. hinews. cn/html/2013-07/10/content_25_4. htm.

达尔文说过,要想改变环境,必须先适应环境。职场"蘑菇期"最能够考验一个人的修养和意志。接受"蘑菇理论"的考验,耐心当几天"蘑菇",消除掉自己那些自视甚高、不切实际的幻想,可以使自己更加接近现实,看问题也更加实际一些。成功是每个人追求的目标,但要避免急功近利。"蘑菇经历"是一件好事。它是人才蜕壳羽化前的一种磨炼,对人的意志、耐力培养有促进作用。所以,如何高效地走过迈入职场的这一段时光,从中尽可能汲取经验,成熟起来,是每个刚入社会的职场新人要积极面对的课题。

2. 急于求成要不得

许多初涉社会的大学生都怀着自信满满的态度而来,觉得自己应该得到重用,或者过高的看重报酬而把工资水平看作唯一衡量自己价值的标准。"小蘑菇"要喜欢自己的工作,只注重金钱利益而忽视了这份工作能否带来乐趣、是否有发展的空间。若能从工作中寻得乐趣,而不仅仅是为了工作而工作、急于求成,便能够创造出意想不到的结果。

3. 放低姿态,学会忍耐

想要成功走出"蘑菇期",首先要放低姿态。刚入职的大学毕业生往往想着一开始就能够有所表现、大干一番,但是现实往往是被晾在一边成了"小蘑菇"。当现实与期望发生冲突,很容易令人丧失工作热情。其次,要学会观察周围的人和事,试着配合大家的习惯。最后,"小蘑菇"还要做到嘴快、手快,在完成分内工作的同时,看看有什么还是自己能做的,化被动为主动方可有所得。

职场新人要正确对待评价,注意做好调整。跨入工作单位的大门起,必然会受到新群体对你的评论,这是在新环境中以新角色的要求对你做出的新估价。同时,一个人仅凭自我感觉认识自己是不行的。只有通过与别人的评价与比较,取得大多数人的肯定评价,才是重要的。

对初入职场的人来说,工作中出现失误在所难免。很多情况下,虽然你的出发点是很好的,但结果往往与你的想法背道而驰。职场中无论批评者的动机是什么,我们总是可以利用批评作为改进自己的一种指南。公司里犯错多是行动力的证明,而这种行动力正是上司对新员工最大的期待。

4. 用价值说话最有力

如果你在开始的工作中就满腹牢骚、怨气冲天,那么就容易对工作敷衍了事,从而有可能造成错误的发生;或者本可以做得更好的,而没有做到。这会使你在以后的职务分配中很难得到你本可以争取到的工作。对于职场新人,用心修炼,细心做事,用价值说话最有力。也许你作为一个"职场小蘑菇"得不到领导的赏识与重用,所做的只是一些没有建树的、不费太多心思的工作,但是这都是你熟悉整个公司的工作环境、了解工作流程的最为行之有效的方法。所以,认真对待这些细节琐事,把手头的工作做完、做好,必然能够获得肯定。

5. 适当表现

一个精明而有能力的职场新人,一定会抓住机会表现自己,缩短当"蘑菇"的时间。

(1)在公司例会或其他会议上积极发言。当然,你必须事先对会议的议题下一番功夫。注意在未经上司允许的情况下,切忌盲目发言而喧宾夺主。

(2)及时汇报,沟通工作。"早请示,晚汇报"是入职新人对上司尊重的工作态度。这不但能让上司了解你的工作状况随时给予指导,还会赢得上司的重视和信任,有助于你的成长。

（3）不自作聪明。相信你周围人们的智商和情商，不自以为是，不贪图蝇头小利，不浮躁吹嘘。勇敢地说出自己不懂的地方，向上司或同事虚心请教。

（4）扩大自身格局，坦然面对变化。站得高才能看得远，作为职场新人，要开始探索和树立自己的职业理想和远大目标，放眼长远，勇于创新、不断挑战自我。

8.1.3　把握职场第一年

职场第一年是职场新人职业生涯中的关键一年，这一年成功的意义不在于知道了多少，而在于学习的能力有多强，学习的速度有多快。有些时机，错过了终不再来，每个人的职场第一年只有一次，新入职的大学毕业生们迎来了新的人生课题，应好好把握。

1. 初来乍到

大学毕业生走上了工作岗位，初来乍到，要做的就是安稳下来，站住脚跟。熟悉单位环境、了解工作任务、摸清政治版图……让自己悸动的内心沉淀下来。主要有以下主要任务。

1）把握规章制度，洞悉组织文化

从某种意义上说，组织或企业的文化理念就是该组织或企业发展的精髓，主要包括组织的历史、产品、环境、战略以及未来的愿景、规章制度、价值观、企业精神以及做事方式等。初涉职场的年轻人不能深刻地了解所在组织或企业的文化理念，一般不会被委以重任。尽快了解自己所在的组织或企业的文化理念，脚踏实地，从小事做起，一步一步地提升自己。

新入职一家企业，除了员工手册上的规章制度，还需要了解哪些规章制度必须被严格遵守，企业有哪些不成文的规则等，这些事情最好去请教你的同事而不是凭直觉处理。还有些事关个人修养和职业道德的，例如办公时间处理个人事务、因私利用公司的材料和设备、办公室恋情等其他涉及私人的事情，处理时要"合理、适宜、适度"。

2）留下良好第一印象

给人留下良好的第一印象是很重要的。有时，第一印象在别人脑海中很难更改，有时，第一印象甚至会影响后面的职业生涯发展。

"机遇总是给有准备的人。"愿意从基层做起，不惧烦琐、踏实认真、团队合作，一旦你的所作所为证明了你可以完成一些看似不重要的工作，老板就很可能会把更具挑战性的任务交给你。职场新人们踏实工作，留下良好第一印象，将有机会脱离自己观天的小视野，迎接一片更加广阔的天空。未来在脚下，好的开端才会为未来发展打下坚实基础。

3）看懂办公室政治

有人的地方就有政治。而大学毕业生要意识到，告别了"象牙塔"般的校园步入社会，就进入办公室政治，参与到人与人的竞争中去了。新入职的大学生对办公室政治不可不知，但也不必深忧过虑。

作为新入职的大学毕业生缺乏社会经验，面对相对复杂的办公室政治容易走入误区。有的人进入职场后拍"马屁"、找靠山、拉拢人，工作花表面功夫，在领导面前炫耀辛苦和勤奋，人前一套，人后一套。有的人唯唯诺诺，做老好人，遇到事情"事不关己，高高挂起"。有的人工作很勤奋，但任劳不能任怨，好盲目攀比、牢骚满腹。其实，所谓办公室政治就是心魔，彼此妒忌，相互提防。办公室政治没有那么神秘，也并不可怕，学会尊重他人、谦虚谨慎，真诚大度，自省自强。修炼好内功，明确工作目标，创造自己的发展优势。

2. 人际与沟通

新入职的大学毕业生是否意识到,职场中人际关系也是竞争力。打造良好的人际关系也是实力积累的必做功课。但职场里的沟通很有技巧,有人笑着说出来的话是伤人的,而有人大骂着说出来的话却是暖人心的。职场新人们尤要学会仔细聆听观察、用心理解领悟、综合分析判断,才能处理好人际关系、左右逢源、不犯错、做对事。

1)与领导打交道

在职场人际关系中,是否学会跟上司打交道是能否立足职场、获得更好发展的关键。

(1)看懂眼色听懂话。新入职的大学毕业生们处理一些清晰明确的基本工作应该是不成问题的。公司给你的岗位责任规定,明确详细地说明你的职责义务。部门的工作目标也会通过会议、文件等形式公之于众。这些相对来讲容易理解和把握。但是还有一些领导的工作需要和希望是没有明文安排或未曾说出口的,是否能真正领会呢?

【资料学习】

王总下班前找到在办公室工作的刚毕业的大学生小李,说道:"明天开营销项目讨论会,通知大家一早就来。"小李点头称是,并赶在下班前给营销部、市场部经理打了电话。第二天一早,王总一进会议室就皱起了眉,问道:"人怎么没到齐?""王总,您说开营销项目讨论会,我就通知了营销部和市场部啊。"小李赶紧说。"不对,开发部、生产部、质量部都要参加。人到齐了我再来。"王总摔门走了,过了一会儿人到齐了,王总又被请来,大家有些茫然地看着他,说:"今天的会议议题是什么呀?没有准备发言内容。"王总的脸色十分难看,厉声质问小李:"你们办公室怎么搞的,连个会都通知不明白。你这是在耽误大家的时间!"事后,小李跟办公室张主任解释事情经过时满腹委屈:"王总交代会议通知时没具体说参加人员和内容,事到临头把责任全部推到我头上。"

这件事的关键问题在于,虽然王总没有交代清楚,但小李也没有主动去了解清楚。王总以为小李能够了解他的意图,而小李在不了解王总的意图的情况下自作主张,自然出现了错漏。

资料来源:桂旭江.凭什么提拔你[M].广州:广东旅游出版社,2014.

职场上,日理万机的领导往往忽略了新员工,公司的一切对新员工来说还是相对陌生的。而有些初入职场的大学毕业生又不好意思或不敢多问,怕被领导看作反应慢、理解力不够。事实上,大多数领导不会因为多请示而认为新员工愚笨,反而觉得是一个认真、可靠的人。职场新人多问多沟通,准确了解上级意图,避免产生误会耽误事,这是与领导沟通的基本规则,至少能保证在职场成绩及格。而所谓悟性,是还要学会领悟上司的话外之音。在职场沟通中,上司许多话不直接说出口,拐个弯委婉地说出来,才有回旋的余地,才能更好地传达自己的意图。这也是上司时常使用的沟通手段。

(2)管理好上司。管理好上司指与上司保持良好的沟通,甚至对上司产生一定的影响力以促进工作效率的提升。

首先,要做到服从与尊重。步入职场,有的大学毕业生难以适应不同于以前生活的相当民主、轻松自由的校园环境,对上司的权威大感震动、惊讶。其实,这就是职场现实。尽管有些"残酷",但要认识到任何组织机构中都不能缺少权力掌握者来履行管理职能。任何组织发工资、雇佣员工是让员工"服从命令听指挥",完成任务为先。没有员工的彻底服从与执行,即便最先进的思想理念和规章制度,也难以被贯彻实现。当然,也并不是说如果有充足的理由拒绝上司,也必须保持沉默。但是,这里说的尊重和服从上司的领导地位和权力,是指以合适的态度对待他。比如快乐、不抱怨地执行任务。而且无论任务是轻是重、是大是小,都尽量在规定的期限内保质保量地完成。无论是个人还是公众场合和上司沟通交流时,都要把注意力集中在他身上,注意听他的讲话。到上司办公室沟通工作时如果没有得到上司请你坐下的邀请,就请一直礼貌地站着。并且要让你的谈话言简意赅、切中要害并有所准备。还要了解不在公众场合挑战或威胁上司是非常关键的,当众让领导下不来台绝非明智之举。如果有很好的不同意见可以促进工作,最好是两个人单独交流时再与上司辩论,而且出发点不是扭转上司的想法,而是让领导者能够倾听并认可你的观点。而当提出建议或表示反对时,有一个比较委婉的方式就是用提问的形式来表达。

不要忘记,拍板是上司的事。职场上很多看似是小事,你可能很随性地擅自做了决定,你可能觉得是没什么大不了的小事一桩,而你的上司可绝对不会这么想。步入职场的大学毕业生,首先要区分哪些事情是必须请示领导的,哪些事情是可以自己处置的。越权越位,甚至越级报告,都是没有好下场、不可触犯的职场"天条"。

如何面对上司的批评?从一直被学校老师和家长耐心引领和鼓励的学生生活到完成任务、担当责任并充满竞争的职场,想从上司那里得到大量肯定的反馈是不现实的。除了取得了辉煌业绩,上司会认为没有必要给属下称赞和表扬。对于大学毕业生这样的职场新人,看问题不能只看表面,对待被上司批评甚至责骂这件事情,要把对你工作的纠偏、对你的人身攻击或否定你的尊严和价值区分出来。要知道被上司批评,很大程度上是因为上司看重你,指出你的错误是为了培养你。如果上司根本不理你,说明根本没有被批评的价值,批评你只是在浪费自己的时间和精力。职场中要经得住批、担得起骂,才能尽快地从惶恐敏感的"职场菜鸟"走向成熟稳重的职场人,从容豁达地迎接一切挑战。如果遭受一两次批评就一蹶不振、打不起精神,这样会让上司认为你不堪以重用。

要让自己做个忠实可靠的卜属。忠实是工作中要言而有信,如果明知某件工作下班前也不可能完成,却还许诺说中午可以完成,交不了差时再找理由推脱,那就是只做表面文章,迎合取悦领导。可靠也不仅是上班要准时,还意味着在立场态度上始终如一、得体恰当。在工作请示中,尽量给你的领导提供问题解决方案让他决策、选择,而非把基础的信息、数据全部罗列呈报(领导有此要求的情况除外),让领导自己去挑选过滤。

(3)保持独立性。虽然在职位上你是低于上司的属下,但在人格上是平等独立的,并不隶属于上司。即使上司是业界精英或传奇人物,也应该保持独立性。独立性不仅仅对自己来说是必要的,在有效地帮助领导者或实现组织利益方面也是必要的。独立性能够使合理的建议是基于所供职的组织的利益而不是其他某些人的想法。当组织发生变化、领导者发生更迭、领导者不再需要员工的帮助时,独立性也能确保员工做好准备去做其他事情,并继续实现价值。

职场中,多数情况下应该服从上级领导,但当上级领导布置的任务超出能力和职权范围时,下属也应该拒绝上级领导的要求。作为一个下属,对上级领导说"NO"要有勇气,不过,就算有勇气,没有策略也是不行的。拒绝之前要表现出积极和肯定的态度。如果当时不能决定,要争取更多的时间思考。

如果不赞同上级领导的建议,不要保持沉默,沉默只会让事情变得更糟,让上级领导怀疑你的责任感,所以这时应该给上级领导讲清事实、理性地分析和提供适当的理由。切记辩解并不是找借口,不是推卸责任,而是为了将工作做得更好。

要和上级领导正面讨论,把重心放在今后的对策方面,而不是放在现在拒绝的理由上。在跟上级领导沟通的时候,口齿要清晰,态度要明确,否则只会让上级领导觉得是在找借口。还有一种特殊情况,就是上级领导要求做非法的事或昧良心的事,要保持平静的心态,委婉地解释对这个要求感到不安,并坚定地表明态度。如果不能坚持自己的价值观和一定的准则,就会迷失自己,最终断送自己的前途。

2)与同事友好相处

职场中良好的同事关系是顺利开展工作的基础,对职场新人来讲,能够与同事建立起和谐的人际关系,让他在职场中立足,乃至今后的职业发展都有着重大影响。

(1)融入集体。有一句箴言:"孤木不成林",在职场上,想靠一个人单打独斗去获取成功是不可能的。"一只眼看不远,千只眼看穿天",组织目标的实现要依靠集体的力量。而团队精神,对步入职场的个体来讲也是一项必备的职业能力。初入职场的大学毕业生要彻底戒除做学生时的娇气,切忌以自我为中心,更不能以为自己所学的理论知识丰富而轻视、瞧不起别人。谦虚做事、低调做人,放下面子、虚心求教,融入集体。大学毕业生进入职场要学会敞开心扉,让人感觉愿意倾听他人的意见,愿意跟他人交流思想。

刚毕业的大学生步入职场既不要做刺猬,也不要做含羞草,要积极参加集体活动,和周围同事打成一片;主动做做杂务,表明融入团队的态度;低调一点,显示你对环境的善意……总之,要尽快融入集体,做一个合群的人,才有利于自己尽快适应环境,顺利开展工作。

(2)相处融洽。同事,就是相互合作、共同做事。但作为职场上的同事,既是合作者,也是竞争者。怎样才能相处融洽、协成同事呢?有这样一个寓言故事:有一把牢牢锁住的大铁锁,无论铁锤怎么敲也打不开。这个时候钥匙来了,它灵巧地钻进锁眼,轻轻一扭,大铁锁就开了。铁锤奇怪地问:"为什么我费了九牛二虎之力也没打开,你轻轻一扭就打开了呢?""那是因为我了解它的心啊。"钥匙说。一把钥匙开一把锁,职场上与人沟通贵在用心。

人是情感动物,对他人的态度十分敏感,如果得到了热情、友善、真诚地对待,会感到信任和愉悦,使良好人际关系的建立顺畅起来。所以,开诚布公、用心沟通,真正地尊重和关心他人,才是职场与同事融洽相处、建立和谐人际关系的制胜法宝。

(3)与同事相处的禁忌。与同事友好相处,有需要积极主动去做的事,同时还有尽量避免去做的事。

人人都有自尊心和虚荣感,在职场的人际关系中很多与自尊心有关,伤害了自尊心就等于伤害了感情。职场新人尤要记住,人最不能被人践踏的就是自尊心,要学会换位思考,多站在对方的角度思考问题、尊重对方,千万不要伤害别人的面子和尊严。无论我们是有意还是无意中伤害了别人的自尊心,首先要想到补救的良策。因为行动上的积极补救,说明我们还在挽救自己的过错,听之任之绝对是不负责任的方法。比如在一个敞开的办公环境里对同事提出批评性意见,导致他的不高兴。事后需要主动说对不起,请求他原谅。因为了解了自己对自尊心的保护要求,所以在和他人相处过程中,可以尽可能为他人的自尊心建一个"小房子",那可是真正的保护层,使其与伤害有效隔离。这个小房子由无数的"不要"组成,比如不要践踏尊严,不要侵犯隐私,不要公然对峙,不要限制自由,不要主动揭短,不要貌视存在。

刚刚步入社会的大学毕业生积极进取，表现出自己的才能和优势，是适应挑战的必然选择。但是，如果过于表现，甚至矫揉造作，会引起旁观人的反感。在办公室里，本来同事之间就处在一种隐性的竞争关系之下，如果一味刻意表现，不仅得不到同事的好感，反而会引起大家的排斥和敌意。真正地展示教养与才华的自我表现绝对无可厚非。真正善于表现的人常常既表现了自己，又未露声色。"群众的眼睛是雪亮的"，职场上谁的心里都有杆秤，刻意甚至是虚伪的表现是最愚蠢的，被大家排斥和瞧不起。

（4）问题处理有技巧。那么职场上又该如何恰当地给同事提意见呢？首先，从帮助他人、利于同事进步的出发点去提意见。其次，自己先干好自己的工作，明白自己的身份，不对别人的工作指手画脚。相信同事能够将事情做好，别人做的工作自有他的直接领导安排，对别人的工作情况不要轻易下结论。最后，注意说话的方式和语气，可以通过两个人私下交流或者 QQ 等关注度较小的方式，切不可在大庭广众或在领导面前让同事下不来台。恶语伤人恨不消，给同事提意见不必选择生硬的语言，用比较轻松甚至可以用开玩笑的方式给同事提意见，这样同事就不会过于反感你的意见了。

没有人喜欢被拒绝，因此我们在不得不拒绝同事的要求时需要考虑对方的感受，先不要急切、直接地表达自己的立场和处境。要先耐心地听清楚对方的要求，让对方有被尊重的感觉。在你委婉地表明自己拒绝地的立场时，也能避免伤害他人，不会让人觉得你是在应付。如果你真的觉得必须拒绝对方，要让对方明确知道你确实难以达到他的要求，让他知难而退。拒绝别人时，态度要诚恳，语气要温和而坚定。在拒绝之后可以询问是否可以帮他做些其他工作。虽然拒绝了对方，但却可以针对他的情况给予一些能帮他解决问题的其他建议。如果能提出有效的替代方案，对方一样会感谢你，甚至用替代方案取得更好成效。在拒绝的过程中，除了技巧外，更需要对对方发自内心的耐心与关怀。

3. 做好第一份工作

初入职场的艰难困苦是一个人职业生涯历程中必将经历的酸涩时期，而第一份工作也绝对会影响人生职业发展轨迹。

从踏入社会的那天起，到你退休的那天止，你就站在了一条必须要面对的、更为复杂艰苦、也更是要求和促使你实现人生价值的起跑线上，并且没有捷径可走。而且，主动选择这个"坏公司"的就是你本人啊，想想你应聘面试时不是表示过有意向于公司，并积极表态在公司要勤于奉献、好好工作的吗？在你牢骚满腹、心猿意马之前，可否思考并做过努力让工作变得有意思、有意义起来呢？日本幕府时期著名政治家和军事家高杉晋作曾留下"世上本无有趣事、有心居之趣自生"的辞世名句，可否做进行职场去留选择时的提示参考呢？

"故不积跬步，无以至千里；不积小流，无以成江海。"对于初入职场的大学毕业生，应该把第一份工作作为学习办公业务、职场社交以及各种工作细节的最佳场所和最佳时机。掌握这些工作的基本原理，将为以后的职业发展做出必要准备。

（1）在第一份工作中探索适合的工作种类和领域。从校园到职场，很多大学毕业生也并不明确自己喜欢干什么、能干什么，以及还有什么工作可干，那么在用心去做好第一份工作的同时，还可以发掘自己以前从未注意过的潜力，寻找最能充分发挥特长和潜力的工作。

（2）第一份工作中挫折失败的经历锤炼得你更加沉稳成熟，塑造职业化形象。

（3）不要让人觉得你是一个频繁跳槽的人。即使现在社会中人们更换工作比较频繁,但如果刚入职场的你不到 6 个月就把工作辞掉了,那么第二个公司的同事就想知道为什么那么短的时间就从那家公司跳槽了,他们会害怕你个性太强,或者缺少耐心和毅力,甚至质疑你是否存在职业道德问题。如果你的理由不是十分合理或者令人信服,他们对你的评价会大打折扣。对于步入职场的大学毕业生来说,离职最好的时机是你现在的工作很出色但已经决定去寻找其他工作以迎接新的挑战。

【练习与实践】

评估与同事的沟通能力

1. 情景描述(回答下列问题)

（1）面对同事的缺点和错误时,你会（　　　）。

    A. 委婉沟通,引导发现　　　　　　　B. 直言相告

    C. 和自己毫无关系　　　　　　　　　D. 当面不说,事后和别人谈起

（2）发现同事的优点或同事取得了成绩,你会（　　　）。

    A. 及时赞美和祝福　　　　　　　　　B. 非常关心,想要向他学习

    C. 羡慕　　　　　　　　　　　　　　D. 嫉妒

（3）当你听到同事在你面前说其他人的坏话时候,你会（　　　）。

    A. 不传话,只是静静地听

    B. 当面制止

    C. 当面制止,并指出对方的缺点

    D. 当面不说,事后悄悄告诉受诋毁的那个人

（4）请求关系很好的同事帮忙时,你会（　　　）。

    A. 礼貌,委婉

    B. 有外人在时礼貌,单独在一起直接

    C. 都很直接

    D. 命令的口吻

（5）参加老同学的婚礼后你很高兴,而你的朋友对婚礼很感兴趣,你会（　　　）。

    A. 详细叙说从你进门到离开时所看到和感觉到的以及相关细节

    B. 说些自己认为重要的

    C. 朋友问什么就答什么

    D. 感觉很累了,没什么好说的

（6）由于公司需要,派你乘长途汽车去另一个地方,时间是 10 个小时,与你同行的是一个不爱多讲话的同事,你会（　　　）。

    A. 试图了解他,找出他感兴趣的话题　　B. 主动沟通,找出共同话题

    C. 和他交谈,谈谈自己的感受　　　　　D. 看书、睡觉或吃东西

（7）你刚就任一家公司的副总编辑,上班不久,你了解到本来公司中有几个同事想就任你的职位,经理不同意才招的你,对这几位同事你会（　　　）。

    A. 主动认识他们,了解他们的长处,争取成为朋友

    B. 不理会这个问题,努力做好自己的工作

  C. 暗中打听他们,了解他们是否具有与你进行竞争的实力

  D. 暗中打听他们,并找机会为难他们

(8) 与不同身份的人讲话,你会 (　　)。

  A. 不管是什么场合,你都是一样的态度与之讲话

  B. 在不同的场合,你会用不同的态度与之讲话

  C. 对身份高的人说话,你总是有点紧张

  D. 对身份低的人说话,你总是漫不经心

(9) 听别人讲话时,你总是会(　　)。

  A. 对别人的讲话表示兴趣,记住所讲的要点

  B. 请对方说出问题的重点

  C. 对方老是讲些没必要的话时,你会立即打断他

  D. 对方不知所云时,你就很烦躁,就去想或做别的事

(10) 当你在发表自己的看法时,别人却不想听你说,你会(　　)。

  A. 仔细分析对方不听自己的原因,找机会换一个方式去说

  B. 等等看还有没有说的机会

  C. 于是你也就不说完了,但你可能会很生气

  D. 马上气愤地走开

(11) 当你和同事出现误会时,你会(　　)。

  A. 主动及时找对方沟通,消除误会 B. 通过第三方协调,消除误会

  C. 等候对方找自己消除误会 D. 怀恨在心,找机会给对方点颜色看看

(12) 当你进入一家新公司时,你会(　　)。

  A. 找机会主动介绍自己,认识每一个人 B. 积极认识本部门的人

  C. 在工作中慢慢熟悉 D. 等待别人来认识你

2. 评价标准及结果分析

以上各题选 A 得 3 分,选 B 得 2 分,选 C 得 1 分,选 D 得 0 分。

总分为 28 分以上:你与同事的沟通能力很好,请保持。

总分为 18～28 分:你与同事的沟通能力一般,请努力提升。

总分为 18 分以下:你与同事的沟通能力很差,需要提升。

资料来源:武洪明,许湘岳. 职业沟通教程[M].北京:人民出版社,2014.

8.2　职业化要求与职业素养提升

案例引导

  调查资料显示:中国 90% 以上的企事业单位都已认识到,制约其发展的最大因素是缺乏高度职业化人才。要想在竞争中保持不败,必须打造一支高度职业化的人才队伍。管理学家彼得·德鲁克曾说,"职业化已成为 21 世纪的第一竞争力"。要想在 21 世纪生存和发展下去,就必须把自己变成一个职业化的人。职业道德、职业意识、职业心态是职业化素养的重要内容,也是职业化中最根本的内容。

8.2.1　职业道德

  俗话说:"人无德不立。""德",即道德,是人安身立命的根本。职业道德,就是同人们的职

业活动紧密联系的符合职业特点所要求的道德准则、道德情操与道德品质的总和,它既是对本职人员在职业活动中的行为标准和要求,同时又是职业对社会所负的道德责任与义务。良好的职业道德既是企业对员工最基本的规范和要求,也是每一个员工都必须具备的基本品质。一个员工如果忽视了自己品德的修炼,过分注重手段、权谋,投机取巧,急于求成,即使他职业技能再突出,许多企业也会将他拒之千里。

1. 诚实守信

"人无忠信,不可立于世。"职场上一个人要想成功,离不开他人的支持和帮助。对人以诚,人不欺我;做事以信,事无不成。

李开复在《给中国学生的一封信:从诚信谈起》中谈到这样一件事:我曾面试过一位求职者,他在技术、管理方面都相当出色。但是,在谈论之余,他表示,如果我录取他,他可以把在原来公司工作时的一项发明带过来。随后他似乎觉察到这样说有些不妥,特作声明:那些工作是他在下班之后做的,他的老板并不知道。一番谈话之后,对于我而言,不论他的能力和工作水平怎样,我都肯定不会录用他。原因是他缺乏最基本的处世准则和最起码的职业道德"诚实"和"讲信用"。一个人品不完善的人不可能成为一个真正有所作为的人。

职场上许下自己明知不可能实现的诺言可能是对一个人和他的职业发展的最大损害。时值季末,小王知道如果完不成定额,他的奖金就泡汤了。于是,急于求成的小王许诺一位客户两周到货并签下一份订单。"只不过是晚两个星期。"他这样为自己开脱着:"如果他两周后打电话抱怨为什么没有按期到货,我就说生产厂家碰到了意想不到的情况耽搁了。到时候,除了等待他也没有别的办法。"尽管可能最终王立拿到了奖金,但是他个人和公司的信誉却受到了损害,因为许诺这样的诺言第一次可能管用,但第二次就很难奏效了——人们不再相信你说的任何话。

在职场上人们之间的交往和共处过程中,规定和秩序往往是靠守信坚守的。有时候讲求诚信、遵守诺言的做法会使自己吃亏,但诚信是一个人的品格名片,你的诚实守信最终会给自己长远的事业发展带来积极、持久的影响。

2. 忠诚正直

所谓忠诚,意为尽心竭力,赤诚无私。企业员工的忠诚度是指员工对于企业所表现出来的行为指向和心理归属,即员工对所服务的企业尽心竭力的奉献程度。企业在招聘员工的时候,第一看重的是品行,因为一个人的知识能力可以再培养,但一个人的道德品行很难改变。

正直就是要不畏强势,敢作敢为,要能够坚持正道,要勇于承认错误。正直是内在的、难能可贵的、令人敬佩的,也是无往而不胜的。如果你发现它的真谛,在职场上做一个诚实正直、有才能的人,你的成功会是一种真正的成功。

【资料学习】

青平:学习"八一勋章"获得者闪光的品质

在庆祝中国人民解放军建军 95 周年之际,中央军委 7 月 27 日在北京隆重举行颁授"八一勋章"和荣誉称号的仪式,杜富国、聂海胜、钱七虎等先锋楷模成为"八一勋章"获得者。"八一勋章"是军队最高荣誉,非卓越功勋者不能得,杜富国、聂海胜、钱七虎等无不是在强大精神和可贵品质支撑下,以坚定不移的奋斗走向了荣誉的巅峰。广大青年要从他们身上学习闪光的品质,知之于心、践之于行,在新时代的新征程中励志奋进。

从忠诚使命、英勇无畏的排雷英雄身上学习忠勇品质。扫雷排雷,不仅是一项高度技术性的任务,更是随时都面临着生与死的考验,但是作为一名军人,杜富国毅然前往,在手榴弹爆炸的生死关头,毫不犹豫用自己的身体护住身旁的战友,挡住爆炸的危害,失去自己的健康,保护战友的生命。对军人使命的忠诚、对急难险重的无畏,忠勇品质在杜富国身上闪闪发光。我们大多数人虽然远离硝烟,但也肩负着党的殷殷嘱托和人民群众的切切期盼,要立足岗位,忠于职守,忠于党、忠于人民。

从矢志报国、三巡太空的航天英雄身上学习使命担当。党有召唤、国家有需要,聂海胜就挺身而出,因为他心中始终坚守着"为祖国出征"的初心使命,身上始终闪耀着"听从召唤任挑选"的军人本色,并为之艰苦奋斗,坚持刻苦训练、时刻准备,用实际行动和成绩迎接党和国家的检验。虽然我们都是平凡岗位上普通的一员,但是只要心存家国、勤劳敬业、勇于担当,秉持为国家建设发展添砖加瓦的信念,就一定能在平凡中干出一番不平凡的事业。

从科技强军、为国铸盾的工程专家身上学习攀登精神。"奋斗一甲子,投身强国梦。"这是钱七虎一生最鲜明的写照。无论是战斗在大山深处,还是奋斗在边防海岛,他始终在攀登科技高峰的征途中跋涉前进。从不褪色的赤子情怀,从不放弃的真理追寻,是我们在钱七虎身上看到的闪光品质。广大青年应当坚持"国之需要,我之理想"的价值取向,立足岗位实际,坚持开拓求新,攀登探索,成为干事创业的能手。

全面建设社会主义现代化国家、向第二个百年奋斗目标进军的新征程已经开启,广大青年生逢其时,要从榜样身上学习他们可贵的品质,知之、践之,奋力谱写崭新篇章。

资料来源:章勇.青平:学习"八一勋章"获得者闪光的品质,中国青年网,2022-08-03, http://news.youth.cn/jsxw/202208/t20220803_13892988.htm.

作为新时代的青年,我们要始终朝着成为"忠诚的积极的正直的人"的方向,在平凡岗位上做一个与时代同行的奋进者、开拓者、奉献者。

3. 勇担责任

负责任是一个人的立身之本,为人之本。负责任能体现人生的价值,工作就意味着责任,你对工作负责意味着你对自己的人生负责。

俗话说:"种瓜得瓜,种豆得豆。"但凡成功者,都具有强烈的责任心带来的踏实做事情的特性,幸运之神是不会降临到一个没有责任心的人身上的。

【资料学习】

1988年,在中央提出沿海大开放的时期,他应聘到了沿海的一家报社,当时报社最缺乏的是广告业务。而他,给单位一个很大的见面礼:他的一位朋友要到这座城市投资开发区,并计划在当地媒体投放总计83万元的广告。在他的努力下,凭着自己所在报社是当地知名的媒体之一,加上和朋友的关系,朋友将业务给了他。开发区举行奠基仪式的那天,他带上了社里最优秀的记者,并让广告部人员全体出动。奠基仪式结束后,有位朋友邀请他去唱卡拉OK放松一下,他玩到子夜一点多才回家。但是第二天早上,他的好梦就破灭了。原因很简单,这天他们出版的报纸,犯了一个最不应该出现的错误。原来,头版头条的新闻标题,本来应该是:"某某开发区昨日奠基。"而摆在他面前的报纸的头版头条的大标题却是:"某某开发区昨日莫墓。"

当时南方沿海城市的企业,都特别重视"彩头",也就是喜欢吉利的数字和文字,而把"基"写成"墓",毫无疑问是犯了企业的大忌,何况这还是开发区项目正式启动的第一天。

结果,朋友一怒之下取消了83万元的广告订单。不仅如此,报社的声誉也因此受了很大的影响。

事后,报社对有关人员做出了处理,原本想在那座城市大展宏图的他,梦想顿时化为了泡影。

在总结这次教训时,每一个与此有关的人都很后悔。记者后悔:"我的字为什么要写得那么潦草?"排字人员后悔:"我当时为什么没有仔细查看一下到底是什么字?"副总编后悔:"我为什么不认真检查完再印刷呢?"当然,最后悔的还是他:"既然我知道这件事非同小可,为什么要在关键的时候去唱卡拉OK,而不是留在报社自己将稿子校对一遍呢?"

资料来源:吴甘霖,邓小兰.执行重在到位[M].北京:机械工业出版社,2011.

"负责"就是强调当事人要积极主动地去工作,想尽办法去完成任何一项任务。这样的工作态度,是我们提高工作效率和服务质量的需要,也是铺就我们成长成才之路的基石。职场上,一个有责任心的人必定是一个忠诚、敬业、勤奋、主动、注重细节、踏实执行的人。在责任的驱使下,你会积极挖掘自身潜能,保持最佳的精神状态,满怀激情地勤奋工作。这样,任何工作都难不倒你,做任何事情你都会得心应手。

8.2.2 职业意识

职业意识以前叫作主人翁精神,是作为职业人所具有的意识。职业意识是人们对职业劳动的认识、评价、情感和态度等心理成分的综合反映,是支配和调控全部职业行为和职业活动的调节器,它包括创新意识、竞争意识、协作意识和奉献意识等方面。

1. 敬业奉献

作为职场一员,每个人都有向上提升的自我期许,而敬业奉献,正是一个可以让你的人气指数、生命价值,以及个人修养越爬越高的隐形阶梯。所谓敬业,就是从心底敬重你的工作,也就是对自己生命的敬重。众多平凡工作岗位上的敬业楷模告诉人们:工作不是干什么事情获得什么报酬的问题,而是一个关乎生命尊严与价值的问题。无论从事的是什么职业,都不要认为自己仅仅是在为老板工作。应把工作看成是自我提升的过程,学会享受工作,全身心地投入工作,才能在工作中创造成绩。

在每个人的平凡岗位上,做到"爱岗"才能"敬业","爱岗"是"敬业"的基石,"敬业"是"爱岗"的升华。国家的建设和发展,就在于每一位劳动者的爱岗敬业、勤奋工作。

2. 竞争与协作

很久以前,挪威人从深海里捕捞的沙丁鱼,还没等运回海岸,便都口吐白沫,奄奄一息。渔民们想了很多的办法,但都失败了。然而,有一条渔船,却总能带回活鱼上岸,所以他卖出的价钱也要高出几倍。后来,人们才发现了其中的奥秘。原来,这条船是在沙丁鱼槽里放进了鲇鱼。鲇鱼是沙丁鱼的天敌,当鱼槽里同时放有沙丁鱼和鲇鱼时,鲇鱼出于天性就会不断地追逐沙丁鱼。在鲇鱼的追逐下,沙丁鱼拼命游动,激发了内部的活力,从而活了下来。这就告诉我们,对手是自己的压力,也是自己的动力。对手之间,是一种对立,也是一种统一。相互排斥，又相互依存，相互压制，又相互刺激。尤其在竞技场上，没有了对手，也就没有了活力。现代社会通过优胜劣汰的职场竞争获得发展动力。

一滴水只有融入大海才不会干涸，现代社会科技高度发达，社会分工越来越细，任何人都已经不可能在某个领域凭借一己之力在职业生涯发展中取得很大的成就。因此不管人际交往，还是事业经营上，我们都需要与人协作、互利互惠。

竞争与合作并不是一对"敌对兄弟"，竞争离不开合作。因为有合作才能优势互补、取长补短、收拢五指、攥紧拳头、形成合力。既竞争又合作，才能突破孤军奋战的局限，实现双赢或多赢。人在职场上不是孤立存在，我们要考虑自己实际情况，善于与别人合作，把双方的长处有机结合起来，共同去迎接挑战，才可能避免陷入生存绝境。

3. 创新意识

世界万物无一不在发展变化着，创新是人类社会进步的客观要求，一个有所作为的职业人士只有打破思维定式，通过创新，才能为企业、为社会做出自己贡献，实现自己的更大价值。

【资料学习】

发明家爱迪生，年轻时曾和普林斯顿大学数学系毕业生阿普顿在一起工作，住在一个房间里。阿普顿总觉得自己有学问，从不把卖报出身的爱迪生看在眼里。爱迪生是个沉默寡言的人，从不炫耀自己。对阿普顿的自负和处处卖弄学问，从心里感到厌烦。为了让阿普顿把态度放谦虚一些，有一次，爱迪生把一只梨形的玻璃灯泡交给阿普顿，请他算算容积是多少。

阿普顿拿着那个玻璃灯池，轻蔑地一笑，心想："想用这个难住我，未免太天真了！"他拿出尺子上下量了又量，还依照灯泡的样式列出一道道算式，数字、符号写了一大堆。他算得非常认真，画了一张张草图，脸上渗出了细细的汗珠。

过了一个多小时，爱迪生见阿普顿还在那儿算个不停，便忍不住笑着说："不用那么费事，还是换个别的方法算吧！"阿普顿仍固执地说："不用换，等一会儿我就能得到答案了。"

又过了半个小时，阿普顿对自己的计算似乎还不放心，还在那里低头核算。爱迪生有些不耐烦了，拿过玻璃灯泡，倒满了水交给阿普顿说："去把这些水倒进量杯……"不等爱迪生说完，阿普顿明白了什么是既简单又准确的方法，他那冒着汗的脸，刷地红了。他知道了，爱迪生确实不愧为伟大的发明家。

阿普顿是大学数学系的毕业生，计算是他的内行。当碰到"计算玻璃灯泡容积"的问题时，由于受他固有的思维方式影响，自然而然地拿出尺子对灯泡量了又量，算了又算，他根本不会想到打破定势，采用其他简便的方法。爱迪生则不同，他能突破习惯性思维的束缚，采用快捷的方法，便立即精确地求得了灯泡容积的答案。

资料来源：宿春礼，徐保平．青少年必须克服的人性弱点[M]．北京：石油工业出版社，2006．

创新不需要天才，创新有时只是人们找到一些事情的改进方法。一家不大的建筑公司需要为一栋新楼安装电线。在一处长约 10 米、直径 3 厘米砌在砖石里的四方形管道面前，他们感到束手无策了。这时，一个爱动脑筋的装修工想出了一个好主意，他到市场上买了一公一母两只老鼠。他把电线绑在公鼠身上，放在管道的一端，在管道另一端让人放母鼠，并轻轻捏它，听到母鼠的叫声，公鼠带着电线沿着管道跑去找。这样，就完成了电线安装。

8.2.3　职业心态

职业心态是指在职业当中,应该根据职业的需求,表露出来的心理感情。即指职业活动的各种对自己职业及其职业能否成功的心理反应。

1. 积极主动

积极主动还是消极被动,秉持什么心态,造成什么行为结果。职场上,我们行为上的自动自发是源于精神上的积极向上。积极主动这个词最早是由著名心理学家维克托·弗兰克推介给大众的,他本人更是一个积极主动、永不向困难低头的典型。弗兰克的家人在"二战"时期死于纳粹集中营,他本人也在集中营里受到了非人折磨。后来,历经集中营里残酷至极的黑暗岁月的弗兰克猛然警醒:"在任何极端的环境里,人们总拥有一种最后的自由,那就是选择自己的态度的自由。"这是一个经过炼狱之人的彻悟。

消极被动的人常将自己的态度和行为归因为外界因素,遇到问题解决不好就会找出各种各样的借口推脱自己责任。而积极主动的人会随时准备把握机会,展现超乎他人要求的表现,并拥有不墨守成规的智慧和选择。

这是一个自我管理的时代,工作不单单是每天准时地上下班,它是一个包含了诸多智慧、热情、信仰、想象和创造力的词汇,职场上积极主动带着自己的思考去工作,将使你获得更多。

2. 自尊自信

对自己的尊重和信心是我们自强自立于社会的基础。巴尔扎克说:"谁自重,谁就会得到尊重。"一个人只有相信自己,对自己做出恰当认识,才能提升自我形象,使自己从沉睡之中清醒过来,激励自己创造出一份完全不同的美好生活。

爱迪生曾经尝试用1200种不同材料做白炽灯泡的灯丝,都没有成功。有人提醒他说:"你已经失败了1200次了。""不,我已经成功发现了有1200种材料不适合做灯丝了。"爱迪生大声回应。遇到问题,我们是积极自信还是消极自卑,会带来不同的结果。一个人做事的水平,永远不会超出他自信所能达到的高度。自信的人在自信心的驱动下,敢于对自己提出更高的要求,并在失败的时候看到希望,最终获得成功。

充满信心的人永远击不倒,他们是自己命运的主人。职场上,只有充分肯定自己,不畏权威的挑战,才能最终摘取胜利的桂冠。一个人只有对自己有信心,才能带给别人信心:有自信的人,方能使人信服。自信的人敢于坚持自己的主张,即使在权威和众人面前,也会坚信自我,而不会迷失自己。

3. 平和感恩

人在职场,起落荣辱是平常事。怀着平和心态,淡看名利得失。懂得脚踏实地,对美好的事物知道感恩,对挫折阻力也同样感谢。古人云:滴水之恩,当涌泉相报。感恩是一种美德,是一种处世哲学,更是一种人生境界。

学会感恩就是不忘恩负义,学会感恩就是谦虚谨慎,学会感恩就是心存敬畏,学会感恩就是不沉溺于名利。懂得感恩的人,才会对他人、对组织、对环境少一份抱怨和挑剔,多一份欣赏和感激,能够始终保持健康阳光的心态,保持昂扬的工作斗志;心存感恩的人,才能收获更多的人生幸福和生活快乐,才能摒弃没有意义的怨天尤人。

爱因斯坦曾说,"真正的快乐,是对生活乐观,对工作愉快,对事业兴奋"。职场上我们与其抱怨责怪他人,不如静下心来内省自己。对别人要求松一点,就不会总失望;对自己要求严一点,就不会总沮丧。当一些看似不好的事情来临时,不要抱怨,或许这件事情会成为你日后感恩的原因。

生活并不在于你现在处在怎样的位置,而在于你将要走向哪个方向,你的方向正是由你的关注点决定的。

【练习与实践】

你对差异有多尊重

职场上需要取长补短,与他人合作。在能充分利用他人的优势之前,首先要承认并尊重他们的差异。那么,到底对于差异有多尊重?做一做表 8-2 的小练习就知道了。

表 8-2　对于差异有多尊重的练习

序号	问　题	从不	偶尔	有时	经常	总是
1	当我听到不同的意见,我让其进一步详细说明和解释	1	2	3	4	5
2	出现分歧时,表达自己的意见比顺从大多数人的意见更加重要	1	2	3	4	5
3	我经常和我持不同意见的人共同工作	1	2	3	4	5
4	我试图利用他人的知识和技能来更好地完成任务	1	2	3	4	5
5	我发现由具有不同背景的人组成工作小组非常有益	1	2	3	4	5
6	我深信每个人都以独特的方式对自己的家庭和组织做出贡献	1	2	3	4	5
7	我积极寻找机会向他人学习	1	2	3	4	5
8	我与他人分享自己的观点,尽管我们的观点有所不同	1	2	3	4	5
9	致力于某个项目时,我寻求不同的想法和意见	1	2	3	4	5
10	当我参与创造性工作时,我倾向于大家一起开动脑筋,集思广益,而不是依赖专家的意见	1	2	3	4	5

针对表 8-2 中的描述。你认为哪个数字(从 1 到 5)最符合你通常的行为或态度,请圈出来。

得分评价如下。

41~50 分:充分发挥了你与他人差异互补的作用。

21~40 分:一般水平发挥了你与他人差异互补的作用。

10~20 分:没有发挥你与他人差异互补的作用,需要做出调整改进。

资料来源:史蒂芬·柯维.高效能人士的七个习惯[M].高新勇,王亦兵,葛雪蕾,译.北京:中国青年出版社,2020.

8.3　入职后职业发展规划与管理

案例引导

现代职场人为自己的职业生涯发展承担了更多的责任。人们已经把工作、职业和对生命意义的追求联系起来。工作和职业满意度、职业胜任力的增强、赢得别人尊重、新的学习机会、工作与生活的平衡、工作的意义、社会的支持、组织的承诺、生活的满意度等主观职业成功评价标准比薪水、职业地位等职业外在客观评价标准对个人职业生涯发展更具根本性影响。个人正逐步成为自己职业生涯管理的主导者,人们希望通过职业发展实现自我价值,并且给自己带来情感回报和生活的平衡和谐。

8.3.1 看懂职业生涯

一个人的职业生涯成功与否,既决定了他的生活状况和对社会贡献的大小,也与他的个人成长、自我实现密切相关。

1. 终究是在为自己工作

当我们在职场上因为辛苦、低薪、没有得到升职等而忧心烦恼时有没有仔细考虑过这样一个问题:"我究竟是在为谁工作?"如果你认为每天是在为老板打工,凡是你能学到的知识、积累的经验,一概用老板给你的薪酬加以衡量,拿多少钱、干多少活,多干一点就会觉得吃亏了。

职业交换薪水,事业创造价值。你对自己的工作怎么认识和理解的,就会从自己的工作中获得相应的人生发展。这里有一个大家耳熟能详的故事。故事说有一天,一位记者分别问了三个建筑工人在干什么活,第一个建筑工人头也不抬地回答:"我正在砌一堵墙。"第二个建筑工人回答:"我正在盖房子。"第三个建筑工人回答:"我在为人们建造漂亮的家园。"若干年后,记者又找到这三个建筑工人,结果令他大吃一惊:当年的第一个建筑工人现在还是一个建筑工人,仍然像以前一样砌着他的墙;而在施工现场拿着图纸的设计师竟然是当年的第二个建筑工人;至于第三个工人,他现在成了一家房地产公司的老板,前两个工人正在为他工作。三种对待自己工作的不同理解,产生了三种不同的结果。第一个工人只看到了他眼前的工作就是砌墙挣钱,没有别的,是在为工作而工作。第二个工人看到了砌墙与盖房之间的联系,第三个工人更是看得宏远些,把建造美丽的家园与眼前枯燥单调辛苦的砌墙工作联结起来,而最终,后两位工人在平凡工作中融合了自身潜质而实现了更高层次的职业发展。

工作和人生不是两件事,是一件事。一个人对工作所具有的态度,与他本人的性情、做事的才能有着密切的关系。一个人所做的工作,就是他人生的部分表现。如果一个人轻视他的工作,而且做得很粗陋,那么他绝不会尊重自己,如果一个人认为他的工作很辛苦、烦闷,那么他的工作绝不会做好,这一工作也无法发挥他的内在特长。工作是为了修炼、提升自己,让自己具备更多的知识、经验和技能,更大的视野,更开阔的思路。

2. 成功是熬出来的

"把握生命里的每一分钟,全力以赴我们心中的梦。不经历风雨,怎么见彩虹,没有人能随随便便成功。"脍炙人口的歌曲唱出了平凡的人成功之路的曲折艰辛。是的,一个人要想收获职业成功,那么他必须付出汗水和智慧。

(1)不经一番彻骨寒,怎得梅花扑鼻香。"天降大任于斯人也,必先苦其心志,劳其筋骨,饿其体肤……"要想成就一番事业必将经历一番苦难磨炼。张海迪5岁时因患脊髓病,胸以下全部瘫痪。从那时起,开始了她独特的人生历程。她无法上学,便在家自学完中学课程,又自学了大学英语,还学习了日语、德语和世界语,翻译了16万字的外文著作和资料;另外还自学了十几种医学书籍和医科院校的部分教材,同时向有经验的医生请教,学会了针灸等医术。为了对社会能有所贡献,她曾给农村的孩子当过老师,还曾用学到的医学知识和针灸技术为群众无偿治疗达1万多人次。世界上最著名的科学思想家、最杰出的理论物理学家霍金,因患卢伽雷氏症(肌萎缩性侧索硬化症),禁锢在一张轮椅上达 20 年之久,他不能写,甚至口齿不清,但他超越了相对论、量子力学、大爆炸等理论而迈入创造宇宙的"几何之舞"。尽管他那么无助地坐在轮椅上,他的思想却出色地邀游到广袤的时空中,解开了宇宙之谜。

(2)把困境变成踏脚石。在人生职业发展历程中,没有人会一帆风顺,每个人都不可避免地会遇到这样或那样的困境。然而,有的人被困境毁灭了,有的人却因积极应对困境而造就了自己。

【资料学习】

枯水井中的驴子

有一天某个农夫的一头驴子,不小心掉进一口枯井里,农夫绞尽脑汁想办法救出驴子,但几个小时过去了,驴子还在井里痛苦地哀号着。最后,这位农夫决定放弃,他想这头驴子年纪大了,不值得大费周章去把它救出来,不过无论如何,这口井还是得填起来。于是农夫便请来左邻右舍帮忙一起将井中的驴子埋了,以免除它的痛苦。农夫的邻居们人手一把铲子,开始将泥土铲进枯井中。当这头驴子了解到自己的处境时,刚开始哭得很凄惨。但出人意料的是,没过多久这头驴子就安静下来了。农夫好奇地探头往井底一看,出现在眼前的景象令他大吃一惊:当铲进井里的泥土落在驴子的背部时,驴子的反应令人称奇——它将泥土抖落在一旁,然后站到铲进的泥土堆上面!就这样,驴子将大家铲倒在它身上的泥土全数抖落在井底,然后站上去。很快地,这只驴子便得意地上升到井口,然后在众人惊讶的表情中快步地跑开了!

资料来源:王永强.枯水井中的驴子[J].招商周刊,2006(12):75.

本来看似要被活埋的困境,由于驴子处理得态度积极,困境实际上却帮助了它。事实上,我们在工作、生活中所遭遇的种种困难、挫折就是加诸在我们身上的泥土。只要我们积极应对,锲而不舍地将它们抖落掉,然后站上去,把它作为我们的垫脚石,就没有战胜不了的困难。

3. 职业发展不设限

分享一个跳蚤的故事:跳蚤的生活方式就是不停地跳,它跳起的高度是他自身身高的400 多倍,是当之无愧的动物界的跳高冠军,科学家曾经做过这样一个实验,把一只跳蚤放进玻璃瓶里面,科学家一拍桌子,跳蚤轻而易举地从玻璃瓶里面跳了出来,连续几次都是如此,后来科学家在玻璃瓶的上方加了一个玻璃罩,跳蚤跳起的时候,"砰"地一下碰到玻璃罩上,连续很多次都是如此,为了不碰到玻璃罩上,跳蚤就改变高度,科学家不断地将玻璃罩的高度往下压,跳蚤也不断地改变高度,直到玻璃罩的高度压到跟桌面差不多的距离,这时候科学家把玻璃罩拿掉,此时此刻发现跳蚤不再跳了,成了世界上唯一一只不会跳的爬蚤!

职业发展过程中,很多人由开始的勇往直前追求成功变成了最后向挫折低头,这中间不仅仅是能力和机遇的问题,很多时候就是因为他们给自我设限,给自己制定了一个心理高度,并且不断地告诉自己,我无法跳跃这个高度。他们想追求职场成功,却又害怕失败。限制太多,想得太多,自然没有办法追求自己想要的,有时候我们开始勉勉强强做一些事情,但是因为自我设限,觉得自己不会成功,所以在做事的过程中畏首畏尾,瞻前顾后,最终失败。失败后又一再降低自己的要求,就算最后限制不在,也不敢再尝试了。

人的潜意识总是在不知不觉中操纵着人的行为。一个人能否成功,就看他的态度了。成功人士与失败者之间的差别是:成功人士始终用最积极的思考、最乐观的精神和最辉煌的经验支配和控制自己的人生。失败者则刚好相反,他们的人生是被过去的种种失败与疑虑所引导和支配的。

每个人心里都有一个自己默许的"高度",它会制约着你的成长,请记住,你能不能成功,能有多大的成功,这一切问题的解决都取决于:自我设限和自我暗示!是你自己决定自己的命运。职场上你是渺小还是伟大,都取决于你对自己的认识和评价,不断战胜自己、超越自己,永不言败。

4. 你的职业发展是否就是走一步看一步

一只山猪在大树旁勤奋地磨獠牙。狐狸看到了,好奇地问它,既没有猎人来追赶,也没有任何危险,为什么要这般用心地磨牙。山猪答道:你想想看,一旦危险来临,就没时间磨牙了。现在磨利,等到要用的时候就不会慌张了。在职业生涯发展过程中,许多人"当一天和尚,撞一天钟"。不知道自己在做什么,也不知道下一步该怎么做,随波逐流,一事无成。如果没有职业发展中的规划,我们没有前行的方向,人生的理想无法实现,脚下的路不知怎么走。

然而,如果已有远大的理想,并有决心实现理想的热忱,也不一定能够顺利实现愿望。在制定自己追求的目标和行动计划时,更要懂得选择和放弃。理想抱负是一个人前进的动力,奋斗能使人产生激情和勇气,而选择才能让人最终获得成功。在追求自己梦想实现的众多要做之事中,放弃那些不切实际的想法,远离虚无缥缈的诱惑,酌情确立一个核心目标,并全力以赴朝着这个目标去做,而不能走一步看一步,随波逐流,到头来终究一无所得。

8.3.2 自己的选择

职场是人生重要的生存空间。要在职场中好好生存下去,并获得职业发展,进而实现人生愿景,除了必须付出各种艰苦的努力外,还要进行艰难的选择,找到真正属于自己的位置。选择一条路,意味着要放弃其他的路。所以,选择意味着放弃,要有壮士断腕的勇气和深思熟虑后取舍的智慧。放弃不仅能让我们从追求难以企及的目标中抽身,还能有机会让我们去追求令人满意的目标。放弃并不意味着结束,它是重新审视你的目标和你想要的生活时必须跨出的第一步。敢于放弃才能有所突破,成功的人知道坚持,也知道放弃。华佗拒绝入朝为官,坚持做一个平民百姓,钻研医术,救死扶伤;文天祥舍生取义,用生命写下了"人生自古谁无死,留取丹心照汗青"的豪迈篇章;达尔文放弃研究成果,退避三舍以成人之美;比尔·盖茨放弃入学哈佛创立了微软……放弃还能成为赢者,是因为赢者在放弃时有理有据,并充满智慧和人生的志向。

经历了若干年的职场打拼,随着社会阅历的增加和不断的自我探索和领悟,你开始在职业发展的道路上进行大大小小的人生选择和对选择的修正,找到你热爱的工作,从而决定你的人生道路和未来走向。

1. 清楚自己的兴趣

需要是兴趣产生和发展的基础,人对自己感兴趣的对象常常自觉或不自觉地给予特殊的注意。

兴趣往往是创新的先决条件。一个人只有对其所从事的某项职业具有浓厚的兴趣,才能激发起他对该项工作强烈的求知欲、探索欲,才能激发他充满激情的工作动力,使他在工作中有所发明和创造。

2. 发现自己的特长

不少人往往将自己的兴趣误认为是特长。比如,有的人喜欢画画,就认为自己的特长是绘画,殊不知,画画只是你的兴趣,只有当你具有了相当水平的绘画技术与造诣,才可称得上具有绘画特长,可以将此特长与你的职业选择相匹配。

特长是指一个人特别擅长的技能或特有的工作经验。其中,技能是指掌握和运用专门知识的能力。现在的职场需要有知识有才能的人才,然而一纸文凭并不是人才的标签。

【资料学习】

有一个留学美国的计算机博士,他毕业时决定在美国找份工作。他找了多家公司虽对他很客气,但就是不聘用。为什么呢? 他想原因可能是他学历太高,别人不敢录用吧。他后来再找时,不说学历,以"最低的身份"跟人家谈。没想到他很快被一家公司聘任为程序输入员。这工作对这位博士来说简直是小菜一碟。可博士仍不卑不亢,干得一丝不苟。不久,老板发现他在输入时能挑出程序中一些很难发现的错误,非一般的程序员可比。老板问他时,他很谦虚地说他拿到了学士文凭。于是老板给他换了工作,加了工资。过了一段时间,老板又发现,他能改进程序设计,水平远在一些普通大学生之上。老板问他时,他说他已拿到了硕士文凭。老板又为他调了岗位。再过一段时间,老板又发现,他的职业能力远比一些硕士生高明。这时,他才说出自己拿到了博士文凭。老板如获至宝,重用了他。

资料来源:李凤伟,常桦. 就业力[M].北京:中国纺织出版社,2004.

一般说来,获得学士、硕士、博士学位的人都有一定的工作能力,但在求职过程中一定要审视自己,既不要低估自卑,也不能盲目自大。当你有机会了,这时,你就可以抓住机会尽情地展示你的才华,让别人一次又一次地对你刮目相看,你的形象也会越来越高大。否则,你的理想就无从谈起。就算是有了些机会,可当别人对你寄予厚望时,你却一事无成,最后你还是让人失去信任,被瞧不起。

太阳的能量比一束激光不知大多少倍,它却不能穿透一张薄薄的纸,而激光却可以穿透一块钢板。"千招会不如一招绝",现代职场上学历是枝,能力是根。你可以选择将自己的一技之长锻造为职业生涯发展的核心竞争力,成为职业竞争的资本。

3. 追寻心的方向

在漫漫的职业生涯发展道路上,很多人会迷惑,每天都在纠结着成与败、对与错、得与失,有时仿佛成了失了方向的无头苍蝇,到处碰壁。人生每天都站在十字路口,选择无时不在。

对于人生的真正意义的追求,能够使我们矢志不渝,燃亮我们的灵魂。而你人生真正的意义就是你心的方向。自我实现是人们职业生涯发展历程中的最高层次需求,对人们的驱动力最强。只有在追求自我实现的时候,人们才会迸发出持久强烈的热情,才会最大限度地发挥自己的潜能,最大程度地服务于社会。这种热情不只是外在的表现,它发自内心,来自你对自己工作的真心喜欢。

心理学家研究发现:一个人只有当大脑中的积极情绪大于消极情绪三倍的时候,他的大脑才会正常运转。这就告诉我们,集中精力不是逼迫自己去做自己不喜欢的事情,没有人在被逼迫的时候还去兴高采烈、专心致志地做事情。居里夫妇在成吨的工业废渣中提炼"镭",几年如一日,非常艰辛与枯燥,但他们怀着找到"镭"的梦想,从没有认为这项工作是无聊的,从没有抱怨叫苦而想放弃。相反,职业生涯中,如果忘记初心,迷失方向,人就会像一具行尸走肉,失去灵魂,一事无成。

人们每天至少有三分之一的时间要用在工作上,但是他们不喜欢自己的工作时间,抱怨管理人员,不满足于工作所得,他们为自己的将来发愁……为什么如此厌烦自己的工作呢?大多数原因在于他们所做的工作与价值观不符。他们的价值观是几年前由他们的父母或老师选的,或是偶然决定的。他们之所以还从事现在的职业,只不过是习惯了最初的职业选择。在各行各业,有成千上万这样的人,他们在工作中毫无创造力和激情,有的只是抱怨和得失算计。他们的潜力现在、将来永远都不会被挖掘出来。

当然,每个人的理想因其生命特质不同而各异。与很多人想象的相反,那些真正有所作为的人甚至可能没有"远大理想",他们最关注的就是把当前的事情做好。他们也许也有理想,但那绝不是他们妥协的理由;并且他们的理想朴素得惊人,但他们坚持选择做真正让自己开心的事情。

8.3.3 梦想靠近现实

或许,在你想做某件事或想要实现某个人生愿景时的0.01秒的瞬间,还可以将之称为"梦想",但是在接下来的时间里,它就不该被称为"梦想",而是应该被称为"目标"了。

一句英国谚语说得好:"对于一艘盲目航行的船来说,任何方向的风都是逆风。"在人生的竞赛场上,许多人并不乏信心、能力、智力,只是没有确立目标或没有选准目标,所以没有走上成功的途径。对于一部分人来讲,一入社会之初就能善用自己的精力,不让它消耗在一些无意义的事情上,为自己的职业生涯发展方向做出积极的探索,从而加快走向成功的进程。而许多人却"东一榔头、西一棒槌",今天学学这,明天练练那,尽管忙碌了一生也不得所终,到头来一事无成。

1. 确定明晰的目标

一些富有经验的园丁会把树木上许多能开花结果的枝条剪去,是为了将所有的养分都集中在其余的少数花蕾上,使它们开得更好。一个人如果没有明晰的目标,正如一位百发百中的神射击手,如果他漫无目标地乱射,也不能在比赛中获胜。而清晰的目标会带给你激情的火花,无穷的创造力,会成为推动你向理想靠近或飞跃的助推器。

但是,目标并不是幻想,有了目标后,必须要明确它。成功是有数学概念的,所以设定的目标都应该是指能够被量化的目标。许多人常常将目标定义为"更上一层楼""挣更多的钱""过上幸福生活"等。这些目标都有一个共同的特征:没有量化,模糊不清,无法衡量。所以这类所谓的目标,充其量不过是一个想法,或一种愿望,而不是真正的目标。

不管目标是什么,很多强大的人并没有选择普遍意义上的所谓"理想"——对这世界认知越多,就越清楚个体力量之渺小,他们制定可行的目标,以实现手中有事可做,并能聚精会神、克服困难,把可做之事做好、做到极致,才是在实现最终目标的历程中达到真正的"理想状态"。

由于目标中设定的是自己内心最想要的东西,所以再具体的目标的实现也会引发你存在的价值,这样你会竭尽所能去实现它。而这,也正是一个人改变人生方向和自我认知去设定目标,使自己不惧艰苦挫折、埋头苦干,并得以淋漓尽致地发挥自己潜能,从而实现对自己未来承诺的价值所在。

2. 怎样按计划进行

当一步步切实目标得以实现,将会促使你对未来产生更大的愿景。这不仅仅是你自己的人生,还包括你在乎的人的人生,并过渡到对国家、乃至于对整个世界都会有这样的影响。所以,我们积极地、有预见地对自己的未来进行规划,利用长远的目标来表达我们的梦想。在此历程中,我们不会守株待兔,而是积极主动地追求目标实现。

1) 展望未来

首先,需要我们清楚地理解,我们到底希望从生活中获得什么? 你可以尝试着想象 3~5 年后你生活的一天的样子。当然,想象前请不要将"应该怎样"或"什么是可能的""什么是不可能"带入脑海。最好将你的想象用笔写下来。大致可以回答这样几个问题。

- 您的一天是如何开始的?
- 那时您的住所和居住环境是什么样的?
- 您的身边是什么样的人,您跟他们都交流了些什么?
- 您的工作环境是什么样子的?
- 您的工作内容是什么? 怎么工作的?
- 您的工作取得了哪些成果?
- 成功解决了哪些问题?
- 您下班后都做了什么? 晚餐的情形是什么样的?
- 您是怎么休息的?
- 一天中最深刻的印象是什么?
- 一天中最主要的话题是什么?

可能这样一篇随笔不能在一天内完成,不要着急,可以在几天内每天都看一下这篇随笔,并做出修改。在这里要注意,你想象中的内容都是你自己而非别人灌输给你的所谓成功人士应该需要的东西。否则,你很可能要一直追逐的是别人在你面前悬挂的目标。

2) 确定价值取向

在通过"未来生活的一天"探测到自己所希望的未来后,下一步尝试着以"记忆日记"的形式确定自己的基本价值取向。

- 每晚抽出 3~5 分钟安静的时间。
- 在一个单独的本子上记下今天的主要事件。事件不一定是今天的主要工作成果,但它必须是今天在情绪上影响你的。
- 周末写下本周的主要事件,它既可以是本周 7 件主要事件中的一件,也可以是另外的新事件。
- 在月末写出本月的主要事件。年末找出年度事件。
- 在这些事件旁边写下你认定它作为主要事件所依据的相应价值取向。例如,主要事件如果是"项目取得突破性进展",那么你的价值取向是"工作和事业";如果主要事件是"儿子从寄宿学校回来了",那么你的价值取向是"家庭和孩子"。当然,每个人的价值取向清单是不同的,重要的是确定哪些价值取向对你来说是最现实的。

"记忆日记"可以让你每天沉静下来几分钟思考主要的问题,从而帮助你在繁忙的当下厘清生活中最主要的价值。

3）制定个人使命

试想一下,这个世界有你和没有你会有什么不同? 当你找到你能给予这个世界的却是其他人不能给予的东西时,就找到了自己的使命。这个问题可以用墓志铭的形式加以认识。

老舍墓志铭:"文艺界尽责的小卒,睡在这里。"

马克·吐温墓志铭:"他观察着世态的变化,但讲述的却是人间的真理。"

卢梭墓志铭:"睡在这里的是一个热爱自然和真理的人。"

托马斯·杰斐逊墓志铭:"美国《独立宣言》起草人,弗吉尼亚宗教自由法令的作者和弗吉尼亚大学之父。"

物理学家玻尔兹曼生前发现了热力学第二定律的统计解释,他的墓碑上只写着他发现的公式"$S=Kln\Omega$"。

牛顿临终前曾说:"我只不过是在大海边捡贝壳的小孩。"然而,镌刻在这位英国大科学家的墓碑上的,却是:"死去的人们应该庆贺自己,因为人类产生了这样伟大的装饰品。"

在这些名人的墓志铭上被提及的没有文学家、科学家、思想家、总统等名衔,只是说出了他们给予这个世界的东西,并且它们直到现在还发挥着作用。而正是这些馈赠给这个世界的东西,使这些伟人生命不朽、名垂青史。那么设想一下你将如何拟写一下自己墓碑上的题词。也就是说,你现在大抵可以设想一下:"当自己与世长辞时想成为什么样的人?"如果你对于写墓志铭的形式感到过于压抑,也可以换做写一篇"退休时的感言"。它们的意义相同:简短描述你留下了什么东西,它帮助你在繁忙的当下找寻更深刻的意义并给自己"亲近"目标奠定基础。

当然,有时使命会变成责任。区别在于,我们可以自己斟酌并改变使命,但责任不成。责任并不一定是发明一种根治癌症的药物,它可以是一个农村妇女将自己的儿子养育成人的人生目标。责任可大可小,它最主要在于一种个人与世界和谐的共鸣。

4）找出关键领域

当你经历了确定生活长远景象的前几步时,就可以找出生活中的关键领域了。它可以帮助你在日常杂乱的事务中看到它们清晰的结构,让各个方向的事业和谐平衡。

你可以裁出30～40张小纸片,在上面写下你每天的事务。比如"分析数据""编辑简报""陪伴家人""准备考试"等,然后将这些纸片按照任务相近为规则分放成5～7组,并按照每一组的逻辑结构起一个简单的名字,这样你的关键领域就确定好了。比如,我的关键领域,一是个人成长,二是职业发展,三是家庭,四是财务自由……

5）提出个人目标

"未来生活的一天"、墓志铭、价值取向及生活关键领域构成了你目标设定的基础,下面可以用"长远目标图表"来提出个人长远目标,如图8-1所示。

图8-1中,横向两栏分别是今年开始计算的年份和你的年龄,纵向则是你生活中的关键领域。在年份与关键领域的交会处是你大致要达到的目标定位。试着把你想要的东西描绘出来,而不只是画一个时间表。当然,愿景和环境有可能会发生改变,你可以依据变化对表格进行改变。绘制长远目标时间表不会花费很长时间,你就能对未来有一个更清楚的认识,得到一张地图和行动路线。

6）目标具体量化

目标的确定仅仅是迈向理想实现的第一步,如果缺乏一步一个脚印地行动,再好的目标也只是纸上谈兵。

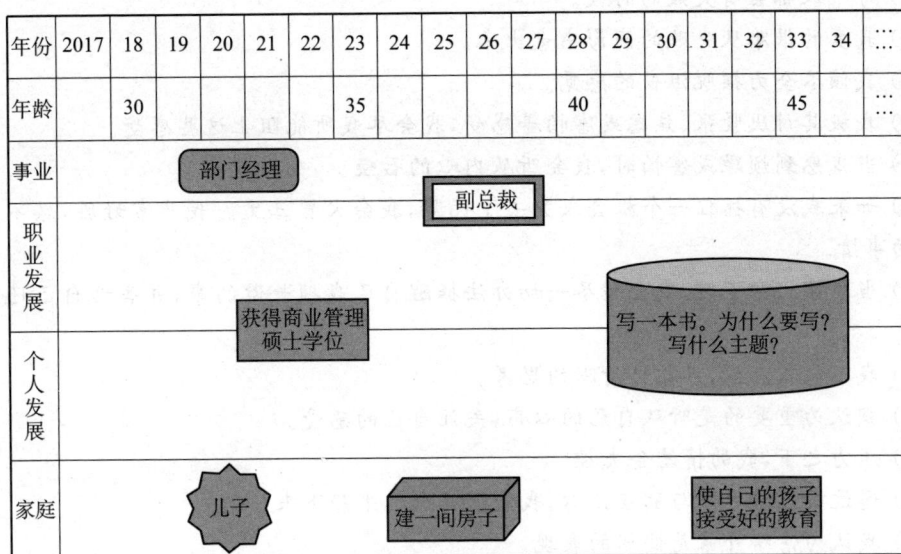

年份	2017	18	19	20	21	22	23	24	25	26	27	28	29	30	31	32	33	34	…
年龄		30					35					40					45		…
事业		部门经理							副总裁										
职业发展						获得商业管理硕士学位							写一本书。为什么要写？写什么主题？						
个人发展																			
家庭		儿子					建一间房子							使自己的孩子接受好的教育					

图 8-1　长远目标图

当人们的行动有了明确的目标，并能将自己的行动与目标不断地对照，进而清楚自己的行动进程时，人们的行动会因此得到强化和激励，促使人们更加全力以赴地向目标前进。并且，大目标被分割成了很多容易达到的小目标，在逐一实现的小目标的过程中，你体会到的成就感使你更加自我肯定，从而树立信心、激发潜能去达到最终目标。

【练习与实践】

测测你对放弃的态度

此项练习意在增进你对自己控制情绪的方式的认知。阅读下列陈述，看看哪些符合你，哪些不符合你。

(1) 我认为自己是一个现实主义者，我的乐观会助我一臂之力。

(2) 我认为自己是一个现实主义者，对消极面的认识不会把我击垮。

(3) 每当我做完一件事，我就开始担心必须做的其他事了。

(4) 如果我对某种状况已经尽了全力，我就会将其抛之脑后，不再想它。

(5) 工作的时候，我会集中精力，尽可能避免出错。

(6) 在任何情况下，我都会专注于做到最好。

(7) 当我烦躁不安时，我很难关注积极的东西。

(8) 我通过回忆快乐的时光来应对压力。

(9) 在跟别人争论时，我会忍不住言辞激烈，大发脾气。

(10) 即使在与别人争论时，我也没法不让自己充满敌意或有不当言行。

(11) 当我感到紧张时，我会有意识地逃离，那样我就不会做出反应了。

(12) 我应对紧张局面的方法是想方设法接纳其他人的观点。

(13) 别指望我会主动跟别人言归于好，这是不可能的事。

(14) 我会设法提出建设性地解决争论或异议的方案。

(15) 我很担心失败，也担心如果我真的失败了，人们会怎么想。

（16）每个人都会有失败的时候。

（17）我真的很难从失败的阴影中走出来。

（18）我倾尽全力摆脱沮丧的感觉。

（19）我极其讨厌紧张、焦虑或害怕等感受，我会尽我所能阻止这些感受。

（20）当我感到烦躁或害怕时，我会听从内心的召唤。

（21）如果我没有抓住一个机会或失去了优势，我会火冒三丈。我非常好胜，忍不住会想发生过的事情。

（22）当事情出岔子时，我会想尽一切办法提醒自己我擅长做的事，并告诉自己还有其他的机会。

（23）我不相信直觉，只相信清晰的思考。

（24）我认为重要的是听从自己的心声，关注自己的感受。

（25）压力之下，我的情绪会失控。

（26）通过冥想练习或与朋友谈心，我能够让自己平静下来。

（27）我认为情绪外露是懦弱的表现。

（28）在行动之前，我会专注于自己的感受。

在本测试中，与你相符的奇数编号条目的数量，反映了你对放弃的态度。在上述 14 道奇数编号条目中，如果你的回答为"符合"的数量超过了 7 道，则反映出你还需要继续领悟放弃的艺术。

资料来源:佩格·斯特里普,艾伦·伯恩斯坦著. 放弃的艺术[M]. 戴思琪,译. 北京:电子工业出版社,2023.

【复习与思考】

（1）如何做好从学生到职业人的角色转变？

（2）如何走好职场第一步？

（3）如何认知职业要求,提升自己的职业素养？

（4）如何确定自己的职业发展方向和个人职业发展目标？

参考文献

[1] 金耀基. 大学之理念(增订版)[M]. 北京:生活·读书·新知三联书店,2020.

[2] 陈春花. 大学的意义[M]. 北京:机械工业出版社,2016.

[3] 肯·贝恩. 如何成为卓越的大学生[M]. 孙晓云,郑芳芳,译. 北京:北京大学出版社,2015.

[4] 方伟. 构建中国特色大学生职业生涯发展教育理论体系探析[J]. 国家教育行政学院学报,2022(7):10-18.

[5] 王彦敏,杨颖,周舟. 大学生职业生涯规划与就业指导项目教程[M]. 北京:科学出版社,2020.

[6] 李琦. 职业发展与就业指导[M]. 北京:清华大学出版社,2020.

[7] 方文利. 大学生职业规划与就业指导素养[M]. 北京:航空工业出版社,2022.

[8] 宗敏,夏翠翠. 大学生职业生涯规划[M]. 北京:人民邮电出版社,2019.

[9] 古典. 你的生命有什么可能[M]. 长沙:湖南文艺出版社,2014.

[10] 范媛吉,陈晓萍,向江. 大学生生涯发展教育概论[M]. 长沙:湖南大学出版社,2021.

[11] 朱艳军. 大学生职业素养提升研究[M]. 北京:中国纺织出版社有限公司,2021.

[12] 单玮. "00后"大学新生入学教育探析[J]. 国家通用语言文字教学与研究,2022-6(153).

[13] 陈森欽,吴凤林,吴炳勋. 大学生目标管理实践创新[J]. 新课程教学,2022(14):185-186.

[14] 刘艳双,魏舒苡,秦蕊. 融媒体时代大学生自我管理能力的阶段式培养[J]. 教育研究,2020(8).

[15] 李礼,汪崇文. "朋辈导生计划"——高校学生管理模型探索[J]. 湖北开放职业学院学,2021,34(11):65-66.

[16] 陈群. 社会实践语境下大学生的价值观冲突与引导[J]. 安徽教育科研,2022(30):4-9.

[17] 季玟希. 大学生人际关系满意度研究[D]. 厦门:厦门大学,2020(6):1-150.

[18] 舒琳. 大学生情商教育[M]. 北京:人民交通出版社,2021.

[19] 匡校震,王效斌. 北京地区高校毕业生就业实用手册(2022)[M]. 中国青年出版社.2023.

[20] 张宗海. 新工科院校毕业生就业的 SWOT 分析及策略研究[J]. 现代交际,2021(17):68-70.

[21] 桂肖敏. 新就业形态下大学生就业的 SWOT 分析[J]. 中国大学生就业,2021(15):39-43.

[22] 李峰,马新新. 后疫情下大学生就业法律权益保护研究[J]. 景德镇学院学报,2022,37(2):105-109.

[23] 阮海涛,顾希垚,谷学森. 大学毕业生就业权益及保护策略探究[J]. 学校党建与思想教育,2017(23):83-85.

[24] 王懿卓. 民办高校大学生求职常见陷阱及应对策略[J]. 中国大学生就业,2019(3):59-64.

[25] 徐颖. 全面依法治国背景下高校毕业生就业权益保护研究[J]. 中国大学生就业,2021(24):40-44.

[26] 人力资源和社会保障部. 毕业生求职应聘！人社部门提醒你　避开这十大典型"陷阱",2024-5-27. https://www.mohrss.gov.cn/wap/xw/rsxw/202405/t20240527_519092.html.

[27] 何晓淳. 大学生创新与创业基础[M]. 大连:大连理工大学出版社,2010.

[28] 李书友. 职业规划与就业指导[M]. 北京:首都师范大学出版社,2007.

[29] 刘艳彬,李兴森. 大学生创新创业教程[M]. 北京:人民邮电出版社,2016.

[30] 张耀辉,王勇. 创业原理、案例与实训-以中华文化为背景[M]. 北京:清华大学出版社,2022.

[31] 黄兆信. 论高校创业教育转型发展过程中的几个核心问题[J]. 兰州大学学报(社会科学版),2014,42(6):147-154. DOI:10.13885/j.issn.1000-2804.2014.06.024.

［32］宋之帅,王章豹．我国创新创业教育生态系统演进历程与发展趋势［J］.中国高等教育,2020,642(2)：38-39,54.

［33］姚婷,张清．从系统论看高校创新创业教育的有序与无序［J］.黑龙江高教研究,2023,41(1):132-137.DOI:10.19903/j.cnki.cn23-1074/g.2023.01.014.

［34］葛海燕,黄华．大学生创新创业指导与训练［M］.北京:清华大学出版社．2021.

［35］哥蓝布·阿翰思奇．时间管理:让时间去哪儿(第二版)［M］.林森,译．北京:人民出版社,2023.